文以教化

文化产业社会效益研究

单世联◎著

科学出版社

北京

内 容 简 介

21 世纪以来，蔚然兴起的文化产业重新绘就了中国文化与经济的版图，也日益深刻地重塑着我们的生命与生活。坚持把社会效益放在首位、社会效益和经济效益相统一，是文化产业健康发展的内在要求，也是中外文化史留给我们的重要理论遗产。"人文化成"是中华文明的灵魂，"美善同一"是古希腊的哲理。文化艺术，即使是经济取向自觉的文化产业，也理所当然地承担着"美教化，移风俗"的社会责任。

本书以"教化"为名，并非无视文化产业的其他效益（比如文以赏鉴、文以娱乐、文以致富等），而是为了聚焦主题、突出重点。作者广泛使用各类学术成果，结合当代文化实践，追求较高层次的理论和实践的统一，在致力系统阐释的同时刻意呈现中外论述的丰富资料，意在为高等院校文化管理类专业师生，为文化产业从业者及更广大的关心中国文化的读者提供一份较为清晰的知识地图。

图书在版编目（CIP）数据

文以教化：文化产业社会效益研究 / 单世联著. —北京：科学出版社，2023.11

ISBN 978-7-03-077006-6

Ⅰ．①文… Ⅱ．①单… Ⅲ．①文化产业-社会责任-研究-中国 Ⅳ．①G124

中国国家版本馆 CIP 数据核字（2023）第 220817 号

责任编辑：王 丹 赵 洁 / 责任校对：贾伟娟
责任印制：徐晓晨 / 封面设计：润一文化

科 学 出 版 社 出版
北京东黄城根北街 16 号
邮政编码：100717
http://www.sciencep.com
北京建宏印刷有限公司印刷
科学出版社发行 各地新华书店经销

*

2023 年 11 月第 一 版 开本：720×1000 1/16
2024 年 6 月第二次印刷 印张：28
字数：472 000
定价：168.00 元
（如有印装质量问题，我社负责调换）

自　序

文化，特别是文化产业的社会效益，是当代中国文化界最为关注的问题之一，我平时的写作与教学也多与此有关，所以并不认为有多么复杂。2014 年春，"文化产业社会效益研究"成功立项国家社会科学基金重点项目时，我的心情是轻松的。但真正进入调研写作之后，才发现要对此进行比较充分的理论研究和实践探索，还很不容易：现象、议程和问题极为多样丰富，却几乎没有现成的系统分析和理论阐释可供参考。如何实现社会效益优先，抽象性的议论很多，解决的办法似乎也很多，但细究下来，能站得住脚的不多。虽然我此前所著的《文化大转型：批判与解释——西方文化产业理论研究》[①]一书已经对文化产业理想做了比较丰富的整理和总结，但具体到社会效益这一专题，还是需要进一步的细化研究。尤其是在这几年，因新技术的介入，文化产业的新形式、新业态、新现象层出不穷，其社会效益也更趋复杂，任何传统的理论资源都不足以充分解释，各种习惯的评价标准都难以精准把握，非进行长时期的集中研究不可。

文化效益，也就是文化有什么用的问题，重大而古老，有"说起来都明白、论起来很困难"的特点。我在研究中尝试把理论、历史与实践结合起来，首先是以价值—效益—社会效益层层递进的方式形成论述逻辑，然后从文化与经济

[①] 单世联：《文化大转型：批判与解释——西方文化产业理论研究》（全 3 册），中国社会科学出版社 2017 年版。

两方面论述社会效益何以优先、实现这一优先要有何种条件,最后研究实现社会效益的四个途径,由此构建了一个比较完整的文化产业社会效益的理论系统。研究过程中,我多次以阶段性成果在一些学术会议上发表演讲,多次在地方政府主办的各类培训班、研修班上讲授,效果良好,自我感觉是对文化产业实践产生了积极作用。书中的一些章节发表后,大多被转载或摘编,受到学术界的好评。

2019年底,课题顺利结项。我原计划像前一个课题那样,再花几年时间好好修改完善,拿出一个自己比较满意的书稿。但积在心中的问题和手里的工作还很多,短期内似乎也不太可能有必要的环境和心境对此成果进行大幅度的充实和改写,所以在2021年暑假稍作处理后,还是交付出版。我期待着同行与读者的批评。

本书写作期间有许多可记可忆的情景。上海交通大学文化产业管理专业闻媛副教授、王婧副教授及几位研究生参与了"文化产业社会效益研究"课题的研究,本书在使用他们成果的地方,都以注释的形式作了交代。科学出版社王丹同志,为此书出版做了大量工作。谨向以上各位献上我的谢忱!

单世联

2021 年 8 月 30 日

目　　录

第一章

文化产业与中国文化产业：概念与问题

社会效益与经济效益是文化产业的两个基本效益，在理论和理想上，两种效益应当是统一的，但在产业实践中，它们仍存在矛盾。这既是文化产业内在矛盾的反映，又是我国文化产业发展中的紧迫问题。文化产业具有社会效益，天经地义；文化产业未能充分实现社会效益，众所周知；如何优化文化产业的社会效益，几乎尽人皆知：生产者提高素质，企业增强社会责任，政府改进管理，社会加强监督……然而，就是这么一个似乎浅显明白的课题，要真正展开并充分论证，却是非常复杂的学术工程，一些似乎已成共识的观点和主张，其实仍有疑义。近20年来，中国文化学界的重要课题之一，就是文化特别是文化产业的社会效益问题，迄今也还不能说问题已经全部得到澄清。

充分理解文化社会效益问题，需要对文化产业，特别是中国文化产业的若干问题进行较为全面的分析和研究。

第一节　文化产业、艺术及创意

在现代人文社会科学中，"文化工业"（cultural industry）可能是用法变化最大的概念之一。19 世纪 40 年代，以马克斯·霍克海默、西奥多·阿多诺为代表的法兰克福学派在对大众娱乐（mass entertainment）的激烈批判中提出并阐释了这个概念，用以指称电影、电视、广播、报纸、杂志等大众文化产品和以系列化、标准化、分工合作等为特征的文化生产系统。这个具有挑战性、震惊性的概念所指称的是资本主义的经济体系把文化艺术整合进去的过程和后果，这就是把文化转变成商品，放弃了文化的理想性和批判性，败坏了历史形成的文化和审美的经验与价值。20世纪70年代以来，一些学者认识到文化生产/流通/消费的不同内容和特点，倾向于把"文化产业"作为一个集合名词来使用，复数形式的"文化产业"（cultural industries）概念开始流行并日益脱离批判理论的语境，用来指称那些制造文化产品和提供文化服务的产业。1978年，"文化产业"的概念在欧洲共同体的行政条文中出现，其涵盖的范围包括磁带、书籍、电影、广播、电视、报刊、摄影、艺术复制品和广告，以及新近出现的视听方面的产品与服务。①此后，联合国教科文组织、欧洲委员会、大伦敦议会（Greater London Council）等组织和机构都开始在中性的意义上使用"文化产业"这一概念，并逐步使之获得新的、积极的含义，文化被视为整个社会经济政策的一部分。这一时期还形成了若干与"文化产业"相关的概念，如"知识工业"、"意识工业"、"创意产业"（creative industries）、"媒体文化"、"内容产业"（content industry）、"版权产业"（copyright industry）等。

当然，即使在"文化产业"成为中性概念、肯定概念和若干国家与地区的发展战略的今天，对它的理解也仍然存在分歧。对一些论者来说，这一概念引起了文化的两极分化，如精英/大众文化（elite/mass culture）、高雅/流行文化（high/popular culture）、艺术/商业娱乐等。而且，即使在"文化产业"被广泛使用之后，"文化工业"概念及所蕴含的批判性意义仍然存在。直到2000年，法国社会学家皮埃尔·布尔迪厄还指责说：文化产业"其条件是把文化产品当作一件商品，当作随便一件什么产品来处理，服从利润规律"。它损害甚至毁灭了文化。②这些或宽泛或狭义的称谓充分反映了文化产业概念本身的丰富性和不确定性，也提醒我们必须从开放的意义上理解"文化产业"的概念和范畴。

---

① 参见〔法〕阿芒·马特拉：《世界传播与文化霸权：思想与战略的历史》，陈卫星译，中央编译出版社2001年版，第237-243页。

② 〔法〕布迪厄：《文化处于危险中》，见〔法〕布迪厄：《遏止野火》，河清译，广西师范大学出版社2007年版，第173页。

文化产业范围广泛而边界模糊，特征显著而效果多样。参照联合国教科文组织、欧盟及其他权威机构的定义和分类，我们得到这样一个文化产业系统，如图 1-1 所示。

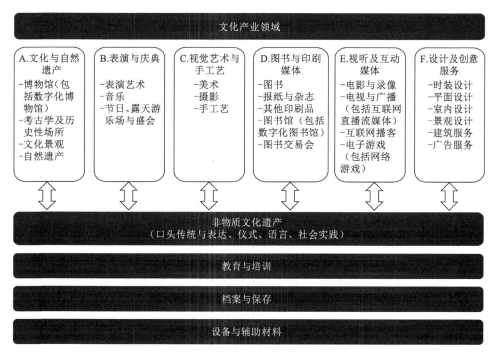

图 1-1　文化产业系统

在与"文化产业"相关的所有概念中，"创意产业"是用得最多且有挑战"文化产业"抱负的概念。关于"创意产业"概念的形成及其所蕴含的社会、经济、技术与文化的变迁，英国学者贾斯汀·奥康诺有一个总结："第一，在 20世纪 90 年代出现的知识和信息社会的论述中的'创造性'议程，更多地直接与艺术家和文化工人的特殊处理信息/知识的方式相关联。第二，把重点从知识经济的共同专业转向了企业家和工程师学会，尤其是当在互联网和数字技术中的创造被后面的那部分驱动时。第三，企业家和艺术家之间的激进实验，通过共同运用'创造力'的方式联系起来。结果，弗罗里达的'创意阶层'、霍金斯的'创意经济'和英国政府 1998 年提出的'创意产业'的建立，都是要这些强大的、启发性的当代话语中获得的。从创意观念的丰富性和模糊性可以看出，文化和经济、艺术和工业的不同产品，这些在 18 世纪末出现分歧的东西，现在走向了和解。"①"创意产业"的概念与作为人类特征的"创造性"有关，且可回避"文化商业化"所引起的争议。在其被广为接受后，它与"文化产业"交叉、重叠起来，形成"文化产业""创意产业""文化创意产业"等相关而又有差异的概念和理论阐释。如何辨析"文化产业"与"创意产业"两个概念，涉及很多问题。这里只简单地说明一下本书使用"文化产业"而非"创意产业"的几个主要理由。

从范围上看，"创意产业"大于"文化产业"。所谓创意，简单地说就是产生一个想法并将这些想法联系起来，再将其物化、转化为有价值的商品的过程，它可能与艺术有关，也可能与之无关。几乎所有的创意产业清单都不仅包括艺术、媒体等"文化产业"，还包括一些电脑及软件服务等创新依赖型部门。"创意产业"意义上的"创意"主要有两层含义：在其具有革新性、突破规则、改变结局的意义上，它是一种特殊的独创能力，甚至是一种"非理性"的思考和工作方式；就其作为一套涉及"创意"领域的知识和实践而言，它为观众/市场生产出非功能性的，因而也是"未知"的产品。文明人类的所有活动，鲜有与创意无关者，影视剧作、媒体广告固需创意，制鞋造帽、空调冰箱也需要创意。所有的现代产业、商业都在一定程度上涉及创意，没有任何一个行业会认为自己没有创意、技巧或才华。把文化产业与创意产业区分开来，可以更好地把握文化产业的特征和内容。

"文化产业"不同于"创意产业"的关键在于，前者强调文化遗产、传统知识与艺术的产业开发，后者较注重于个人与其创造力、创新、技术、才能在知识产权中的开发。前者更接近价值、意义和意识形态，后者更接近经济与政策。因此，"文化产业"一般来说是广泛地以生活方式、价值信仰、社会环境、历史文物、自然景观为素材，并予以系统化与产值化，创造经济效益，例如民俗工艺、旅游观光、休闲娱乐、艺术作品等等。这个概念里的关键词是"素材""系统化"与"产值化""经济效益"。再仔细分析"创意产业"，则是在"文化产业"这个大范畴下，特指以高思维的玄妙想象，应用科学技术予以高巧思的符号化，创造高附加经济产值，亦即：源自个别或集体创意、技术与才华，

---

①〔英〕贾斯汀·奥康诺：《艺术、产业和现代化（下）》，张良丛、王斌译，见王杰主编：《马克思主义美学研究·第14卷·第1期》，中央编译出版社2011年版，第30-31页。

通过知识产权的开拓和利用，有潜力地创造财富和就业机会的活动，如设计、电影、音乐、广告、动画、电玩游戏等，这类具有高附加价值、创意以及高流通特点的活动形式。这里的关键词是"想象""科技""符号化""经济产值"。[①]"创意产业"之所以易于普及并似乎更受到推崇，在于它回避了两个多世纪以来与工业、经济保持距离的"文化"而代之以并不具有明确的地域、民族或价值意义的"创意"。

　　所以，就文化研究而言，"文化产业"概念具有更为确定的社会内容。西方学界对"文化产业"的疑虑甚至批判，在于其对艺术作品进行大规模复制并通过市场化营销使艺术品成为普通商品。没有复制技术与复制实践就没有文化产业，由此而来的标准化、模式化成为对"文化产业"的最大诟病。批判理论的预设是"文化"与"产业"的二分：前者是与自由创造、否定精神相联系的理想世界，后者是与异化劳动、技术理性相联系的物的领域。批判理论认为文化成为产业，是统治逻辑的胜利，是个体的终结。批判理论对文化产业的指控，是 20 世纪上半叶变革社会的希望日益暗淡的现状表达。真实的情况也许是：一方面，当时的社会空前强化和提升了统治与操纵的力量、技术和手段，乔治·奥威尔笔下的"老大哥"早已不再是虚构；另一方面，保护个体自由的各种社会组织空前活跃，社会生活的人性化日益清晰，在权力所允许的范围内，个体拥有越来越大的自我实现的空间。就是在这样的情境中，文化研究不再把文化商品的接受者视为消极被动的，而是分析文化产品在有选择的消费行为和生产性的阅读及阐明行为中被重新定义、重新定型的复杂过程，由此确认文化产业的社会后果，取决于公众与生产商（权力和财富的拥有者）、受众与商品之间的谈判和博弈。可见，"文化产业"这一概念之所以引发诸多议题，原因正在于"文化"。至少在传统的语境中，"文化"与民族传统、价值理想、个性追求、真善美体验等难解难分，一旦成为产业，也就必然与资本运行、技术系统等紧密相关，成为经济体系与社会权力再生产的一个环节，新论题就层出不穷。与此相关的是，文化产业没有取消（也不可能取消）个性创造，但其组织化的、体制化的生产/传播/消费方式，确实对个体、个性在文化领域中的位置和价值

---

　　① 李天铎：《文化创意产业的媒体经济观》，见李天铎编著：《文化创意产业读本：创意管理与文化经济》，远流出版事业股份有限公司 2011 年版，第 84 页。

提出了新的挑战，而我们又不能简单地套用马克思当年提出的"劳动异化"理论来回应：产业化或许造成文化的异化，但经济活动却因文化的介入而更多地具有自由创造性。在这个意义上，"文化产业"这个概念比较充分地突显了当代文化的内在矛盾，也包含着远较"创意产业"复杂的历史、政治和文化方面的意义线索。

"文化产业"与"创意产业"两个概念各有使用价值，只是就概念所蕴含的丰富意义和引起理论探索的潜力而言，"文化产业"更为可取。在此基础上，我们还需要进一步把握文化产业的核心，这就是艺术。文化当然不只是艺术，但艺术无疑是文化的中心，研究文化经济的学者通常以艺术为文化产业的中心。对于这个问题，我们赞同美国文化研究专家戴维·思罗斯比的"同心圆模型"：音乐、舞蹈、戏剧、文学、视觉艺术、工艺等创造性艺术是文化产业的核心，并向外辐射；环绕这一核心的是那些既具有上述文化产业的特征同时也生产其他非文化性商品与服务的行业，包括电影、电视、广播、报刊和书籍等；处于这一同心圆最外围的则是那些有时候具有文化内容的行业，包括建筑、广告、观光等。这也是美国经济学家泰勒·考恩的看法："我将文化和艺术用作两个可以互换的术语，它们适用于使我们感动、扩展我们对世界和自己的认识的人工制品和表演。我所想到的是绘画、雕塑、音乐、电影、建筑、摄影、戏剧、文学和舞蹈。"[1]严格意义上的"文化产业"基本上也就是广义的"艺术产业"。甚至创意产业，其原型也是艺术。

综上，在"文化产业""创意产业""文化创意产业"等概念之间，我们取"文化产业"这一概念；在对文化产业分类模式上，我们以艺术为中心。这固然是基于上述概念及分类的演进，也是我们研究主题"文化产业的社会效益"的需要。

第二节　中国文化产业的成长

中国文化产业早就有过局部辉煌。20世纪初的"新文化运动"在很大程度

---

① 〔美〕泰勒·考恩：《商业文化礼赞》，严忠志译，商务印书馆2005年版，第7页。

上告别了传统文化的道德/政治标准和文人/高雅趣味，而现代的文化理念、组织和技术也在中西交流过程中逐步进入中国，产业化是中国文化的现代转型的内涵之一。在"十里洋场"的上海，新文化差不多也就是文化产业，新闻出版、电影、通俗文艺、娱乐业等都以其都市化、商品化和国际化等而成为中国早期文化产业的典型。

1949 年后，中国逐步建立了新的政治、经济与文化制度，文化基本上被纳入国家主导的计划体制，成为党和国家的宣传系统的一个重要领域，也承担着提供公共文化物品和服务的责任。在此体制下，文化机构大多是由政府全资投入的事业单位，其所需经费主要由各级政府安排和划拨，其从业人员是体制内的国家干部，文化消费重在接受政治思想教育。党和政府不但管文化，而且直接介入文化生产。曾在中央宣传部工作的黎之回忆说："从 1958 年开始，中央书记处就亲自抓文艺 10 年的献礼活动。记得当时邓小平提出最好能拍出 10 部优秀影片。周恩来在处理'大跃进'中各条战线出现的复杂问题同时，他同当年抓《十五贯》那样又以很大的精力抓文艺工作。他可以说是这个时期文艺创作的总策划，总艺术指导。……中央书记处在讨论 10 部影片计划时，周恩来、邓小平提出要有一部轻松些的，夏衍根据《五朵金花》的初稿很快地修改好，投入拍制，当年即与观众见面"。[①]这种文化体制与生产方式满足了特定时期的政治/文化需要，但如果文化生活中的一切都由政府直接包揽，也可能限制文化生产力。

20 世纪 80 年代以来，中国文化的物质基础、体制环境、社会条件、生产方式、传播手段、消费行为等都发生了深刻而复杂的变化，其总的趋势是政府不再提供全部文化产品和服务。文化的政治功能依然被坚持，但其社会属性、经济属性开始显现，"文化产业"转而获得积极评价与合法身份；在迅猛崛起的数字技术的参与下，文化产业不但已成为中国文化生活与经济生活的生力军，其多样效果也深刻地重塑着整个社会生活。

笔者在《现代性与文化工业》一书中，以西方经验为据，总结出文化产业兴起的四个因素：政治开放——公民可以自由地接触、消费各种文化产品；教育普及——公民有能力接受、消费各种文化产品；经济扩张——文化成为资本

---

① 黎之：《文坛风云录》，河南人民出版社 1998 年版，第 179 页。

增值的领域；技术革命——文化产品因此得以广泛复制和传播。[1]这里我们就中国文化产业的发生发展作一概括性叙述。

第一，观念更新与文化改革。

马克思主义文化理论的精髓在于其意识形态理论。至少从列宁开始，马克思主义-社会主义文化理论的关键词是"教育"——用马克思主义-党的理论教育人民群众，统一群众思想。根据这一理念，文化的社会主义理想包含着批判商品化和市场化的内容。我们这里引用两段马克思主义理论家的话。

> 资本主义艺术市场动荡变化，竞争激烈，逼着他们不停奔跑，决不给他们产生宏伟成熟巨作的内外条件。造型艺术家匆匆忙忙地为人们称之为展览会的艺术大商场创造作品；音乐家同样忙于制作新季节的"叫座的节目"；文艺家则为赶圣诞节的市场忙得气也透不过来。艺术家们连同他们的艺术商品淹没在事务繁忙的企业家和商人的大海里，他们的艺术资本不久就耗费殆尽，他们本人也从文化财富增殖者一变而为文化赝品的制造商了。[2]

> 由于在城市，在某些文化商人（出版商、戏院老板等）的奉迎引诱下，就使一些意志薄弱，爱好虚荣的人们产生了追求名利的欲望。这些人忘记了文艺是一种教育人民的高尚精神武器，而以粗制滥造的作品去猎取金钱和迎合市场的需要。他们掌握了文化企业，如戏院等，作为单纯营利的手段；错误地把这些企业的经济收入的利益放在对人民教育的事业的利益之上。他们对于完全以营利为目的的私营文化企业，不加以必要的监督和领导，而采取自由放任的方针；甚至在与这些私营文化企业打交道的当中，逐渐染上庸俗的商业化的习气。[3]

从 1949 年到 1978 年，中国文化的指导思想一直是毛泽东《在延安文艺座谈会上的讲话》中指出的："在现在世界上，一切文化或文学艺术都是属于一

---

① 参见单世联：《现代性与文化工业》，广东人民出版社 2001 年版，下篇第二章。

②〔德〕克拉拉·蔡特金：《艺术与无产阶级》，见〔德〕克拉拉·蔡特金：《蔡特金文学评论集》，付惟慈译，人民文学出版社 1978 年版，第 101-102 页。

③ 周扬：《毛泽东同志〈在延安文艺座谈会上的讲话〉发表十周年》，见周扬：《周扬文集》第二卷，人民文学出版社 1985 年版，第 144 页。

定的阶级，属于一定的政治路线的。为艺术的艺术，超阶级的艺术，和政治并行或互相独立的艺术，实际上是不存在的。无产阶级的文学艺术是无产阶级整个革命事业的一部分……因此，党的文艺工作，在党的整个革命工作中的位置，是确定了的，摆好了的；是服从党在一定革命时期内所规定的革命任务的……文艺是从属于政治的，但又反转来给予伟大的影响于政治。革命文艺是整个革命事业的一部分，是齿轮和螺丝钉，和别的更重要的部分比较起来，自然有轻重缓急第一第二之分，但它是对于整个机器不可缺少的齿轮和螺丝钉，对于整个革命事业不可缺少的一部分。"[1]文艺从属于政治，其社会作用也主要是政治性的："要使文艺很好地成为整个革命机器的一个组成部分，作为团结人民、教育人民、打击敌人、消灭敌人的有力的武器，帮助人民同心同德地和敌人作斗争。"[2]根据这一指导思想并借鉴苏联文化经验建立的高度集中的文化管理-生产体制，一直持续到 20 世纪 70 年代末。

1976 年"文化大革命"结束后，中国文化进入新阶段，其主要标志是突破极左思想的束缚而关注文化艺术的特殊性。这一过程始于有关"形象思维"的讨论。1977 年 12 月 31 日《人民日报》发表了毛泽东在 1965 年 7 月 21 日给陈毅谈诗的信的手迹。毛泽东这封信中说："诗要用形象思维，不能如散文那样直说，所以比、兴两法是不能不用的。""宋人多数不懂诗是要用形象思维的，一反唐人规律，所以味同嚼蜡。""要作今诗，则要用形象思维方法。"[3]毛泽东三提"形象思维"，主要意思是说明诗的特殊性。这信的公开发表，启动了理论界对形象思维的热烈讨论。据统计，仅 1978 年 1 月份在全国报刊上发表"形象思维"问题的署名文章就在 58 篇以上；仅 1 月份在报纸上用"诗要用形象思维" 7 个字同题作文的就在 8 人以上。自 2 月至年底，不到一年时间，《红旗》《哲学研究》《文学评论》以及主要大学学报和各省文艺刊物上发表的相

---

① 毛泽东：《在延安文艺座谈会上的讲话（一九四二年五月）》，见中共中央文献研究室编：《毛泽东文艺论集》，中央文献出版社 2002 年版，第 69-70 页。

② 毛泽东：《在延安文艺座谈会上的讲话（一九四二年五月）》，见中共中央文献研究室编：《毛泽东文艺论集》，中央文献出版社 2002 年版，第 49 页。

③ 毛泽东：《致陈毅（一九六五年七月二十一日）》，见中共中央文献研究室编：《毛泽东文艺论集》，中央文献出版社 2002 年版，第 333-334 页。

关专论就在 60 篇以上。①对"形象思维"的肯定，就是对文艺的审美属性与特殊规律的肯定，这为改变之前的创作模式提供了理论依据。

承认文艺的审美性，接下来就承认文艺的娱乐性。周恩来 1961 年的一次讲话，为文艺的娱乐属性松绑。周恩来指出："政治标准不等于一切，还有艺术标准，还有个如何服务的问题。服务是用文艺去服务，要通过文艺的形式。文化的形式是多种多样的，不能框起来……文艺为政治服务，要通过形象，通过形象思维才能把思想表现出来。无论是音乐语言，还是绘画语言，都要通过形象、典型来表现，没有了形象，文艺本身就不存在，本身都没有了，还谈什么为政治服务呢？标语口号不是文艺。""有人问我：文艺的教育作用和娱乐作用是否是统一的？是辩证的统一。群众看戏、看电影是要从中得到娱乐和休息，你通过典型化的形象表演，教育寓于其中，寓于娱乐之中。当然要多样化，不能老是打仗。朱德同志说，我打了一辈子仗，想看点不打仗的片子。如果天天让人家看打仗的片子，人家就不爱看。"②差不多与周恩来讲话公开发表的同时，党的另一位领导人陈云有关曲艺的讲话也正式发表。陈云明确指出："在目前的曲艺创作和演出中，强调了政治内容的一面，忽略了文化娱乐的一面，这是偏向。曲艺是一种群众性的文化娱乐。人们在劳动之后，喜欢听一些轻松愉快的东西，这不是听报告和受政治教育所能代替的。"③

承认文艺的娱乐性，进而也就会承认文艺的商品性。当时流行一种说法：群众花钱来不是为了上政治课的。第一，不是上政治课，那是来干什么呢？对于大多数群众来说，是为了娱乐。第二，群众是花了钱来的，那么就有一个钱不能白花的问题，否则下次就不来了。这就引出了文化的商品性、市场性的问题。1992 年，党的十四大报告明确了我国经济体制改革的目标是建立社会主义市场经济体制，这是继 20 世纪 70 年代末党重新确立政治路线之后，第一次提出有关经济体制改革的问题。"市场化"的潮流席卷中国，进一步催生了文化市场和文化经济，文化的意义与功能又随着经济的发展而被利用和放大，取代

① 参见刘欣大：《"形象思维"的两次大论争》，《文学评论》1996 年第 6 期，第 39 页。

② 周恩来：《在文艺工作座谈会和故事片创作会议上的讲话（一九六一年六月十九日）》，见中共中央文献研究室编：《周恩来文化文选》，中央文献出版社 1998 年版，第 222 页。

③《陈云同志关于评弹的谈话和通信》编辑小组编：《陈云同志关于评弹的谈话和通信》，中国曲艺出版社 1983 年版，第 44 页。

"文化为政治服务"的是文化同时也为经济发展服务。这不但是观念变革，也是文化改革的实质性内容。

第二，上下共识与产业兴起。

准确把握文化产业在中国的兴起，需要在 20 世纪初新文化运动以来的中国现代文化发展的曲折历程中来考察，需要在当代改革开放的历史进程中来考察。简单地讲，文化产业兴起解释为中国文化的现代转向之一主要有两个过程。

第一个是自下而上的文化需求。在改革开放以后物质生活逐步富裕的同时，丰富文化生活被提上了日程。1979 年，广州东方宾馆开设国内第一家营业性的音乐茶座，每晚都顾客盈门，成为当时有代表性的文化景观，后来则被追认为是中国文化市场出现的标志；1979 年，上海电视台播出第一条外国商业广告；1984 年中国引进第一部好莱坞大片《超人》。在此前后，我国香港、台湾地区的流行音乐、校园歌曲，特别是邓丽君的歌曲磁带以各种方式进入内地（大陆），通俗音乐、轻音乐、流行音乐回荡在大街小巷；生活类出版物、通俗杂志大量涌现如雨后春笋；电视机开始走进普通家庭；国外的电影、电视剧、时装设计、美容美发、日用电器等进入中国，等等，逐步形成了一种不同于传统的文化生活。

邓丽君歌曲在大陆从禁到放的过程，大体上反映了中国通俗文艺和文化市场的形成过程。1977—1978 年，邓丽君歌曲磁带通过非正常的渠道从东南沿海进入大陆，极受年轻人的追捧。与此同时，对邓丽君歌曲的批判也很严厉。有人认为她的一些歌曲内容比较灰暗、颓废，属于资产阶级的"靡靡之音""黄色歌曲"；有人指出，在电影《一江春水向东流》中，张忠良走向堕落的过程就伴有此歌。在一篇公开发表的文章中，有这样一段话："《何日君再来》不是汉奸歌曲，但它是首黄色歌曲；不是一首爱情歌曲，而是一首调情歌曲；不是艺术歌曲，而是商业歌曲，是有钱的舞客和卖笑的舞女的关系，是舞场中舞女劝客人喝酒时唱的。……这是对血泪现实的掩盖，是对灯红酒绿纸醉金迷生活的歌颂，是以醉生梦死的态度来对待现实。……现在还喜欢《何日君再来》的同志要认真想一下：是'好花不常开'，还是应该用我们双手去创造永不凋谢的花朵。"[1]1983 年，人民音乐出版社出版了《怎样鉴别黄色歌曲》一书，

---

[1] 南咏：《还历史本来面目——关于〈何日君再来〉答问》，《人民音乐》1980 年第 9 期，第 24-26 页。收入《人民音乐》编辑部编：《怎样鉴别黄色歌曲》，人民音乐出版社 1982 年版，第 46 页。

把邓丽君演唱的《何日君再来》《夜来香》等定性为"黄色歌曲"的典型。但时代毕竟不同了,在全国各地都回荡着邓丽君歌曲的情况下,音乐以及整个文化的阶级性就不再是唯一的评价标准。到了1985年2月1日,《中国青年报》刊登了题为《邓丽君说:真高兴,能有电话从北京来》的新闻报道。在日益宽松的环境中,一方面是港台流行文化,包括武侠影视、言情小说、摇滚乐等陆续进入内地(大陆),金庸、古龙、梁羽生、琼瑶、亦舒、罗大佑不同程度地成为青年亚文化的主角;另一方面,内地(大陆)相当一部分文化机构和企业开始从事通俗文艺、流行文化的生产和传播,客观上在推动着中国文化产业的兴起。

第二个是自上而下的政策认可。1978年财政部批准《人民日报》等新闻单位实行"事业单位,企业化管理";1980年2月,全国文化局长会议认为,艺术表演团体的体制和管理制度方面的问题很多,严重影响了表演艺术的发展和提高,需要进行合理的改革。1985年4月,国务院办公厅转发国家统计局《关于建立第三产业统计的报告》,第一次把教育、文化、广播电视等"事业"纳入第三产业服务业的范畴,将之认定成为提高科学文化水平和居民素质服务的部门。1988年2月,文化部、国家工商行政管理局联合发布《关于加强文化市场管理工作的通知》,第一次正式提出"文化市场"的概念,文化部于次年成立"文化市场管理局"。1991年,国务院批转《文化部关于文化事业若干经济政策意见的报告》,正式提出了"文化经济"的概念。1992年7月,国务院办公厅综合司编著的《重大战略决策:加快发展第三产业》中,第一次出现了"文化产业"概念。1996年9月,《国务院关于进一步完善文化经济政策的若干规定》下发,明确提出要拓宽文化事业资金投入渠道,逐步形成适应社会主义市场经济要求的筹资机制和多渠道投入机制的要求。[①]1998年8月,在政府体制改革、机构精简的背景下,"文化产业司"在文化部脱颖而出,成为文化部唯一新成立的司局级单位。依中国惯例,如此重大的文化事件需要党中央来宣布。2000年10月《中共中央关于制定国民经济和社会发展第十个五年计划的建议》中第一次正

---

① 国家税务总局涉外税务管理司编:《中华人民共和国涉外税收法律法规汇编(续一)》,中国税务出版社1998年版,第449页。

式提出"文化产业"和"文化产业政策"的概念。①2002年11月，党的十六大报告第一次把文化事业和文化产业区分开来，提出发展文化产业的要求。文化产业转变为一个需要发展的领域，文化产业已经与许多传统产业一样，逐步转型成为一个正式的产业门类。由此而来的是一种由上而下的"运动"式发展规模和气势。有关文化产业的讨论已不是要不要、好不好，而是如何做大做强的问题。由此出现了党委主导、政府推动、文人参与、社会参与、企业踊跃的"文化产业热流"，制定和落实文化产业政策成为中国政治、文化生活中的一件大事。②

第三，国家战略与支撑力量。

中国文化产业发展的标志性事件，是它成为国家战略。21世纪以来，文化产业在我国蓬勃兴起，并被纳入经济社会发展的整体体系。2009年7月22日，国务院通过了《文化产业振兴规划》，发展文化产业成为国家战略。2010年10月，党的十七届五中全会提出"推动文化产业成为国民经济支柱性产业"。2012年2月，《文化部"十二五"时期文化产业倍增计划》发布，2015年10月通过的《中共中央关于制定国民经济和社会发展第十三个五年规划的建议》中再次把"文化产业成为国民经济支柱性产业"作为目标要求之一。2021年5月，《"十四五"文化产业发展规划》发布，提出"加快健全现代文化产业体系，推动文化产业高质量发展，建设社会主义文化强国"。所有这些，一方面反映了我国文化产业迅猛发展的良好态势，另一方面也体现了国家对于文化产业的高度重视与热切期待。

国家战略的提出和实施，是国家发展目标及国内外形势的反映。中国文化产业的发展是传统与现实、政府与社会、国内与国外的多方面力量相互作用的结果。择其大者，支撑力量主要有四个方面。

首先是传统文化的广博资源。近代以来，在遭遇西方世界的一系列失败中，先进的中国人开始重新考察中国的文化传统并引进西方文化，传统"教导的文明"（teaching civilization）一转而为"学习的文明"（learning civilization），

---

① 《中共中央关于制定国民经济和社会发展第十个五年计划的建议》，中华人民共和国中央人民政府网，https://www.gov.cn/gongbao/content/2000/content_60538.htm，2000年10月11日。

② 参见单世联：《文化产业与中国现代性》，见胡惠林、陈昕主编：《中国文化产业评论》第9卷，上海人民出版社2009年版。

无论是作为一种心理体验还是一种历史解释，"文化失败"都成为中国近代文化论述中的基调之一，它融合了失败悲情与新生热望。中国的"文化失败"论不同于西方的文化衰落论和文化悲观主义，它表达的是不屈、不甘的复兴精神，中国在一度丧失其大国尊严后并没有放弃大国的自我期待。当然，过度的文化自谴也可能导向虚无主义。其实，仅仅文化自身，无所谓失败，"失败"论是对中国一度落后于先进西方世界这一客观事实的解释之一。历史在变化，中国在发展，当代中国已经收获了改革开放和经济建设的硕果。中华大地也涌动着大国崛起、中华复兴的文化热流，其合理推论之一，是重新确认中国传统的价值和意义，并努力在新的环境中再造中国辉煌。传统文化几乎成为文化产业取之不尽的重要资源，而文化产业又是弘扬民族文化传统的主要依托。当然，我们在开掘传统资源发展文化产业的过程中，必须避免严复所说的"不为无理偏执之顽固，则为逢迎变化之随波"的两种偏执，摆脱近代以来"悲情化"所形成的"过度自卑"和冷战背景下"政治化"所造成的"过度冲撞"。

其次是经济增长的多重效果。经济的快速增长对发展文化产业有多方面的意义。一是日益富裕起来的中国人已经开始设计新的生活。告别短缺经济和物质贫乏，我们开始追求生活的质量和品位，追求个性和风格。富且教之、富而乐之、富而美之，成为当代中国若干地区的一个普遍现象，艺术的生活化、人生的艺术化等古老理想通过文化产业而得到部分落实。阅读、观影、歌舞、演艺、娱乐、旅游、时尚等成为日常生活的构成要素，重新安排自己的生活世界、传播自己的认知和判断、欣赏自己的手艺和作品等已不再是少数艺术家的专利，而逐步成为普通人的生活内容。文化产业既是中国发展后广大公民创造自己幸福生活的必需品，也是中国人以新的面貌自立于世界之林的重要标志。二是经济增长的后果之一是政府和社会的投资可以更多地用于文化领域。政府不但加大投入建设公共文化服务体系，而且增加公共财政对文化产业的投入力度，从中央到地方，各级政府几乎都建立了"文化产业发展专项资金"，不少地区还建立了文化创意金融平台。与此同时，大量的社会资金也涌向文化产业领域，民营文化企业在数量的基础上着力提高质量。正如一些企业家所说，目前中国缺的不是资金，而是好的项目，而文化产业，正被越来越多的人看作是新的投资领域。相对充裕的资金确实为文化产业发展提供了强大支撑。三是中国经济发展方式曾经存在着资源消耗大、低劳动力成本投入、科技贡献率低、加工贸易占主导地位、服务贸易发展滞后等问题，因此从政府、企业到社会都发出转变经济发展方式的声音，都把推动服务业大发展作为结构优化升级的战略重点，把加速发展生产性服务业作为首要任务。这些战略举措最终指向了现代文化产业。正如欧美发达国家在完成了工业化之后向服务业、高附加值的制造业转变一样，在已经进入工业化中后期的中国沿海地区和各大城市，文化产业也成为重要的经济增长点。越来越多的中国人认识到，文化产业不但是经济增长的一个重要途径，而且具有低消耗、高效益的特点，实体经济需要文化经济的补充和矫正，虚拟经济、体验经济、知识经济、符号经济，特别是文化产业也就成为中国经济未来的重要发展方向。

再次是城市升级的必然趋势。2023 年，中国常住人口城镇化率从 60.2% 提高到 65.2%。[①]在大城市、特大城市、超大城市日益增多的城市化洪流中，构建新型城市化战略格局，提升城市化质量和水平，城市不但是物质的（钢筋水泥、林荫大道、郊区花园、商品集聚），也是经验和想象的等等，已逐步成为共识。总的趋势是摒弃传统的那种按工业化要求规划出来的、功能性的、没有任何地域特色的"福特式"城市，把新型城市化与新型工业化结合起来，培育城市个性，形成城市特色，建设特色城市，以"高水平唯一性"的地域文化资源塑造城市风貌。资源型城市、工业城市在实行转型；新建城市突出文化区、注重差异性，在工业遗产、废弃厂房和仓库的地基上，一个个文化创意产业园区在崛起；在高楼林立的城市商业区，一个个文化空间被开辟出来。"创意城市""生态城市""智慧城市""宜居城市"等概念迅速流行并进入实践，美感、内涵、品位、格调等，在提升中国城市化水平的同时也改造着城市生活的方式。所有这一切，都主要得力于文化产业。文化产业不但是城市经济的一个方面，也是城市升级的主要路径之一；城市形象改写与重建的进程也是文化产业迅速发展的历程；城市不但是不同意义上的文化中心，它本身就是一种文化形态。

最后是全球竞争的应对战略。文化在全球竞争中的作用日益广泛而深刻。西方文化纵横全球的现象已经持续了一个多世纪，我们对文化的认识不能仅仅停留在文化价值（如审美价值、精神价值、社会价值、历史价值、象征价值等）

---

① 李克强：《政府工作报告——2023 年 3 月 5 日在第十四届全国人民代表大会第一次会议上》，中华人民共和国中央人民政府网，https://www.gov.cn/gongbao/content/2023/content_5747260.htm，2023 年 3 月 14 日。

上，而应在此基础上充分认识文化与经济、政治、社会，甚至环境的深刻联系及其巨大的反作用。文化作为国家综合实力的表现，以"软实力"的方式在当前国际竞争中起作用。中国作为文化大国，应当大力发展民族文化工业，增强文化的自主创新能力，建立完善的文化产业体系，参与全球文化竞争。当代中国文化产业的兴起的过程，也正是中国在同经济全球化相联系而不是相脱离的进程中建设中国现代化的过程。全球化时代文化竞争的先锋是文化产业，一方面文化产业实际上已是全球经济运行的一个部分，它提供了必要的就业机会、税收来源；另一方面文化产品与服务已经置身于全球化政治/经济的复杂网络中成为各种社会力量争夺的场域，在西方文化的挑战面前，发展文化产业是维护国家文化尊严、保护民族文化原创力的必然选择。

应当特别指出的是，文化产业发展始终蕴含着社会效益与经济效益之间的矛盾。中国共产党以马克思主义为指导，中国特色社会主义有其政治抱负、社会理想和文化目标，因此从上到下各级政府的文化理念和政策都不局限于经济目标。比如 2009 年 7 月 22 日由国务院常务会议审议通过的《文化产业振兴规划》就明确指出："文化产业是市场经济条件下繁荣发展社会主义文化的重要载体，是满足人民群众多样化、多层次、多方面精神文化需求的重要途径，也是推动经济结构调整、转变经济发展方式的重要着力点。"[1]相应地，各地方政府的文化产业规划也都有指导思想的表述。然而，在实际的发展过程中，应当说，一些地方政府和文化企业，主要看重的还是文化的经济效益并由此导致一种实际存在的经济取向的文化产业发展观。这就提出了如何更好地处理文化产业的社会效益与经济效益关系的问题。[2]

第三节　好消息与坏现象

中国文化产业有其良好的发展条件和背景支持，但这些条件和支持如不能

---

[1] 《〈文化产业振兴规划〉全文发布》，中华人民共和国中央人民政府网，http://www.gov.cn/jrzg/2009-09/26/content_1427394.htm，2009 年 9 月 26 日。

[2] 《上海市文化创意产业发展三年行动计划（2016—2018 年）》，上海市创意产业协会网，http://www.shcia.org/xiehuidongtai/2016/0530/452.html，2016 年 5 月 30 日。

被有效地激活或利用，它们只能是潜在的条件和支持。当代中国的特点是，从政府到社会，都有一种自觉而强劲的发展文化产业的意识和需要，它们成为文化产业的直接动力。

文化产业于 20 世纪 90 年代中期在中国初潮涌动并迅即得到党和政府的强力支持。如果说西方文化产业随工业化、城市化而来并在工业文明的后期迅速发展的话，那么，当代中国文化产业则是在经济增长、社会转型的背景下，回应全球挑战和国内需要的主动选择。如果说前者合乎发展逻辑顺理成章，那么后者则有超越性和领先性。总结起来看，政府的作用，一是不断出台文化产业政策，包括体制改革政策（其核心是转企改制，政府部门由"办文化"向"管文化"转变）、经济扶持政策（鼓励金融支持文化产业振兴和发展繁荣，推动文化产业与金融资本的实质性融合）、产品出口政策（实施"走出去"战略，推动文化产业扩大对外交流）等。二是主持制定文化产业发展规划。从中央到地方，各级政府都编制了文化创意产业发展规划，全国的规划以 2009 年 7 月 22 日国务院常务会议审议通过的《文化产业振兴规划》为代表。这些规划一般都将文化产业发展作为转变经济发展方式、优化产业结构、提升区域综合竞争力的重要着力点；都强调推动文化产业规模化、差异化、精品化发展，都在构建以广播影视业、出版业、报刊业、文化旅游、动漫、网络等新兴文化业态为主导，相关产业联动发展、结构优化的文化产业体系；都努力将文化创意产业发展成具有强大竞争力和地域文化特色的战略性新兴产业。这些政策和规划在很大程度上破除了妨碍文化产业发展的各种体制性、政策性障碍，明确了文化产业的发展目标。

中国文化产业的鲜明优势是巨量人口形成的广大市场。中华文明源远流长，人口众多是中国的国情之一。从文化产业的角度看，人口多也体现为需求多、市场大的优势。文化需求增长，是中国文化产业大发展的充分依据。如果说中国吸引世界的优势之一是庞大的市场，那么，在文化领域，这一优势更为突出。由于中国发展还存在着城乡差异、地区差异等不平衡现象，文化消费水平、欣赏趣味也有很大差异，优秀的、高品位的产品固然受到欢迎，一些相对低质而粗糙的产品也有一定市场，这就使得还处于发展阶段的中国文化产业拥有巨大的提升空间。当然，中国目前的人均文化消费水平还低于发达国家，文化消费潜力还没有完全释放出来。中共中央政治局于 2023 年 1 月就加快构建新发展格局进行第二次集体学习，中共中央总书记习近平指出："建立和完善扩大居民消费的长效机制，使居民有稳定收入能消费、没有后顾之忧敢消费、消费环境优获得感强愿消费。"[①]这也是中国文化产业面临的迫切任务，是我们对中国文化产业的未来抱有希望的主要根据。

中国文化产业的发展方式是具有鲜明的跨越式特点。文化与科技融合已经成为实现文化产业整体升级转型的重要突破口，文化产业的规模和边界进一步扩大，文化产业的内涵也在不断丰富。以文艺界为主体的传统文化产业才刚刚开始其产业化进程，一批以高新技术为依托、以数字内容为主体、以自主知识产权为核心的新兴文化业态已迅速诞生，数字出版、微电影、云电视、网络游戏与网络视听等不断发展，并使得部分旧业态如纸质传媒、实体书店、传统演艺和旅游等暴露出一些问题。一些并不拥有深厚文化资源的新兴城市，凭借其在高科技、金融、创意设计等方面的优势，初步形成"文化+科技""文化+金融""文化+旅游""文化+创意"等发展方式，在创意设计、动漫游戏、数字音乐、互联网信息服务、高端印刷等领域涌现出一批高速增长的文化企业，实际上成为引领中国文化产业发展的风向标。这种新旧杂陈、百业争锋的文化景观，使任何一种统计方式和理论言说都难以概括中国文化产业，分类发展和区别研究成为必要。

中国文化产业发展使命重大。文化产业在中国被赋予了重要意义，它是转变发展方式、调整经济结构中的基本选项，是提升中国文化软实力和竞争力的重要途径，也是建设"社会主义先进文化"的题中应有之义。这些期待为文化产业发展提供了良好的政策环境、舆论环境，但某些地方政府文化产业的发展还存在问题。其一，某些地方政府以"运动式"的方式发展文化产业，不管有没有条件，这些地方政府都在制定文化产业发展规划，而当文化产业的规模和经济指标与这些地方政府的"政绩"联系起来时，一些不尽合理的规划被制定出来，使得文化产业在一定程度上重蹈粗放型发展的老路，以至于"文化产业结构调整"的问题也被提上了日程。其二，某些地方政府未能充分厘清文化产业与公共文化服务之间的关系。在县以下的基层地区，文化资源、文化生产能

---

① 《习近平在中共中央政治局第二次集体学习时强调 加快构建新发展格局 增强发展的安全性主动权》，共产党员网，https://www.12371.cn/2023/02/01/ARTI1675236938454651.shtml，2023 年 2 月 1 日。

力都十分有限，在发展文化产业的口号下，把一切都归入产业，政府本应承担的提供公共物品和服务的职能难以彰显。实际上，在一些欠发达地区，特别是县以下的地区，目前阶段的主要使命不是发展文化产业，而是提供公共服务，实现城乡文化供给的均等化。

发展的道路是曲折的。就中国文化产业来说，一个最重要的难题在于，如何坚持把社会效益放在首位，实现社会效益和经济效益相统一。在这方面，至少有五个方面的问题值得认真研究并切实改进。

第一，文化生产创新能力仍需提高。

中华文明拥有五千年辉煌灿烂的传统，14亿中国人民不但勤劳勇敢而且富有创造性。但部分文化企业还未能把这些传统资源充分利用起来，未能将创意潜力充分挖掘出来。一些文化产品和服务缺少创新性和完美性。

（1）部分文艺创作存在低水平重复现象。以电影为例，近20年来，中国电影产业发展迅猛，在新技术的参与下，琳琅满目的新形态更是以喷涌之势呈现，但随之而来的则是数量增加快、质量提升慢的现象。其中有部分影片是惯性化创作。故事结构、人物关系、价值观念甚至叙事、表演方式等都大同小异。这类作品的生产往往一开始就设定了概念化的基调，有些电影的叙事模式甚至退回到几十年前，简单的线性结构，明确的道德是非，概念化的英雄和敌人，甚至连对话都似曾相识。特别值得注意的是，电影界翻拍成风。从《水浒传》《三国演义》《西游记》《红楼梦》等古典名著，到《一江春水向东流》《铁道游击队》《青春之歌》《沙家浜》《闪闪的红星》等老电影，都被翻出来重拍。在不长的时间内，金庸的武侠名著《天龙八部》《鹿鼎记》《倚天屠龙记》也已被轮番重拍。新版的投资规模都大大超过旧版，但部分影片除了一些拍摄技术进步带来的貌似好莱坞的大场面感官刺激之外，带来新的价值和意义很少。比如新版《红楼梦》声势浩大地宣传制作了三年多，播出后却受到各界一致的批评。与此同时，如此大规模的重复制作，固然反映了经典作品、老作品的不朽魅力和无穷价值，同时也反映了一些文化企业创新能力的缺乏以及只求票房、收视率的功利心态。电影电视剧曾经是受众最广的文化类型，其质量的优劣往往不取决于它的投资规模和拍摄技术，而在于它应该具有独创性故事和比较卓越的审美性。这些文化企业之所以抱着几部名作翻来覆去地咀嚼，其中的原因主要是经济利益的考虑。在巨量的文化产品和泛滥的文化信息的海洋中，受众应接不暇，难以选择。那些已有定评的名作，会被认为有质量保证；而名作重拍，也会唤起受众比较新旧的欲望，所以几乎每部重拍作品都会受到相当多的关注。部分电影人及生产机构也就充分利用这一点，从筹备开始就进行铺天盖地的宣传造势，确保其广告利润与市场效益。应当说，翻拍的经济目的是达到了，但对于电影产业来说，却不能说是好消息。

另外，文化领域还存在抄袭现象。受到观众批评的抄袭现象受到了法律的严厉打击，但个别抄袭者不以抄袭为耻，反而理直气壮，为自己的"高明"手法而自豪。这一点，又因为部分播出平台看重利益"助纣为虐"、被抄袭的作者亦无精力较真到底诉诸法院，从而一定程度上助长了抄袭行为。

（2）园区建设部分存在同质化现象。自20世纪末文化产业在中国兴起以来，主题公园、文化园区、创意园区即成为主要发展方式之一。但部分企业开发的产业园区存在着文化内容稀缺、项目运作能力不强、对目标群体的文化消费能力预估不足等问题。

主题公园的建设的热潮开始于20世纪80年代中期，21世纪以来已有数千家。在经济富裕的长三角地区，几乎每个一、二线城市都拥有一个或多个主题公园，部分三线城市甚至也不惜投入巨资建设主题公园。2012年就有人指出："据统计，全国各种'西游记宫'曾经有50多个，全国各类民俗大观园和民俗村已达30余个，以表现国外文化和建筑为代表的'世界大观园'更是层出不穷，甚至很多城市要花巨资在盛夏'火炉'中营造冰雪'童话世界'。"[①]这样的公园很难有良好的经济效益。正是鉴于已经运营的主题公园中，相当一部分处于亏损状态，投资无法收回，2011年、2012年，国家有关部门两次发文，规范发展主题公园建设。政府文件发挥了积极的纠偏作用。近年来，在文旅融合的潮流中，主题公园又一次成为文化产业的投资热点，而数字技术的广泛使用，也使今日的主题公园呈现出新的形态和魅力。但部分企业的主题公园建设仍存在同质化严重、地方感缺失、独一性不显等老问题。

除了主题公园，其他的文化产业项目，也部分存在着由重复投资与重复建设而导致的"产业同构"与"同质竞争"的现状。部分地区的创意园区无创意、文化园区无文章、特色小镇无特色。一是只有硬件建设，缺少文化内涵，不能

---

① 邱玥：《主题公园，如何突围"同质化"》，《光明日报》2012年5月31日，第16版。

给游客带来良好的主题性游玩体验；二是一些地产商以主题公园、文化旅游、特色小镇的名义，或进行资本运作，或开发高端度假别墅和豪宅及高端公寓，影响了文化产业的发展。

（3）部分地区的节庆设置具有随意性。打造节日、举办节庆活动也是推动文化产业发展的路径。在打造文化旅游系列活动品牌、举办全国性文化旅游节庆活动的过程中，部分地区的节庆设置具有随意性。

确有许多有传统渊源、有现实意义的节日，以其丰富的历史根据和确定的人文内涵而获得良好的社会、经济效益，但也有一些节日是某些地方政府在项目建设压力和不良政绩观念之下"生硬"制造出来的，并不具有悠久的传统和约定俗成的纪念、庆祝等意义，甚至同本地没有什么直接关系。一些新设置的节日更多是出于商业造魅的考虑，突出表现了资本向文化、向生活的渗透。节日的数量是增加了，但节日的在地性、共享性和庆祝性等文化内涵却未获得。新兴节日之外，传统节日也被部分地区当作商机来理解和使用，其结果是有利有弊。"将传统节日作为契机，与旅游业相结合，既可以向外界展示民族传统与文化，又可以使民族地区逐渐摆脱区域化封闭的状态。但是有些传统节庆在进行旅游开发时，传统节日的历史价值和经济价值的关系往往容易失衡……传统的本真性丧失，传统节日所具有的历史感与神圣性荡然无存……对传统节日的传承主体来讲，经济的因素也会改变他们自身原有的传统文化观和价值观，而传承主体观念的转变，将会加速传统节日的消亡。"[①]

第二，文化市场存在的不良现象仍需警惕。

2014年，习近平总书记在文艺工作座谈会上发表重要讲话，他指出"在文艺创作方面，也存在着有数量缺质量、有'高原'缺'高峰'的现象，存在着抄袭模仿、千篇一律的问题，存在着机械化生产、快餐式消费的问题"之后，进而指出："在有些作品中，有的调侃崇高、扭曲经典、颠覆历史，丑化人民群众和英雄人物；有的是非不分、善恶不辨、以丑为美，过度渲染社会阴暗面；有的搜奇猎艳、一味媚俗、低级趣味，把作品当作追逐利益的'摇钱树'，当作感官刺激的'摇头丸'；有的胡编乱写、粗制滥造、牵强附会，制造了一些文化

---

① 林慧：《文化记忆的追寻与重建：中国传统节日保护对策研究》，中国人民大学出版社2017年版，第131页。

'垃圾'；有的追求奢华、过度包装、炫富摆阔，形式大于内容。"① "十三五"时期，文艺创作繁荣发展，公共文化服务效能不断提升，文物保护利用全面推进，非物质文化遗产保护传承卓有成效，文化产业和旅游业健康快速发展，文化和旅游产品更加优质丰富，中华文化走出去的广度和深度不断拓展，中华文化影响力不断扩大②。但仍需警惕文化市场中存在的不良现象，主要有两种类型。

一是拜金拜物现象。拜金拜物就是认为金钱与物质不仅万能，而且是衡量一切行为的标准的思想倾向。文化产品中的拜金拜物有的是含蓄的、暗示的，即通过故事、主角等，含蓄地表达一种"金钱至上""财富至上"的观念，渲染"豪门""金钱帝国"的景观；也有一些影视产品直接以"金钱的世界"为主题，通过展示豪车、豪宅、名牌、奢华生活等表达出对金钱财物的欣赏。当越来越多的受众沉浸在影视营造的金钱世界之中时，越来越多的拜金拜物影视产品也就随之而来。尤其要指出的是，连一向以独创性为特征和基础的文学界，也有少数作家以竞上"中国作家富豪榜"为追求。

二是情色成分。一些电视广告、游戏、表演艺术中存在"性暗示"，互联网上存在色情信息和淫秽物品，在一些本来严肃的题材中，也暗含色情性内容。例如某些粗制滥造、颠覆历史、时尚性感的抗战剧，不但把苦难生活和庄严残酷的战争丑化、恶俗化，也把历史剧当武侠剧，把耻辱当成娱乐，不但违背了历史真实，也违背了文化伦理，客观上丑化了抗日军民。

第三，部分文化企业破坏资源仍需整治。

文化开发是为了生产新的文化产品，但某些文化企业没有清醒的文化自觉和严格的文化规范，开发行为很可能转化为文化破坏。

一是损害历史遗产。拥有五千年悠久历史的中国是世界公认的文化资源大国。形态多样、内涵丰富的文化遗产，是中国乃至全球文化产业发展的不竭资源，需要中国和世界各国一起保护和继承。但是，在产业化开发过程中，一些遗产遭到某些文化企业不同程度的损害和破坏。一些地方的"申遗"变成一场相当程度

---

① 《习近平：在文艺工作座谈会上的讲话》，中国共产党新闻网，http://cpc.people.com.cn/n/2015/1015/c64094-27699249.html，2015 年 10 月 15 日。

② 《国务院关于印发"十四五"旅游业发展规划的通知》，中国人民共和国中央人民政府网，https://www.gov.cn/zhengce/zhengceku/2022-01/20/content_5669468.htm，2022 年 1 月 20 日。

的经济项目开发活动,直至损坏文化遗产。基于此,文化产业在发展中要遵循《"十四五"文化产业发展规划》的要求,"坚持把保护放在首位,推进文化遗产资源调查和系统性保护,在保护中发展、在发展中保护,发挥文化遗产在传承中华文化、铸牢中华民族共同体意识方面的重要作用,使文化遗产保护成果更多惠及人民群众"①。

二是歪写历史名人。某些古装电影为了吸引眼球,肆意修改历史情节,甚至出现"关羽暗恋刘备夫人"这样的离奇剧情。2016年是鲁迅逝世80周年,文化界有各种纪念活动,一些商家也从中看到了商机。在某僵尸题材的手游中,玩家将率领闰土、孔乙己、祥林嫂等众多鲁迅小说人物一起过关斩将,挑战强大邪恶的僵尸军团。为了保卫鲁镇,离乡多年的阿Q、闰土不再沉默,他们纷纷拿起刀剑,还招呼上赵太爷、藤野先生等乡贤一齐出马,誓要与那群可恶的僵尸决一死战。在遭到舆论严厉批评后,这款产品已经下线。

三是破坏生态环境。为了寻找真实感、现场感,一些影视剧组在建造符合预期的场景时,忽视了环境问题,置生态环境于不顾。污染古城环境,践踏原生湿地,丢弃废弃垃圾,改造历史遗迹,破坏自然景观,如此之类的行为一再被揭发出来。一部影视作品是完成了,留下的创伤和破坏却很难恢复。

第四,某些艺人品行多有不端仍需规范。

20世纪80年代,曾经有"痞子作家"一说。无论是当时还是现在,这种说法都是片面、夸张的,但并非没有具体所指。拥有知识并不必然使人高尚,从事艺术并不必然使艺人的生活美好。某些艺人品行不端,主要体现在以下几个方面。

一是艺术上的马虎。少数艺人德艺双缺,没有诚信,玩忽职守,替身表演,模仿抄袭,粗制滥造几为惯例。这类行为不但影响其作品,也向整个社会传播了不良之风。

二是经济上的贪婪。一些艺人一切向钱看,为了钱财甚至参与色情、低俗的网络作品和视频的制作。少数明星漫天要价同时又偷税漏税。在电视剧制作中,成本居高不下,尤以演员片酬占比最高,最终妨碍了其他制作环节的质量。

三是行为上越轨。某些艺人涉黄涉毒、虚假捐赠、侵犯异性,违背公序良

①《国务院关于印发"十四五"旅游业发展规划的通知》,中国人民共和国中央人民政府网,https://www.gov.cn/zhengce/zhengceku/2022-01/20/content_5669468.htm,2022年1月20日。

俗，甚至违法乱纪。2021 年 7 月，吴姓青年艺人因"感情"问题陷入风暴，相关舆情再次爆发。一位前知名娱乐公司的公关负责人说："被曝出的新闻是少数，大量丑闻被我们事先处理。生活中充满狗血，我无法接受这种状态。"[1]这位公关负责人最终选择离开娱乐公司。如果艺人行为都像这样，"狗血"得连公关人员都不愿为之服务，那么结果很可能是娱乐文化的真正堕落和无耻。

第五，某些文化企业缺少自律仍需治理。

以近年来取得优异成绩的电影产业为例，某些企业就存在票房造假现象。票房造假有这样几种形式。①瞒报票房。瞒报票房主要以影院为主导。尽管受院线的管理，但影院在对发行公司的票房上报中由于缺乏自觉性，仍然会少报、瞒报。上报票房一般是由影院将前一天票房登记成表递交给院线，院线再将各影院票房合计上报给发行公司。此外，在计算机售票系统的管理下，影院也会采用双系统报账来瞒报票房。某些影院就会装两个售票系统，一个用来真实地向观众出售电影票获取票房，另一个则专门用来票房造假并凭此与制片方等进行票房分账。②虚报票房。院线方的作用主要是获得制片方的片源，在下属影院中进行排片和放映。为了拿到更好的、更有可能获得高票房的片源，院线需要提高自己的知名度，彰显优秀的经营能力。为此，某些院线在媒体报道中会虚报该院线内的票房收入，以此争得票房收入排名靠前，来吸引制片人、媒体和观众的注意力。在媒体或个人等对影院票房进行询问或调查时，院线要么直接凭空虚报数字，要么凭借管理着多个下属影院，将多条院线数据合并报出。③偷票房。偷票房是指将本应参与缴税和分账的票房收入通过一些手段转移至影院或院线名下。影院主要是通过手写电影票或直接不给票来偷票房。④转移票房。即将本应属于甲影片的票房偷偷记在乙影片名下。通常情况下，甲影片是品质上乘、对观众吸引力较高的影片，其票房实际被转移到乙影片下。"捆绑"销售是转移票房的一种常用手段。某些影院向观众推出两部影片的优惠套餐，通常情况下被捆绑的为一部优质影片和一部较差影片。观众主要关心的是组合套餐的总价，而影院则可以在每部影片的单独价格上动手脚。如果甲影片为需要完成销售指标的影片或分账比例较高的影片，影院就会将甲影片的票面价格在可操控区间内提到最高。⑤买票房。买票房主要是制片方或发行方为了

---

① 贺泓源：《谁能替代吴亦凡？》，《21 世纪经济报道》2021 年 7 月 20 日，第 11 版。

影片的宣传和带动观影效应而自掏腰包的一种行为，主要集中在电影上映初期的一段时间内。为了制造电影火爆的假象，制片方或发行方在各种媒体方式上虚假宣传电影预售、首映日或首映周的高票房纪录，从而吸引观众进入影院为该片贡献票房，并诱导影院给予该片更多的排片，对同期影片造成影响。⑥先买后退。2018年某影片上映后，由于在互联网票务平台上显示其预售成绩十分理想，众多影院给了该片较多的放映安排。但在影片上映一天后，影院遭遇大规模退票行为，这给影院方面带来了损失。普通群众对事件的关注点和讨论点集中在票房造假上，对电影行业的形象产生了极大的负面影响。①

第四节　着眼于改革的反思

"十三五"期间，在以习近平同志为核心的党中央坚强领导下，在各级党委政府大力推动和社会各界共同努力下，我国文化产业繁荣发展，2015年至2019年，全国文化及相关产业增加值从2.7万亿元增长到超过4.4万亿元，年均增速接近13%，占同期国内生产总值比重从3.95%上升到4.5%，文化产业在促进国民经济转型升级和提质增效、满足人民精神文化生活新期待、提高中华文化影响力和国家文化软实力等方面发挥了重要作用。②我国文化产业取得了优异成绩，同时我们也应当重视和纠正文化产业发展中仍存在的问题，朝着新的方向迈进。

其一，发展目标的经济化。

某些地方政府过多地从经济方面规划文化产业，在这一情况下，文化产业被狭隘地理解为文化经济化、文化工具化，一定程度上放弃了以文化平衡资本逻辑、矫正发展偏至的责任。某些地方政府仍以经济成效为政绩标准，先是把政绩还原为经济数据，然后以经济方式推动文化产业，基本上没有走出"文化搭台，经济唱戏，政府数钱"的阶段。必须强调，文化产业固然是经济的一个部门，但更是文化的一种形态，"文化产业"必须是"文化"的产业。一种只

---

① 关于电影票房造假的分析，由上海交通大学文化产业管理专业2018届毕业生程茜同学起草。

②《文化和旅游部关于印发〈"十四五"文化产业发展规划〉的通知》，中华人民共和国文化和旅游部网，https://zwgk.mct.gov.cn/zfxxgkml/cyfz/202106/t20210607_925033.html，2021年5月6日。

讲经济利益的发展方式，不可能真正发展文化产业。经济不是文化产业发展的唯一目标，文化的发展必须以人为本，文化产业必须坚持文化品格。

其二，发展方式的运动化。

文化产业的发展无可限量。无论是其市场规模的持续扩大，拉动效应的日益显著，还是其在提升内需、走向全球方面的巨大潜力，都充分显示出文化产业在中国现代化进程中的特殊地位。充分意识这一点，各级政府不但为文化产业发展提供了良好的政策环境、舆论环境，也向文化产业提出了更高的要求，这就是高质量、可持续的发展之路。

某些地方政府以潮流式、运动式方式发展文化产业，这可能收获一时成果，但文化创造本身是缓慢的、累积性的，像文艺、学术之类的文化创造通常都要有相当久的酝酿和准备才能有所成就，即所谓十年磨一剑。过分强烈的功利考虑可以收获一些直接配合现实需要的产品，一时的热闹也有其广泛动员性的功能，但仅仅这些，不可能产生可以支撑文化产业的永续力量。昨天的"杰作"今天看来可能就成为泡沫，今天还轰轰烈烈的主题明天可能就无人问津。王国维先生早就指出："夫物质的文明，取诸他国，不数十年而具矣，独至精神上之趣味，非千百年之培养，与一二天才之出，不及此。"[①]这些地方政府的潮流式、运动式的"抓"法是不可能天长日久的，接下来的往往是淡漠和忽视。从文化史的经验来看，"重视"的意义不是短促突击、立竿见影，而是坚持不懈地营造环境、转移风气、保护人才等等。

其三，发展手段的硬件化。

文化产业的硬件包括资金、技术和设备，软件则主要是包括制度环境、人才和管理。作为一个新的产业类型，文化产业在形成期必须有各种硬件的投入。我们曾经有过文化投入不足、文化产业的投资融资困难的时期。但21世纪以来，特别是《文化产业发展专项资金管理暂行办法》等国家政策出台后，文化产业硬件投入的阻力逐渐减小，而更为核心和关键的软件问题却浮出水面，从某些地方政府的文化产业建设实践来看，这一方面的问题仍旧存在。

文化产业不同于其他产业的特点，在于其对文化资源、创意能力、审美趣

---

① 王国维：《文化与教育》，见周锡山编校：《王国维集》第四册，中国社会科学出版社 2008 年版，第 10 页。

味的高度依赖。不能简单地把"诗穷而后工"的古训转用到文化产业，但只有充分的硬件条件肯定不能促进文化产业发展。真正需要的是指导硬件进行生产，为生产线提供想象力、表现力和创造力，以及将这些能力准确及时转换为文化产品的一整套灵活运作过程才是文化产业的核心所在。郭梅君指出："作为一种特殊的生产要素，创意与一般的、已经显性化、编码化的知识不同，创意具有高度难言性、不确定性和互补性的特点。"①这里所说的"高度难言性、不确定性和互补性"就在于，它需要的是对文化资源与实际生产条件进行创造性整合，需要捕捉、保护、物化彗星一闪的灵感、符号、意义并作用于传播、营销等一系列环节之中。这一过程是人创造力的体现，某种程度上与艺术创作有些许相似之处，并非机械所能够代替。同时国家的文化产业繁荣也不是单纯凭借大规模投资或者依靠几个优秀的艺术家实现的，而要由一整套围绕着文化产品的设计、分析、调研、消费、宣传而构成的现代化产品运作体系实现。在这个体系中，需要各种各样的专业人才：文艺家、设计者、创意人员、制作人员、经纪人、营销人员、管理人员等。同原有产业相比，文化产业更加突出了弹性、灵活性，将从业人员的个人创意能力、人文精神和文化素养摆到了更加重要的位置。因而文化产业的振兴有利于文化"软实力"水平的提升。这是无法通过单纯"投钱"和"批地"的运营模式能够解决的。

解决上述三个问题，需要深化文化、经济、政治、社会等领域的改革，其中最重要的是文化政策的进一步调整与文化体制的进一步改革，是社会主义市场经济体制的进一步完善。从文化理论上说，如何认识和处理文化产业的社会效益、经济效益及其相互关系，关乎中国文化产业发展的全局。文化是价值，创意是生活，文化和创意最终都是为了人。这就要坚持社会效益优先并且实现社会效益与经济效益的统一，确保文化产业社会效益的最大化、最优化。这就是本书研究的主题。

---

① 郭梅君：《创意转型：创意产业发展与中国经济转型的互动研究》，中国经济出版社 2011 年版，第28-29 页。

第二章

作为社会效益之可能条件的文化价值

　　本书的主题是研究文化产业的社会效益，但首先要讲的是"文化价值"。一种经常听到、看到的说法是：文化有意识形态属性，也有商品属性。——就没有文化属性吗？另一种说法是：文化不但有自身价值，还有经济、政治、社会和生态价值。——这几种价值是平行的吗？这类说法不但存在着层次不清、概念混淆的问题，而且也没把握文化之为文化的根本属性和独立价值。严格说来，文化的"内在价值"（intrinsic value）是先于"工具价值"（instrumental value）的，即先有文化的存在，然后产生经济功效等。为避免概念混淆，我们把"内在价值"称为文化的"价值"（cultural values），而把各种"工具价值"称为"效益"（impact/implication）。由此而来的基本观点是：文化产业具有文化"价值"，即有不同于其他物质产业的"文化"内涵和属性；文化产业与经济、政治、社会和生态相互联系、相互作用并对各方面产生影响，即文化产业具有经济、政治、社会和生态"效益"。

第一节　文化价值的自律性

　　"文化"是一个不容易界定的概念，不同时代、不同立场、不同需要，都在影响着对"文化"概念的使用，每一种重要的文化理论几乎都有自己的文化定义。比如，对当代文化理论产生重大影响的马克思，就很少使用"文化"这个概念。他有时循黑格尔而来，用"精神"概念来指称文化，但更强调"精神"内在于人类社会的一般"生产"之中。在更多的情况下，马克思用"意识形态"这一概念来指称文化，这是一个与社会的经济基础、政治法律等上层建筑相对而言的概念。对另一些人，比如对诗人托马斯·艾略特来说，社会文化的基础在宗教，"一个民族的文化是其宗教的体现"[①]。在通常的情况下，我们所说的"文化"主要是指文学艺术和文化遗产。这并不是说文化只是艺术或限于艺术，而是强调，文化产业的兴起主要是艺术与审美向社会生活各个领域的扩张。以广义的艺术为中心，我们可以更精准地把握文化的特殊性，并据此把文化作为社会生活中一个相对独立的领域，分析其与社会生活的其他领域，如经济、政治及（狭义的）社会的关系。

文化之所以有自身的价值，在于它有自身的相对独立性或自主性、自律性。从率先进入现代的西方文化来看，这种相对独立性是经过两个层次的分化而得以建立的。首先是社会生活中经济、政治、文化的分化，其次是文化领域科学、道德与艺术的相对独立。与此相应，文化理论对此也有两种论述思路与知识传统。

第一个思路或知识传统就是社会理论中对现代社会的分析。按 20 世纪中叶经典现代化理论的看法，为了使社会变迁为现代性社会，社会的传统结构和价值必须完全由一套新的现代社会结构和价值来替代，如经济领域的工业化、政治领域的民主化、社会领域的城市化以及价值观念领域的理性化的过程。"分化"是现代性的特征。[②]对此提出基础性论述的是美国社会学家塔尔科特·帕森斯与丹尼尔·贝尔。

帕森斯有关文化的论述，有两个基本理论。一是社会行动理论，二是社会系统理论。分别论述这两种理论的是《社会行动的结构》（1937）、《社会系统》（1951）两本著作。在《社会行动的结构》一书中，帕森斯全面总结、分析的维尔弗雷多·帕累托、埃米尔·涂尔干、马克斯·韦伯和经济学家阿尔弗

---

① 〔英〕艾略特：《基督教与文化》，杨民生、陈常锦译，汪洣校，四川人民出版社 1989 年版，第 106 页。

② 〔美〕塔尔科特·帕森斯、尼尔·斯梅尔瑟：《经济与社会——对经济与社会的理论统一的研究》，刘进、林午、李新、吴予译，林地校，华夏出版社 1989 年版，第 43 页。

雷德·马歇尔等人的思想与理论，综合形成其"结构功能主义"的社会理论。这种理论认为，社会学理论的核心就是回答社会秩序何以可能这一关键问题，研究这个问题的出发点是"社会行动"，而社会行动最基本的单位是单元行动。在分析的意义上，任何行动单元都可以分解为四个要素：有一个行动者；有某种行动目的（行动者希望达到的预期状态）；有一定的行动情境（行动者能加以控制的手段要素和不能控制的条件要素）；有一定的行动规范取向（指行动者在确立目标、选择手段、克服障碍时所遵循的社会标准）。把单元行动分析为这四个要素，表明帕森斯社会理论的两个特点。一是强调文化的作用。任何单元行动都涉及主观目的，并构成行动中的意志自主因素。这种意志自主的努力，使行动情境得以区分为手段与条件。规范作为一种主观要素，对行动者的这种努力起着调节作用，使行动与社会秩序结合起来。二是强调系统性，他不但强调这四个要素是相互关联的，而且认为单位行动都在特定的行动系统中发生。所以社会行动理论的研究重点不是各个单位行动，而是行动系统，即行动者与其状态之间发生的某种稳定的相互关系。

社会行动是一个庞大的系统。帕森斯认为，社会系统是一种行动者互动过程的系统，行动者之间的关系结构就是社会系统的结构单位之一。社会系统中的行动者通过社会身份和社会角色与社会发生联系。一种身份就是社会中的一种地位，角色是与这种地位相应的规范行为。角色是相互性的，角色之间相互期待，由此而形成社会的角色结构。集体则是一系列互动的角色组成的系统。社会系统的结构单位之二，是各种社会制度。社会制度由价值观和规范构成，是围绕一定的功能焦点而组织起来的权利与义务的模式，是制度化了的身份与角色的复合体。社会系统为了保证其本身的存在、持续以及有效性，必须满足一定的功能要求。在一般意义上，社会系统须有以下四种必要功能。

适应（A，即 adaptation）：能够适应不断变化的内外环境。

达到目标（G，即 goal-attainment）：能够制定该系统的目标和确立各种目标间的主次关系，并调动资源和引导社会成员去实现目标。

整合（I，即 integration）：能够使系统各部分协调为一个起作用的整体。

模式维持（L，即 latency pattern maintenance）：能够维持价值观的基本模式并使之在系统内保持制度化，以及处理行动者的内部紧张和行动者之间的关系紧张问题。

这就是习称的 AGIL 功能模式。为了充分发掘这些功能，社会系统在组织上产生功能分化，由经济系统、政治系统、社会系统和文化系统分别执行适应、达到目标、整合与模式维持这四种功能。这四种基本功能是系统得以稳定的前提，当系统出现越轨和偏离常态的现象时，可通过系统本身的自动调节机制，使系统恢复到新的正常状态。所以这四种功能在各层次的系统中都存在。对行动系统来说，执行这四种功能的亚系统依次为行为有机体系统、人格系统、社会系统和文化系统。①

在帕森斯的系统中，文化系统由规范、价值观、信仰及其他一些与行动相联系的观念构成，是一个具有符号性质的意义模式系统。他通过文化观念和价值系统的内化与制度化来论述社会系统的一致性问题，既论证了文化在社会系统中的必要性，也论证了文化系统的相对独立性。同时，帕森斯也认为，在社会系统与其他系统之间，在社会系统的各子系统之间，存在着相互依存和相互交换的关系，即多种多样的输入-输出的交换关系，形成社会系统的过程。由于社会行动有着符号-文化的一面，这些输入-输出交换关系具有信息性质，基本的行动过程就带有沟通特点。简单的输入-输出交换可以是直接的，但在比较复杂的系统里，则需要交换媒介。帕森斯认为，金钱、权力、影响、义务就是一些交换媒介。一般化了的媒介具有符号性质。这些媒介在集体互动和个人互动中被使用。通过交换，社会秩序得以结构化。

经济、政治、文化是作为整体的社会的三大构成领域，文化必须参照经济、政治来探索和确立自己的本质。这种分类，经由贝尔的论证，已经成为现代社会理论的主导性观点。

19 世纪的西方思想的一个重要想象是把社会看成一个网络，黑格尔的"精神"（geist）、马克思的"生产关系"，都是统一各种社会的内在原则。但是，到 20 世纪 60 年代，贝尔感到，"不管这种蛛网概念以往是否有理，我认为目前它已站不住脚了。西方历史上可能有几次——例如在基督教中世纪，或资产阶级上升时期——曾经存在过统一性的社会与文化模式。像宗教及其教阶等级

---

①〔英〕帕特里克·贝尔特、〔葡〕菲利佩·卡雷拉·达·席尔瓦：《二十世纪以来的社会理论》，瞿铁鹏译，商务印书馆 2014 年版，第 80-88 页。

观念，就曾反映在封建社会结构里，而宗教热情也融合于当时的文化象征主义。资产阶级兴起时，亦可能曾有一种社会模式贯穿于所有领域，从经济关系到道德规范、文化观念和品格构成。同时，人们能视历史为一种人类征服自然、改变自己的进步过程"[1]。在20世纪中叶，历史不再是黑格尔-马克思意义上的辩证的了，贝尔这样认为：

> 与社会统一观相反，我认为较有益的方法是把现代社会（我此刻不管它与以往社会的继承联系）看作由三个特殊领域组成，每个领域都服从于不同的轴心原则。我把整个社会分解成经济-技术体系，政治与文化。它们之间并不相互一致，变化节奏亦不相同。它们各有自己的独特模式，并依此形成大相径庭的行为方式。正是这种领域间的冲突决定了社会的各种矛盾。[2]

按照这个观点，经济、政治与文化三个领域由不同的甚至是相反的轴心原则加以调节，相互之间不存在简单的决定性关系。

经济/技术系统的任务关系到生产的组织和产品、服务的分配，这是以严密的等级制、精细分工制为特征的体系。它构成社会的职业和科层系统，并涉及技术的工具化运用。技术领域的轴心原则功能理性，其调节模式是经济化。从本质上说，经济化意味着效率（efficiency），其目标是最大限度地获取利润。其中的个人也必然被当作"物"而不是被当作人来对待（用社会学术语说，此处人的行为受到"角色要求"的调节），成为最大限度谋求利润的工具。一句话，个人已消失在他的功能之中。

政治作为社会公正和权力的竞技场，掌管暴力的合法使用，调节冲突，以维持社会传统或宪法所体现的公正概念，其轴心原则合法性是平等（equality）原则：法律平等、公民权利平等，以及社会与经济权利平等。

文化是象征形式的领域，人们通过艺术与仪式，以想象的表达方法诠释世

---

① 〔美〕丹尼尔·贝尔：《资本主义文化矛盾》，赵一凡、蒲隆、任晓晋译，生活·读书·新知三联书店1989年版，第56页。

② 〔美〕丹尼尔·贝尔：《资本主义文化矛盾》，赵一凡、蒲隆、任晓晋译，生活·读书·新知三联书店1989年版，第56页。

界的意义，尤其是展示那些从生存困境中产生的、人人都无法回避的所谓"不可理喻性问题"，诸如悲剧与死亡，在这种同生存哲学反复遭遇的过程中，人开始意识到凌驾于一切之上的根本性问题——歌德称之为"原本现象"。文化领域的特征是自我表现和自我满足。贝尔认为："它是反体制的，独立无羁的，以个人兴趣为衡量尺度。在这里，个人的感觉、情绪和判断压倒了质量与价值的客观标准，决定着文艺作品的贵贱。这种个人情绪在最偏激的时候，只要求一首诗、一出剧或一幅画'与我有益'，而不管它是精美佳作或虚浮赝品。不难理解，文化的民主化倾向会促使每个人去实现自己的'潜力'，因此也会造成'自我'同技术-经济秩序所需的'角色要求'不断发生冲撞。"①

根据这样一种论述框架，当代社会的经济、政治与文化的分化可以得到充分说明。贝尔指出了：

> 社会变革有着不同的"节奏"，三个领域之间也不存在简单的决定性关系。技术-经济体系的变革是直线型的，这是由于功利和效益原则为发明、淘汰和更新提供了明确规定。生产效益较高的机器或工艺程序自然会取代效益低的。其中的含义是进步。但在文化中始终有一种回跃（ricorso），即不断转回到人类生存痛苦的老问题上去。人们对问题的解答可能因时因地而异，他们采取的提问方式也可能受到社会变革的影响，或干脆创造出新的美学形式。但是其中确实没有一项清楚无误的变化"规矩"。②

经济技术与时俱进，但文化却总是一再"回归"永恒的主题。沧海桑田，人物皆非，但生死爱欲这些基本的问题，始终纠缠着人类。如此，经济与文化之间有时并不和谐。

> 现代社会紧张局势的结构根源：它存在于官僚等级制的社会结构和郑重要求平等参与的政治体系之间，存在于依据角色和专业分工建

①〔美〕丹尼尔·贝尔：《资本主义文化矛盾》，赵一凡、蒲隆、任晓晋译，生活·读书·新知三联书店1989年版，第26-27页。

②〔美〕丹尼尔·贝尔：《资本主义文化矛盾》，赵一凡、蒲隆、任晓晋译，生活·读书·新知三联书店1989年版，第58-59页。

立的社会结构与迫切希望提高自我和实现个人"完美"的文化之间……断裂观念是分析研究现代社会的一项基本理论方法。①

第二个思路或知识传统是康德-韦伯传统的"文化自律"论。贝尔所说的"文化"主要是艺术，他是以艺术来与政治、技术-经济系统并列论述的。但实际上，文化除包括艺术外，至少还有科学认知与道德伦理。因此，以艺术为文化，还需要进一步论证。

18世纪德国哲学家伊曼努尔·康德以其三大批判给三个不同的价值领域划界，即真（科学）、善（道德，包括宗教）、美（艺术），每个领域都有不同的原则、标准和实现途径。康德美学的主题是审美自律、艺术独立。从质上说，审美判断以其主观感受而不同于指向客观属性的逻辑判断，而这种主观感受又是无利害的（获得或占有对象的欲望），所以审美无利害而有快感。从量上说，审美判断虽不涉及概念，却有主观普遍性的要求，所以它无概念而有普遍性。从关系上说，虽然审美的对象没有目的，但审美却将对象看成仿佛具有一个目的，因而是无目的而又合目的性的。从模态上说，审美作为一种特殊的判断要求普遍的同意，它预设了一个所有人的"共通感"。康德的观点内含矛盾，但其文化价值一分为三（真善美）的观点和方法，确实对现代文化价值的分裂提供了有力论述。②

康德之后，德国思想家韦伯在探索西方理性化时，同时分析了文化相对独立性建立的过程。所谓西方的"理性化"，在其特殊的含义上，是指宗教的理性化，即不断消除巫术的思想与实践。韦伯认为，考察一种宗教所达到的合理化程度，主要有两种在许多方面有着内在联系的标准。一方面要看它在何种程度上脱离了巫术，另一方面要看其系统统一性的程度，这里主要是指上帝与世界的关系以及上帝与世界的伦理关系在何种程度上达到了统一性。在这方面，最重要的是教士和先知们的有条不紊的活动，如确立完整清晰的意义体系和统一连贯的符号体系等。韦伯认为："要打破巫术的势力，建立一种合理的生活方式，自古就只有一个方法，这个方法就是伟大的理性预言。并不是每一种预

---

① 〔美〕丹尼尔·贝尔：《资本主义文化矛盾》，赵一凡、蒲隆、任晓晋译，生活·读书·新知三联书店1989年版，第60页。

② 参见单世联：《西方美学初步》，广东人民出版社1999年版，第278-298页。

言都能摧毁巫术的势力，而只有预言家能以神迹等方式提出凭据，方有可能打破传统的神圣条规。预言已经把世界从巫术中解放了出来，这样才为我们现代科学和技术，为资本主义打下了基础。"①在其普遍的意义上，理性化是指西方世界持续了近千年的价值分化过程。

在 1915 年 11 月发表的《中间考察》以及未完成的《经济与社会》手稿中，韦伯在康德基础上，把 18 世纪以来的现代自律艺术理解为基督教规定的一体化宗教观，其在宗教改革与启蒙主义的冲击下分化为一些独立的领域，如科学（理性）、伦理（正义）、艺术（美），这些领域的出现以及它们所体现的进步、解放和真理，构成了启蒙与现代性的预期内容。作为其"世界诸宗教之经济伦理"研究的一个总结，韦伯在《中间考察》以及未完成的《经济与社会》手稿中，概括了政治、经济、审美、性爱、知性五个领域的理性化过程，断定宗教的博爱伦理与任何一种遵循自身规律的目的理性行为都会形成一种动态的紧张关系，这种紧张正是理性化的动力之一。以审美和艺术而言，自古以来，宗教既是艺术创作的无穷源泉，也是将艺术创作加以传统束缚而使其风格化的一股源泉。绘画、雕刻、音乐、建筑、工艺等艺术品及其创作过程很多以宗教热诚为基础并与教堂、寺庙的财产结合在一起。但是，基督教所要求的艺术内容与艺术自身的感性形式始终存在着深刻冲突，艺术形式内在地具有超越宗教象征、寓意的要求，这不但形成艺术形式与内容的分裂，也威胁着宗教的权威。"艺术与宗教的冲突在真正的禁欲主义那里达到了顶点，后者认为屈从于艺术价值将会严重破坏生活行为的理性系统化，这种紧张关系随之可被称为准艺术的理智主义的发展而不断加剧。""宗教对艺术的贬抑，通常都会伴以对巫术、纵欲、迷醉和仪式主义等等要素的贬抑，同时则支持禁欲主义的、唯灵论的以及神秘主义的美德，而圣经宗教对祭司和俗人的教育所具有的理性的文学性质，则会进一步强化那种贬抑态度。"②所以对宗教来说，作为体现巫术效用的媒介的艺术，不但没有什么价值，而且还令人生疑。"一边是宗教伦理的升华与救赎追求，另一边则是艺术之固有法则性的开展，两者之间趋向一种日渐增加

---

① 〔德〕马克斯·韦伯：《经济通史》，姚曾廙译，上海三联书店 2006 年版，第 227 页。

② 〔德〕马克斯·韦伯：《经济与社会》第一卷，阎克文译，上海人民出版社 2010 年版，第 747-748 页。

的紧张关系。"①艺术与宗教的紧张关系在古典传统中是不可能解决的。在宗教方面，古典传统关心的是与救赎有关的行为与事物的意义，而不是它们的形式；在艺术方面，只要艺术家天真地把关注的焦点放在艺术内容而不是形式上，艺术就能与宗教相遇而安，而这又是不可能的。这一紧张使宗教与艺术两方面的代表人物都深感苦恼。美感愉快与宗教虔诚，以及艺术与伦理的对立，把人置于非此即彼的取舍之中，逼人在审美享受与宗教戒律之间作选择。无论作何选择，总有一个方面被否定。只要艺术没有自己的独立价值，就必然会陷于这样的处境。在现代社会，这种冲突在审美/功利、艺术/道德之间进行。

韦伯认为，独一无二的艺术价值的发现和确认，有待于理性主义的教化。首先是宗教改革的荡涤，然后是 18 世纪启蒙主义的破坏，形成了西方世界世俗与宗教的分离的格局，使得政治、经济、审美、性爱、知性五个过去彼此不分的领域分途发展。在此知识分化的过程中，艺术摆脱了宗教伦理的控制而把自身建构为一个由自主性价值组成的系统。这种独立的艺术不再服务于宗教，而是关注属于自身的感性形式和审美标准，其救赎功能只限于此世人间：把人类从日常生活中解救出来，从渐增的、理论的、实践的理性主义的压力下解救出来，此即通常所说的艺术是一个不同于日常生活的美的领域。

> 主智主义的开展与生活理性化的进展改变了此一状态。因为，如此一来，艺术便逐渐自觉地变成确实掌握住其独立的固有价值之领域（kosmos）。艺术从此据有某种（无论在何种解释之下的）此世之救赎的功能，亦即将人类日常生活之例行化中——特别是处于理论的、实践的理性主义压力愈益沉重的情况下——解救出来的功能。②

启蒙的"除魅"，旨在把世界从巫术与神话中解放出来，把人们从"偏见"和"迷信"中解放出来，重建一种基于科学理性基础上的主/客关系。它首先将一种自由的信仰，然后将科学、政治、哲学和艺术，从教会的统治下解放出来。于是，在"价值领域的分化"（韦伯）中，科学、道德和艺术各自成为独立的

---

① 〔德〕韦伯：《中间考察——宗教拒世的阶段与方向》，见〔德〕韦伯：《中国的宗教；宗教与世界》，康乐、简惠美译，广西师范大学出版社 2004 年版，第 527 页。

② 〔德〕韦伯：《中间考察——宗教拒世的阶段与方向》，见〔德〕韦伯：《中国的宗教；宗教与世界》，康乐、简惠美译，广西师范大学出版社 2004 年版，第 528 页。

价值领域。所以，尤尔根·哈贝马斯总结指出，韦伯所说的合理化过程包括社会、文化和个性三个方面。社会合理化是资本主义经济、现代国家的分化以及法律的形式化和成文化。文化合理化指科学、道德和艺术分化为不同的活动领域，分别探讨真实性问题、正义问题和趣味问题，自主性是现代文化的特征。个性系统或生活方式的合理化指方法论生活方式，伦理理性主义即信念伦理、认知合理化与法律合理化等都渗透到个性系统之中，并与职业领域建立密切联系。①

简单地说，帕森斯-贝尔阐明了作为一个整体的社会，在其现代化过程中分化为政治、技术-经济与文化三个相对独立的领域的过程；康德-韦伯传统论证了文化领域科学、道德和艺术的分化过程、动力和后果。经过这两个分化过程，不但文化具有相对于经济、政治的独立性，而且艺术在文化领域中也拥有与科学、道德相对的独立性。我们通常所说的文化自律或文化价值的独立性，包括这两个含义。

然而，无论是文化（主要指艺术）之于经济、政治的相对独立，还是文化领域内各种价值（真善美）的相对独立，都是相对的、一定程度的。所谓分化、所谓自律，绝不意味着文化在社会生活中、艺术在文化生活中孤立绝缘或毫无关联。美国社会学家兰德尔·柯林斯认为："社会因果关系是非常复杂的，因为所有的机制（政治、经济、家庭、文化等）都是相互影响的。存在着种种因果链条、善恶循环；历史是一张没有裂缝的网。19世纪的思想家是幼稚的，他们总想分离出一个最基本的因素：遗传、环境或是经济。帕森斯知道这是不可能的。但正是这种相互关联提供了一种解决路径：社会是由相互联系的各部分组成的一个系统。这一模式类似于经济学的系统，在后一系统中，很多个体独立行动，但在不属任何人控制的一只看不见的手的指引下，这些行动形成一些可以预测的结果（比如说，价格的上涨或下跌）。社会学的任务就是要探求在所有社会中引导那只看不见的手的规律。"②必须指出，无论是经济、政治与文化的区分，还是文化领域科学、道德与审美的区分，都有其历史的必要性和

---

① 〔德〕尤尔根·哈贝马斯：《交往行为理论 第一卷 行为合理性与社会合理化》，曹卫东译，上海人民出版社2018年版。

② 〔美〕兰德尔·柯林斯、迈克尔·马科夫斯基：《发现社会——西方社会学思想述评》，李霞译，商务印书馆2014年版，第333页。

理论的合理性。这种区分为现代文化的独立发展提供了论证，而参与"区分"工程的思想家也绝非"幼稚"一词所能评价。在这样的前提下，我们才可能研究分化之后各领域的相互关联。

就经济、政治与文化的三分而言，也只是一个相对的区分。马克思早就认为，生产方式在塑造社会的所有其他方面具有决定性作用，文化作为一种意识形态是经济基础的反映，本身不能独立自主。然而，马克思、恩格斯也注意到，如果只是对文化进行单向度的经济解释，很可能把所有的文化形式都视为经济的消极结果，忽视文化对包括经济在内的各社会领域的影响和作用，忽视文化创造主体的积极性和主动性，忽视各文化领域自身的特殊性、继承性和发展规律。以唯物史观来说明文化的相对独立性，格奥尔格·卢卡契的表达最为清晰："马克思和恩格斯从来没有否认人类生活中各个个别活动领域（法律、科学、艺术等）有着相对独立的发展，也没有忽视个别的哲学思想总与旧有的哲学思想相衔接并且是它进一步的发展，对它进行过斗争和纠正等等。马克思和恩格斯所反对的，只是那种认为科学或艺术的发展能够完全或者主要从它们的内在关系来进行解释的观点。这种内在关系在客观现实中无疑是存在的，但是它们仅仅作为一些历史关系的因素，作为历史发展整体中的因素而存在。在这整体中，经济的原因，也就是生产力的发展，在错综复杂的相互作用中起着首要的作用。"①这段话基本上是对恩格斯晚年观点的申论，它强调的是历史发展的"整体"性：整体之为整体，在其各要素的相互影响，马克思主义强调的是在这个相互影响的整体中，经济具有决定性作用。那么如何理解上层建筑各领域的"相对独立性"呢？卢卡契认为："人类的精神活动在它的每一领域都具有一定的相对独立性。这种情况在艺术和文学中尤其如此。每一个这种活动领域、每一部门——通过创造着的主观——都在自己发展着，它们与自己的先前的创造物直接相联系，虽对之进行了批判和论战，但总在向前发展。""具体分析起来，每一种发展都有它特殊的性质；不能把在两个发展过程中看到的平行和相似的现象作为普遍公式到处机械地加以套用；各个领域的发展——在总的社会发展

---

① 〔匈〕卢卡契：《马克思、恩格斯美学论文集引言（1945年）》，严宝瑜译，见中国社会科学院外国文学研究所外国文学研究资料丛刊编辑委员会编：《卢卡契文学论文集》一，中国社会科学出版社1980年版，第274-275页。

规律范围之内——都有它自己的特殊性质、特殊规律，这些道理是不言而喻的。"①卢卡契用"不言而喻"来说明"决定论"并不否定"主体性"和"相对独立性"，但这里的"主体性"和"相对独立性"只是第二位的，是对"决定论"的补充。

就文化领域的价值分化而言，康德在区分了真善美三大系统后，进而提出了统一诸价值领域的方案。一是承认人受经验世界的一切规律的支配，但又另划出一个自主自由的价值世界，两个世界最后统一于"上帝"这个概念之下。二是通过"判断力"完成，判断力批判不只是王国维理解的"纯粹美学"，也是沟通必然与自由，也即知识与价值的"目的论"。从目的论的观点出发可以把自然先验地看成整体，在自然因果的机械活动中看出实现理性的最高目的。尽管康德的"上帝"等预设极为可疑，其"物自体""先验综合理性"等也令人感到无所归依，但主张真善美相对独立的康德并不认为各个领域是互相分离的。同样，韦伯就进一步指出，现代经济技术、政治组织和艺术形式都明显地受理性主义支配：将"资本主义精神"的发展看作是理性主义整体发展的部分现象，似乎是最好理解的，而且此种精神应该是从理性主义对于终极人生问题的原则态度衍生出来的。②西方艺术的结构、形式组织、风格等也与科学、技术、法律、国家等一样，都属于统一的理性化过程，它同样可以在与非西方艺术的对比中得到确证。③

以唯物史观为基础，结合西方现代性的各种论述，我们认为，现代文化具有相对独立性，它不但不是经济、政治的反映或衍生物，而且对经济、政治有积极的反作用。这也就是毛泽东所说的："一定的文化（当作观念形态的文化）是一定社会的政治和经济的反映，又给予伟大影响和作用于一定社会的政治和经济。"④所以，文化有其相对独立性这一点应当是得到确认的。这种独立性

---

① 〔匈〕卢卡契：《马克思、恩格斯美学论文集引言（1945年）》，严宝瑜译，见中国社会科学院外国文学研究所外国文学研究资料丛刊编辑委员会编：《卢卡契文论文集》一，中国社会科学出版社1980年版，第276-278页。

② 〔德〕马克斯·韦伯：《新教伦理与资本主义精神》，阎克文译，上海人民出版社2010年版，第201页。

③ 〔德〕韦伯：《资本主义精神与理性化》（即《宗教社会学序言》），见〔德〕韦伯：《中国的宗教；宗教与世界》，康乐、简惠美译，广西师范大学出版社2004年版，第449-450页。

④ 毛泽东：《新民主主义论》，见毛泽东：《毛泽东选集》第二卷，人民出版社1991年版，第663-664页。

之所以能够合理存在，在于它有其不同于政治、经济的特殊价值内涵，也就是真善美。

文化有其自身的价值，但文化与经济、政治和社会等关系密切，不但受到经济、政治和社会的积极使用，而且也对经济、政治和社会发挥主动的作用，这就引出了文化的经济效益、政治效益、社会效益的问题。当然，在文化有无种种效益的问题上，也有两种针锋相对的观点。这一点，我们下章再论。

第二节　真善美的统一与分化

现代社会分化为若干具有相对独立性的领域，每个领域都有其自身的内涵、属性，我们通常称之为文化的"特殊性""自律性""自主性""特殊规律"等，一言以蔽之，即"文化价值"。在中外文化史上，文化价值的内涵都被界定为"真善美"。它们分别是人类三种创造活动所追求的价值。

一切认知性活动求真，一切伦理性活动求善，一切艺术性活动求美。在黑格尔哲学体系里，哲学、道德和艺术都属于"精神"也即"文化"的范围。把文化价值阐释最清楚的是德国哲学家康德。其批判哲学由认识论、伦理学和美学/目的论组成，其第一批判《纯粹理性批判》主要考察理性的认识能力；第二批判《实践理性批判》考察理性的实践能力或者说意志能力；第三批判《判断力批判》考察的"判断力"则是理论理性与实践理性之间起沟通作用的中间环节，三大批判既有各自的"王国"又相互联系。

真善美的统一是人类古老的信念，这体现了人类心灵中的一种古老的、形而上的冲动：人类能够达到尽善尽美的理想境界，一切美好的价值都可以得到实现，一切假丑恶都可以彻底灭绝。孔子有过这样的判断："子谓《韶》：'尽美矣，又尽善也。'谓《武》：'尽美矣，未尽善也。'"[1]因此，"子在齐闻《韶》，三月不知肉味，曰：'不图为乐之至于斯也！'"[2]古希腊的柏拉图与亚里士多德在区分美与善的不同时，也强调美与善的统一。中国学者严群

---

① 张燕婴译注：《论语》，中华书局 2006 年版，第 38 页。
② 张燕婴译注：《论语》，中华书局 2006 年版，第 91 页。

对柏拉图的观点有一个通俗的介绍：在柏拉图，"凡不合于伦理标准的都在摒弃之列，其中有个很重要的意义，就是把美术附属伦理，换句话说，把美归到善里面去。我们知道，在他知行相等，那么真与善又化成一物。真善美三个价值，美既附属于善，善又和真相等，于是在他只是一个价值。还有一点：他把美归到善，就是把人类文化最精细的一部分，放在伦理的基础之上，同时又主张知等于行，也是把一切知识放在伦理的基础之上，因此我们可以说，他把人类的全部文化放在伦理的基础之上"①。

按照英国哲学家以赛亚·伯林的看法，"人类思想最悠久的观念"之一，就是"完美社会"的观念。在古典或犹太-基督教的传统中，它是一个黄金时代，一个伊甸园。在神话的力量或制度化的宗教衰败后，则是种种世俗的更为现世的乌托邦。"不管这种观点有什么起源，它本身是建立在这样一种信念上：存在着真实的、不变的、普遍且永恒的客观价值，它们对一切人、一切地方和一切时代都是正确的；这些价值至少从原则上说是可以实现的，不管人类过去、现在或将来有无能力在世间实现它们；这些价值是一个和谐的整体，从社会的角度说，它构成了一种完美的社会状态：当然，这种完美状态至少是可以设想的，不然的话，对现存的不完美状态的描述，也就很难或不可能有什么意义了；因为苦难、罪恶、现存人类制度中的所有其他缺陷——残暴、不公正、疾病、匮乏、精神和物质苦恼、折磨着人类的一切——只能被理想或最佳状态的众多衰退和缺失的表现。"②在西方理性主义传统的开端阶段，伯林就坚信所有的善都可以和谐地共存在柏拉图关于"善的形式"的概念中，他坚信，所有真正的善不仅彼此和谐共存，即是说在理想的条件下它们可以联合实现，而且是以某种方式彼此需要或相互包含的。同样的思想也可以在亚里士多德的"中道"的观念和美德之统一的观念中发现，在亚里士多德看来，在这种人类最好的生活中，任何人类不断发展的优点或样式都是彼此不相冲突或不相互排斥的。从古典宇宙观来看，存在与意义、知识与道德如果不是同一的至少也具有连续性，它们之间没有不可跨越的鸿沟。古希腊的柏拉图、亚里士多德都有美善合一之

---

① 严群：《柏拉图及其思想》，商务印书馆 2011 年版，第 165 页。

② 〔英〕伯林：《维柯和启蒙运动的理想》，见〔英〕伯林：《反潮流：观念史论文集》，冯克利译，译林出版社 2002 年版，第 145 页。

论。在基督教神学看来，上帝创造世界，每一种存在都体现着造物者的仁慈意图，且相互配合，世界充满意义。在基督教传统中，无论是道德悲剧还是我们在道德生活中面临的实际二难困境，原则上都可以依照上帝的意志予以解决；神性的观念和完美的观念是结合在一起的。

近代以来，启蒙主义更强有力地论证了这一信念。根据伯林的概括，启蒙运动的教条就是："所有时代的所有人的终极目标，其实是一样的：人人都追求基本的物质和生理需要的满足，譬如食物、住所、安全，以及和平、幸福、正义、个人天赋的和谐发展，真理，甚至包括更含糊不清的美德、道德完善以及罗马人所谓的 humanitas（高贵人格）。气候冷暖，山地国家和平原国家的差别，可能会使手段有异，只要不是强求一致，适合所有情况的普遍公式就不存在，然而终极目标本质上却是一样的。这一类有影响的作家，如伏尔泰、达朗贝尔和孔多塞，都相信艺术和科学的发展是人类达到这些目标最强大的武器，也是反对无知、迷信，空想、压迫和野蛮制度——它们束缚人类的努力，阻挠人们追求真理和理性的自我定向——最锐利的武器。相反，卢梭和马布利相信，文明的制度本身就是使人类腐败，脱离自然和内心单纯，脱离符合自然正义、社会平等以及自发人类感情的生活的一个主因；矫揉造作的人困禁、奴役和败坏了自然人。但是，尽管有这些深刻的观点分歧，在某些重要的问题上却存在着广泛的一致：自然法（不再是以正统的天主教或新教教义的语言加以阐述）和永恒原理的真实性，只有遵守它们，人们才能够变得聪明、幸福和自由。一组普遍而不变的原则支配世界，有神论者、自然神论者，乐观主义者和悲观主义者，清教徒和原始主义者，相信进步以及科学和文化最丰硕成果的人，莫不如此认为。"[①]法国启蒙主义者的共识是，存在着永恒的、无时间性的真理，它在人类活动的所有领域，不管是道德的、政治的、社会的、经济的、科学的还是艺术的领域，都是一样的；认识这些真理只有一种方法，即利用理性。德尼·狄德罗在《拉摩的侄儿》中说真善美是"三位一体"；在《画论》中认为，真、美、善是紧密结合在一起的；在《论戏剧体诗》中期待艺术家能够掌握真善美的理想，等等。马奎斯·孔多塞即使在雅各宾派的追捕中，也著书立说，

①〔英〕伯林：《反启蒙运动》，见〔英〕伯林：《反潮流：观念史论文集》，冯克利译，译林出版社2002年版，第3-4页。

论证人类的光明前景："我们将要表明，自由、艺术和知识曾经怎样地有助于风尚的驯化和改善；我们将要看到，希腊人的那些邪恶往往被人们归咎于他们文明进步的本身，但那却只是更原始的各个世纪的邪恶；当邪恶不能摧毁知识和艺术文化时，知识和艺术文化便节制了邪恶。我们将要证明，这些反对科学和艺术的夸夸其谈，都是奠定在对历史学的一种错误应用之上的；并且相反地，德行的进步总是伴随着知识的进步的。正如腐化的进步总是继之以没落或者是宣告了没落一样。"①孔多塞有这样一句名言：

> 自然界不是以一条解不开的链锁把真理、幸福和德行都联系在一起的吗？②

如果真善美是统一的，那么艺术就具有道德教育作用，公众就可以在美的欣赏中体验真和善。文艺的教化功能以真善美统一为前提，艺术的美必然导向高尚的趣味和良好的习俗。启蒙主义之所以重视文艺，不只是追求美，也是为了追求"完美社会"。如狄德罗所说的：

> 哲学家应该发出这样的呼吁，他应该向诗人，画家和音乐家大声疾呼：天才的人们，上天为什么赋予你们天才？假使他的呼声被接受了，那么不久以后，淫秽的图画不会再挂满大厦的四壁；我们的歌唱不再成为罪恶的喉舌，而高尚的趣味和习俗可以更加得到培养。事实上，描写一对双目失明的夫妻在风烛残年还相互爱恋，眼眶里噙着柔情之泪，紧紧地握着双手，可说是在坟墓的边缘相依相偎，比起描写他们在情窦初开的青春时期陶醉于热烈恋情的情景，难道不需要同样的才具，难道不会使我更感兴趣吗？③

然而，现代性的价值分化表明，真善美并不统一。我们都记得贝多芬的

① 〔法〕孔多塞：《人类精神进步史表纲要》，何兆武等译，生活·读书·新知三联书店1998年版，第53页。

② 〔法〕孔多塞：《人类精神进步史表纲要》，何兆武等译，生活·读书·新知三联书店1998年版，第196页。

③ 〔法〕狄德罗：《论戏剧诗》，徐继曾、陆达成译，见〔法〕狄德罗：《狄德罗美学论文选》，人民文学出版社1984年版，第138页。

名言："为了更美，没有一条规则是不可以打破的。"[①]这固然表明这位伟大的音乐家对美的坚毅追求，但同时也表明，美的实现可能打破其他的文明规则；当我们服从美的规则时，其他规则可能就被我们排除了。现代艺术对世俗伦理的挑战，现代艺术家与社会的分离和对立，正表明不同价值之间的冲突。

韦伯在文明比较的视野中，把西方文化理解为一个持续的"理性化"的过程，这是一个建立起理性足以认识世界万物的信念的过程。"理智化和理性化的增进，并不意味着人对生存条件的一般知识也随之增加。但这里含有另一层意义，即这样的知识或信念：只要人们想知道，他任何时候都能够知道；从原则上说，再也没有什么神秘莫测、无法计算的力量在起作用，人们可以通过计算掌握一切。而这就意味着为世界除魅。人们不必再像相信这种神秘力量存在的野蛮人那样，为了控制或祈求神灵而求助于魔法。技术和计算在发挥着这样的功效，而这比任何其他事情更明确地意味着理智化。"[②]古典的-基督教的目的论宇宙观解体之后，科学-机械论的宇宙观无法推导出客观普遍的意义联系，它只能证明事实是怎么样的，却无法告诉我们应该如何生活，应该做什么。事实与价值的分离，使得价值最终失去了客观的保证。既然我们的科学认知只能把握事实，因为只有事实是客观的，无论是自然科学的事实，还是人类领域的事实，那么意义或价值就完全是主观的，价值的领域就没有什么理性可言。这是康德的思想。韦伯进一步予以发挥，人类所追求的价值与意义，不仅相互冲突，难以共存，而且由于缺乏一个共同的标准，根本无法在其间比较高下优劣。因此在任何时候，他都会发现自己置身于一场发生在此世中的诸神之争中。韦伯认为只要涉及信仰、价值的问题，人类社会就不可能达成什么共识，对人类的伦理、价值、道德等领域，是不能够进行理性思考的，价值、信仰、道德等问题，只能是人的非理性的决断。英国哲学家约翰·密尔晚年认为，如果从纯粹的经验出发，必入多神论的领地。韦伯将这一观点阐释为"诸神之争"：人各有其神，诸神之间是无法通约的。个体必须选择他想要哪一种神，想为哪一

①〔法〕罗曼·罗兰：《名人传》，陈筱卿译，光明日报出版社 2008 年版，第 67 页。
②〔德〕马克斯·韦伯：《学术与政治：韦伯的两篇演说》，冯克利译，生活·读书·新知三联书店 2005 年版，第 29 页。

种神服务，或者何时想为其中一个神服务，而何时又为另一个神服务。如果他侍奉这个神，就必将得罪其他所有的神。"诸神之争"是"除魅的世界"中的文化后果，它意味着不同的价值之间的相互冲突，就像古希腊人时而向阿芙罗狄忒献祭，时而又向阿波罗献祭，所有人又都向其城邦的诸神献祭一样。现代社会也有不同的神在无休止地相互争斗，个体总是面对不同的价值之间的斗争。"那些古老的神，魔力已逝，于是以非人格力量的形式，又从坟墓中站了起来，既对我们的生活施威，同时他们之间也再度陷入无休止的争斗之中。"①这样，人们对何谓真、何谓善、何谓美等，会有不同有认识和判断；价值选择成为生活的内容。

> 我们今天毕竟再一次明白了，有些事情，尽管不美但却神圣，而且正是因为它不美且只就它不美而言，才变得神圣……自从尼采以来我们便已知道，有些事情，不仅是它尽管不善而成为美的，并且只从它不善之方面看，它才是美的……有些事情虽不美、不神圣、不善，却可以为真，此乃一项常识。这些现象，不过是不同制度的神和价值之间相互争斗的最普通的例证。②

韦伯认为，人类诸价值领域之间处于无可调和的冲突对立之中，根本不可能达到最终的统一。"从生命本身的性质来理解，它所知道的只有诸神之间无穷尽的斗争。直截了当地说，这意味着对待生活的各种可能的终极态度，是互不相容的，因此它们之间的争斗，也是不会有结论的。所以必须在它们之间做出抉择。"③这就是现代文化的分化，也是韦伯提出的现代人面临的难题。

接着韦伯的"诸神之争"，伯林更为自觉在拒绝这种根深蒂固的西方传统的观点。在他看来，什么是好的生活？特殊一点说，什么是完美的社会？可能有好多种回答。伯林否认真正的善或权威性的美德必然是或事实上是和平共存

①〔德〕马克斯·韦伯：《学术与政治：韦伯的两篇演说》，冯克利译，生活·读书·新知三联书店2005年版，第41页。

②〔德〕马克斯·韦伯：《学术与政治：韦伯的两篇演说》，冯克利译，生活·读书·新知三联书店2005年版，第39-40页。

③〔德〕马克斯·韦伯：《学术与政治：韦伯的两篇演说》，冯克利译，生活·读书·新知三联书店2005年版，第44-45页。

的，否认这是可能的人类生活状态。根据伯林的观点，确实有许多善是敌对的和冲突的。当几种善发生冲突时，我们也无法运用合理的标准解决这些冲突。伯林因此提出"价值多元论"，其要点包括人类所追求的价值或目标是多样的而不是单一的；不同价值或目标之间常常不能兼容甚至存在冲突；价值之间是不可公度因而也不可比较的，所以没有一个唯一的或终极的标准可以仲裁这种冲突；价值冲突时的选择会以另一种价值的牺牲为代价的悲剧可能性是不能被完全消除的。这些价值冲突表现在三个方面。其一，不同的终极价值之间总会产生一些冲突。比如自由与平等、公平与幸福都被认为是内在的善，但这些善在实践中就经常是冲突的，在本质上是内在的竞争的，对这种冲突不可能依靠任何超然的标准加以仲裁和解决。价值领域只是各种不可通约的因素进行竞争冲突的场所。其二，同一价值内部的各要素之间也是不和谐的，它自身就包含一些冲突的要素，有一些要素还是基本的不可通约不可比较的。比如举报的自由和保护隐私的自由，机会的平等和结果的平等，等等。其三，不同文化有不同的价值观。尽管文化间也包含着一些重叠交叉的特征，但是也为不同的、不可通约的优点、美德和善的概念提供了说明。在不同文化的价值观之间，并没有一个像拱顶石或基石那样的标准来加以度量和权衡。荷马史诗中的美德与登山宝训中的美德是有差别并且冲突的，它们表现了根本不同的生活方式。"不同的文化之间，同一文化的不同群体之间，甚至在你我之间，都有可能是相互抵触的。比如，你永远都认为应该实话实说，无论什么情况；而我不这么想，因为我相信讲实话有时候会太让人痛苦，伤害太大。我们可以交流彼此的看法，我们可以努力达成共识，但最后仍会发现，你所追求的东西和我献身的目标之间，还是不可调和的。就个人而言，他自身也会有价值冲突；不过，即便有此种冲突，也并不意味着，其中有的价值是正确的，而另外一些价值是错误的。公正，严格的公正，对某些人来说，就是一种绝对的价值；不过，在有些具体的情况下，它跟其他一些在他们看来并不逊色的绝对价值，像宽容、同情，也不是协调一致的。"①对于这些不同的美德，并没有一个能对之作出判断的标准。钱永祥概括这位自由思想家的论证说："价值多元论的基本想法不难把捉：

①〔英〕以赛亚·伯林：《理想的追求》，见〔英〕以赛亚·伯林，〔英〕亨利·哈代编：《扭曲的人性之材》，岳秀坤译，译林出版社 2021 年版，第 14-15 页。

人类所追求的价值，尤其是终极性的价值与目标，不仅（1）众多，不仅（2）相互冲突而难以共存，并且由于缺乏一个共通的衡量尺度，根本（3）无法在其间比较高下以便排定先后顺序。这个局面之下，追求价值与理想，必须要靠选择；而对价值作选择与认定，不仅无法有理性的标准提供完整的理由，并且选择某项价值，往往必须表示放弃其他的价值。因此，人生不仅没有完美圆满可言，并且每次抉择，都代表进入了价值的冲突以及舍弃。"[①]

"价值多元论"是针对"价值一元论"提出来的。所谓"一元"，并不是说它只要一种价值而不要其他价值，而是说它认为只要实现了某种价值，其他价值也就迟早都会实现，换言之，所谓价值一元论就是相信所有美好价值最终都是能够统一的。价值多元论的基本前提和令人扫兴之处就在于，它并不像人们以为的那样是允诺人们能够并行不悖地同时实现多个价值，它论证和强调的是各种价值之间乃是不可比较、难以调和甚至相互冲突的，实现某一价值几乎总是会有损于其他价值，而并非带动、促进其他价值。从多元论的观点看，一元论有两个致命的弱点。其一，它总是倾向于在整个社会悬起一个唯一性的目标，因为它深信所有美好价值都是能够统一在一个目标之中的。既然目标只有一个，那么选择也就是多余的。因此，价值一元论必然缩小以至剥夺了每个人选择的自由，也意味着对个人责任观念的消除，以及对道德评价的可能性与必要性的否定。其二，它容易导致乌托邦主义。伯林认为，所谓"完美社会"、所谓乌托邦，就是基于两个假设："首先，所有的价值问题都是确凿有据的，答案都可以通过观察和推理来发现。伦理学和政治学属于自然科学。有些人比别人更善于发现它们的规律。道德和政治方面特定的知识和技巧是存在的，是专家们必须掌握的。这些专家应被赋予至高无上的权力。其次，所有的终极目标彼此相通。它们不能相互冲突。"[②]与此相反，价值多元论则深信各种价值乃是无法统一的，因此它也就必然承认人类的目标乃是多样的，这些目标并不能用同一尺度来衡量，而且还不断地处在彼此竞争冲突之中，这就为每个个人

---

① 钱永祥：《"我总是活在表层上"：谈思想家伯林》，见钱永祥：《纵欲与虚无之上：现代情境里的政治伦理》，生活·读书·新知三联书店2002年版，第114页。

② 〔英〕以赛亚·伯林：《自由及其背叛：人类自由的六个敌人》，赵国新译，译林出版社2005年版，第23页。

敞开了选择的自由。伯林对此作了重点强调：只有在价值多元的情境中，人类才赋予"选择的自由"以这么大的价值；因为如果人们认定，他们在这尘世中能够达到某种至善至美的境况，从而他们追求的任何目标都不会相互冲突，那么选择的必要性和痛苦也就全然消失了，这样一来，"选择的自由"的首要性也就全然不存在了。

由此可见，价值一元论和价值多元论的真正分歧实际是在于：前者主张人类多种价值之间的不矛盾性、可相容性，亦即相信诸价值领域的基本统一性，而后者则揭示各种价值之间的可冲突性、不相容性，亦即承认诸价值领域的彼此分化。前者可以启蒙思想家的信念为代表，而后者则可以浪漫主义为代表。

韦伯、伯林都受到俄国作家托尔斯泰、陀思妥耶夫斯基的深刻影响。在经过深思熟虑后，晚年的托尔斯泰明确指出："善、美、真被放在同一高度上，而且这三个概念都被认为是基本的、形而上学的。可事实上却并非如此。""美的概念不但跟善不相符合，而且毋宁说是相反，因为善往往跟癖好的克制相符合，而美则是我们的一切癖好的基础。我们越是醉心于美，我们就跟善离得越远。""美和真的概念不但不是跟善等同的概念，不但并不跟善构成一个实体，而且甚至跟善不相符合。真是事物的表达跟它的实质的符合，因此它是达到善的手段之一，但是真本身既不是善，也不是美，甚至跟善与美不相符合。"[①]就美与善而言，美是个体性的特性、趣味、偏好的表现，而善则需要克制个性化的冲动、愿望以符合价值伦理与习俗规范。就美与真而言，真实的东西并不全是美的。在托尔斯泰、陀思妥耶夫斯基以及其他 19 世纪俄国作家的笔下，当时的真实社会通常是残暴的、野蛮的和丑陋的。

事实上，真善美的冲突和不相容，在文学艺术中从来就有充分显示。伯林就一再以西方悲剧杰作为例，说明各种无法调和的价值观之间的重大冲突。伯林的毕生使命，就是鉴于乌托邦主义在 20 世纪所造成的巨大悲剧，从思想史上分析其来龙去脉。在他看来，西方思想史就是一元论与多元论的冲突。一方面，不但古希腊哲学以逻各斯或理念把自然和社会人文现象整合一体，中世纪用上帝重构这个统一体，而且启蒙运动也用科学和理性来再构了这个统一的体系。

①〔俄〕列夫·托尔斯泰：《什么是艺术？》，丰陈宝译，见〔俄〕列夫·托尔斯泰：《列夫·托尔斯泰文集》第十四卷，陈燊、丰陈宝等译，人民文学出版社 1992 年版，第 189、190 页。

"从笛卡尔和培根到伽利略和牛顿的追随者，从伏尔泰和百科全书派到圣西门、孔德和巴克尔，直到我们这个世纪的威尔斯、贝尔纳、斯金纳和维也纳实证主义者，他们都怀有这种涵盖所有自然和人文科学的一个统一体系的理想，这就是近代启蒙运动的纲领。它在我们这个世界的社会、法律和技术制度中发挥着决定性的作用。"①另一方面，从古希腊的智者开始，就一直存在着反抗主流传统的思想，如怀疑主义、相对主义等，古希腊悲剧就隐含了价值冲突以及这种冲突无法用一个普遍标准加以解决的思想。在近代思想史上，尼可罗·马基雅维利、孟德斯鸠、维柯和哥特弗雷德·赫尔德等人，以及非主流的历史主义、浪漫主义、民族主义等思潮，都以不同的方式和理由对抗主流的普遍主义传统。在西方的思想传统中，尽管一元论或普遍主义一直占据支配地位，但多元论也从未消失。伯林挖掘的重点就指向了西方非主流思想家反抗一元论传统的思想，从中形成了自己的价值多元理论。

关于文化的基本价值即真善美的分化甚至对立，我们这里也可以补充一个例子。在德国作家尤雷克·贝克尔的小说《说谎者雅各布》中，被圈禁在华沙犹太隔离区的雅各布，一次在警察局听候发落时，从桌上的收音机中听到一条新闻："在一场激烈的防御战中，我们的英勇战斗的部队成功地把布尔什维克的进攻抵御在贝察尼卡前二十公里的地方。"②雅各布刚好对这个地方略有了解，知道它距离隔离区只有 400 公里。苏联红军的逼近，意味着纳粹德国的失败，意味着犹太人的解放。第二天，雅各布在火车站将此消息告诉了与他一起干活的伙伴米沙。从警察局生还的雅各布担心别人说自己是暗探，就没有说明这条消息的真实来源，但为了使米沙相信新闻的真实性，只好谎说："我有台收音机。"他知道传播这类消息特别是拥有一台收音机的危险性，于是又提醒米沙："要尽量克制自己……尤其要保守秘密。你知道，在犹太人居住区，有台收音机意味着什么。不能让任何人知道这件事情。"③消息是真实的，雅各

---

①〔英〕伯林：《科学与人文学科的分离》，见〔英〕伯林：《反潮流：观念史论文集》，冯克利译，译林出版社 2002 年版，第 100 页。引文中的巴克尔（1821—1861）是英国史家，《英国文明史》是其代表作。威尔斯（1866—1946）是英国作家、记者、政治家、社会学家和历史学家，科幻小说《隐身人》是其代表作。贝尔纳（1901—1971）是英国物理学家。斯金纳（1904—1990）是美国行为主义心理学家。

②〔德〕尤雷克·贝克尔：《说谎者雅各布》，米尚志译，译林出版社 2005 年版，第 6 页。

③〔德〕尤雷克·贝克尔：《说谎者雅各布》，米尚志译，译林出版社 2005 年版，第 21 页。

布只是在消息来源上撒了谎。米沙当然不会独享这提示着希望的消息，所以到中午吃饭的时候，在车站劳动的所有人都知道了，所有人都在追问雅各布：是否还有别的新闻？面对一双双充满期待的眼睛，雅各布说出了善意的谎言：俄国人越来越近了。消息一传十、十传百，喜悦在高墙之中悄悄传播，俄国人存在于每个人的头脑中。一个善意的谎言，成为维系犹太人唯一希望的脆弱绳索。善行要通过谎言才能实行，这不但显示了非常环境中人所处的困境，也说明并非只有诚实才是美德。人类世界是复杂的，个体承担着不止一种基本义务。诚实是我们的基本义务，提供希望、保护生命也是我们的基本义务。当这些义务发生冲突时，就有一个轻重利弊的权衡问题。从被动说谎到自觉说谎、必须说谎，我们对说谎者雅各布关注，不是这谎言本身，而是这谎言后面的善意及其保护生命的效果。这种说谎并不会对诚实原则构成根本性的威胁，并不会使原则的普遍性失效。在康德的意义上，说谎还违反了人是目的的原则，说谎者是把他人仅仅作为手段而不是作为目的，但雅各布没有以人为工具，而是把他人当作目的。诚实包括信守承诺和始终如一的行动，但诚实者有时会感到失望或受到欺骗。在诚实之上，文明人类还设立了一个更高的主导原则——正义。如果真话将会从根本上伤害他者的幸福，那么谎言就有正当性。当代基督教境况伦理学的主张者约瑟夫·弗雷彻认为，一切事物的正当与否，完全由境况来决定。为了判断某一行动的伦理属性，必须将有关的情况详细地排列出来。一般化的、原则化的问题，是不值得认真回答的。对于诸如"说谎好不好"之类的问题，我们只能回答：我不知道。也许是。给我一个实在的例子。叙述一个真正的境况。"如果不是出于爱而说谎，那就是不好，就是坏事；如果是出于爱而说谎，那就是好事，就是正当的。康德的守法主义产生了一种'全称命题'——说谎总是不对的……境况论者认为，在一定境况中的最仁爱的事情就是正当的、好的事情。"[①]雅各布的动机和效果是不容怀疑的，因为他是因爱而说谎。但是，我们却从雅各布的说谎行为中感到无边的悲哀和痛苦——这是必须的说谎，是善意的谎言，但谎言就是谎言，说谎仍是坏事。我们必须接受它，但也只能停留在一个特殊的情境中，它绝不应该被扩大。华沙犹太隔离区

---

① 〔美〕L. J. 宾克莱：《理想的冲突——西方社会中变化着的价值观念》，马元德、陈白澄、王太庆、吴永泉等译，商务印书馆1983年版，第327页。

的居民被剥夺一切权利。他们不可拥有贵重物品，不可种植花草树木，不可饲养家畜，晚上八点过后不可出门；他们住在阴暗、狭窄的房间里，领取少得可怜的配额食品，但必须干重体力活，稍有违抗不是被处死，就是被送往集中营。在一个靠说谎为善的世界中，我们到哪里去寻找善呢？如果说希望有时候比生命本身更重要，那么，我们也可能说，谎言有时比真话更重要。

　　现代中国学者王国维也体验到价值的冲突。他在 1907 年有一段自我反省："余疲于哲学有日矣。哲学上之说，大都可爱者不可信，可信者不可爱。余知真理，而余又爱其谬误。伟大之形而上学，高严之伦理学，与纯粹之美学，此吾人所酷嗜也。然求其可信者，则宁在知识论上之实证论，伦理学上之快乐论，与美学上之经验论。知其可信而不能爱，觉其可爱而不能信，此近二三年中最大之烦闷。"①在王国维的经验中，"可爱"的哲学是德国的理性主义与浪漫主义，伟大形而上学、高严之伦理学、纯粹之美学正是康德三大批判的主题；"可信"的哲学属于英国经验主义。王国维曾撰写过弗朗西斯·培根、托马斯·霍布斯、约翰·洛克、大卫·休谟等人的小传，对他们的哲学思想是熟悉的。英德哲学的主题、方法和风格自有不同，王国维以此对立所欲说明的是，他所理想的哲学应兼具"可爱"与"可信"的品格，而现有的哲学并不能满足他的要求："可爱"的德国哲学建构理想，"可信"的英国哲学分析经验，前者不真，后者不美、不善。正如韦伯、伯林受托尔斯泰影响一样，王国维也译介过托尔斯泰的文章《近世科学评》，此文的主旨在于说明科学不能增进人生的幸福：科学发明的法则，只是概括而言，与你相隔较远；科学常把高深复杂之问题化约为低浅而简单之形体。由这两点言，科学不能达吾人之希望；现代的科学不研究人如何生活的问题，却是以数学始以社会学终的实验科学；科学家一面排斥宗教伦理一面又维持现状，使人类日益堕落，以至发生战争。托氏的结论是科学家"钻研琐屑之事，惟日不足，其心亦苦，其力亦劳矣，盍移此心务从事于真正之宗教道德及社会的事业乎"。王国维对托氏所论未加评论，但其在译文前的说明，表明他是赞同托尔斯泰的："盖伯爵之意，欲世人知注意于道德，而

---

① 王国维：《自序二》，见周锡山编校：《王国维集》第二册，中国社会科学出版社 2008 年版，第298 页。

勿徒醉心于物质的文明也。"①道德之不同于物质也是价值之不同于知识,这是"可爱"与"可信"矛盾的另一种表述。在发现了"可信不可爱、可爱不可信"的矛盾之后,王国维告别哲学转向史学。

综上所述,文化的价值在于真善美,它们的统一只是理想,在现实文化活动中,三种价值之间有时并不和谐统一。当孔子谓《武》乐"尽美矣,未尽善也",就已经指出美善可以是统一的,也可能是不统一的。当柏拉图指控艺术时,客观上也包含了真善美分裂的意涵:模仿的艺术固然美好动人,但它与真理相隔遥远,不符合真的要求;它败坏公众灵魂,没有善的内容。此论并不公允,但确有真实的内涵。

第三节　文化的"去中心化"与价值稀释

无论是就现代社会文化的实践还是就现代社会理论的演变来看,社会生活的领域分化、文化价值的领域分化,都是一种趋势和一种现实。我们需要进一步研究的是,文化价值不但内含矛盾和分裂,而且在现代社会面临着因延展而稀释的问题。"现代的终结也必然导致美学本身或广义的美学的终结:因为后者存在于文化的各个方面,而文化的范围已扩展到所有的东西都以这种或那种文化移入的方式存在的程度,关于美学的传统特色或'特性'(也包括文化的传统特性)都不可避免地变得模糊或者丧失了。"②文化"传统特性"的模糊或丧失,必然带来文化价值的模糊或丧失。所谓文化产业,就是以艺术为中心的文化向整个生活世界的延展,就是社会生活的各个方面、各个层次不同程度地使用、分有艺术和美感。伟大的文艺杰作是文明社会价值的凝聚,但当代的各种文化产品与服务,却只能说是部分地具有艺术的品质和特性。随着文化产业的兴起,文化价值在更大范围内得到实现,但此时的文化价值也越来越多地

---

① 王国维:《脱尔斯泰(托尔斯泰)伯爵之近世科学评》,见周锡山编校:《王国维集》第二册,中国社会科学出版社 2008 年版,第 223 页。

② 〔美〕弗雷德里克·詹姆逊:《后现代性中形象的转变》,见〔美〕弗雷德里克·詹姆逊:《文化转向》,胡亚敏等译,中国社会科学出版社 2000 年版,第 108-109 页。

与经济属性、实用功能联系在一起。它不再是纯粹的艺术审美，而是生活世界和物质商品的美化、人性化和个性化。我们把这种趋势称为文化价值的稀释。

第一种类型：文化的"去中心化"或"再中心化"同时展开。

1920 年，爱尔兰诗人威廉·巴特勒·叶芝诗云："盘旋盘旋在渐渐广阔的锥体中，/猎鹰再听不见驯鹰人的呼声；/万物崩散，中心难再维系；/世界散布着一派狼藉，/血污的潮水到处泛滥，/把纯真的礼俗吞噬；/优秀的人们缺乏信念，/卑劣之徒却狂嚣一时。"[①]价值已被瓦解，文化已无中心，世界不再有序，生活失去方向……叶芝所表达的这种破碎感、危机感针对的是第一次世界大战结束后的一个时期，它同时构成了当代文化论说的基本关怀。对于这一似乎令人悲观的现象，英国学者迈克·费瑟斯通别有新解："如果我们来考虑文化去中心化（decentring of culture）这个概念，可把它看做一个反论：文化其实并没有被去中心化，相反，它是被再中心化（recentred）了。如果我们想一下学术生活中文化研究的重要性正在显著增长，那么此言就果真不虚。长期处于社会科学领域边缘的文化，如今已经被移至中心……从这个角度来说，文化更为一般性的去中心化与碎片化其实是有学术生活的内部的文化再中心化与之形影相随。"[②]换言之，不是文化的危机或碎片化，而是文化的扩张与弥散化。文化不只是一个相对独立的领域，而是已经渗透到社会生活的各个方面。

然而，文化的"再中心化"与它曾经的"中心化"在意义和价值上是不一样的。考察文化思想史的一个结论是，无论如何定义"文化"，但在语言实践中，"文化"的主要用途是"区分"。一是整体社会中的区分：通过这一区分，整体的社会被划分为文化、政治、经济和社会等各有相对独立性的自主领域。此即诺贝特·埃利亚斯说的："在英、法语言中，'文明'这一概念既可用于政治，也可用于经济；既可用于宗教，也可用于技术；既可用于道德，也可用于社会的现实；而德语中'文化'的概念，就其核心来说，是指思想、艺术、宗教。'文化'这一概念所表达的一种强烈的意向就是把这一类事物与政治、

①〔爱〕叶芝：《第二次降临》，见〔爱〕叶芝：《叶芝抒情诗全集》，傅浩译，中国工人出版社 1994 年版，第 338 页。

②〔英〕迈克·费瑟斯通：《消解文化——全球化、后现代主义与认同》，杨渝东译，北京大学出版社 2009 年版，第 3-4 页。

经济和社会现实区分开来。"①二是文化间的区分：根据民族差异和群体特征区分不同的文化。东西方文化、民族-国家文化等，都是这类区分。首先指出这一点的，是18与19世纪之交的德国古典人文主义和浪漫主义者。威廉·洪堡有过一句名言：在每一种语言中都包含着其特有的世界观。现代文化理论奠基者的赫尔德则以更充分的理论和历史阐明：地球上的所有民族都有自己独特的和不可替代的生存方式，都有自己的文化。三是文化内的区分：根据地域、性别、阶级、代际等的差异，在同一文化内再行区分。比如布尔迪厄认为："文化为人类的交流与互动提供了基础；它同时也是统治的一个根源。艺术、科学以及宗教——实际上，所有的符号系统，包括语言本身——不仅塑造着我们对于现实的理解、构成人类交往的基础，而且帮助确立并维持社会等级。文化包括信仰、传统、价值以及语言；它还通过把个体和群众联系于机构化的等级而调节着各种各样的实践。无论是通过倾向（dispositions）、客体、系统的形式，还是通过机构的形式，文化都体现着权力关系。而且，许多发达社会中的文化实践建构了相对自主的、为了区分而进行斗争的舞台。知识分子——专业化的文化生产者与传播者——在建构这些舞台及其机构化的等级中发挥了核心的作用。"②

　　文化之具有"区分"的性质和功能，在其有相对独立的价值和相对自主的地位，它可以作为一种标准、根据和特征，在社会生活中行使区分的职能。在"去中心化"的时代，文化散播到整个社会之中时，囊括了从意义生产到商品消费等各种形式的人为行为，结果是这个概念失去了区分的资质。20世纪60年代后，文化概念在社会科学中的地位不断上升，被移置到中心，而且形成了"文化转向"（culture turn）：简言之，就是世界"文化化"——文化经济、文化政治、文化资本主义等等。如果说传统的、狭义的"文化"（艺术）理论主要是美学、艺术理论的话，那么在"文化转向"之后，文化理论所讨论的文化已经包括人类生活的总体，任何领域几乎都不能回避文化议题。

---

① 〔德〕诺贝特·埃利亚斯：《文明的进程——文明的社会发生和心理发生的研究》，王佩莉、袁志英译，上海译文出版社2018年版，第2页。

② 〔美〕戴维·斯沃茨：《文化与权力——布尔迪厄的社会学》，陶东风译，上海译文出版社2006年版，第1页。

　　第二种类型：文化由值得追求的理想变成需要寻找的东西。

　　与文化的"去中心化"同时进行的，是文化作为独立领域的解体。在西方世界，"文化"的观念可以追溯到古希腊和古罗马，但直到 16—18 世纪，现代意义上的"文化"才由"改进农耕、畜牧方法"扩展而来，被用于泛指通过学习来提高个人的修养和才智，也被用来指整体上的社会进步，具有价值判断的性质，与"文明"同义。几乎成为文化理论共识的是："'文化'概念最初的目的不是用作描述、存储和整理现实境况的记录仪，而是为了指明未来努力的目标和方向。'文化'之名赋予了一种劝诱归附的职责，试图教育大众、改良习俗，进而改善社会、提升'民众'，即将那些'社会底层'的人擢升到社会上层。"[1]19 世纪末以来，世界天翻地覆，传统分崩离析。作为一切价值基础的上帝已死，文化再也不是超越于世俗的高尚领域，它日益卷入人类社会中的所有领域，即"去中心化"。特里·伊格尔顿总结说："文化曾在诸如席勒、赫尔德和阿诺德等思想家心中占有崇高的地位，如今它们深陷狂热的民族主义，与种族主义人类学纠缠，被一般的商品生产收编，并卷入政治斗争。"[2]文化由一个相对独立的领域而被收编进商品生产之中，就是文化产业的兴起过程。它之卷入政治斗争，则又并不只是政治权力的挪用和强制，而是有其内在逻辑。一方面，政治是条件，是文化得以产生的条件之一。"演唱布列塔尼情歌、表演非裔美国人的艺术或者宣布自己是女性同性恋者，这当中不存任何天生是政治的东西。这些事物并非天生、永恒的是政治性的，它们只有在具体的历史条件下才能成为政治的……只有当它们陷入了一个统治和反抗的过程——当这些其他方面无害的事情因为一种或另一种原因变成了斗争的场所的时候，它们才会成为政治的。"[3]但文化在卷入政治斗争的过程中也并不是被动的。比如我们上面说到的"文化间的区分"和"文化内的区分"，其后果之一是持续在人类社会中进行区分，在各种共同体中再细分，这就直接引出"我们是谁"的问题，成为当代认同的政治的核心。目前仍在撕裂世界的"文明冲突"，就是文

---

　　①〔英〕齐格蒙特·鲍曼：《流动世界中的文化》，戎林海、李传峰译，江苏凤凰教育出版社 2014 年版，第 4 页。

　　②〔英〕特里·伊格尔顿：《论文化》，张舒语译，中信出版社 2018 年版，第 159 页。

　　③〔英〕特瑞·伊格尔顿：《文化的观念》，方杰译，南京大学出版社 2003 年版，第 142 页。

化区分与政治斗争同一的典型。

正是在这个意义上，我们说 18 世纪以来的文化观念，已经完成了从"兴奋剂"到"镇静剂"、从"超功利"到"软实力"，即从 18 世纪的高雅品味、人道理想到 20 世纪的权力与利益的竞争场所的转化。其后果，是我们在社会生活的任何一个部分、任何一个过程中都看到文化，但文化究竟是什么，我们却很难回答。恰如雷蒙·威廉斯所说："文化观念的问题在于，我们不得不一再扩展它的概念，最后文化几乎等同于我们整个的共同生活。"[①]"文化"是联结不同社会过程、领域和问题的视角、线索，实际上成了空洞的能指。文化研究不但是对各种文化形式的研究，也是对种种现象的"文化研究"。在多数情形下，仅仅"文化"概念是没有意义的。要有效地使用这一概念，还需要有其他的说明、补充、限制。比如英国学者西蒙·冈恩就指出："'文化的'意义表现在以下方面：就它的实践者们把文化形式，如文本、宗教仪式、实践，以及最重要的形式——语言，视为他们的研究对象而言，它是'文化的'。但是，就其强调解释学，研究解释问题以及意义生成问题，以及它同时具备的对于实证主义的或者'科学主义的'社会科学传统的批判而言，它也是'文化的'。"[②]这就是说，"文化"既可以是研究对象，也可以是"批判"方法与立场。

第三种类型：艺术的解体与美的扩张同步进行。

古往今来，文化价值都有其特定的、相对独立的领域。"真"体现在经验科学的持续探索、逻辑与认知科学的研究中；"善"主要由宗教、道德实践以及政治法律来实现；"美"理所当然地由艺术作品，特别是伟大的艺术作品来展现。但在现当代文化中，我们就不能这样说了。

以艺术、审美领域为例，现代艺术就并不一定是"美"的。尽管从柏拉图、亚里士多德的思想中可以捕捉到美与艺术相关的痕迹，但一般认为是古罗马的普洛丁在理论上把美和艺术联系起来，以美为艺术的目的。中世纪也有人重复过这一论调，然而中世纪关于美和艺术有不同的态度：虔诚的教徒热心于礼赞上帝的美，而对艺术却不那么放心。[③]只是到了文艺复兴时期，美才不但在理

[①]〔英〕雷蒙·威廉斯：《文化与社会：1780—1950》，高晓玲译，商务印书馆 2018 年版，第 373 页。

[②]〔英〕西蒙·冈恩：《历史学与文化理论》，韩炯译，北京大学出版社 2012 年版，第 3 页。

[③] 单世联：《西方美学初步》，广东人民出版社 1999 年版，第 7 章。

论上，也在实践上成为艺术的理想和目标。但这只是文化史的一个阶段，19 世纪以来，古典艺术的美学原则逐步失去规范力。

首先，把美看作审美价值的一种。早在 18 世纪末，"崇高"和"丑"的出现，已经表明美不是艺术的唯一价值。英国思想家埃德蒙·伯克把美和崇高作了本质上的区分，使崇高与美平分秋色，美即使在艺术中也不再唯我独尊。1797 年，德国浪漫派理论家弗·施莱格尔注意到莎士比亚的作品像大自然一样，让美丑同时存在；黑格尔的学生卡尔·罗森克朗茨专门写了《丑的美学》（1853）。他们都注意到，艺术中不但有美，也有丑、崇高、滑稽等等。此后，古典主义开始转向现代艺术，呕心沥血的精心之作转向信手涂鸦，优美和谐转向丑陋怪诞等等，不但颠覆了传统的艺术观念，革新了艺术史，也使我们重新认识古典文艺。比如，对于像《俄狄浦斯王》《李尔王》这样的古典作品，尽可以说它们是有力的、庄严的、有吸引力的等等，但绝不能说它们是美的，我们必须用"审美价值""表现力"等指称这类作品的意义。

其次，把审美价值看作艺术价值的一种。这个问题在理论上的表现，是"美学的艺术哲学化"。自哲学家弗里德里希·谢林的《艺术哲学》出版以来，美学就逐渐把全部注意力转移到艺术研究上。在谢林、黑格尔这些古典美学家看来，艺术还是以审美为轴心的，崇高、丑虽不是美，但是在艺术中具有审美价值。经过 19 世纪末以来先锋派艺术的强力冲击，艺术的本质在于新奇、变形是我们世纪的特征、艺术是一种治疗和复原等新奇之论纷纷出笼，不但美和审美已经被从艺术中清除出去，更为广泛的"审美价值"也不再是艺术的唯一价值。

最后，美、审美价值被废黜之后，轮到了"艺术"的解体。向"美"宣战的先锋艺术也没有放过"艺术"。1917 年，达达主义画家马塞尔·杜尚把一只普通的小便器加上标题"泉"就送交展览，遭到拒绝，引起争论，结果杜尚胜利，从此带来各种异想天开的创新之举。有鉴于此，当代美学家乔治·迪基为艺术作了一个最低限度的规定：它是一件人工制品。但激进的先锋派艺术家对这一点也不认可，在他们的实验中，一些"现成物品"，比如一块漂浮木，"废品雕塑"，比如沥青、铅条、毛毡等，也被当作是一件艺术品。传统艺术以美为理想，接着以"表现力"为目标，如果这一点还有疑问，那么"有一个东西"才可以称之艺术品这一点应当是没有疑义的了，但也不行。荒诞派戏剧家塞缪尔·贝克特的《呼吸》（1970）的全部剧情是：帷幕拉开后，舞台上空无一人。

30 秒后，帷幕拉上，演出结束。艺术品已不复存在，唯有"艺术情境"存在，比如画廊、剧场等。这岂不是"艺术的终结"？不只是先锋派的挑战，全球文化的交流也滋养相对主义的艺术观。面对一座黑人雕塑、一个波利尼西亚拜物的物神、一扇罗曼斯风格的彩色玻璃窗，我们应该按什么标准对它们下判断。美学或艺术哲学无法取消这些"作品"的权利，只能开放自己的概念系统，不再以"美""审美价值"或其他什么西方准则作为判断和批评的标准。

如此不"美"的、难解的艺术，还会有什么社会效益吗？首先要说明的是，艺术的变形、解体是 19 世纪下半叶以来敏感心灵对人类处境的回应。至少在 20 世纪，生活的每一个方面几乎都充满了矛盾，几乎过去的每一点设想、每一点诚意都受到怀疑。暴力、战争、集中营、种族清洗、核武器等充斥于 1914 年以后的世界，异化、无力、恐惧、焦虑、绝望等成为现代人的主导经验。拿破仑时代的外交家夏尔·莫里斯·德·塔列朗-佩里戈尔说过：那些没有生活在 18 世纪大革命之前的人们，没有欣赏到生活的温馨的人们，是不能想象生活的幸福的。[1]19 世纪 70 年代，史学家弗里德里希·梅尼克写道：当我们今天读歌德时代那些信件和日记时，那就仿佛我们和它隔离了不只是几十年，而是有几百年。[2]20 世纪 30 年代，德国哲学家卡尔·雅斯贝尔斯补充了一句：一个多世纪后的我们，则又把 19 世纪初期看作平静美好的时光的继续。[3]在这样一个让人无法爱上的时代和世界，深奥怪诞的现代艺术难道还有什么用吗？是的，批评家苏珊·桑塔格是这样说的："我们所看到的不是艺术的消亡，而是艺术功能的一种转换。艺术最初出现于人类社会时是作为一种巫术-宗教活动，后来变成了描绘和评论世俗现实的一种技艺……艺术如今是一种新的工具，一种用来改造意识、形成新的感受力模式的工具。"[4]

文化也是善解人意的。当现代主义着力改造我们的意识时，新兴的文化-

① 〔法〕塔列朗：《变色龙才是政治的徽章：塔列朗自述》，王新连译，中国法制出版社 2010 年版，第 47 页。

② 〔德〕梅尼克：《德国的浩劫》，何兆武译，生活·读书·新知三联书店 1991 年版，第 97 页。

③ 〔德〕卡尔·雅斯贝尔斯：《现时代的人》，周晓亮、宋祖良译，社会科学文献出版社 1992 年版，第 8 页。

④ 〔美〕桑塔格：《一种文化与新感受力》，见〔美〕桑塔格：《反对阐释》，程巍译，上海译文出版社 2003 年版，第 343 页。

娱乐产业在抚慰着我们的心灵。世界不是一片漆黑，政治改革，经济增长，技术进步，也从未离开 20 世纪。正是在这样的背景下，文化产业应运而生，其产品与服务固然无法比拟古典的伟大杰作，但它把美和艺术带入生活，带给更为广大的人群。以中国为例，文化产业的兴起和发展的根本动力，在于富裕起来或正走向富裕的人们的人化、美化生活的需求。生活和世界的美化，有两个含义。一个是较为传统的美的概念，就是像马克思说的那样"按照美的规律来构造"自己的生活世界。这一理论的通俗版，就是所谓"日常生活审美化"。另一个是更新的概念。按照德国哲学家沃尔夫冈·韦尔施的观点，整个世界都在经历一个现实的非现实化，也即审美化的过程。他所说的"审美"不是指美的感觉，而是指虚拟性与可塑性。在发达的西方社会，现实日益成为一个经验的领域、一种美学建构。表层的审美化就是物质世界的美化。从个人风格、都市规划到经济，原来非审美的东西都日益变成或被理解为美的过程，越来越多的东西都在披上美学的外衣。一是以都市空间为代表的审美装饰；二是作为新的文化基体的享乐主义；三是作为经济策略的审美化，即审美成为商品营销的主要手段。深层的审美化就是社会的美化，其基础是硬件上与软件的位移。首先，新材料技术特别是微电子学，可以将材料转变为审美产品。"从今日的技术观点来看，现实是最柔顺、最轻巧的东西。材料的更强的力度，亦是得益于柔软的、审美的程序。"[1]其次，通过传媒建构现实。比如电视的现实是可以选择、可以改变的，也是可以逃避的。频道转换之间，消费者实践着现实世界的非现实化。物质与社会之外，还有主体现实的审美化，即通过对主体与生命形式的设计，诞生了"美学人"（homo aestheticus）。这类新人不但是对身体、心灵和灵魂进行时尚设计，而且在社会交往中以审美来代替道德规范的失落。总之，"存在、现实、恒久性和现实性这些古典的本体论范畴，其地位如今正在被外观、流动性、无根性和悬念一类审美的状态范畴所替代"[2]。

文化向整个社会生活的散播与扩张，是现代文明的成就之一。文化产业作为生产具有真善美价值的产品与服务的产业，也就是把文化价值向社会扩展的产业。这是文化凯旋的过程，也是原来相对独立的文化价值与经济、政治和社

---

① 〔德〕沃尔夫冈·韦尔施：《重构美学》，陆扬、张岩冰译，上海译文出版社 2002 年版，第 9 页。
② 〔德〕沃尔夫冈·韦尔施：《重构美学》，陆扬、张岩冰译，上海译文出版社 2002 年版，第 53 页。

会等发生深刻而持续的互动并承受各方压力的过程。内涵真善美等价值的文化，它在社会生活中产生了什么样的效果和影响？按照经济、政治、社会、文化和生态的一般分类，具有相对独立价值的文化也就具有经济效益、政治效益、社会效益和生态效益。如果说对传统文化产品的评估主要集中在它的文化价值方面，那么，对当代文化或文化产业来说，还必须具有更为广泛的各种效益。这里至少有两个问题。

文化产业的巨大产能，使其产品与服务日常化、商品化，意义与价值一定程度上被稀释，当代部分文化产品不再像古典文化那样内在地具有意义和价值，甚至具有"价值中立"的表象特征，因而难以与其他商品显著区分。这当然与传统价值观的解体、新的价值观的冲突相关。但人的生活需要意义，社会行动需要价值规范，这就需要我们在新的文化形势下重建文化价值并使之具有肯定的、积极的社会效益。

如果我们坚持认文化产业仍然需要真善美等基本价值，那么在娱乐化、游戏化实际上势不可挡地重组文化生活的今天，我们既可以把"娱乐"作为文化基本价值的第四个，即真善美之后再加上"乐"，也可以把娱乐解释为所有文化价值的属性，即真善美都具有"乐"的性质。这里的关键，是"乐"也有不同类型与不同层次，如乐耳乐目、乐心乐意、乐志乐神就是连续的、不断升华的三种形态。如果只是满足于耳目或身体娱乐的层次，则"娱乐"就可能妨碍文化产业实现其社会效益。这一点，中国古代思想家就有许多论述，今天的文化理论理应在弘扬传统的基础上进一步探索。

第三章

在诸效益的纠结中理出头绪

在讨论了文化价值之后，我们现在来研究文化效益问题。从理论上说，文化既有价值又有效益，否则价值也就无从证实。任何一种价值，它之所以值得肯定和追求，在于它能产生各样的效益，"效益"就是"用途"。中外文化理论的主题之一，是有关文化"无用"还是"有用"的辩论，其中提出的大量观点和议题，迄今也值得分析评论。如果我们认为文化"有用"、有很多的用途，那么接下来的问题，就是由同一价值而来的各种用途之间的关系问题、各种用途内部的矛盾问题。对于文化产业来说，不同文化效益的达成，需要更为开阔的发展空间。因此不同效益的矛盾、冲突，各种效益内部的矛盾、冲突，正是现代文化多样性、现代生活丰富的表征和实践。据此，本章讨论三个问题：文化"无用"还是"有用"，各种用途之间的差异以及各种用途内部的冲突，各种用途如何展开对文化的多元追求。考虑到文化产业的当代形态，而本章又主要从历史的角度展开论述，故这里所说的文化，仍然主要是指文艺，但其中的原理，可以运用到文化产业上来。

第一节　老话题："无用"还是"有用"？

文化艺术之于社会人生是"有用"还是"无用"？这是一个古老的论争。西方古典文化在 19 世纪达到一个高峰。19 世纪不但出现了一大批文化杰作，而且人们对文艺的社会效益有更为自觉、更为清晰的认识。一方面是与现代社会分化相应的各种文化独立、艺术自律论，另一方面是以文化推动社会变革甚至宣传政治革命的呼声和实践，这成为讨论文化艺术效益问题的起点：首先是有用还是无用，然后才是有什么用。

1. 从浪漫派到现代主义：文艺无用

1956 年，中国学者朱光潜发表了《我的文艺思想的反动性》的自我批判文章，回忆自己 20 世纪 20 年代到英国留学时的情形："十九世纪在文艺中占统治地位的是浪漫主义，在哲学中占统治地位的是德国唯心主义……我由于学习文艺批评，首先接触到在当时资产阶级美学界占统治地位的克罗齐，以后又戴着克罗齐的眼镜去看康德、黑格尔、叔本华、尼采和柏格森之流。在一系列资产阶级的文艺论著里，我听到这样一种总的论调：各人所见到的世界多少是各人自己所创造的世界，文艺的世界就是文艺作者所创造的世界，其所以要创造这个世界，那不过是要表现自我，从而令人在情感上得到安慰。对于我……这种论调是非常投机的，它就使我安了心。"[1]这一回顾，以马克思主义，特别是当时"文艺为政治服务"的立场批判"反动"的西方资产阶级文艺观，有其特定的时代精神和政治标准，但就其指出 19 世纪哲学、美学理论的"基调"是无功利的艺术自律论而言，依然是符合事实的。康德、阿图尔·叔本华、尼采、亨利·柏格森、贝奈戴托·克罗齐等人的美学理论因为提供了审美自由、艺术自律的系统论证和阐释，而成为现代美学的主流，也推动了 19 世纪的文艺实践。[2]我们对此略作展开。

浪漫主义的起点是 18 世纪末的德国浪漫派（即"耶拿小组"）。基于对当时刚刚降临的工业-功利社会的不满和反抗，德国浪漫派以艺术与生活的二分论为基础，提出一套完整的超越现实功利、摆脱世俗环境的美学-艺术理论。其早期代表威廉·亨利希·瓦肯罗德的《一个热爱艺术的修士的内心倾诉》一书，素有"浪漫主义宣言"之称。丹麦批评家格奥尔格·勃兰兑斯说："这本精致的小书宛如整个浪漫主义文学建筑的基层结构，后来的作品都摆在他的周

---

① 朱光潜：《我的文艺思想的反动性》，见朱光潜：《朱光潜全集》第五卷，安徽教育出版社 1989 年版，第15-16 页。

② 诸家的理论观点可参见单世联：《西方美学初步》，广东人民出版社 1999 年版。

围。"①瓦肯罗德认为，艺术是心灵的启示，它除了自身之外没有任何其他目的，更不是服务于其他目的的手段，无论这些目的是教育还是娱乐。欣赏艺术就不是为了满足感官，而是接受天启，人们只能用自己的心灵去感受。艺术欣赏就好比是宗教祈祷：欣赏者不是向作品索取美感和愉悦，而是敞开胸怀，虔诚地等待作品的灵光在某一刻突然降临，充盈自己的内心世界。艺术作品不是用眼睛来看、用理智来判断的，而是让自己的心灵进入其中，在里面生存、呼吸。瓦肯罗德这样叙述音乐家弗朗茨·约瑟夫·海顿的经验：

> 在音乐奏响之前，他常常被身边拥挤嘈杂的人群包围，听到他们在耳边嗡嗡聒噪。这些人仿佛置身喧嚣嘈杂的集市，过着普通而平庸的生活。同时，那些空洞无聊的世间烦恼也常常令他头晕目眩。他急不可耐地等待乐器发出第一声音响——终于，它从沉闷的孤寂中悠扬而雄壮地爆发出来，宛如一道劲风从天而降；紧接着，各种雄浑的音响不断从上空飘来——此时此刻，他的心灵仿佛生出了翅膀，又仿佛有一股力量将他从荒凉的草原上托起，阴郁的云团从他俗人的目光中消失，于是，他悠然地飘向灿烂的天空。每当此时，约瑟夫便一动不动，沉心静气，目不转睛地注视着地面。眼前的世界在他面前沉下去，消失了；内心的世界却忘却了尘世间一切烦恼，得到净化；因为尘世间的烦恼本是心灵光彩中真正的尘埃。
>
> ……
>
> 每当音乐结束，约瑟夫走出教堂之时，他都真切地感到自己变得纯洁和高贵了许多。他整个的身心都灼烧在精神的美酒之中，如醉如痴，他开始用另一种目光审视身边的过客。此时，他若见到路上的行人聚在一起说笑，或谈论什么新闻，就抑制不住心生厌恶。他暗想：你应该一生一世都沉浸在美好的诗情之中，日日为之陶醉；你的一生应该是一部乐曲。②

---

①〔丹〕勃兰兑斯：《十九世纪文学主流 第二分册 德国的浪漫派》，刘半九译，人民文学出版社 1997 年版，第 104 页。

②〔德〕威廉·亨利希·瓦肯罗德：《一个热爱艺术的修士的内心倾诉》，谷裕译，生活·读书·新知三联书店 2002 年版，第 122-123 页。

在瓦肯罗德看来，艺术神圣，生活庸俗，艺术与生活不可兼得。摆脱世俗生活中的一切义务和束缚，是艺术家之为艺术家的关键。瓦肯罗德的观点一举确定了德国浪漫派最擅长的文体"艺术小说"的主题：艺术与实用的冲突、艺术在现代世界的必要性及其经验处境。世俗生活必然是实用的、功利的、有目的的，而诗则反其道而行之，主要与闲散、无用、无目的有关。在弗·施莱格尔的小说《卢青德》中，"目的性"源于人类的愚昧本性，值得追求的是漫游："噢，闲游，闲游！你是纯洁和热情的生活气息；亡灵呼吸你，谁占有你谁就幸福，你神圣的珍宝！你是天堂里像上帝一样的生活留给我们的唯一的一点残片。""真的，我们不应这样不可饶恕地忽略对闲游的研究，而应使之成为艺术和科学，甚至成为宗教。"[1]于是，我们读到了路德维希·蒂克的《施特恩巴尔德的游历》（1798）、约瑟夫·弗赖赫尔·冯·艾兴多夫的《没出息的人》（1826）……

然而，不能简单地理解浪漫主义的"无用论"。坚决地把诗-文艺与现实功利区分开来，是浪漫主义严肃地思考生活意义、探索理想生活的起点。其关键在于什么是"有用"。蒂克对此有明确回答。当商人范森认为艺术只是一种无用的游戏、一种无害的消遣，没有任何积极意义时，蒂克笔下的主人公弗兰茨这样回应说：

> 你用"益处"这个词表达什么？难道一切都必须归结为吃、喝、穿吗？或者说，我为了更好地操纵一艘船，发明了更方便的机器，难道又仅仅为了吃得更好吗？我再说一遍，真正的崇高不能也不可实用；实用为它的神性所不容，要求实用，即取消崇高的性质，降低为人类的一般需求。人自然需要许多东西，但是人不可把精神降低为它的仆人即躯体的仆人，人的精神必须像一个良好的一家之主那样而操心，但是为生计而操心又不是它的生涯。[2]

[1]〔德〕弗·施莱格尔：《卢青德》，赵登荣译，见〔德〕霍夫曼等：《德国浪漫主义作品选》，孙凤城等译，人民文学出版社1997年版，第86、89页。

[2]〔德〕路·蒂克：《施特恩巴尔德的游历》，见〔德〕路·蒂克：《施特恩巴尔德的游历——蒂克小说选》，胡其鼎等译，上海译文出版社2010年版，第137、138页。

"用"有两种，一是增加财富、帮助生存等物质方面的作用，二是个体自由、审美愉快等精神方面的作用。说艺术无用，是指艺术没有第一种功用；说艺术有用，是指艺术具有第二种功用。浪漫主义要维护的，就是艺术在满足个体情感和审美需要方面的"用"途。18 世纪末以降，一方面是工业革命以后经济主导社会生活，功利主义、实效主义逐步成形；另一方面是法国大革命后政治日益浸入社会生活并开始控制文化。在此语境中，把审美与生活、艺术与日常环境区分开来，就有维护个体自由、人性全面发展的意义。弗兰茨明确指出："在一个国家里，一切只为一个目的服务，这可能是好的，为了公民的福利，为了独立，他们只爱祖国，只爱武器，只爱公民的自由，不爱别的，在某一时期内，这可能是必要的；但是，您没有考虑到，在这样的国家里，为了维持整体的一般形象，每个人都给毁了。"①

浪漫主义的"浪漫"，意味着"全面的""符合生活的""取自历史的""超越日常生活框框的"。在其看来，现实生活是乏味平庸的，是需要用诗来否定和克服的东西，创造性想象能够以未被异化的形象出现，诗人的直观和超越的思维本身就是对束缚于功用、目的的理性主义和实用主义的生动批判，诗人的目的就是用一种想象的、理想的东西代替生活，使生活诗化。以实用为标准，唯功利是求，不但贬低了艺术，也异化了人生。浪漫派的追求，就是诺瓦利斯所说的"让想象来统治"生活，以审美与艺术来提升日常生活、改变现实世界，使低俗和冰冷的庸常生活向崇高和自由敞开。弗·施莱格尔认为：

> 浪漫诗是渐进的总汇诗。它的使命不仅在于重新统一诗的分离的种类，把诗与哲学和雄辩术沟通，它力求而且也应该把诗和散文、天才和批评、艺术诗和自然诗时而混合起来，时而融汇于一体，把诗变成生活和社会，把生活和社会变成诗……②

浪漫诗是超越知性和理性的精神活动形式，浪漫想象不是创造艺术的特殊活动而是普遍的形而上学的价值。如果说在商人、工业家的眼中，世界只是供

---

① 〔德〕路·蒂克：《施特恩巴尔德的游历》，见〔德〕路·蒂克：《施特恩巴尔德的游历——蒂克小说选》，胡其鼎等译，上海译文出版社 2010 年版，第 138 页。

② 〔德〕弗·施勒格尔：《雅典娜神殿断片集》，李伯杰译，生活·读书·新知三联书店 1996 年版，第 72 页。

其生产财富的原料的话，那么，诗歌、艺术则展开了世界的全部真实和丰富意义，诗的想象成为发现实在的唯一线索，更干脆地说，真正的诗就是宇宙自身，就是绝对名副其实的实在。越是富有诗意，也就越是真实；诗不是生活和事业的表现，人生和事业倒要以诗为出发点；不是人在写诗，而是诗在创造人生、创造理想的人生。浪漫派所感受并批判的现代性，是物质、财富、资本横行的社会生活，是理性、机械、计算主导的文化原则，他们开出的救治方案，首先是诗的本体化，即诗是现实世界之外的更真实的世界，它理所当然地拒绝现实功利；然后是生活的诗化，即以诗的原则（想象、美、自由等）来重塑世界，拯救人生。在这里，想象丰富、心灵自由如果不是比物质丰满、财富满足更重要的话，那至少同样重要、同样不可缺少。就浪漫主义否定文艺可以直接产生效益而言，它是否定文艺社会效益的否定论者；就浪漫主义坚持文艺可以也应当改造社会而言，它是文艺社会效益的肯定论者。

浪漫派所倡导的审美自由、艺术自律的观念在 19 世纪中叶演变为"唯美主义"或"为艺术而艺术"思潮。英国批评家阿尔加侬·查尔斯·斯温伯恩提出了"为艺术而艺术"的信条。在《威廉·布莱克》（1868）一书中，他指出："首先是为艺术而艺术，继而我们可以设想对艺术的所有其他附带要求（前提是艺术已经受到了足够的重视）；但是有人如果抱着道德旨趣着手艺术作品，那么就会连道德旨趣，也应加以消除。"①但在评论夏尔·皮埃尔·波德莱尔《恶之花》时，他发现并指出其中的每一首诗都有鲜明的道德背景，因此斯温伯恩在 1872 年修正了原来的观点。"为艺术而艺术，这个尽人皆知的公式……如同其他学说一样，有其真实的一面和虚妄的一面。作为肯定命题来看，它是一个宝贵而持久的真理，任何一部艺术作品，假若不是绝对以艺术为基点去制作的话，都无价值或生命可言。""我们继而承认，一首诗的价值，严格说来与诗中的道德意义或意图毫不相干……但另一方面，我们又拒不承认，最上乘的艺术，与道德或宗教激情，与伦理或一个民族或一个时代的政治，不必息息相通。"②这种前后矛盾的观点，与浪漫主义的两面性是同一个问题。尽管"为艺术而艺术"的观念强调艺术、美只是纯粹的形式，与宗教的、政治的、经济

---

① 〔美〕雷纳·韦勒克：《近代文学批评史》第四卷，杨自伍译，上海译文出版社 2009 年版，第 502 页。
② 〔美〕雷纳·韦勒克：《近代文学批评史》第四卷，杨自伍译，上海译文出版社 2009 年版，第 504 页。

的、文化的和道德的日常内容无关，但这种观念始终没有放弃以艺术为原理改进生活的初衷和希望。这一理论矛盾或张力也存在于另一位唯美主义作家奥斯卡·王尔德这里。一方面，王尔德认为艺术美而不真，而唯一美的事物，就是与我们无关的事物。但他提出的艺术"三原理"之间，却内含矛盾。如按原理一，则艺术本身就是目的："艺术除了表现它自己之外，不表现任何别的东西。艺术有独立的生命，正和思想有独立的生命一样，而且完全按照艺术自己的种种路线向前发展。"但按照原理三："生活对艺术的摹仿远远多过艺术对生活的摹仿。其所以如此，不仅由于生活的摹仿本能，而且由于这一事实：生活的有意识的目的在于寻求表现，而艺术就为生活提供了一些美的形式，通过这些形式，生活就可以实现它的那种活动力。"[①]这段话被简译成：不是艺术模仿生活，而是生活模仿艺术。如果生活在模仿艺术，我们还能说艺术没有社会效果吗？真正重要的，是王尔德强调的艺术没有伦理的目的。这就是他在一本书的序言中说的："艺术的宗旨是展示艺术本身"，"书无所谓道德的或不道德的"，"艺术家没有伦理上的好恶"，"一切艺术都是毫无用处的"。[②]差不多与此同时，法国"象征主义""颓废派"等理论与实践也坚持文艺独立、审美无用。诗人泰奥菲尔·戈蒂耶为反对市侩哲学和庸俗趣味而把艺术、美与实用尖锐对立起来，他在相反的方向上重提卢梭的问题："我记不得谁曾在什么地方说过：文学艺术影响着社会风俗。不管这人是谁，说这话的无疑是个傻瓜蛋。——这就好比说：是几粒小豌豆催来了春天，恰恰相反，豌豆得以生长，是因为有了春天。"[③]实际上，在西方，自浪漫主义运动以来，每当社会环境窒息个体创造，政治高压取消言论自由，功利计算压迫审美想象之时，以文化的独立自由、个性的自主自决之名"反抗""社会"的欲望和行为就会伸张。

要再次强调的是，从德国浪漫派开始的这种似乎消极、颓废的"艺术无用

---

①〔英〕王尔德：《谎言的衰朽》，杨烈译，见伍蠡甫等编：《西方文论选》下卷，上海译文出版社 1979年版，第 116-117 页。

②〔英〕王尔德：《〈道连·葛雷的画像〉自序》，见赵澧、徐京安主编：《唯美主义》，中国人民大学出版社 1988 年版，第 179-180 页。

③〔法〕戈蒂耶：《〈莫班小姐〉序言》，见赵澧、徐京安主编：《唯美主义》，中国人民大学出版社 1988 年版，第 39 页。

论"，其实包含着一种颠覆社会现实的意向：只有其具体内容不同于现实实践的艺术，才能重新组织生活实践；只有超越社会现实，才能为改变现实社会储备主观能量。美国学者马泰·卡林内斯库认为："我们无需对下面的发现感到吃惊：那些以极端审美主义为特征的运动，如松散的'为艺术而艺术'团体，或后来的颓废主义与象征主义，当它们被看做反对正在扩散的中产阶级现代性及其庸俗世界观、功利主义成见、中庸随俗性格与低劣趣味的激烈论战行动时，能够得到最好的理解。"所以"'为艺术而艺术'是审美现代性反抗市侩现代性的头一个产儿"①。区分艺术和日常生活、物质功利，一方面否定了古典的社会功能论，另一方面又为后来更激进的先锋派如达达派、超现实主义、构成主义和生产主义等弥合艺术与生活的鸿沟、实现生活艺术化创造了条件。在积极的意义上，浪漫主义其实没有否定文艺的社会效益，而是为之设计了一个更为辩证的结构：文艺的社会效益，既服务于社会伦理乃至政治经济效益，也批判现存秩序指向更为理想的空间。

2. 俄国批评家：文艺有用

当朱光潜说19世纪文艺的基调是表现"自我""超脱"社会时，他所指的是西方的文艺界的主流。但在俄国，19世纪却是功利主义文艺观的世纪。这就是从别林斯基到托尔斯泰的传统。

19世纪中叶，以别林斯基、杜勃罗留波夫、车尔尼雪夫斯基为代表的批评家对文学的社会作用作了充分的、近乎夸张的论述。一方面，这是有良知和责任感的批评家们对悲惨的俄国现实的回应。车尔尼雪夫斯基以其亲身经历指出："对于60年代的先进人物来说，艺术问题首先是道德问题；他们先问自己：当我们的多数同胞不仅被剥夺了对艺术的享受，而且甚至被剥夺了满足最基本的、同时又是最迫切的、最刻不容缓的需要的可能性时，我们有没有权利享受艺术？"②在政治专制、经济贫困、充满不义和罪恶的无边黑暗中，要求文学艺术能够发出人民的呼声，推动社会变革，是完全合理的。俄国的文化艺术不可

---

① 〔美〕马泰·卡林内斯库：《现代性的五副面孔》，顾爱彬、李瑞华译，商务印书馆2002年版，第51、52页。

② 〔俄〕普列汉诺夫：《维·格·别林斯基》，见〔俄〕普列汉诺夫：《普列汉诺夫哲学著作选集》第四卷，生活·读书·新知三联书店1974年版，第509页。

能没有道德关切。另一方面，这也是有良知和责任感的批评家们在反思德、法等美学之后的新的认知。以别林斯基为例，他在 19 世纪 40 年代初接受了黑格尔及艺术无外在目的西方美学，也相信诗没有外在于自身的目的，它本身就是目的。但 1843 年以后，别林斯基越来越觉得艺术必须面对生活和现实，逐渐以艺术与现实的关系、艺术的社会效益为其批评的主题。别林斯基指出："我们一方面完全承认艺术首先应当是艺术，可同时却还是认为，那种以为艺术是一种生活在自己小天地里、同生活的其他方面没有什么共同点的纯粹的、与世绝缘东西的想法，是一种抽象的、虚幻的想法……毫无疑问，生活一分再分地分成各有其独立性的许多方面；但是这些方面又通过活跃的方式彼此融合在一起。在它们中间并没有截然分开的界线。"[①]而在艺术利益与社会利益之间，别林斯基也有自己的选择：

> 艺术本身的利益不能不让位于人类更重要的利益，艺术高贵地承担起为这些利益服务的担子，成为它们的发言人。然而它丝毫不会因此而终止其为艺术，而只不过是取得新的特征。从艺术手里夺走这种为社会利益服务的权利，这不是把艺术抬高，而是把它贬抑，这样就等于是剥夺它的最有生气的力量，也就是思想，使它成为某种放荡逸乐享受的对象，成为空闲无聊的懒鬼的玩具。这甚至等于杀害艺术……[②]

这一观点以及由此而展开的大量批评，既是俄国文学实践和理论提炼，也增加了俄国文学介入社会现实的深度和强度。从普希金、托尔斯泰、陀思妥耶夫斯基、果戈理到契诃夫，他们的作品勇敢地面对真实的俄国，描写、暴露当时环境中的黑暗、罪恶和不义，表达了对苦难人民的深切同情。这些作品不但极大地提升了俄国的声望，也深刻地塑造着俄国人民的心灵，改变了人民的意识。车尔尼雪夫斯基认为，在更多的情况下，对一个社会可以产生巨大的推动力量的是科学，而不是文艺。但在个别时期，文学成为历史运动中主要的、中

---

① 〔俄〕别林斯基：《一八四七年俄国文学一瞥（第一篇）》，见〔俄〕别林斯基：《别林斯基选集》第六卷，辛未艾译，上海译文出版社 2006 年版，第 588 页。

② 〔俄〕别林斯基：《一八四七年俄国文学一瞥（第一篇）》，见〔俄〕别林斯基：《别林斯基选集》第六卷，辛未艾译，上海译文出版社 2006 年版，第 596-597 页。

坚的力量。比如，从戈特霍尔德·埃夫莱姆·莱辛开始到席勒逝世，这一时期的德国文学唤醒了德意志人民的民族意识，激发了他们对于法律和荣誉的感情，乃至"决定了欧洲最伟大的民族之一的发展，决定了从波罗的海到地中海，从莱茵河到奥得河之间的一个国家的将来，一切其他社会力量和事件在民族发展中所起的作用比起文学的影响来，应当看作是不足道的"。为什么会出现这样的例外呢？车尔尼雪夫斯基指出："已经丧失掉力量或者还没有获得行动力量的民族，假使不能在实际生活中找到光明，那就在言论中寻找光明，如渴如饥地倾听本民族诗人的令人振奋的不满和希望。"①所以，在文学发挥巨大的社会作用的背后，是悲惨的社会状况和文艺推动社会变革的强烈愿望。

应当说，以别林斯基为代表的俄国批评家的理论价值，不是其文艺社会功能论，当然更不是文艺独立论，而是两种理论传统的综合。别林斯基即使在急切强调文学的社会作用的同时，也始终不忘两个要点。第一，文艺的社会作用只能以文艺自身的价值为前提。别林斯基强调："毫无疑问，艺术首先应当是艺术，然后才可能是一定时代的社会精神与倾向的表现。一首诗，不论它包含了怎么美好的思想，不论这首诗对当代的问题作出多么强烈的反应，如果其中并没有诗意，那么其中就不可能有美好的思想，也没有提出任何问题。我们在其中可以见到的，那不过是执行得糟透的美好的意图而已……破坏艺术规律不可能不受到惩罚。"②首先是艺术、是文学，然后才有其社会效果。这也就是我们所说的"价值-效益"之间的关系问题。第二，文艺的社会作用不能夸大。别林斯基坦然承认："当然，如果以为讽刺、喜剧、中篇小说或者长篇小说能够使犯罪的人改邪归正，这是可笑的；但是毫无疑问，它们能够使社会打开眼睛，促使社会自觉的觉醒，使恶行蒙受蔑视与耻辱。我们这里有许多人一听到果戈理的名字就不能不感到愤慨，并把他的《钦差大臣》称为'伤风败俗'的作品，应该把它禁止，这不是毫无来由的。同样地，今天已经没有一个头脑这样简单的人，会以为一部喜剧或者中篇小说可以使一个受贿的人

①〔俄〕车尔尼雪夫斯基：《莱辛，他的时代，他的一生与活动》，见〔俄〕车尔尼雪夫斯基：《车尔尼雪夫斯基论文学》中卷，辛未艾译，上海译文出版社 1979 年版，第 261、269-270 页。
②〔俄〕别林斯基：《一八四七年俄国文学一瞥（第一篇）》，见〔俄〕别林斯基：《别林斯基选集》第六卷，辛未艾译，上海译文出版社 2006 年版，第 586 页。

变成正直的人，不，当一株弯曲的树已经长成和变得粗壮了以后，你就没法把它弄直；可是要知道受贿的人正像不受贿的人一样，都会有孩子；这些后代还没有理由把对受贿的生动描写看作伤风败俗，而会赞赏这些描写，并且不知不觉地让这些印象使自己丰富起来，这些印象，在他们往后的生活中，当他们成为社会中实际的一员的时候，不会永远没有结果。年轻人的印象是强烈的，年轻人会把首先震撼他们的感情、想象和智力的东西看作无可怀疑的真理。由此可见文学是以什么样的方式不仅影响着教育，而且还影响到社会道德的改善！"①

以别林斯基为代表的俄国现实主义文学批评有其鲜明的俄国特色。与更为发达的西方国家相比，俄国的落后环境、宗教传统、阶级关系、权力结构等，都在直接或间接地激活文化干预现实、批判社会、揭露黑暗的冲动。在整个现代文化中，俄国文学是最重视社会效益的。这种重视，经常并不需要理性论证。比如对伟大的作家托尔斯泰来说，为艺术而艺术也是不可想象的。在其《艺术论》中，他着重指出这样一个事实：

> 在俄国，为了扶助艺术，政府拨给各专科学校、音乐学院和剧院几百万卢布的补助金……为了满足人们的艺术要求，成千上万的工人——木匠、石匠、油漆匠、细木匠、裱糊匠、裁缝、理发师、首饰匠、铜匠、排字工人——终生辛苦地劳动着。几乎没有其他任何一项人类的活动（军事活动除外）消耗人们这样多的力量。

> 这项活动不但花费了那么多的劳动，而且为了这一项活动，正像为了战争一样，多少人献出了自己的一生：成千上万的人从小勤修苦练，其中一些人是为了学会迅速转动双腿（舞蹈家），一些人是为了学会迅速地按琴键或拨琴弦（演奏家），还有一些人是为了学会用颜色绘画，画出他们所看到的一切（画家），再有一些人则是为了用各种方式组织句子，并使每个字合乎韵律（诗人）。这些人往往很善良、很聪明，能够从事各种有益的劳动，却在这些单一的、使人迷醉的活

---

① 〔俄〕别林斯基：《关于俄罗斯文学的感想和意见》，见〔俄〕别林斯基：《别林斯基选集》第六卷，辛未艾译，上海译文出版社 2006 年版，第 156-157 页。

动中跟一般人疏远起来，对生活中一切严肃的现象变得迟钝了，成了只会转动双腿、舌头或手指的片面而自满的专家。[①]

人类为艺术付出如此之多，而从中所得又是什么呢？艺术劳动者的艰苦，鼓励富人为富不仁，诱惑儿童和普通人追求金钱、浮名和虚伪的生活，以"美"为由否定道德为余事甚至败坏道德，传播迷信、淫欲等——托尔斯泰在重复卢梭对文艺指控。当然，这些"假艺术"、坏艺术不是托尔斯泰论艺术的重点。他要强调的是，艺术不是享乐、慰藉或娱乐，甚至也不是"美"，而是传播善良的感情，消除人与人之间的隔阂，把人类感情融为一体。以艺术为感情交流的媒介，不是新鲜之论，但托尔斯泰比此前任何人都更强调这种感情的道德、宗教性质。当托尔斯泰把艺术所交流的感情限制在他所认为的有益、正当的范围时，其对艺术品的评价也就转向伦理和宗教，从而使其艺术论成为一种道德教化或宗教布道。实际上，托尔斯泰的艺术论基本上就是道德论、宗教论、教育论。好的艺术就是能够为绝大多数人理解的艺术，坏的艺术就是不为广大群众所理解的艺术。"坏艺术"根本就不是艺术。对于这些坏艺术、伪艺术，比如以法国颓废派为代表的现代艺术等，托尔斯泰坚持柏拉图的立场和方法。

> 任何一个有理性有德性的人都会像柏拉图为他的共和国解决问题那样地或者像教会基督教和伊斯兰教的人类导师那样解决这一问题。换言之，这个有理性有德性的人会说："与其让目下存在的淫荡腐化的艺术或艺术类似物继续存在下去，不如任何艺术都没有的好。"[②]

托尔斯泰的感情-道德理论以宗教为核心，过于狭隘；同时他对文艺过于严厉，以至于不承认文艺的审美特性。所以相对于别林斯基兼顾艺术与社会的理论传统而言，这位伟大作家的文艺理论是一种极端之论。

---

① 〔俄〕列夫·托尔斯泰：《什么是艺术？》，丰陈宝译，见〔俄〕列夫·托尔斯泰：《列夫·托尔斯泰文集》第十四卷，陈燊、丰陈宝等译，人民文学出版社 1992 年版，第 129-130 页。

② 〔俄〕列夫·托尔斯泰：《什么是艺术？》，丰陈宝译，见〔俄〕列夫·托尔斯泰：《列夫·托尔斯泰文集》第十四卷，陈燊、丰陈宝等译，人民文学出版社 1992 年版，第 302 页。

3. 如何理解"有用""无用"的对立？

19 世纪西方的两种对立的文学观，集中反映了古往今来在文艺功能上的对立。这就是俄国马克思主义者普列汉诺夫总结的：

一些人认为，不是社会为艺术家而存在，而是艺术家为社会而存在。艺术应当促进人的意识的发展和社会制度的改善。

另一些人认为，艺术本身就是目的，把艺术变成手段以求达到某种别的、即使是崇高的目的，那就等于降低了艺术品的价值。

马克思主义者普列汉诺夫认为，这种对立，可以通过艺术家与社会环境的不同关系来解释。以诗人普希金为例，他早期揭露沙俄专制，渴望参加政治行为，写出了《自由颂》这样抗议"皮鞭"和"锁链"的诗作，为自由而呐喊。但尼古拉一世加剧了对进步力量的迫害后，普希金接受了为艺术而艺术的理论，其后期诗作《致诗人》明确说诗人不是为了利欲，也不是为了战斗而写作，诗人生来是为了灵感，为了甜蜜的声音和祈祷而写作。由普希金的演变，普列汉诺夫得出结论："艺术家和对艺术创作有浓厚兴趣的人们的为艺术而艺术的倾向，是在他们与周围社会环境之间的无法解决的不协调的基础上产生的。""所谓功利主义的艺术观，即是使艺术作品具有评判生活现象的意义的倾向，以及往往随之而来的乐于参加社会斗争的决心，是在社会上大部分人和多少对艺术创作真正感到兴趣的人们之间有着相互同情的时候产生和加强的。"①普列汉诺夫此论有其正确的一面，疏离现实、厌恶社会的诗人习惯于在纯粹的艺术中寻找寄托，与社会关系和谐的诗人可能更倾向于以诗来参与社会进步。但此论并不能完全解释全部文化现象。"愤怒出诗人"一说，就表明疏离现实、厌恶社会也可以相信诗的社会效益，仅仅从诗人与现实的关系来解释是不够的。

还是中国学者朱光潜说得更为合理。人生是多方面而又相互联系的整体，就正名析理而言，把人生分为实用的、科学的和美感的等，是必要的。"实际人生"小于整个人生，只是人生的一部分。实用论者的错误在于认为它们相等，以为艺术与"实际人生"隔着一层，它在整体人生中也就没有什么价值。德国浪漫派和"形式派"美学反对把整个人生都归结为实用，主张审美独立，但它

---

① 〔俄〕普列汉诺夫：《艺术与社会生活》，见〔俄〕普列汉诺夫：《普列汉诺夫美学论文集》，曹葆华译，人民出版社 1983 年版，第 829 页。

们忘记了"美感的人"同时也还是"科学的人"和"实用的人",科学的人、实用的人和美感的人在理论上虽有分别,但在实际人生中并不能分割开来。说艺术有用,是因为艺术具有满足人生实用之外的用途;说艺术无用,是指艺术没有穿衣、吃饭那样的实际用途。文艺是"有用"还是"无用",取决于我们所说的"用"是什么,而"用"是什么,又取决于我们如何理解"人生"。但无论如何,有两个前提都是必须坚持的。第一,生活是一个整体,"实际人生"只是人生的一部分。人不只有物质方面的需要,也有审美欣赏、游戏娱乐的需要,所以艺术没有"实际"用处不代表它在整体人生中没有价值。第二,文艺首先要有一定的独立性、自主性,然后才作用于人生和社会,所以要使文艺有用,首先必须是"文艺"。问题在于,在曾经的一段时期内,人们的实用需要没有得到充分满足,因此对艺术的精神作用也就不能充分领略。在文化产业兴起之初,我们对文化的理解又经常着眼于其产业的、经济的效益,致使文艺"有用""无用"之争,始终以各种方式出现。

第二节　诸矛盾:效益之间与效益之内

如上所说,德国浪漫派等虽然认为艺术无"用",但其"用"是实际利益、物质财富等,俄国批评家强调艺术有"用",但其用不是实际利益、物质财富等。就此而言,两大传统是可以对话的,关键在于是否承认文化艺术有其自身的目的或价值。在美学讲演中,黑格尔在辨析艺术的目的是否为道德教益问题时说:"艺术的使命在于用感性的艺术形象的形式去显现真实,去表现上文所说的那种和解了的矛盾,因此艺术有它自己的目的,这目的就是这里所说的显现和表现。至于其它目的,例如教训、净化、改善、谋利、名位追求之类,对于艺术作品之为艺术作品,是毫不相干的,是不能决定艺术作品概念的。"[①]黑格尔这里所说的艺术作品自身的目的,就是艺术的价值,就是对真善美的追求和表现。

引申黑格尔的观点,则文化的"使命""目的""概念"就是我们上一章

---

① 朱光潜:《朱光潜全集》第十三卷,安徽教育出版社 1990 年版,第 65 页。

所说的具有相对独立性的"文化价值"——这就是真善美，它们蕴含于各种文化产品、活动、服务之中，使文化与非文化区分开来。"其他目的"则是文化的效益，因为文化不是孤立的存在，它在经济、政治、社会、生态等方面产生的"效应""影响""功能"等，即为其经济效益、政治效益、社会效益、生态效益等。区分文化"价值"与"效益"，既是为了维护文化的相对独立性，又可以解释文化的多种效益：有价值的东西就会有其特定的效益。

在理想的意义上，文化发展必须以文化价值为基础，兼顾各种效益，追求诸效益之间的动态平衡，但现实中仍存在问题。

第一，"效益"压倒"价值"的趋势。

文艺复兴以来，政教分离为文化艺术的自由发展提供了空间，以世俗化为中心的现代化加剧了传统伦理的解体与人性的解放，文艺摆脱了政治、宗教、伦理的直接控制。文化现代性，说到底就是文化的独立性。但与此同时另一个普遍的现象是，现代社会要求文化"有用"。不是文化的独立性，而是文化的有用性，不是文化价值，而是文化效益，成为现代人的主要关切。在俄国作家叶夫根尼·伊万诺维奇·扎米亚金的"反乌托邦"小说《我们》中，一个生活在工业化和集权化整合一起的"大一统国"的设计师有过这样的感慨：

> 我想过，古代人怎么没有发现他们的文学和诗歌是极度荒诞可笑的呢？文艺无比巨大的力量，竟被他们白白地浪费掉了！作家想写什么就可以写什么，这简直可笑！同样滑稽、荒唐的是，在古代世界，海洋竟毫无目的，不分昼夜地拍击海岸，那潜藏于水中的巨大能量只用来激发恋人的爱情，而我们却从海浪的絮絮情语中索取电力。我们把如野兽狂啸发成的海洋变成了温驯的家畜。对狂野不羁的诗歌，我们也如法炮制，驯服了它。现在的诗歌不再是夜莺无所顾忌的啼鸣，而是国家的工具，诗歌带来效益。[①]

"大一统国"是文学虚构，但所论完全有其真实情境。早在 16 世纪，法国红衣主教黎塞留在担任路易十三的首相（1624—1642）期间，就坚持"民族国家利益至上"的原则，把文化艺术纳入王权专制的制度之中。他一方面奖励创

---

① 〔俄〕叶·伊·扎米亚金：《我们》，顾亚玲译，江苏文艺出版社 2013 年版，第 68 页。

作，保护文人，另一方面建立出版检查制度，规范文化艺术活动。黎塞留采取的最重要的文化举措是于 1635 年创立"法兰西学院"，他把当时第一流的文人组织起来，直接为专制王权服务。循黎塞留的文化制度和政策而来，路易十四也非常重视且善用文艺作为权力工具的职能。1663 年，他在给年仅两岁的王储的《致王储训言》中这样说："一个法兰西的王子或国王应该在这些娱乐中看到表演以外的其他东西，子民在演出中尽享其乐……通过此举我们控制他们的思想，抓住他们的心，有时会比奖赏和恩惠更有效；对于外国人来说，这些看似多余的消耗会在他们身上产生不同凡响的印象，那便是辉煌、强盛、富丽和宏大。"[①]路易十四时代是西方文化的鼎盛期之一，这一时期制定的作为政治宣传工具的文化制度和政策，也为后世提供了示范。

当然，在启蒙以来的民主体制之下，现代国家制度也为个体性、多元性保留了空间，但要求文化"有用"，却始终没有变。现代文化确实获得了相对独立的地位，但在西方日益强大的国家-政府权力面前，在征服一切的资本面前，文化其实没有多少还手之力，其自身价值因此也就经常受到各种效益的挤压。比如在西方文化产业时代，对文化经济效益的追求就可能压倒文化价值的实现，"以经济为中心""一切向钱看"事实上也早已是文化企业的指导原则。

第二，诸效益之间的矛盾。

尽管文化有其相对独立的属性和内涵，但其诸效益之间却是不连贯的、不和谐的。古希腊的柏拉图指控史诗、悲剧和音乐，因为它们不符合他所期待的政治/伦理准则；亚里士多德为悲剧辩护，认为它有"净化"（katharsis）效果，其立论基础也是伦理的。当卢梭指控文明与道德的相互矛盾时，他表达的不只是对古罗马德行的怀旧，也与现代文化的道德缺失有关。当伟大的托尔斯泰以宗教、道德为文化的指导时，他所表达的也不只是一个宗教徒的信仰。文化史一再表明，对一种效益的过分追求，可能会妨碍其他效益的实现。诸效益之间的冲突，有以下四种情形。

（1）只追求经济效益可能导致唯利是图，从而突破政治制约、社会规范和环境限制。

---

① 〔法〕阿兰·克鲁瓦、〔法〕让·凯尼亚：《法国文化史》第二卷，傅绍梅、钱林森译，华东师范大学出版社 2006 年版，第 284 页。

（2）独尊政治价值效益可能无视其他效益。其极端或者是"算政治账不算经济账"，或者是不顾社会价值（权力制定标准）。

（3）只注重社会效益可能对抗政治效益、轻视经济效益、压迫个性创造。

（4）固执生态效益可能妨碍文化及经济社会的发展。

文化产业的兴起，突出了文化的经济效益，也加剧了诸效益的冲突。各种权力水银泻地般地渗透到文化生活的各个方面，金融资本有力地控制着文化企业，社会期待文化能够发挥社会整合的作用，而生态环境的危机也对文化提出新的要求。文化产业的各种效益之间的矛盾和冲突，其实是当代世界文化、经济、政治与社会冲突的表征和后果。提出"社会效益优先"，很大程度上就是为了平衡、缓和这些冲突。

第三，也是我们要重点论述的，是各种效益本身就是多种要素、倾向和目的的聚合，蕴含着分裂的动力和方向。

其一，经济效益的双重要求。

一方面，文化参与交换并获得经济效益，自古已然。以文艺之才换取生活资源和物质财富的现象，遍及中外文化史。但只有在现代文化市场形成之后，文化的经济效益才系统实现。文化的经济效益首先就是文化商品与服务所具有的交换价值，间接的是文化之于投资环境的改变、文化之于人力资本的贡献、文化之于购买力的提升、文化之于非文化商品的附加值的贡献等。狭义的"文化产业"概念，基本是经济意义上的概念。同样，文化的商品化意味着以经济效益、以盈利的视角看待文化，文化从此成为永无止境的资本流动的一个领域。如此，则文化产业就是文化的经济化、资本化。当文化产业基本上与文化具有相同的范围时，意味着在商品之外，已经很少有独立的文化生产。

但另一方面，文化产业如果要提供优秀的产品与服务，则其生产者和企业就不能"一切向钱看"。这并不仅是基于社会效益的考虑，也是强调文化产业的"文化"特性。文化产品之所以"值钱"，在于它具有不同于其他物质产品的文化价值。为了确保产品的文化价值，从生产到传播到消费，都要有经济、市场之外的追求。有两个理由是经得起讨论的。一是法国社会学家布尔迪厄提出的"文化资本"与"文化场域"理论。一种资本总是在既定的具体场域中才是有效的，一种资本的价值，取决于某种使这项技能得以发挥作用的场域的存在，"资本"与"场域"相互界定。"场域"是指围绕着特定的资本类型或资本组合而组织起来的结构化空间，比如知识场域就是指符号的生产者，即作家、艺术家以及学术界等争夺符号资本的机构母体、组织母体和市场母体。资本不断分化，自主场域也日益增生，人们对各种不同场域的重要性和合法性都必须予以考虑并加以协调。每个场域都规定了各自特有的价值观，拥有各自特有的调控原则，这些原则界定了一个社会构建的空间。与经济场域不同，文化"场域"在其作为艺术的纯粹形式中，是根据颠倒了一切普通经济的基本原则的体系来运作的。比如，文化排除了对于利润的追逐，不保证任何形式的投资与获利的一致性，等等，这就是颠倒了商业原则等。承认"文化场域"的自主性，必然反对把文化解释为更为广泛的经济和权力关系的副产品，也反对把文化趣味看作是自发的创造物。文化资本当然可以转化为经济资本、政治资本，但这种转化之所以能够进行，恰恰在于文化资本有不同于经济资本的独立价值。[①]

　　另外一个理由是后现代马克思主义者弗雷德里克·詹姆逊提出的。西方社会因此已经从一个以物质生产为基础的社会向以文化生产为基础的社会进行了历史性的转变，后现代社会是文化主导的社会。那么，"文化领域的'半自主性'到底是否被晚期资本主义整体逻辑所摧毁？这正是我们当前必须正视的问题。虽然，相对的自主性确曾在一定程度上出现于资本主义的早期社会里，但说这种自主性不再存在于我们今天的文化，并不等于说就完全否定了'自主性'的价值。反之，我们要继续肯定的是，一个独立自主性在文化范畴里的消失，其实可以视之为轰动文化的一种爆炸效应。也就是说，文化的威力，在整个社会范畴里以惊人的幅度扩张起来。而文化的威力，可使社会生活里的一切活动都充满了文化意义（从经济价值和国家权力，从社会实践到心理结构）。在这种诠释下，文化的意义是崭新的，并未受到理论的消化和演述。"[②]文化不再自主，但它没有毁灭，而是与整个社会同在。如果文化没有相对独立于经济社会的价值，它当然不可能使社会生活中的一切都充满意义。

[①] 参见单世联：《文化大转型：批判与解释——西方文化产业理论研究》上，中国社会科学出版社 2017 年版，第 12 章第 2 节。

[②] 〔美〕詹明信：《后现代主义，或晚期资本主义的文化逻辑》，见〔美〕詹明信：《晚期资本主义的文化逻辑》，陈清侨等译，生活·读书·新知三联书店 1997 年版，第 504 页。

所以，讨论文化产业的经济效益，不但要说明文化产品也是经济产品，内容、美感、独创、个性等也可以转化为商品，甚至就是为市场而生产出来的商品，而且也要说明经济应当具有文化的性质和功能，说明所有的经济行为都植根于特定的社会文化环境之中，经济已经越来越多地具有文化的属性。这样，不仅艺术家、科学家、工人和手工艺者应该从事文化工作，所有公民都应该进行文化活动，为此，就需要鼓励更多生产以提供具有使用价值与文化价值的物品和服务，并改善工厂和办公区的工作环境。进而，公民的日常生活需要具有艺术性。这就是说，在确保公民有足够的收入及自由时间实现富足之外，高质量的消费品必须价格合理，人们可以以较低的价格欣赏到如表演艺术等文化艺术活动。所有这些都表明，追求文化产业的经济效益，恰恰要以创造文化价值为前提，需要遏制把一切文化行为都转化为经济行为的错误倾向。

其二，政治效益的不同指向。

从政治论文化，简单一点的，会把文化看成是工具、手段、武器；完善一点的，会把文化看成是一种特殊的意识形态。在极端的情况下，会完全取消文化的独立性、自主性，取消各种文化形式之间的差异，在这种压力下，即使是赞同文化具有政治功能的文艺家，也不得不为文艺的特殊性而辩护。但文化并不只是有助于维持现实秩序，它也有另一方面，即揭露现实的不合理性和不公正性，描绘另一种社会远景和社会理想，召唤着人们行动起来，进行变革社会的实践。

意识形态是马克思主义文化理论的基础性概念。在马克思看来，意识形态作为一个批判性概念，它是"虚假的观念体系"；作为一个分析性概念，它是以经济为基础的上层建筑的一部分。就其批判的意义而言，意识形态是统治阶级建构的一套虚假的思想体系，其目的是掩盖其自身真实的、特殊的利益，使其统治具有普遍性因而获得合法性。与此同时，马克思意义上的"乌托邦"主要与 19 世纪空想社会主义联系在一起，也是一个消极的、批判的概念。这就是恩格斯的名著《社会主义从空想到科学的发展》所取的含义。但在现代社会科学与文化理论中，乌托邦也可以是一种积极的，至少是中性的概念。德国社会思想家卡尔·曼海姆对意识形态与乌托邦的关系进行研究，比较清楚地显示了它们的不同意义和性质。曼海姆的研究非常复杂。简单地说：

"意识形态"这个概念反映了一个来自政治冲突的发现，那就是那些统治集团在思维过程中强烈的利益制约使他们只关注某种情境而再也不可能进一步看到可能破坏他们的支配感基础的那些事实。"意识形态"这个词隐含着一种见解，认为在一定条件下，某些群体的集体无意识会对它自身和对其他人遮蔽了真实的社会条件从而使社会得到稳定。

"乌托邦式的思维"这个概念反映了对政治斗争的相反的发现：某些受压迫的群体在理智上强烈地关注摧毁和变革某种既定的社会条件，以至于不知不觉地只看到社会情境中那些需要加以否定的成分。他们的思维不可能正确地诊断现存的社会条件。他们全然不关心实际存在的东西；倒是可以说，在他们的思维中，他们早已在寻找改变现存的情境了。①

意识形态是肯定现状维持稳定，乌托邦倾向于发现问题破坏现状。两种思维方式的划分是基于它们对现状的不同态度,而不同态度的背后是"实际利益"。这里特别要注意的是，乌托邦不是一般意义上的脱离现实。"如果一种思想与产生这种思想的现状不符，这种思想就是乌托邦式的。在经验、思想和实践中，如果这种思想以实际中并不存在的目标为取向，那么这种不相符往往就很明显。然而，我们不能把所有不符合或者超越实际情况（在这个意义上，就是'脱离现实'）的思想都说成是乌托邦式的。……这些取向一旦转化为行为，往往会部分地或整个地破坏当时处于优势的事物的秩序。"②乌托邦是从业已存在、只有从给定的社会秩序观点出发才无法实现的思想，它与现存秩序之间的关系是辩证的：它产生于现存秩序之中，反过来又破坏了现存秩序的桎梏，使它得以朝着下一个现存秩序的方向自由地发展。如此说来，所谓意识形态，是指维持现行秩序活动的思想体系，所谓的乌托邦，是指产生改变现行秩序活动的那些思想体系。简言之，一定意义上，意识形态肯定现实，乌托邦指向未来。

---

① 〔德〕卡尔·曼海姆：《意识形态与乌托邦》，李步楼、尚伟、祁阿红、朱泓译，商务印书馆 2014 年版，第 66-67 页。

② 〔德〕卡尔·曼海姆：《意识形态与乌托邦》，李步楼、尚伟、祁阿红、朱泓译，商务印书馆 2014 年版，第 234 页。

　　文化艺术的意识形态性，早已由马克思主义深入阐释；而其乌托邦性质，也历来受到关注。比如，法兰克福学派就长期致力于分析艺术的乌托邦性质。"艺术创造出一个并不存在的世界，一个'显现'、幻像、现象的世界。然而，正是在这种把现实变为幻象的转化中，也只有在这个转化中，表现出艺术倾覆性之真理。在这个天地中，任何词语、任何色彩、任何声音都是'新颖的'和新奇的，它们打破了把人和自然围蔽于中的习以为常的感知和理解的框架，打破了习以为常的感性确定性和理性框架。由于构成审美形式的语词、声音、形状，以及色彩，与它们的日常用法和功用相分离，因而，它们就可逍遥于一个崭新的生存维度。"[1]但批判理论一般把乌托邦与古典的、先锋的文学艺术联系起来，而在西方文化产业中看到的主要是安抚、欺骗、操纵等意识形态功能，所以文化商品中批判性和激进性没有受到应有的关注，这不能不说是一个理论上的欠缺。文化、文化产业的双重政治内涵，根源在于社会的两种需要，我们既需要认同现实、维持稳定，也需要批判现实、推动改革。

　　其三，社会效益的矛盾结构。

　　社会由个体组成，个体与社会、与他人既有和谐合作的一面，也有矛盾冲突的一面。文化艺术因此也有批判社会、挑战社会的一面。消极地说，文化艺术也有逃避社会的功能。德国诗人歌德有云："要想逃避这个世界，没有比艺术更可靠的途径；要想同世界结合，也没有比艺术更可靠的途径。"[2]这句话最简明地指出了文化艺术的社会效益。在爱尔兰作家詹姆斯·乔伊斯的小说中，主人公斯蒂芬深切地感到："当一个人的灵魂在这个国家诞生的时候，马上就有许多张网在他的周围张开，防止他飞掉。你和我谈什么语言、宗教。我准备要冲破那些罗网高飞远扬。"[3]积极地说，文化艺术具有理想的性质，因此就有突破社会的陈规陋习、推动社会变革的意义。英国哲学家罗宾·乔治·科林伍德是美学艺术理论中"表现论"的代表，但在其名著《艺术原理》的最后，他强调的却不是"自我表现"而是"社会价值"："艺术必须具有预言性质，

　　①〔美〕赫伯特·马尔库塞：《艺术与革命（1973年）》，见〔美〕赫伯特·马尔库塞：《审美之维：马尔库塞美学论著集》，李小兵译，生活·读书·新知三联书店1989年版，第170页。

　　②〔德〕歌德：《歌德的格言和感想集》，程代熙、张惠民译，中国社会科学出版社1982年版，第91页。

　　③〔爱〕詹姆斯·乔伊斯：《青年艺术家的画像》，黄雨石译，外国文学出版社1998年版，第231页。

艺术家必须预言；这并不是说，他预报了即将来临的事态，而是说，他冒着使观众生气的危险，把观众自己内心的秘密告诉他们。作为一个艺术家，他的任务就是要把话讲出来，把心里话完全坦白出来。但是艺术家必须说的东西，并不像个人主义的艺术理论要我们相信的，是他自己的私人秘密。作为社会的代言人，艺术家必须讲出的秘密是属于那个社会的。社会所以需要艺术家，是因为没有哪个社会完全了解自己的内心，并且社会由于没有对自己内心的这种认识，它就会在这一点上欺骗自己，而对于这一点的无知就意味着死亡。对于来自那种愚昧无知的不幸，作为预言家的诗人没有提出任何药物，因为他已经给出药物了，药物就是诗歌本身。艺术是社会疾病的良药，专治最危险的心理疾病——意识腐化症。"①在文化史上，几乎每一个伟大的知识分子，都曾以不同方式、在不同程度上向社会庸众、陈腐道德、僵化习俗提出挑战，而其效果，则是引领社会走向新生。

维持社会凝聚与批判社会堕性，是文化社会效益的两种方式。如美国社会学家贝尔所总结的："文化中反对遵从道德法规的一面是人类社会中时常出现的特点，在人类社会中，收与放的辩证法最初是在宗教上、然后是在世俗的道德规程本身表现出来的。事实上，反对遵从道德法规的态度是自我不断力求'向外'伸展的努力：要想达到某种形式的狂喜（得意忘形）；变得自我无限化或偶像崇拜；自命不朽或全能。其根源在于生命寿命之有限而自我却想否认死亡的现实。那是激进的'我'提出不朽的生存而反对迫切的命运。人们发现这在古代的酒神狄俄尼索斯的欢宴上表现出来，也在基督教时代的早期在诺斯替教中表现出来（这种教派认为自己可以免除对道德法规的义务）。在现代社会里，这种心理学唯我论最为激烈地反对资产阶级社会对自发的冲动欲望的强制约束。十九世纪的反对遵从道德法规的冲动在这种反资产阶级的态度中找到了自己的文化表现：浪漫主义、'华丽主义'、'唯美主义'以及把'自然的人'同社会相对立的，或者把'自我'同社会相对立的其他方式。在博德莱尔、洛特雷阿蒙和兰博这样的作家的作品中最显著地表现的主题是'真正的'自我，它放手探索人类经验的一切方面，并且不顾常规和法律而追求这些推动力。在

---

① 〔英〕罗宾·乔治·科林伍德：《艺术原理》，王至元、陈中华译，中国社会科学出版社1985年版，第343页。

十九世纪时是私人的和与世隔绝的东西，在二十世纪现代主义的光辉中却成了公众的和意识形态的了。当代文化，随着现代主义的胜利，已成为反体制和反对遵从道德法规了……很少作家会在'帝王般的自我'面前'捍卫'社会或体制。古老的艺术想象，不论多么狂妄或反常，都被艺术的塑造格律所约束。新的情感打破了一切流派风格并且否认艺术与生活之间有任何差别。过去艺术是一种经验；现在所有的经验都要成为艺术。"①文化与社会的融合，正是文化产业时代的特征，但在贝尔看来，这是以艺术家的"自我"甚至反常的个性取代、取消习俗、道德和法律的"反社会"潮流。

其四，生态效益的两种可能。

文化生产主要依靠传统资源、个体创意和技术手段，而不是靠消耗物质资源和环境，文化企业也确实在资源节约、环境保护和生态修复上用功。在互联网、信息技术高度发达的今天，文化产业的发展更是与大数据、人工智能技术等"硬科技"紧密相关。因此，文化产业是绿色产业、低碳产业、环境友好型产业。这一点，已成为文化理论的共识，也是社会各界齐心合力推动文化产业发展的重要理由。

但另一方面，文化渗透生活，提高了生活的外在美感与内在品质，也可能滋养消费主义。这一矛盾在一些国家的文化产业中表现得最为突出：电影产业是"造梦工业"；电视所呈现的是奢华、美丽和梦幻；媒介产品使消费者沉浸在符号与信息的海洋中，成为孤立的原子而被操纵为消费机器；旅游业就是生产快乐的产业；无孔不入而又短暂易逝的形象商品、文化景观意在刺激人们对变化不居的时尚的追逐；城市更新的方式是毁灭真实的地方性而代之以趋同的建筑、广场、娱乐场景和青年酷文化；蓬勃兴起的文化园区、特色小镇、文化地产等，在传播文化艺术、倡导美感生活的同时又在营造一种高雅的甚至奢侈的生活方式。各种广告、电影、电视、视觉艺术等，在创造性地生产、推销各种与商品有关或商品化的形象、符号、故事、景观方面更是当仁不让，广告就

---

①〔美〕丹尼尔·贝尔：《后工业社会的来临：对社会预测的一项探索》，高铦、王宏周、魏章玲译，商务印书馆 1984 年版，第 528-529 页。引文中的洛特雷阿蒙为 19 世纪法国诗人，后被超现实主义者奉为先驱，其代表作是 1869 年问世的《马尔多罗之歌》；兰波（兰博）是 19 世纪法国诗人，早期象征主义的代表，也为超现实主义所推崇。

是老师，娱乐就是收获，商品化、娱乐化就是文化。所有这些文化活动和产品都在制造、渲染着享乐主义的人生观，在唤起、扩展、制造人们的欲望、需要和趣味。长此以往，以节俭、勤劳为特点的生活方式被嘲讽、被解构，以真善美为主要内涵的文化价值被稀释、被践踏。

应当说，确有不少产品并未赤裸裸地宣传消费主义，但当它们以精致的、优雅的方式呈现某种美的生活方式、美的品位时，其实是以"更好更美"来实施社会分化工程。正如布尔迪厄指出："品位是分配的实践性控制，它让个体感受到在特定的社会空间位置可能发生什么，由此知道怎么去适应。它就好像一个社会引导器，指导着处于不同社会空间位置上的行动者选择与自身地位匹配的实践与商品。"[1]美学品位反映了文化区隔，也加剧了社会区分：一方面达成本群体的社会认同，另一方面与其他品位的外群体相区隔，更进一步实现阶层区分。即便在同一群体内部，由于所拥有的资本结构的差异，各个阶层之间的惯习也各不相同，从而形成的消费行为模式与品位也有所差异。布尔迪厄就对支配阶级内部的差异做了分析。在统治阶级内部，经济相对富足的人们对艺术消费采取一种"享乐主义审美"，这种审美往往以"大剧院或印象派的绘画"为象征；而文化资本相对富足但经济资本较少的群体，则更多地采取"禁欲式"的审美，追求金钱花费较少但同时却能满足相应的审美需求以及愉悦的消费方式。

文化产业是后工业社会、后现代社会、消费社会的典范产业。在这个社会，至少在理论上，已经没有物质匮乏意义上的"穷人"。但人与人、群体与群体之间在文化消费上仍有重大差异。所以，英国社会学家齐格蒙特·鲍曼在探讨社会转型中穷人被社会化生产和文化界定的新路径时，提出了"新穷人"（new poor）的概念。在后工业时代，随着生产社会向消费社会的过渡转变，生产能力提高，社会产能过剩，传统的工作伦理逐渐从社会和日常生活中退场，继而被消费美学所取代。"穷人"的含义也随之发生改变："消费社会里的穷人，其社会定义或者说是自我界定，首先且最重要的就是有缺陷、有欠缺、不完美和先天不足的——换言之，就是准备不够充分的——消费者。"[2]新穷人并不一

---

① Bourdieu P, *Distinction: A Social Critique of the Judgement of Taste*, Harvard University Press, 1984, p.466.

②〔英〕齐格蒙特·鲍曼：《工作、消费、新穷人》，仇子明、李兰译，吉林出版集团有限责任公司 2010 年版，第 85 页。

定是物质生活上的真穷人，而是远离主流消费市场、无力参与到消费符号的生产扩散机制当中的人群。相对而言，他们的文化水平低下，审美品位庸俗，价值观狭隘，处于社会审美秩序和价值鄙视链的底端，在公共话语场域中被当作边缘的他者进行言说。简言之，他们是文化上的穷人。

这是文化产业可能导致的危险。文化生产可能是资源节约型、环境友好型的，但如果它的消费参与了消费主义和享乐主义的再生产，参与了社会区分直至生产"新穷人"，那么应该如何评估其生态效益？美学生活不是奢侈生活，而是简单生活；幸福人生，不是拥有和占用，而是自我控制与自我调适；文化产业不是利润主导而是价值主导。

第三节 新格局：效益之争激活文化多样

必须指出，文化经济化、文化政治化是人类的生存状态和社会发展方式发生转型的标志。20 世纪 30 年代，德国哲学家卡尔·雅斯贝尔斯在分析现时代精神状况时认为：

> 这样一个时代终于来到了，这时，在与个人直接有关的他实际所在的世界中，再也没有他为自己的目的而制作和塑造的东西了；这时，一切东西都是为满足一时之需而生产的，用完后就弃置一旁；这时，连人们的住所也是机器制造的，环境已变得毫无精神性，每天的工作变得只是为工作而工作，不再构成工人生活的组成部分——到这时，人好像失去了他的世界。人们就这样随波逐流，失去了一切古往今来的历史连续感，因而人无法再持之为人。这种生活秩序的普遍化产生了一种危险，即要把现实世界中现实人的生活贬低到仅仅是一种功能活动。①

"这样一个时代"指的是现代工业/生产时代。就是在这样一个时代中，文化成为产业，文化被纳入资本主义经济体系。但历史没有终结：人类对自由幸

---

① 〔德〕卡尔·雅斯贝尔斯：《现时代的人》，周晓亮、宋祖良译，社会科学文献出版社 1992 年版，第 7-8 页。

福的追求蕴含着重新拥有"他的世界"的要求；生产技术迅速提高和改进使人类拥有"为自己的目的而制作和塑造的东西"的条件。人的生活不能被贬低为一种"功能活动"，文化必须使人"再持之为人"，必须建立合乎普遍人性的价值观。这是一个需要人类长期探索和实践的伟大工程。克服现代性的虚无主义以重建文化价值，需要我们赓续伟大传统，彰显文化价值，以追求诸效益之间的动态平衡。

第一个层次，实现文化的诸种效益必须以文化价值为基础。

坚持文化价值的基础性地位是实现文化经济效益的前提。一个商品如果没有文化价值，它就只是普通商品。文化产品与服务首先具有文化价值，然后消费者才愿意花钱购买文化产品与服务。也就是说，文化价值是使用价值，经济价值则是交换价值，只有承认这一点，文化价值与经济价值才可能统一。一个简单的事实是，莫扎特之所以为莫扎特，是因为他的音乐，而不是因为他开创了萨尔茨堡的旅游业，或是给巧克力和糖果命名。首先得有莫扎特的音乐，然后才有借助他以及使用他的作品的旅游业、巧克力和糖果。文明人类需要有相对独立自由的文化生活。文化产品与服务有经济效益，但全部人类生活的经济化，并非当代人的理想。经济不能成为人类生活的唯一主题。英国社会主义学者 R. H. 托尼在评论马克思的经济决定论时尖刻地指出，马克思主义把物质考虑当作人的生活、希望和潜力的基本内容，把人贬低了，因此它具有它想医治对象同样的毛病："他们说，资本主义社会应该受到谴责，因为工人没有得到和他们的产出相同的东西。工人确实没有得到，但为什么工人应该得到和他们的产出相同的东西？他们对资本主义精神的真正谴责只是在提出，人应该得到他们所生产的东西。好像我们仅仅就是一个金矿的股东，应该按照我们持有的股份得到报酬一样！这是一种野蛮的、非人道的、可怜的教条，如果用它们来衡量不朽的灵魂就会贬低它们，因为它们在经济上并没有什么用，上帝禁止用这样的教条来衡量灵魂！"[①]人们之所以需要文化产品与服务，正在于文化产品与服务具有不同于其他经济产品与服务的特殊价值。这一点，19 世纪的法国画家居斯塔夫·库尔贝早就说得明白：

———————————

① 〔英〕R. H. 托尼：《宗教与资本主义的兴起》，赵月瑟、夏镇平译，上海译文出版社 2013 年版，第6页。

我希望永远用我的艺术维持我的生计，一丝一毫也不偏离我的原则，一时一刻也不违背我的良心，一分一寸也不画仅仅为了取悦于人、易于出售的东西。①

坚持文化价值的基础性地位是实现文化政治效益的前提。比如鲁迅就针对19世纪30年代的中国左翼文学说："美国的辛克来儿说：一切文艺是宣传。我们的革命的文学者曾经当作宝贝，用大字印出过；而严肃的批评家又说他是'浅薄的社会主义者'。但我——也浅薄——相信辛克来儿的话。一切文艺，是宣传，只要你一给人看。即使个人主义的作品，一写出，就有宣传的可能，除非你不作文，不开口。那么，用于革命，作为工具的一种，自然也可以的。……但我以为一切文艺固是宣传，而一切宣传却并非全是文艺，这正如一切花皆有色（我将白也算作色），而凡颜色未必都是花一样。革命之所以于口号，标语，布告，电报，教科书……之外，要用文艺者，就因为它是文艺。"②鲁迅还有一段话这样说：

木刻是一种作某用的工具，是不错的，但万不要忘记它是艺术。它之所以是工具，就因为它是艺术的缘故。斧是木匠的工具，但也要它锋利，如果不锋利，则斧形虽存，即非工具，但有人仍称之为斧，看作工具，那是因为他自己并非木匠，不知作工之故。③

毛泽东指出："缺乏艺术性的艺术品，无论政治上怎样进步，也是没有力量的。"④没有内容与意义的文化产品，不可能实现其政治价值。我们这里所说的政治价值，是指文化在推动社会进步和政治改良方面的功效，而不是政治宣传的工具或权力炫耀的方式。

坚持文化价值的基础性地位是实现文化社会效益的前提。这一方面有学者做了充分的说明。英国哲学家 C. E. M. 乔德曾说过这样一段话：

① 〔英〕贡布里希：《艺术的故事》，范景中译，广西美术出版社 2008 年版，第 511 页。

② 鲁迅：《三闲集·文艺与革命》，见鲁迅：《鲁迅全集》第 4 卷，人民文学出版社 1981 年版，第 84 页。

③ 鲁迅：《致李桦》，见鲁迅：《鲁迅全集》第 13 卷，人民文学出版社 1981 年版，第 151 页。

④ 毛泽东：《在延安文艺座谈会上的讲话（一九四二年五月）》，见毛泽东：《毛泽东选集》第三卷，人民出版社 1991 年版，第 870 页。

在古代大多数人实际上没有受过教育，他们的品位和愿望也就无足轻重。无疑他们关于美好、善良和美丽的观念和实际存在都是别人强加给他们的。在我们这个时代，大部分欧洲人和美国人才第一次可以阅读；他们也有了一些钱可以消费，有了一些闲暇用于消费。结果人类史上第一次出现了致力于刺激和满足大众无休止的消费欲望的大工业。这种大工业的产品就是 2 便士的阅览室小说，电影和各种形式的"轻音乐"，第一种代替了文学，第二种代替了绘画和诗歌，第三种代替了音乐。当有人批评今天人们的公共品位低于 18 世纪人们的品位，他们并不是要让我们这个时代人们的品位层次与 18 世纪的学者、批评家、高产作家约翰逊博士及其朋友们的品位层次一样；他们的意思是我们这个时代的人们处于坏文学、坏艺术和坏音乐的环境之中，这些在 18 世纪是不存在的，在这种环境的影响下会建立更低的整体标准……我们说，庸俗化污染了它所涉及的一切，但是它对道德领域的危害要大于它对审美的危害，对于人们来说长期生活在电影、广播、轻音乐、廉价杂志和哗众取宠的周末小报的环境中，不在某种程度上受影响是不可能的。[①]

美国保守主义的主要代表罗素·柯克指出，一直存在着一种粗暴狭隘的观点：如果大众无法分享这个品位，那么这个品位就不应该再存在下去；如果正义意味着一致，那么属于少部分人的更高的精神生活就没有权利存在下去。柯克认为，现代社会的功能差异和思想差异是必要和有益的。有人比别人富裕，有人比别人悠闲，有人比别人去过更多地方，有人比别人有更多遗产，有人比别人受过更多教育，这与有些人比别人更英俊、更健康、更敏捷、更强壮一样，都不是什么不正义，社会文化的生命之源正来自这种复杂的多样性。"真正的正义保护每个人拥有属于他自己的东西，并保证人们由于自己的才能而获得报酬。但是真正的正义也保证没有人能够以一个抽象的平等为借口抢夺属于别的群体和个人的权利和财富。正义的人认为人类在体力、智慧、能力、外貌、熟

---

①〔美〕罗素·柯克：《社会正义与大众文化》，见詹姆斯·麦克亚当斯：《现代危机：政治学评论 1939—1962》，曹磊译，新星出版社 2012 年版，第 275 页。

练程度、纪律、天赋和才能方面各有不同；因此他们反对任何假托'社会正义'为借口，把所有的人一样看待的做法。对于社会来说，没有什么比给善良、勤劳和简朴的人与给邪恶、懒惰、奢侈的人同样的报酬更大的不公平了。""我倾向于认为，我们这个时代真正需要的不是朝着条件平等和财富分配的大踏步前进，而是彻底弄明白'可交换的'正义和'可分配'的正义的真正含义是：'给每个人他自己的'。拉帮结伙并要求实现绝对的平等是很容易的，但这种平等就是人类多样性的死亡，或许也是我们经济的死亡。"①

　　综上所述，坚持文化价值的基础性地位，并不否定文化的各种效益。相反，只有以文化价值为基础同时又面向更为广泛的社会生活和人类行动，这样才能为各种效益的实现提供可能。其一，发展文化（产业），不只是为了实现其经济效益和政治效益，更重要的是为了提供更为丰富的文化产品以满足日益丰富的社会文化需求。不具备文化价值和品格的产品，就只是一般意义上的商品和服务。人类的生活丰富多彩，审美与经济、政治、伦理等同样都是人类所必需的。现代社会极大地解放了人性，我们的文化需求空前释放。人们之所以需要文化产品与服务，正在于文化产品与服务具有不同于其他社会产品与服务的特殊价值。其二，全球文化产业的基本状况是，面对巨量的平庸之作和垃圾产品，我们迫切需要文化批评，但日益普及的教育几乎使每一个人都成为"文化人"，而公民权利的全面实现也包括文化方面，在西方社会，历来由专业精英所承担的文化批评面临着合法性的挑战：你有什么资格代替消费者进行文化选择？重要的不是某一个体或群体的权威地位或文化权力，而是是否承认文化市场上产品和服务的优劣问题。在文化市场上，尊重消费者与批评劣质文化并不矛盾。批评必须以合理的、可以达成共识的价值取向和标准为基础。文化差别不同于社会差别，更不等于政治差别。民主化时代依然存在文化趣味、风格、价值、标准上的差异。因此文化产业发展要正视文化产业劣质化的问题，不宜把社会平等简单地套用到文化领域，应尊重公民在感知、创造性、表现技术等方面的差异，在支持不同形式和风格、不同价值追求的文化自由发展的同时，以严肃的批评和严格的标准品评文化、区分文化，实现文化的多样性。

---

①〔美〕罗素·柯克：《社会正义与大众文化》，见詹姆斯·麦克亚当斯：《现代危机：政治学评论1939—1962》，曹磊译，新星出版社 2012 年版，第 269-270、275 页。

第二个层次，坚持社会效益优先有两个标准：高标准是以社会效益优先实现诸价值的动态平衡；低标准是如不能统一，则是在不违背社会效益的前提下有所侧重。

不同效益之间的矛盾关系，各种效益内部的矛盾关系，并不是消极的、必须克服的现象，如果处理得当，它们很可能是一种积极的因素和压力。在具体的文化实践中，我们要以文化价值为基础，坚持把社会效益放在首位、社会效益和经济效益相统一，同时兼顾其他效益。这样，文化产业才可以生产出多种多样的文化产品。这里有三种情况。

一是不同类型的文化有不同价值重点。比如音乐、山水画、抒情诗等，主要以审美价值取胜。长篇小说、戏剧、电影等更能表现社会内容、政治观念，发挥现实政治功能。大众文化、文化产业、网络游戏产品等主要追求经济价值。

二是不同时代对文化有不同期待。在革命或战争年代，文化的政治价值被放大。在发展阶段，文化的经济价值更受到关注。在和平富裕时期，文化的社会价值更会受到提倡。

三是不同性质的文化有不同的效益标准。在文化产业内部，在追求效益的过程中也可以有各种各样的方式和技术。

从产品的类型与性质来区分，至少可以分析出三种不同效益取向。文化市场上较为普遍、也较受欢迎的是市场导向的消遣娱乐型产品和服务。这类产品重在宣泄生命本能、缓解生活压力、寻求心理慰藉，因而会把一些文明人类需要克制、转移的欲望，一些虽然不太健康却又可以理解的需求导向无害表现与合法释放，并使消费者因得到虚拟满足而获得快感。在文化市场上，确有一些通俗产品以"枕头加拳头"的模式，展示人的感性生存欲望，聚焦情爱和打斗场面；一些严肃文艺，也以爱、死为"永恒主题"，是将性爱升华为美丽人生的追求，将暴力复仇升华为伸张正义。评估这类产品的社会效益，既要反对清教徒式的禁欲、虚伪的道学气，也要反对渲染情色和暴力的不良倾向，允许在不突破社会道德和法律约束的前提下，表达人的感性冲动、自然欲望、娱乐享受等，但同时要警惕这类产品可能出现的渲染性、暴力、毒品的倾向，突破社会道德甚至法律限制，直到诲淫诲盗，诱惑青少年走上越轨和犯罪的歧途。总之尊重快感，提倡美感，要以不妨碍社会效益为原则追求合理合法的经济效益。

第二类产品重在政治效益，重在进行思想教育。一般称为"红色文化""主流文化""主旋律作品"等。这类产品响应党和政府的号召，配合一定时期的中心任务，或发掘革命文化遗产，或表现先进模范人物，或表现中国崛起大国风度。进入文化市场的这类产品，仍然要有基本的文化品格，仍然要有必要的市场追求。公式化、概念化、政治口号式的产品，是不可能实现其政治效益的。若干政治主题鲜明、艺术品质优良、也受观众欢迎的优秀之作，已经以其良好的经济效益向我们证实了这一点。

第三类产品重在文化价值。这类产品与传统文艺相近或者就是文艺作品，重在以完美的形式表现人的生活和人生价值，寻找生命与生活的真正意义。文艺源于现实，但又超越现实，在批判现实、反思现状的同时，指向另一种可能的生活，引导受众进入审美的自由境界，追求人的自觉自由和价值实现。具有引导人们诗意地生存、带领人们进入崇高精神境界的特征。应该说，真正优秀的通俗艺术和严肃艺术作品，同样具有升华人的精神境界、导向诗意生存的作用。

第四类产品，主要追求社会效益，重在表达社会正义，推动社会进步。它们积极发挥文艺的社会认识功能、教育功能，成为人们的生活教科书。宣传真善美，鞭挞假丑恶；重人情，讲道德。电影中的伦理片，电视中的各种严肃的谈话与时事节目，甚至在游戏产品中，不乏这样的优秀之作。以2018年市场上盈利率最高的VR游戏《辐射4》为例。这是一款在原有平面游戏基础上开发的VR游戏，它向玩家展示的是难以置信的逼真废墟世界。作为一款角色扮演类游戏，玩家将扮演避难所中的唯一幸存者，在即将因面临核武器战争而走向毁灭的世界中，为了生存也为了寻找遗失的家人，在这个已成废墟的世界中进行战斗。这一游戏的主题，是对人性价值与生命尊严的歌颂，也是对科技与人类之间关系的质询。

文化的世界像浩瀚的大海，人类的精神像高远的苍穹。这里产品与服务有着无穷无尽的多样性，它们都是人类的创造，也都带来不同的效益。只要以文化价值为基础，坚持把社会效益放在首位、社会效益和经济效益相统一，所有的产品与服务都是值得我们向往的。

第四章

古中国的信念

从 19 世纪中期开始，西方的理念、经济、技术等以战争、殖民和传播等方式大规模进入中国并改变了中国。正如李鸿章所指出的："凡前史所未载，亘古所未通，无不款关而求互市。……此三千余年一大变局也。"①这一"变局"的文化主题，是重新认识与评估中国传统的基本价值及其现代调整问题。就中国传统文化的特性而言，有两种不同的评价最具理论意义。陈独秀率先批判中国文化尚"虚文"而非"实利"："夫利用厚生，崇实际而薄虚玄，本吾国初民之俗；而今日之社会制度，人心思想，悉自周汉两代而来——周礼崇尚虚文，汉则罢黜百家而尊儒重道——名教之所昭垂，人心之所祈向，无一不与社会现实生活背道而驰。"②但从王国维《论哲学家与美术家之天职》（1905）一文开始，也有许多有见识的学人批评中国文化的实用取向，哲学家贺麟的《读书方法与思想方法》（1943）、史学家缪钺《评贺麟译斯宾诺莎〈致知篇〉》（1944）等文都认为中国文化看重实用、目的和效果，而缺少对原理、逻辑和知识的追求。两种看法各有所指，均指出了中国文化在价值取向上的偏颇。中国究竟是"虚"是"实"？严复的观点更为精准："自不佞观之，中国虚矣，彼西洋尤虚；

---

① 李鸿章：《筹议制造轮船未可裁撤折》，见李鸿章：《李鸿章全集》第 5 册，安徽教育出版社 2007 年版，第 107 页。

② 陈独秀：《敬告青年》，见任建树、张统模、吴信忠编：《陈独秀著作选》第一卷，上海人民出版社 1993 年版，第 134 页。

西洋实矣，而中国尤实，异者不在虚实之间也。"这是因为他所理解的中国人虚实皆不到位："尚学问者，则后事功，而急功名者，则轻学问。"[①]学问中人不问实利，求功之人不讲学问，结果既没有"虚"的科学昌明，也无"实"的功利成就。

这种"虚""实"之论，可以作为中国传统的文化效益论述的导论。陈寅恪早年就认为："中国之哲学、美术，远不如希腊，不特科学为逊泰西也。但中国古人，素擅长政治及实践伦理学，与罗马人最相似。其言道德，惟重实用，不究虚理，其长处短处均在此。长处，即修齐治平之旨。短处，即实事之利害得失，观察过明，而乏精深远大之思。"[②]这一点反映在文学艺术上，便是没有"为艺术而艺术"的观念。说中国传统重视哲学、艺术的政治、道德效果，这一点学界并无疑议；陈寅恪所论的精意在于，即使是对于政治、道德，中国的理解也偏重其用的方面。因此，尽管从整体上说，中国传统强调文化的社会效益，但这种"惟重实用"的社会效益论，需要我们今天的"创造性转化"，而不是简单地继承传统。

第一节　教　化　为　本

还在遥远的古代，中国文化之"用"，就被确定为"教化"。文字历数之用，重心就在施政教民。故《易·系辞》云："上古结绳而治，后世圣人易之以书契，百官以治，万民以察。"[③]所谓"文明""文化"之类的概念，更是自觉地以教化生民为中心。《周易》云："分刚上而文柔，故'小利有攸往'，天文也。文明以止，人文也。观乎天文，以察时变。观乎人文，以化成天下。"[④]"天文"指一切自然现象，"人文"则指典籍、礼仪、风俗等一切文化活动及其产品。"文明以止，人文也。"这与《大学》《论语》《孟子》中说的"知止"

---

① 严复：《附：原强修订稿》，见卢云昆编选：《社会剧变与规范重建——严复文选》，上海远东出版社 1996 年版，第 32 页。

② 吴宓，吴学昭整理：《吴宓日记》第二册，生活·读书·新知三联书店 1998 年版，第 101 页。

③ 李兴、李尚儒编译：《周易》，三秦出版社 2018 年版，第 385 页。

④ 李兴、李尚儒编译：《周易》，三秦出版社 2018 年版，第 117 页。

是一致的，即做人一定要懂得"止"，知道止于何处。每个人都应该根据自己的身份和角色尽其应尽义务，做其该做之事，并规范自己的言行举止。如果说观察天文可以掌握四季变化，那么观察各种人文也就可以教化天下，使天下之人在思和行两方面都知有所止。"人文化成"作为中国文化的根本精神，规定了文化的目的和效果就是规范人的言行，建立社会的良序美俗。

儒家思想奠定于《诗》《书》《礼》《乐》《易》《春秋》"六经"之上。"六经"原是中国最早的一批书籍，它们反映与表达的是"三代"，特别是周代的政治文化。周之制度也即礼乐文明，"礼"意味着秩序，"乐"意味着和谐，有序的和谐历代是中国治世的理想。史称孔子曾对之删修整理，然后被用为教学和修身的课本——"兴于《诗》，立于礼，成于乐。"① "六经"，这里有两个阶段。首先孔子的编定。如"子曰：'吾自卫反鲁，然后乐正，《雅》、《颂》各得其所'"②。"乐正"就是根据"雅正"的标准，对原有的"乐"进行筛选、甄别。比如："放郑声，远佞人。郑声淫，佞人殆。"③ "恶紫之夺朱也，恶郑声之乱雅乐也，恶利口之覆邦家者。"④郑地的乐是淫声，所以要清除出去。经过孔子处理之后，"六经"被用于教化实践，传承文明教化，维持社会和谐，各种典籍中对此多有记载。比如楚庄王向申叔时咨询如何教育太子时，申叔时这样回答：

> 教之春秋，而为之耸善而抑恶焉，以戒劝其心；教之世，而为之昭明德而废幽昏焉，以休惧其动；教之诗，而为之导广显德，以耀明其志；教之处，使知上下之则；教之乐，以疏其秽而镇其浮；教之令，使访物官；教之语，使明其德，而知先王之务用明德于民也；教之故志，使知废兴而戒惧焉；教之训典，使知族类，行比义焉。⑤

诸教之中，以《礼》教为根本，它既关乎立国之制，又关乎立人之本。立国之制，在建立等级秩序；立人之本，在确立道德仁义。此即《礼记》中说的：

---

① 张燕婴译注：《论语》，中华书局 2006 年版，第 109 页。
② 张燕婴译注：《论语》，中华书局 2006 年版，第 225 页。
③ 张燕婴译注：《论语》，中华书局 2006 年版，第 236 页。
④ 张燕婴译注：《论语》，中华书局 2006 年版，第 272 页。
⑤ 左丘明撰，焦杰校点：《国语》，辽宁教育出版社 1997 年版，第 290 页。

"道德仁义，非礼不成；教训正俗，非礼不备；分争辩讼，非礼不决；君臣上下，父子兄弟，非礼不定；宦学事师，非礼不亲；班朝治军，莅官行法，非礼威严不行；祷祠祭祀，供给鬼神，非礼不诚不庄。是以君子恭敬、撙节、退让以明礼。"[1]"六经"一直是中国文化教育的经典，它规范、塑造了传统中国的文化理论。从此衍生的古中国文化有这样几个特征。

其一，没有纯粹的审美。

诗歌当然是古中国文艺的代表，它所记录的社会生活，它所表达的思想感情，它所凭借的修辞艺术等，都是丰富的、多方面的。但孔子的看法是："《诗》三百，一言以蔽之，曰：'思无邪。'"[2]汉代的《毛诗序》，把诗歌的社会教化和道德宣传功能讲得最清楚：

> 故诗有六义焉：一曰风，二曰赋，三曰比，四曰兴，五曰雅，六曰颂，上以风化下，下以风刺上，主文而谲谏，言之者无罪，闻之者足以戒，故曰风。至于王道衰，礼义废，政教失，国异政，家殊俗，而变风变雅作矣。国史明乎得失之迹，伤人伦之废，哀刑政之苛，吟咏情性，以风其上，达于事变而怀其旧俗也。故变风发乎情，止乎礼义。发乎情，民之性也；止乎礼义，先王之泽也。是以一国之事，系一人之本，谓之风；言天下之事，形四方之风，谓之雅。雅者，正也，言王政之所由废兴也。政有大小，故有小雅焉，有大雅焉。颂者，美盛德之形容，以其成功告于神明者也。是谓四始，诗之至也。[3]

其中"故诗有六义焉"是接在"先王以是经夫妇，成孝敬，厚人伦，美教化，移风俗"后面讲的，因此完全可以理解为是对诗的政治教化功能的具体阐释。六义即风、雅、颂、赋、比、兴。

风：风也，教也，风以动之，教以化之。"风"就是批评，就是有引导性的批评，故"诗教"亦称"风教"。

---

① 贾德永译注：《礼记·孝经译注》，上海三联书店 2013 年版，第 6 页。
② 张燕婴译注：《论语》，中华书局 2006 年版，第 12 页。
③ 《毛诗序》，见郭绍虞主编，王文生副主编：《中国历代文论选》第一册，上海古籍出版社 1979 年版，第 63 页。

雅：雅者，正也，言王政之所由废兴也。"雅"即正确说明王道政治兴废的缘由。

颂：颂者，美盛德之形容，以其成功告于神明者也。"颂"是对统治者"盛德"的歌颂。

关于赋、比、兴，《毛诗序》没有直接加以解释，联系到其中所说的"主文而谲谏"一句，可以认为，赋、比、兴都是用隐约的文辞陈劝而不是直言过失，它们是"风以动之，教以化之"的三种方式。早期的郑玄解释说："赋之言铺，直铺陈今之政教善恶。比，见今之失，不敢斥言，取比类以言之。兴，见今之美，嫌于媚谀，取善事以喻劝之。"①宋代朱熹的解释是："赋者，敷陈其事而直言之者也"；"比者，以彼物比此物也"；"兴者，先言他物，以引起所咏之词也。"②这两种权威的解释，都以"风、雅、颂"为本（目的、效果），以"赋、比、兴"为末（手段、方法）。这就是，诗之"六义"均围绕教化展开。

在此强大而有力的"诗教"传统的笼罩下，文艺中的形式追求、唯美取向等一般都会受到批评。如唐初陈子昂就反对南朝齐梁时期的文风：

> 文章道弊五百年矣。汉、魏风骨，晋、宋莫传，然而文献有可征者。仆尝暇时观齐、梁间诗，彩丽竞繁，而兴寄都绝，每以咏叹。思古人常恐逶迤颓靡，风雅不作，以耿耿也。③

陈子昂的呼喊为盛唐之音开辟了道路，但这种思路有些极端化。到了宋明道学，"道"已取得凌驾于"文"之上的权力和地位。在《遗书·伊川语四》中，程颐有这样一段话："问：作文害道否？曰：害也。凡为文不专意则不工，若专意则志局于此，又安能与天地同其大也。《书》云：'玩物丧志'，为文亦玩物也。"④

---

① 郑玄注，贾公彦疏：《周礼注疏》，见阮元校刻：《十三经注疏》，中华书局 1980 年版，第 796 页。

② 朱熹集撰，赵长征点校：《诗集传》，中华书局 2017 年版，第 4、7、2 页。

③ 陈子昂：《与东方左史虬修竹篇序》，见郭绍虞主编，王文生副主编：《中国历代文论选》第二册，上海古籍出版社 1979 年版，第 55 页。

④ 程颐：《语录》，见郭绍虞主编，王文生副主编：《中国历代文论选》第二册，上海古籍出版社 1979 年版，第 284 页。

其二，没有纯粹的知识。

由程颐所指责的文学上的"玩物丧志"，我们会联想到其兄程颢所说的知识上的"玩物丧志"。这一判断与程颢的学学谢上蔡有关，其意如朱熹所诠释："明道先生以记诵博识为玩物丧志。盖谓其意不是理会道理，只是夸多斗靡为能。若明道看史不差一字，则意思自别，此正为已为人之分。""玩物丧志之戒，乃为求多闻而不切己者。"①从程朱道学的观点看，博闻强识、过目不忘、"知道"很多等，都不是真正的求知。

儒家注重知识之用，但儒家并非实用主义，知识之用依然是教育-学习意义上的"用"。《颜氏家训·勉学篇》概括说："夫所以读书学问，本欲开心明目，利于行耳。未知养亲者，欲其观古人之先意承颜，怡声下气，不惮劬劳，以致甘腝，惕然惭惧，起而行之也。未知事君者，欲其观古人之守职无侵，见危授命，不忘诚谏，以利社稷，恻然自念，思欲效之也。素骄奢者，欲其观古人之恭俭节用，卑以自牧，礼为教本，敬者身基，瞿然自失，敛容抑志也。素鄙吝者，欲其观古人之贵义轻财，少私寡欲，忌盈恶满，赒穷恤匮，赧然悔耻，积而能散也；素暴悍者，欲其观古人之小心黜己，齿弊舌存，含垢藏疾，尊贤容众，苶然沮丧，若不胜衣也；素怯懦者，欲其观古人之达生委命，强毅正直，立言必信，求福不回，勃然奋厉，不可恐慑也。"②根据颜之推的说法，那些在行为上有欠缺的人，如"未知养亲者""未知事君者""骄奢者""鄙吝者""暴悍者""怯懦者"等，都是因为不善于读书、不善于学习古人而造成的。这也就从反面来说明，真正的读书求知，必须落实到见贤齐的行动上。知识的价值、求知的意义，在于造就更多的贤者。

在古代知识系统中，历史知识最为重要。柳诒徵认为："《说文》释'史'字曰：'史，记事者也。'是为通义。吾国与他族之史，皆记事也。《周官》释史曰：'史掌官书以赞治。'此为吾史专有之义。"③中国传统的"史"之概念从一开始就有"赞治""资治"的政治教育之义。最早的编年史是《春秋》，相传为孔子所作。正是在礼崩乐坏、天下汹汹的乱局中，孔子以斯文自任，

① 朱熹、吕祖谦编：《近思录》，上海古籍出版社 2010 年版，第 218 页。
② 夏家善主编，夏家善、夏春田注释：《颜氏家训》，天津古籍出版社 2016 年版，第 106 页。
③ 柳诒徵：《国史要义》（1948），商务印书馆 2020 年版，第 2 页。

当仁不让地以《春秋》正名分，寓褒贬。关于孔子作《春秋》一事，司马迁指出：

> 余闻董生曰，"周道衰废，孔子为鲁司寇，诸侯害之，大夫雍之。孔子知言之不用，道之不行也，是非二百四十二年之中，以为天下仪表，贬天子，退诸侯，讨大夫，以达王事而已矣。"子曰："我欲载之空言，不如见之于行事之深切著明也。"夫《春秋》，上明三王之道，下辨人事之纪，别嫌疑，明是非，定犹豫，善善恶恶，贤贱不肖，存亡国，继绝世，补弊起废，王道之大者也。①

"《春秋》教"意在扬善惩恶，维持伦理秩序和社会公正，其方法是以文字寓褒贬。如杀无罪者曰"杀"，杀有罪者曰"诛"，下杀上曰"弑"。这种属辞比事，以一字定褒贬、借叙事寓判断的方法，后世称为"春秋笔法"。

范甯：《春秋》"一字之褒，宠逾华衮之赠；片言之贬，辱过市朝之挞。"②

刘勰：孔子"因鲁史以修《春秋》，举得失以表黜陟，征存亡以标劝戒：褒见一字，贵逾轩冕；贬在片言，诛深斧钺。"③

"《春秋》教"不是空话。三国时的关羽长期被树立为气节和义气的典型，在其"闯五关斩六将"途中，晚上挑灯所读者，即为《春秋》。在遍布中国的关帝庙中，多有关羽夜读《春秋》的雕像，在民间社会的影响至深且广。另外还有文天祥这样的人物，其《正气歌》在论证"天地有正气"时，根据就是"在齐太史简，在晋董狐笔"。这里涉及两个历史典故。晋灵公被弑时，上卿赵盾当时没有阻止，回国后没有追究。因此史臣董狐认为他对国君被弑负有责任："子为正卿，亡不越竟，反不讨贼，非子而谁？"④董狐在史书中对这一事件的记载是："赵盾弑其君。"董狐敢于触权臣赵盾之逆鳞，这一行为得到孔子称赞，称之为"书法不隐"。齐国权臣崔杼弑齐庄公之后，太史不畏强御，直书

<hr />

① 司马迁：《史记·太史公自序》，见郭绍虞主编，王文生副主编：《中国历代文论选》第一册，上海古籍出版社 1979 年版，第 77 页。

② 范甯：《春秋穀梁传序》，见范甯集解，许超杰整理：《春秋穀梁传集解》，商务印书馆 2023 年版，第 10 页。

③ 刘勰，范文澜注：《文心雕龙注》上，人民文学出版社 1958 年版，第 283-284 页。

④ 左丘明：《左传》，岳麓书社 1988 年版，第 144 页。

"崔杼弑君"，后被崔杼所杀。太史之弟继任太史后，仍然说："崔杼弑君。"崔杼又杀掉了他。再后任的太史依然不改书法，崔杼无奈，只得放弃。太史兄弟用生命来践行秉笔直书的史家之责。刘知几称之为"烈士殉名，壮夫重气，宁为兰摧玉折，不作瓦砾长存"①。这些都可视为"春秋笔法"的积极效果。

深入一步说，"《春秋》教"的效果如何，至少部分地取决于社会政治环境。五代时的名人冯道，出身贫寒，积学进身，当然也熟知"《春秋》教"。在数十年的仕宦生涯中，冯道在混乱恶浊的环境中勉力维持，自我感觉良好。其诗自云："但知行好事，莫要问前程"，"但教方寸无诸恶，狼虎丛中也立身"。《周实录》本传对其评价甚高，甚至将其与孔子并论。但从《旧五代史》开始，已质疑其"事四朝，相六帝，可得为忠乎？"欧阳修在《新五代史》中明责其"可谓无廉耻者"。此一处理得到史学大家司马光的赞同："忠臣不二君，……彼冯道者，存则何心以临前代之民？死则何面以见前代之君。自古人臣不忠，未有如此比者！……盖五代披攘，人主岁易，群臣失节，比踵于朝，因而誉之，欲以自释。余恐后世以道所为为合于理，君臣之道，将大坏矣。臣而不臣，虽云其智，安所用哉？"②欧阳修把冯道作为反面人物记入史书，在道德上予以谴责，弘扬正气。陈寅恪在谈到学术和学者的价值时指出："欧阳永叔少学韩昌黎之文，晚撰五代史记，作义儿冯道诸传，贬斥势利，尊崇气节，遂一匡五代之浇漓，返之淳正。故天水一朝之文化，竟为我民族遗留之瑰宝。孰谓空文于治道学述无裨益耶？"③生逢五代乱世，国家分裂，兴亡接踵，要冯道"忠臣不二君"，确乎难为。赵宋一统之后，"天水一朝"不但文治极盛，而且在反思五代浇漓的基础上重建"春秋笔法"所蕴含的伦理原则，"《春秋》教"乃大行于世。

当然，这一史学传统是可以讨论的。一是"春秋笔法"的合理性。过分指责冯道"事六君"而忽略其在当时环境的作为和后果，显然与正统观念相关。司马光后来撰《资治通鉴》，即不取此法，而以求实事存真相为目标。作为史

---

① 刘知几撰，黄寿成校点：《史通》，辽宁教育出版社 1997 年版，第 272 页。

② 李之亮笺注：《司马温公集编年笺注（五）》，巴蜀书社 2009 年版，第 400 页。

③ 陈寅恪：《赠蒋秉南序》，见陈寅恪：《陈寅恪文集之一 寒柳堂集》，上海古籍出版社 1980 年版，第 162 页。

学，可能更为可取。二是寄寓褒贬的史书是否确实具有转移风气的效果？欧阳修撰五代史"贬斥势利，尊崇气节"而改变了时代风气的情形并不普遍。实际的情形是，尽管有无数正反面教材，冯道式的人物也仍然史不绝书。所以清人钱大昕指出："孟子言孔子成《春秋》而乱臣贼子惧。愚尝疑之，将谓当时之乱贼怕乎？则赵盾、崔杼之伦，史臣固以直笔书之，不待《春秋》也。将谓后代之乱贼怕乎？则《春秋》以后，乱贼仍不绝于史册，吾未见其能惧也。孟子之言，毋乃大而夸乎？""《春秋》，褒善贬恶之书也，其褒贬奈何？直书其事，使人之善恶，无所隐而已矣。"①因此，所谓"春秋笔法"的真实意义，就是不畏强权秉笔直书。就其如实记载使真相得以呈现而言，此举体现的是求真的文化价值，就其如实记载使善恶无所隐遁而言，此举有教育、示范作用。秉笔直书是史学的真实性，褒贬劝诫是史学的教化性，中国史学的理想是两种功能的融合。但在传统史学-伦理观念中，教化作用更为重要，如刘知几所说："史之为务，申以劝戒，树之风声；其有贼臣逆子，淫君乱主，苟直书其事，不掩其瑕，则秽迹彰于一朝，恶名被于千载。"②问题是，这种"《春秋》教"的效果是可以被质疑的。近人皮锡瑞对此有所分析："孟子言孔子成《春秋》而乱臣贼子惧。何以《春秋》之后，乱臣贼子不绝于世……曰：孔子成《春秋》，不能使后世无乱臣贼子，而能使后世乱臣贼子不能全无所惧。自《春秋》大义昭著，人人有一《春秋》之义在其胸中，皆知乱臣贼子人人得而诛之，虽极凶悖之徒，亦有魂梦不安之隐；虽极饰辞巧说，以为涂人耳目之计，而耳目仍不能涂，邪说虽横，不足以蔽《春秋》大义。乱臣既惧当时义士声罪致讨，又惧后世史官据事直书。"③

其三，没有纯粹的娱乐。

"六经"中的《乐经》早已消失，但保存在《礼记》中的《乐记》仍可作为儒家音乐思想的代表。

---

① 参见汪荣祖：《史传通说——中西史学之比较》，中华书局 1989 年版，第 34 页。

② 刘知几：《史通·直书》，见刘知几撰、浦起龙释：《史通通释》，上海古籍出版社 1978 年版，第 140 页。

③ 皮锡瑞：《春秋通论》，见柳诒徵：《中国文化史》上册，中国大百科全书出版社 1988 年版，第 242 页。

凡音之起，由人心生也。人心之动，物使之然也。感于物而动，故形于声。声相应，故生变；变成方，谓之音；比音而乐之，及干戚羽旄，谓之乐。（《乐记·乐本篇》）[1]

夫乐者，乐也，人情之所不能免也。……故人不耐无乐，乐不耐无形，形而不为道，不耐无乱。先王耻其乱，故制雅颂之声以道之，使其声足以乐而不流，使其文足论而不息，使其曲直、繁瘠、廉肉、节奏，足以感动人之善心而已矣，不使放心邪气得接焉。是先王立乐之方也。（《乐记·乐化篇》）

人心感物，有动于中，形之于声，诸声合成，配以乐器，是为音乐。音乐源于人心为外物所动，是自然而然的。音乐就是娱乐、快乐，承认快乐为人情所不能免，人不能无"乐"。儒家承认人有追求快乐之情，承认人的欲望的合理性，但儒家并不满足于这一点，它还要追求人伦秩序和社会规范，在音乐方面，就是以理想的雅颂之声引导音乐，使音乐具有道德伦理的内容。"故曰：'乐者乐也'。君子乐得其道，小人乐得其欲。以道制欲，则乐而不乱；以欲忘道，则惑而不乐。是故，君子反情以和其志，广乐以成其教，乐行而民乡方，可以观德矣。"（《乐记·乐象篇》）君子通过音乐体验来提高内心的道德修养，小人通过音乐满足自身本能的欲望。儒家的理想是成就君子人格，乐教是其方式之一。所以说"乐者，通伦理者也。"（《乐记·乐本篇》），乐教是移风易俗、改良人心的有效手段。"乐也者，圣人之所乐也，而可以善民心，其感人深，共移风易俗，故先王著其教焉。"（《乐记·乐施篇》）

《乐记》的相关论述包含两个方面。第一，"致乐以治心"。"君子曰：礼乐不可斯须去身。致乐以治心，则易直子谅之心油然生矣。易直子谅之心生则乐，乐则安，安则久，久则天，天则神。"（《乐记·乐化篇》）"治心"就是影响、左右、调整人的感情，使平易、正直、慈爱、善良之心油然而生，能够"制欲"，"平好恶""反人道之正"。声音何以能影响人的心情、提高人的修养直至改变人的气质呢？《乐记》从三个层次回答这个问题。一是主体的不同感情都表现出不同的声音。"其哀心感者，其声噍以杀；其乐心感者，

---

① 本书所引《乐记》，均据吉联抗译注：《乐记》，人民音乐出版社 1982 年版。下不另注。

其声啴以缓；其喜心感者，其声发以散；其怒心感者，其声粗以厉；其敬心感者，其声直以廉；其爱心感者，其声和以柔。"（《乐记·乐本篇》）二是不同的声音，也都能唤起不同的感情。"夫民有血气心知之性，而无哀乐喜怒之常；应感起物而动，然后心术形焉。是故志微噍杀之音作，而民思忧；啴谐慢易繁文简节之音作，而民康乐；粗厉猛起奋末广贲之音作，而民刚毅；廉直劲正庄诚之音作，而民肃敬；宽裕肉好顺成和动之音作，而民慈爱；流辟邪散狄成涤滥之音作，而民淫乱。"（《乐记·乐言篇》）三是在不同乐器的声音和人的感情之间，存在着内外相应、以类相动的契合："钟声铿，铿以立号，号以立横，横以立武；君子听钟声，则思武臣。石声磬，磬以立辨，辨以致死；君子听磬声，则思死封疆之臣。丝声哀，哀以立廉，廉以立志；君子听琴瑟之声，则思志义之臣。竹声滥，滥以立会，会以聚众；君子听竽笙箫管之声，则思畜聚之臣。鼓鼙之声讙，讙以立动，动以进众；君子听鼓鼙之声，则思将帅之臣。君子之听音，非听其铿锵而已也，彼亦有所合之也。"（《乐记·魏文侯篇》）

第二，乐也能调节人与人之间的关系，使人民关系和睦，步调一致，欣喜欢爱，相亲相敬。"礼"所涉及的是把人区分开来的东西，"乐"则是把人联系起来的共同的东西。礼的作用在于区别贵贱，乐的作用在于协调上下。贵贱区别就会互相尊重，上下协调就会互相亲近。乐有作用于不同人的情感的普遍性。"乐者为同，礼者为异。同则相亲，异则相敬。乐胜则流，礼胜则离。合情饰貌者，礼乐之事也。礼义立，则贵贱等矣；乐文同，则上下和矣。""乐由中出，礼自外作。乐由中出故静，礼自外作故文。大乐必易，大礼必简。乐至则无怨，礼至则不争。揖让而治天下者，礼乐之谓也。"（《乐记·乐论篇》）"乐也者，情之不可变者也。礼也者，理之不可易者也。乐统同，礼辨异，礼乐之说，管乎人情矣。"（《乐记·乐情篇》）理想的乐教场景是这样的：

> 乐在宗庙之中，君臣上下同听之，则莫不和敬；在族长乡里之中，长幼同听之，则莫不和顺；在闺门之内，父子兄弟同听之，则莫不和亲。故乐者，审一以定和，比物以饰节，节奏合以成文，所以合和父子君臣，附亲万民也：是先王立乐之方也。（《乐记·乐化篇》）

这就涉及"乐"的心理效果。《乐记》认为乐的效果是"静"，是清理了自然欲望和非理性冲动之后的宁静。"是故君子反情以和其志，比类以成其行。

奸声乱色，不留聪明；淫乐慝礼，不接心术；惰慢邪辟之气，不设于身体：使耳目鼻口心知百体，皆由顺正以行其义。然后发以声音而文以琴瑟，动以干戚，饰以羽旄，从以箫管，奋至德之光，动四气之和，以着万物之理。是故，清明象天，广大象地，终始象四时，周还象风雨。五色成文而不乱，八风从律而不奸，百度得数而有常，小大相成，终始相生。倡和清浊，迭相为经。故乐行而伦清，耳目聪明，血气和平，移风易俗，天下皆宁。"（《乐记·乐象篇》）此论的重点在"反情以和其志"一句。"反情"不是灭情、窒情，而是使人的感情不为外在邪恶之物所动所感，返回人情之正。所以，"反情和志"就是要使情感符合伦理道德的要求，符合君子所志的"道"。也就是"使耳目鼻口心知百体，皆由顺正以行其义"，使社会在理性上所肯定的东西成为个体在其感官欲望和情感中所喜欢、所追求的东西。这就是"乐教"的重要作用。

当然，《乐记》也注意到，坏的音乐会产生不良的社会效果。"凡奸声感人，而逆气应之；逆气成象，而淫乐兴焉。正声感人，而顺气应之；顺气成象，而和乐兴焉。"（《乐记·乐象篇》）所以在古中国文化中，音乐固然是"乐"（快乐、娱乐），但它不只是单纯的"乐"，人的内在心性、道德品质可以表现在乐中。"乐者，所以象德也。"（《乐记·乐施篇》）乐是德之"华"："德者，性之端也；乐者，德之华也。"（《乐记·乐象篇》）

没有纯粹的审美，没有纯粹的知识，没有纯粹的娱乐。古中国的文化形式，都具有教育的性质。

诗教："温柔敦厚，《诗教》也。"[1]

音教："移风易俗，莫善于乐。"[2]"琴者，禁也。所以禁止淫邪，正人心也。"[3]

文教："文所以载道也。"[4]

书教："书之为教，古者参与礼乐，恶可置哉？"[5]

---

① 张燕婴译注：《论语》，中华书局 2006 年版，第 177 页。

② 贾德永译注：《礼记·孝经译注》，上海三联书店 2013 年版，第 259 页。

③ 班固：《礼乐》，见班固：《白虎通》卷二，浙江大学出版社 2021 年版，第 93 页。

④ 周敦颐：《周子通书》，上海古籍出版社 2021 年版，第 43 页。

⑤ 朱长文：《续书断序》，见朱长文纂辑，何立民点校：《墨池编》，浙江人民美术出版社 2012 年版，第 269 页。

画教："夫画者，成教化、助人伦、穷神变，测幽微，与六籍同功，四时并运，发于天然，并由述作。"①

如此广大周延而又持续数千年的艺术教化体系，有没有达到它的目的呢？柳诒徵在研究中国文化史时提出三个问题，①幅员之广袤，世罕其匹也。试问前人所以开拓此天下，抟结此天下者，果何术乎？②种族之复杂，至可惊异也。试问吾国所以容此诸族，沟通此诸族者，果何道乎？③年祀之久远，相承勿替也。试问吾国所以开化甚早，历久犹存者，果何故乎？②这里的每一个问题都还有些需要澄清的地方，但大体上都是成立的。要对这些问题作一个简明的回答，那就是因为古中国有以儒学为中心构建的这一套教化系统。

但这一套体系也是有问题的。一种不关注纯粹的审美，不致力纯粹的知识，基本否定纯粹的娱乐的教化体系，是一种约束型、控制型的文化，是不可能满足现代人全面发展的需要的。我们以儒家的"诗教"来做一个分析。孔子有两种"诗教"论，一是"兴观群怨说"，二是"温柔敦厚说"，这是两种不同的，甚至是相互冲突的诗教。

"诗教"的最早说法见于汉儒所作《礼记·经解》。其中有一段假托孔子说："入其国，其教可知也。其为人也，温柔敦厚，《诗》教也。"③既是汉人假托，可靠性当可存疑，但后人并不怀疑，因为即使"温柔敦厚"非孔子所言，也是孔子所能言、所欲言的。在《论语》中，多有类似的说法和意思。

> 子曰："《诗》三百，一言以蔽之，曰：'思无邪。'"④
> 子曰："《关雎》乐而不淫，哀而不伤。"⑤

关于诗，《论语》有一段著名的话："子曰 小子 何莫学夫《诗》？《诗》可以兴 可以观可以群 可以怨。迩之事父 远之事君。多识于鸟兽草木之名。"⑥郭绍虞先生对此有专文研究。

---

① 张彦远：《历代名画记》，江苏美术出版社 2007 年版，第 1 页。
② 柳诒徵：《中国文化史》，中国大百科全书出版社 1988 年版，第 2-5 页
③ 张燕婴译注：《论语》，中华书局 2006 年版，第 177 页。
④ 张燕婴译注：《论语》，中华书局 2006 年版，第 12 页。
⑤ 张燕婴译注：《论语》，中华书局 2006 年版，第 35 页。
⑥ 张燕婴译注：《论语》，中华书局 2006 年版，第 268 页。

首先，如何看待"兴观群怨"与"温柔敦厚"的关系。"……兴观群怨之说是孔丘对诗歌社会作用的总结，这种观点早已存在于《诗三百篇》中，而温柔敦厚之说则是后人对孔丘诗论的总结，揣摩孔丘的诗论，看到他是怎样利用诗的社会作用而得的概括。"①这就是说，"兴观群怨"为诗人之辞，孔子对之作了解释和利用，使之与"温柔敦厚"一致。

后世有关"兴观群怨"的诠释，以何晏的《论语集解》和朱熹的《论语集注》最有代表性。

> 兴——何晏《论语集解》（以下简称《何》）"孔（安国）曰，
> 兴，引譬连类"。
>
> 　　朱熹《论语集注》（以下简称《朱》）"感发志意"。
> 观——《何》"郑（玄）曰：观风俗之盛衰"。
> 　　《朱》"考见得失"。
> 群——《何》"孔曰，群居相切磋"。
> 　　《朱》"和而不流"。
> 怨——《何》"孔曰，怨刺上政"。
> 　　《朱》"怨而不怒"。②

这是对"兴观群怨"最重要的诠释，两相对比，郭绍虞认为，汉儒之说比较接受古义，而朱熹之说则是演绎孔子《论语》中的言语而来，是温柔敦厚诗教说的进一步发展"我们觉得汉人之说如谓'兴'为'引譬连类'。'观'为'观风俗之盛衰'以及'怨刺上政'，多少还合一些诗人之旨，因为只说'引譬连类'而不是说'感发志意'，还不很突出诗的教育作用；说'观风俗之盛衰'，还合古时采诗的事实，而'考见得失'则是从人性本善之说而加以发挥，所以才会辨别到诗之性情之有邪有正；说'怨刺上政'固然没有强调怨而怒，但比宋人'怨而不怒'之说要好一些。至朱熹之说就离得太远，简直是在讲理学了。

---

① 郭绍虞：《兴观群怨说剖析》，见郭绍虞：《郭绍虞文集之一　照隅室古典文学论集》下编，上海古籍出版社1983年版，第392页。

② 郭绍虞：《兴观群怨说剖析》，见郭绍虞：《郭绍虞文集之一　照隅室古典文学论集》下编，上海古籍出版社1983年版，第395页。

这样讲，温柔则温柔了，敦厚则敦厚了，究竟是不是合变风变雅诗人之意，那就很难说了。"[1]郭绍虞认为，诗人"兴观群怨"之见，比较正确；汉儒之说多附会；孔子之论，则是对诗人之见的歪曲与发挥。

为什么这样讲呢？这就要说到孔子对"兴观群怨"的改造。一是在"兴观群怨"之前加了"可以"二字。"原来早有兴观群怨的概念，但在孔丘必得加上'可以'两字。'可以'云者就是孔丘看出了它可能起的作用。""诗人的兴观群怨说是用不到加上'可以'两字的。加上'可以'两字就偏于运用者所需要强调的作用了。""正因为孔丘在兴观群怨之前加上'可以'两字，而在其后再加上事君事父二语，也就是把兴观群怨看成一种教育作用了。"[2]二是接着"兴观群怨"后又说"迩之事父，远之事君；多识于鸟兽草木之名。""多识于鸟兽草木之名"就是孔子"博学于文"之意；"迩之事父，远之事君"就是孔子"约之以礼"之意。"博学于文"与"约之以礼"均出于《论语·雍也篇》，它们之间的关系是："博学于文'，就是要多读古代圣贤的典籍，以增加知识；'约之以礼'就是说要学习古代圣贤的礼义，如果能够'博学于文，约之以礼'，那么真所谓'亦可以弗畔矣夫'，也即是说庶几可以不背于儒家之礼了。"[3]

郭绍虞所说的两种"兴观群怨"（一是诗人之见，二是孔门之教）是否成立，还需要更多的文献证实。但他的研究告诉我们，从孔子开始的儒学把"兴观群怨"纳入"温柔敦厚"的礼教系统之中，要求所有诗歌都应"思无邪"，这就把包括"兴观群怨"多种性质的诗人之作转化为教育工具，驯化、抑制了诗歌的自由表现、批判社会的功能。在此过程中，最难安排的就是"怨"：怨则怨矣，如何还能"怨而不怒"地保持在"温柔敦厚"的范围内呢？如何能自觉到"止乎礼义"并归于"思无邪"呢？当然是不可能的。孔子以"温柔敦厚""思无邪"解诗，或者是无视"怨"诗的存在，或者是以"怨而不怒"约束、消解其"怨"。重要的不只是对诗的曲解，而且是由此体现出来的诗教-文化标准，

---

① 郭绍虞：《兴观群怨说剖析》，见郭绍虞：《郭绍虞文集之一 照隅室古典文学论集》下编，上海古籍出版社1983年版，第396页。

② 郭绍虞：《兴观群怨说剖析》，见郭绍虞：《郭绍虞文集之一 照隅室古典文学论集》下编，上海古籍出版社1983年版，第394、401、406页。

③ 郭绍虞：《兴观群怨说剖析》，见郭绍虞：《郭绍虞文集之一 照隅室古典文学论集》下编，上海古籍出版社1983年版，第402页。

实际上是对自由创造的规范与控制：可以也应该歌颂光明、表现伦理、抒发美感，不能也不许暴露黑暗、张扬个人、表达愤怒等。

但生活和世界都并非一片光明。只要不立足于礼教立场和权威心态，我们看到的生活和世界都是极其丰富的。明末大儒黄宗羲在反思中国传统政治时，也质疑历代诗教的标准："彼以为温柔敦厚之诗教，必委蛇颓堕，有怀而不吐，将相趋于厌厌无气而后已。若是则……人之喜怒哀乐，必喜乐乃为温柔敦厚，怒哀则非矣。……然吾观夫子所删，……而讽之令人低徊而不能去者，必于变风变雅归焉。……怒则掣电流虹，哀则凄楚蕴结，激扬以抵和平，方可谓之温柔敦厚也。"[1]黄宗羲没有否定温柔敦厚，但他强调的是怒、哀，这是接受"兴观群怨"的另一种"温柔敦厚"，同样，他也对"兴观群怨"别有新解。

> 古之以诗名者，未有能离此四者，然其情各有至处。其意句就境中宣出者，可以兴也；言在耳目，赠寄八荒者，可以观也；善于风人答赠者，可以群也；凄戾为骚之苗裔者，可以怨也。[2]

古中国文化的教化性，并不意味着它们只是纯粹的说教、外在的规范甚至权力的强制，在理想的意义上，文化的教化目的应当与各种文化形式的特殊性如诗歌的审美性、史学的知识性、音乐的娱乐性等统一起来。然而，是教化就得有标准、有原则。这个标准和原则在理想的意义上，也就是在维持社会秩序的伦理准则、实现君子人格的道德理想上，必然具有控制性、排他性。所以在以教化为文化的主导的，甚至唯一的功能和目的时，就必然带来文化标准的单一化，造成政治-伦理压倒知识-审美的文化偏至。

第二节 伦 理 优 先

宋代的朱熹的《大学》《中庸》，与《论语》《孟子》并列为"四书"，前两书更为鲜明、更为突出地表达了中国文化追求至善的理想。

---

[1] 黄宗羲：《万贞一诗序》，见王运熙、顾易生主编，王镇远、邬国平选：《清代文论选》上，人民文学出版社 1999 年版，第 90 页。

[2] 黄宗羲：《汪扶晨诗序》，见胡经之主编：《中国古典美学丛编》下，中华书局 1988 年版，第 722 页。

《大学》的主题是："大学之道，在明明德，在亲民，在止于至善。"这是一个过程："古之欲明明德于天下者，先治其国；欲治其国者，先齐其家；欲齐其家者，先修其身；欲修其身者，先正其心；欲正其心者，先诚其意；欲诚其意者，先致其知；致知在格物。""物格而后知至，知至而后意诚，意诚而后心正，心正而后身修，身修而后家齐，家齐而后国治，国治而后天下平。""自天子以至于庶人，壹是皆以修身为本。"①

"中庸"一词，语出《论语·雍也》。孔子说："中庸之为德也，其至矣乎！民鲜久矣。"②意思是，中庸乃至高的道德修养境界，长久以来，很少有人能做得到了。关于"中庸"的含义，有多种解释，但有一点是肯定的。《中庸》的主题是通过修身实践以达到道德理想。孔颖达所引郑玄《三礼目录》云："中庸者，以其记中和之为用也；庸，用也。孔子之孙子思作之，以昭明圣祖之德也。"③其主要内容包括：

"五达道"——"天下之达道五，所以行之者三。曰：君臣也，父子也，夫妇也，昆弟也，朋友之交也。五者，天下之达道也。"

"三达德"——"知、仁、勇三者，天下之达德也，所以行之者一也。"

"慎独"——"道也者，不可须臾离也，可离非道也。是故君子戒慎乎其所不睹，恐惧乎其所不闻。莫见乎隐，莫显乎微。故君子慎其独也。"要求我们在自我修养的过程中，坚持自我教育、自我监督、自我约束。

"至诚尽性"——"唯天下至诚，为能尽其性。能尽其性则能尽人之性；能尽人之性，则能尽物之性；能尽物之性，则可以赞天地之化育；可以赞天地之化育，则可以与天地参矣。"④"与天地参"是天人合一，天道就是诚，人道就是追求诚。此即为原天以启人，尽人以合天，就是人道与天道的合一。

因此，后人论中国文化，无一例外地强调了伦理道德的基础性、规范性地位和作用。柳诒徵认为："……观吾国之文学，其根本无往不同。无论李杜元白、韩柳欧苏，辛稼轩、姜白石、关汉卿、王实甫、施耐庵、吴敬梓，其作品

---

① 王国轩译注：《大学 中庸》，中华书局 2019 年版，第 3-5 页。
② 张燕婴译注：《论语》，中华书局 2006 年版，第 83 页。
③ 郑玄注，孔颖达正义，吕友仁整理：《礼记正义》，上海古籍出版社 2008 年版，第 1987 页。
④ 上引《中庸》四句话，引自朱熹：《四书章句集注》，中华书局 2011 年版，第 30、19-30、34 页。

之精神面目，虽无一人相似，然其所以为文学之中心者，君臣、父子、夫妇、兄弟、朋友之伦理也。"①由此，古中国文化表现为两个鲜明的特点。

其一，在真善美三大价值中，真与美都受到善的约束。

古中国美学的鲜明特点，就是高度强调美与善的统一。《论语》有记："子谓《韶》：'尽美矣，又尽善也。'谓《武》：'尽美矣，未尽善也。'"②在孔子看来，"尽美"的东西不一定是"尽善"的，同样"尽善"的东西也不一定是"尽美"的，理想的音乐应当是"善"与"美"的高度统一，就像达到这个境界的《韶》乐那样。关于这一点，当代学者这样解释：

> 孔子不是排斥美，去要善，而是主张既要"尽美"，又要"尽善"，使美与善完满地统一起来。孔子避免了由于看到美与善的矛盾而用善去否定美的狭隘功利主义（如墨家），也没有企图脱离现实的社会伦理道德的制约去追求绝对的自由和美（如老庄），这就是孔子在解决美善矛盾这个重大问题上的杰出之处……孔子认为未"尽善"的东西，也可以是"尽美"的，明确地说明孔子看到了美具有区别于善的特征，它同善并不是一回事。从善的观点看来并不是完满的东西，从美的观点看来却可以是完满的，从而有其独立存在的地位和价值。这区别于善的美是什么呢……它指的就是事物所具有的那些能给人以审美的感性愉快和享受的形式特征，如声音的洪亮、盛大、和谐、节奏鲜明等等。孔子充分地肯定了这种美，只要它在根本上不是同善相矛盾的，即使尚未"尽善"，也不会失去它的意义和价值。进一步，孔子又提出了"尽美矣，又尽善也"作为他所追求的最崇高的理想。在这个理想中，美也并不是单纯地服从于善，仅仅是善的附庸，并不是"尽善"即等于"尽美"，或只要"尽善"，美是否达到了理想的程度无关紧要。相反，美与善两者都要尽可能达到理想的程度。通观中外美学史上常常出现片面地解决美善关系的错误理论，孔子的"尽美"又"尽善"的思想不能不说是深刻的。③

---

① 柳诒徵、文明国编：《柳诒徵自述》，安徽文艺出版社 2013 年版，第 87 页。

② 张燕婴译注：《论语》，中华书局 2006 年版，第 38 页。

③ 李泽厚、刘纲纪主编：《中国美学史》第一卷，中国社会科学出版社 1984 年版，第 137-138 页。

这样的解释当然有理，但同时我们必须看到，对于孔子来说，美与善相比，善是更根本的东西，如果美与善无关或者妨碍善的实现，那么纯粹的美是没有意义、没有价值的。孔子确实能够欣赏音乐之美，但他理想的"乐"是，也只能是"仁"的表现，音乐只有在它表现"仁"的时候才有价值。这一观点强调了美必须是具有社会意义和价值的东西。尽管这种社会意义和价值表现出超越狭隘的功利目的，但归根到底，它必须仍是在更为广泛的内容和作用上有利于社会性的人的陶冶和发展的。朱熹在解释孔子对《韶》乐和《武》乐的不同评价时说："美者，声容之盛；善者，美之实也。"①这是符合孔子的思想的。但和朱熹以及孔子之后不少以儒家正统自诩的人不同，孔子虽以善为美的内容或根本，但他并未轻视或否定作为善的表现形式的美的某种相对独立性及其并不等同于善的某种重要性。

在传统观念中，诗、乐等文化行为都不是纯粹的审美，而是与政治相关且直接以道德伦理为目的的自觉行为。"是故先王之制礼乐也，非以极口腹耳目之欲也，将以教民平好恶，而返人道之正。"②"返人道之正"实为古中国各种文化艺术的根本目标，而这种"人道之正"主要就是儒家的伦理道德，这在一定程度上抑制了古中国纯文艺的发展。我们这里举出两种并不极端的看法。

一是南宋的张戒，这是一个比较懂诗的人，却也判许多诗人和诗作为"邪思"："《诗序》有云：'诗者，志之所之也。在心为志，发言为诗。情动于中，而形于言。'其正少，其邪多；孔子删诗，取其思无邪者而已。自建安七子、六朝、有唐及近世诸人，思无邪者，惟陶渊明、杜子美耳，余皆不免落邪思也。六朝颜鲍徐庾，唐李义山，国朝黄鲁直，乃邪思之尤者。"③从建安到宋代，只有陶渊明、杜甫两人为"诗无邪"，其他的诗人诗作，至少在"无邪"上是不合格的。如此严格的标准，不过是扼杀诗人的伦理教条。

二是清人吴乔。他将诗分为六等："诗如陶渊明之涵冶性情，杜子美之忧君爱国者，契于《三百篇》，上也；如李太白之遗弃尘事，放旷物表者，契于

---

① 朱熹：《四书章句集注》，中华书局 2011 年版，第 68 页。

② 吉联抗译注：《乐记》，人民音乐出版社 1982 年版，第 6 页。

③ 张戒：《岁寒堂诗话》，见郭绍虞主编，王文生副主编：《中国历代文论选》第一册，上海古籍出版社 1979 年版，第 22 页。

庄、列，为次之；怡情景物，优闲自适者，又次之；叹老嗟卑者，又次之，留连声色者，又次之；攀缘贵要者为下。而皆发于自心，虽有高下，不失为诗。"①诗为心声，只要是发于自心，均可为诗。但人生境界存在差异，人格精神有高下，而具有忧君爱国之情，能够陶冶性情的诗为最高最好。可见，即使在"诗"这种较为纯粹的艺术中，也以政治性的"忧君爱国"和人伦性的"陶冶性情"为理想。

同理，以善为中心，也妨碍了古代中国对真的追求。这个问题，后来演变为：中国为什么没有产生现代科学？现代中国对此有无数讨论，其中有两个理论模式比较重要。一个是严复-费孝通的"知足论"。严复认为："盖我中国圣人之意，以为吾非不知宇宙之为无尽藏，而人心之灵，苟日开瀹焉，其机巧智能，可以驯致于不测也。而吾独置之而不以为务者，盖生民之道，期于相安相养而已。夫天地之物产有限，而生民之嗜欲无穷，孳乳寖多，镌镵日广，此终不足之势也。物不足则必争，而争者人道之大患也。故宁以止足为教，使各安于朴鄙颛蒙，耕凿焉以事其长上……"②此说认为，相对于认识自然、控制自然而言，建构人类关系的伦理准则，才是更重要的。唯有"止足"，方能"不争"；唯有"不争"，人际之间方能和谐有序。严复此论，以为"止足"是圣人之意，在他之后的社会学家费孝通则以为，这是当时的中国经济条件所不得不然。中国传统处境的特性之一是"匮乏经济"（economy of scarcity）。这是因为①中国是农业国家，土地经济中的报酬递减原则限制了中国资源的供给。②中国可耕地的面积受地理条件的限制。在这样的一个世界中，多的是人，少的是资源。为什么会人多资源少呢？因为农作活动是季节性的，农忙时节必须按时做完某项工作。如果要确保农忙时节不缺劳动力，每个区域就必须储备大量人口。"农忙一过，农田上用不着这些劳力了，但是这批人口还得养着。生产是季候性的，消费却是终年的事。农田不但得报酬所费的劳力本身，而且还要负担培养和储备这些劳力的费用。"这只是一个方面，还有另一个方面，即

---

① 吴乔：《围炉诗话》，见郭绍虞编选，富寿荪校点：《清诗话读编》一，上海古籍出版社1983年版，第474-475页。

② 严复《论世变之亟》，见卢云昆编选：《社会剧变与规范重建——严复文选》，上海远东出版社1996年版，第3页。

由此引起的恶性循环——"农业里所应用人力的成分愈高，农闲时失业的劳力也愈多。这些劳力自然不能饿了肚子等农忙，他们必须寻找利用多余劳力的机会。人多事少，使劳力的价值降低。劳力便宜，节省劳力的工具不必发生，即便发生的也经不起人力的竞争，不值得应用。不进步的技术限制了技术的进步，结果是技术的停顿。技术停顿和匮乏经济互为因果，一直维持了几千年的中国的社会。"这就是说，中国当时的经济方式没有发展技术的动力。与此相应的是儒家的价值观念。匮乏经济中的人也会向往物质享受，但在有限供给中追求享受，只能是人相争食，只能是暴力、动荡和战争。由此儒家提出：知足、安分、克己。孔子对生产技术没有兴趣，孟子把劳力者视作小人，庄子在限制欲望、知足长乐方面与儒家一致。唯一对技术有兴趣的是墨子，但他在中国思想史上的地位不高。所以费孝通认为："中国传统文化中不发生科学，决不是中国人心思不灵，手脚不巧，而是中国的匮乏经济和儒家的知足教条配上了，使我们不去注重人和自然间的问题，而去注重人和人间的位育问题了。"①

关于中国为什么没有产生现代科学的另一个理论模式是文化分析，其核心是"非人为论"。梁漱溟以解决人生问题时意欲向前、持中、向后的三条路向比较中国、西方、印度三种文化，认为中国文化是"以意欲自为调和、持中为其根本精神"，这种路向"与西方人不同的，就是他所走并非第一条向前要求的路向态度。中国的思想是安分、知足、寡欲、摄生，而绝没有提倡要求物质享乐的；却亦没有印度的禁欲思想……他持这种种态度，当然不能有什么征服自然的魄力，那轮船、火车、飞行艇就无论如何不会产生。"②梁漱溟认为制驭自然不是中国人的追求，如果中国完全闭关，不与西方文化接触，就是再走三百年也不会有科学方法和民主精神产生出来。因为这不是在同一路线上的快慢，而是中国人原本同西方人走的不是同一路线。冯友兰把这个问题简化为两种可能："中国为什么没有近代自然科学呢？是为之而不能，或是能之而不为？当然我认为是能之而不为。"③冯友兰认为，中国思想有两个一般趋势或类型，

---

① 费孝通：《中国社会变迁中的文化症结》，见费孝通：《乡土中国》，上海人民出版社 2013 年版，第 244、250 页。

② 梁漱溟：《东西方文化及其哲学》，商务印书馆 2000 年版，第 72 页。

③ 冯友兰：《三松堂自序》，见冯友兰：《三松堂全集》第一卷，河南人民出版社 1999 年版，第 173 页。

可以分别用"天"（自然）、"人"（人为）来代表。道家教人复归自然，墨家教人控制环境，儒家教人走自我实现（即实现人之所以为人）的道路。先秦之后，中国思想中"人为"的路线几乎没有再现，西来的佛教属于极端"自然"型的哲学，吸收佛学而又重振儒学的宋明新儒家以所谓的"天理"反对"人欲"。如果说同一时期西方发展起来的是认识和控制物质的技术，那么中国发展起来的则是认识和控制心灵的技术。比较而言，"在人类历史上，中世纪欧洲在基督教统治下力求在天上找到善和幸福，而希腊则力求，现代欧洲正在力求，在人间找到它们……但是中国，自从她的民族思想中'人为'路线消亡之后，就以全部精神力量致力于另一条路线，这就是，直接地在人心之内寻求善和幸福。"中国没有现代科学，是因为在一切哲学中，中国哲学是最讲人伦日用的。"依我看来，如果中国人遵循墨子的善即有用的思想，或是遵循荀子的制天而不颂天的思想，那就很可能早就产生了科学。这当然只是猜测……中国思想中这条'人为'路线，不幸被它的对手战胜了，也或许是一件幸事。如果善的观念，并不包括理智的确实性和征服外界的力量，科学有什么用呢？"[①]所以说，中国没有现代科学，是因为按照其求幸福于内心的价值标准，当时的中国人不需要科学。

　　严复-费孝通的"知足论"，较多考虑到客观条件的约束；梁漱溟-冯友兰的"非人为论"，更重在文化选择，两种解释模式都认为中国文化的重心，不是从自然和世界中获取多少，而是在于安排群体秩序和心灵秩序。秩序意味着自我约束与外部控制，中国人的文章做在"自我-他人""个体-群体"的关系上，而以伦理-道德性的善为理想。在这个系统中，科学如果不是无用的，至少用处不很大，对先人的生活不是很重要。

　　其二，古中国文化各种形式，均以道德为其核心。

　　周公制礼作乐，奠定了儒家文明乃至中华文化的基础。但礼乐只是文化的表现形式，仁心德性才是其内在根源。所以在"礼崩乐坏"的春秋末期，孔子以"仁"释礼，意在重建礼乐文明："礼云礼云，玉帛云乎哉？乐云乐云，钟

　　[①]　冯友兰：《为什么中国没有科学——对中国哲学的历史及其后果的一种解释》，见冯友兰：《三松堂全集》第十一卷，河南人民出版社 1999 年版，第 50、52 页。

鼓云乎哉？"①"人而不仁，如礼何？人而不仁，如乐何？"②这一点，唐君毅先生阐发最力。在《文化意识与道德理性》一书中，唐以"反溯法"摄一般义归根本义，阐明家庭、生产技术及社会经济、政治、科学与哲学、文学艺术、宗教、道德、体育军事、法律教育等一切活动均同根于道德理性，亦当同受一"道德自我"之主宰。从原则上说，"一切文化活动之所以能存在，皆依于一道德自我，为之支持。一切文化活动，皆不自觉的，或超自觉的，表现一道德价值。道德自我为一，是本，是涵摄一切文化理想的。文化活动是多，是末，是成就文明之现实的"③。分而论之，在家庭领域，夫妇之爱、孝敬父母等都含道德意义，都是顺自然生命之流行而规范之、条理之，使之升华成道德生活。在经济领域，制造工具所体现出来的自我节制、储蓄意识是社会意识的本源之一；人承认人各有其私有财产是出于人之公心与恕道，为人之道德意识之始；人对财物之保存、储积、制造所生之精神为一超自利的精神；财物交换可以培养人之平等心、公平意识和诚信品格；票据和纸币的普遍使用反映出我们对人类之道德意识有一信心；财富分配自始即有公平的考虑。在科学哲学领域，真理是客观的、可普遍认识的，所以求真之心依赖于大公无私之道德心灵。在文学艺术领域，由欣赏表现所训练出来的凝注客观美的精神，能使人从私欲中超拔出来，此即已表现道德价值，我们凝注于客观美的境相，把我们的情感欲望客观化并同情地体验之，可以培养出我们对其他生命人物之同情。在体育、军事、法律、教育领域，不同于家庭意识等文化活动的内在目的，体育等活动是有外在目的的：练养身体、保卫国家、维持秩序、陶冶个人。体育意识中所重建者为自然生命；军事意识中的包含者为通过自然生命死亡之可能，以获得生命之意识；法律为建立集体生活条理秩序之形式之意识；教育为延续文化、造就发展人类文化之个体人格之意识。其中体育与教育是正面的文化意识，军事、法律是反显的文化意识。总之，家庭等每一种文化活动，都在实现一种特殊的文化价值的同时实现一种道德价值。

唐君毅肯定一切文化活动都统摄于"道德自我"，强调人类文化多元化发

① 张燕婴译注：《论语》，中华书局 2006 年版，第 269 页。
② 张燕婴译注：《论语》，中华书局 2006 年版，第 26 页。
③ 唐君毅：《文化意识与道德理性》，广西师范大学出版社 2005 年版，第 3 页。

展中的内在统一，把文化活动的自发创造与道德活动的批判统一起来，使人格结构和文化世界均能和谐发展。此论提炼了、系统化了儒家传统的文化观念，就其对中国传统的理解而言，基本是准确的，但是，人类文化不但有物质自然界的前提和约束，文化领域的科学哲学、文化艺术、道德宗教等等，都有不同的性质、价值与功能，相互之间虽无绝对的界限，且相互影响、交融渗透，但它们并不是由先验普遍的"道德自我"所开出并以"道德理想"为追求目标的。个人当然可以也应当追求道德的完美和至善，但在现代世界，就人类整体而言，公平、正义等等可能是比"善"更为重要的价值目标。如果真要为"万世开太平"，为了建成一个公平正义的社会，那么，重要的也不是用道德来调节人际关系，而是需要有一整套现代制度来保证每个人正当的权利，需要有经济社会的发展来实现人的潜能。所以，把文化的本源和理想归结为道德，再把道德的实现归结为生命心灵的自我提升，显然是过于狭隘、过于虚幻了。殷海光苛刻地批评说：唐君毅"从我族中心主义出发，双眼为道德的考虑所迷，所以他看不清中国的历史社会文化的真象，而且才力也不够"。"他是搞错了行的道德诗人。"①这一点，也同样适用于对儒家思想的批评。

第三节 "文德"至大

古中国"文"之本义，主要与各色交错的纹迹、纹理有关。最早的定义性判断如"物相杂，故曰文。"②"五色成文而不乱。"（《乐记·乐象篇》）"文，错画也，象交文。"③等，都是如此。其中，《周易》中的一段解释最为重要：

> 《彖》曰：贲"亨"，柔来而文刚，故"亨"；分刚上而文柔，故"小利有攸往"，天文也。文明以止，人文也。观乎天文，以察时变。观乎人文，以化成天下。④

① 殷海光：《春蚕吐丝——殷海光最后的话语》，见殷海光，贺照田编：《思想与方法——殷海光选集》，上海三联书店2004年版，第594、595页。
② 杨天才译注：《周易》，中华书局2016年版，第39页。
③ 许慎：《说文解字》，浙江古籍出版社2016年版，第185页。
④ 杨天才译注：《周易》，中华书局2016年版，第117页。

《周易》神秘难解，下面的分析主要根据高亨先生的解释展开。首先，《序卦》曰："《贲》者，饰也。"《杂卦》曰："《贲》，无色也。"无当作尨，杂色为尨，是贲乃杂色成文之义。贲卦何以有文饰之义？《贲》之下卦为离，上卦为艮。离为阴卦，为柔，又为文；艮为阳卦，为刚。《贲》之卦象是"柔来而文刚"，如臣文饰君，女文饰男，柔德文饰刚德等是。柔来文刚是柔为副而刚为主，以此行事则通，故卦辞曰"亨"（通）。其次，"分"谓刚柔分也，承上句省刚柔二字。《贲》卦是阳卦之艮在上，阴卦之离在下，是为刚柔"分"，如君臣分职，男女分务，刚德柔德分用等是。再次，上卦艮为山，山有草木之文；下卦离亦为文。然则《贲》之卦象又是"刚上而文柔"，如君文饰臣，男文饰女，刚德文饰柔德等是。刚而文柔，是刚为副而柔为主，以此有所往，仅小利而已。故卦辞曰："小利有攸往"。①

"天文"之意与组成《贲》卦的阳爻、阴爻的排列、位置有关。阳为刚，阴为柔，阳阴并陈、迭运，刚柔交错、互动，正合"物相杂故曰文"之义。王弼注云："刚柔交错而成文焉，天之文也。"孔颖达疏曰："刚柔交错成文，是天文也。"是故《贲》卦之象为"离（火）下艮（山）上"，即"山下有火"。山间草木错生，花叶相映，是为山之文也。山下有火，山之文乃得以明。此即"文"之"饰"义。②

但"文"之义非仅"饰"。《贲》卦之象为"离（火）下艮（山）上"，"离"（火）为文明，"艮"（山）为止，故《贲》之卦象又是文明以止。"止"即有限、有度。"社会之制度文化教育皆在使人有所止。故曰：'文明以止，人文也。'"③人文的本质就是"知止"，即讲规矩、知节制、明界限。广土众民，只有人人"知止"，各明其位，才能建立和谐有序的社会政治秩序。相关论述如：

《象》曰：兼山艮，君子以思不出其位。④

曾子曰：君子思不出其位。⑤

---

① 高亨：《周易大传今注》，齐鲁书社 1998 年版，第 171-172 页。
② 高亨：《周易大传今注》，齐鲁书社 1998 年版，第 172 页。
③ 高亨：《周易大传今注》，齐鲁书社 1979 年版，第 227 页。
④ 高亨：《周易大传今注》，齐鲁书社 1979 年版，第 376 页。
⑤ 朱熹：《四书章句集注》，中华书局 2011 年版，第 146 页。

大学之道，在明明德，在亲民，在止于至善。知止而后有定，定而后能静，静而后能安，安而后能虑，虑而后能得。①

发乎情，民之性也；止乎礼义，先王之泽也。②

卓彼先觉，知止有定。闲邪存诚，非礼勿听。③

止者，所当止之地，即至善之所在也。④

对于儒家来说，所有的文化艺术，就其作为一种教化方式而言，都具有约束、调理、限制人的思想与行动的功能，即把个体的追求、欲望、冲动等控制在一个合礼、合理的范围内。所以"礼"以及由此而来的更为抽象、更为原则性的"理"，就是有助于群体关系的整合和凝聚的价值准则。文化不只是个性的张扬、人情的表达，也是建立社会规范的方式之一。

正如儒家并不否定个体情感的存在，并不否定文化艺术可以使人获得快乐一样，"人文"之所以"知止"，也并不是外力的强制和压迫，而是外在规范与个体自觉相统一的选择。

中古时代是个体生命意识觉醒、文学艺术的特性得到确认、文学艺术的地位得到提高的时代，甚至有文学史家认为是"唯美主义"的时代。"诗赋欲丽"（曹丕）、"诗缘情而绮靡"（陆机）、"惟须绮縠纷披，宫徵靡曼，唇吻遒会，情灵摇荡"（萧绎）……能够代表这一时代观念的，是两句话：

盖文章，经国之大业，不朽之盛事。

文之为德也大矣。

前一句话出自曹丕的《典论·论文》，一直被公认为是对文学重要性的确认。"经国之大业"是指文章在国家政治生活中具有重要作用。例如诏、策、章、表、奏、议等类文字，显然应用得最频繁，盟誓为外交场合所需，檄文系战争用。赋、颂用以褒赞功德，赋还可以用于讽谏。重要政治人物去世，文人们竞相作诔。甚至连珠一类杂文，也可作奏章。郊祀、封禅一类被高度重视的

---

① 朱熹：《四书章句集注》，中华书局 2011 年版，第 4 页。

② 《毛诗序》，见郭绍虞主编，王文生副主编：《中国历代文论选》第一册，上海古籍出版社 1979 年版，第 63 页。

③ 程颐：《四箴·听箴》，见朱熹：《四书章句集注》，中华书局 2011 年版，第 125 页。

④ 朱熹：《四书章句集注》，中华书局 2011 年版，第 4 页。

盛大典礼，也非人诗人文加以配合不可。史书的修撰是为了总结统治经验，同时可以劝善惩恶，并使得统治者的所谓功业德行得以流传垂世，因此东汉中央王朝已对它有了高度重视。但在这篇文章中，曹丕几乎没有分析、论证文章为什么是"经国之大业"，他讲得多的，其实是"不朽之盛事"。其文如下：

> 盖文章，经国之大业，不朽之盛事。年寿有时而尽，荣乐止乎其身，二者必至之常期，未若文章之无穷。是以古之作者，寄身于翰墨，见意于篇籍，不假良史之辞，不托飞驰之势，而声名自传于后。故西伯幽而演《易》，周旦显而制《礼》，不以隐约而弗务，不以康乐而加思。夫然则古人贱尺璧而重寸阴，惧乎时之过已。而人多不强力，贫贱则慑于饥寒，富贵则流于逸乐，遂营目前之务，而遗千载之功，日月逝于上，体貌衰于下，忽然与万物迁化，斯志士之大痛也。①

在《与吴质书》中，曹丕念念不忘的也是生命短促、人生如寄。在他看来，"文章"可以克服个体因生命消逝而来的悲感。这当然是儒家的一个传统认识。《左传》有云："太上有立德，其次有立功，其次有立言，虽久不废，此之谓不朽。"②这就是把文章（包括辞赋、散文等）与个体生命、生活的意义联系起来。曹丕在《与王朗书》中具体说道："人生有七尺之形，死惟一棺之土。惟立德扬名，可以不巧，其次莫如著篇籍。疫疠数起，士人凋落。余独何人，能全其寿？故论所撰著《典论》、诗赋，盖百余篇。"③曹丕之论的新见在于，他所说"文章"不限于儒家经典，而包括了一切文学艺术作品。所以批评史家指出："尤其应该注意的，是在此以前著书以求不朽，一般均是写作所谓成一家之言的子书，其作者对于赋一类的'美文'，常表现出一定程度的轻视，甚至持否定的态度。扬雄、王充其中较有代表性者。而曹丕固然对于子书仍然非常重视，但同时也很重视诗赋。"④

---

① 曹丕：《典论·论文》，见郭绍虞主编，王文生副主编：《中国历代文论选》第一册，上海古籍出版社1979年版，第159页。

② 左丘明，杜预注：《左传》下，上海古籍出版社2016年版，第961页。

③ 林久贵、胡涛：《曹丕全集：汇校汇注汇评》，崇文书局2021年版，第192页。

④ 王运熙、顾易生主编，王运熙、杨明：《魏晋南北朝文学批评史》，上海古籍出版社1989年版，第44页。

曹丕所云重在文章之于个体生命的价值，但"文章"并不源于孤立的个体，而是源于个体在社会生活中的遭遇。这一点，向前，可以追溯到司马迁的《太史公自序》：

> 夫《诗》《书》隐约者，欲遂其志之思也。昔西伯拘羑里，演《周易》；孔子厄陈、蔡，作《春秋》；屈原放逐，著《离骚》；左丘失明，厥有《国语》；孙子膑脚，而论兵法；不韦迁蜀，世传《吕览》；韩非囚秦，《说难》《孤愤》；《诗》三百篇，大抵贤圣发愤之所为作也。此人皆意有所郁结，不得通其道也，故述往事，思来者。①

从《周易》到《吕氏春秋》，这些中国文化的名著，都是作者发愤著书的成就，是一种社会性、政治性的行为。如此《诗》就是君子品德的教材，不是"思无邪"，而是诗人们"意有所郁结"的产物。向后，可以联系到钟嵘的《诗品》：

> 嘉会寄诗以亲，离群托诗以怨。至于楚臣去境，汉妾辞宫。或骨横朔野，魂逐飞蓬。或负戈外戍，杀气雄边。塞客衣单，孀闺泪尽。或士有解佩出朝，一去忘反。女有扬蛾入宠，再盼倾国。凡斯种种，感荡性情，非陈诗何以展其义？非长歌何以骋其情？故曰："诗可以群，可以怨。"使穷贱易安，幽居靡闷，莫尚于诗矣。②

这是对孔子诗论中"兴观群怨"的发挥，但强调了作品在作者生时起的功用，能使他和艰辛孤寂的生涯妥协相安，换句话说，一个人失意不遇，全靠"诗可以怨"得以发抒、排遣、慰藉或获得补偿。当诗人或作文者将自己的不幸遭遇、痛苦经验转化为诗或文时，他的心情也就宁静了下来。

这当然也是一种社会效益论。但在古中国文化中，还有另一种观点。这就是刘勰在《文心雕龙》的开篇第一句话："文之为德也大矣"。该书是中古时代"文章学"，首先要说明、强调"文"的地位、功能，以为全书所论张目。

---

① 司马迁：《史记·太史公自序》，见郭绍虞主编，王文生副主编：《中国历代文论选》第一册，上海古籍出版社 1979 年版，第 78-79 页。

② 钟嵘：《诗品序》，见郭绍虞主编，王文生副主编：《中国历代文论选》第一册，上海古籍出版社 1979 年版，第 309 页。

刘勰是这样论述的：

> 文之为德也大矣，与天地并生者何哉！夫玄黄色杂，方圆体分，日月叠璧，以垂丽天之象；山川焕绮，以铺理地之形；此盖道之文也。仰观吐曜，俯察含章，高卑定位，故两仪既生矣。惟人参之，性灵所钟，是谓三才。为五行之秀，实天地之心，心生而言立，言立而文明，自然之道也。傍及万品，动植皆文：龙凤以藻绘呈瑞，虎豹以炳蔚凝姿；云霞雕色，有逾画工之妙；草木贲华，无待锦匠之奇；夫岂外饰，盖自然耳。至于林籁结响，调如竽瑟；泉石激韵，和若球锽；故形立则章成矣，声发则文生矣。夫以无识之物，郁然有彩，有心之器，其无文欤！①

这一段话包含刘勰对"文"之"大德"的论述，是对古中国"文""文章""文学"及它们的性质、功能和意义的古典解释。

首先，"文之为德也大矣"中的"德"是指文章的属性与功能。在此前的古文献中，有两个句法结构相同的判断：

> 中庸之为德也，其至矣乎！②
> 鬼神之为德，其盛矣乎！③

朱熹《中庸章句》注云："为德，犹言性情功效。"④朱熹的解释，为后来理解"文之为德也大矣"中的"德"提供了基础。主要有两种观点。一是以"功效"释"德"。毕生精研《文心雕龙》的杨明照先生，结合孔融"酒之为德久矣"的说法认为，孔融此语"与'文之为德也大矣'的造句和用意极其相似。……'为德'虽各有所指，但都应作功用讲则一。……'文之为德也大矣！'犹言文的功用很大啊！"⑤此说略去了"性情"而单取"功效"。陆侃如、牟世金将

① 刘勰，范文澜注：《文心雕龙注》上，人民文学出版社 1958 年版，第 1-2 页。

② 张燕婴译注：《论语》，中华书局 2006 年版，第 83 页。

③ 张燕婴译注：《论语》，中华书局 2006 年版，第 81 页。

④ 朱熹撰，李申译：《四书章句集注今译》下，中华书局 2020 年版，第 950 页。

⑤ 杨明照：《〈文心雕龙原道篇〉"文之为德也大矣"句试解》，见中华书局编辑部编：《文史》第三十二辑，中华书局 1990 年版，第 282 页。

此"德"注释为"文所独有的特点、意义",但在翻译时却略去"特点"而只言"意义":"文的意义是很重大的。"①似乎还有矛盾。钱锺书专门考察过中国古文论中的"文德"论,也认为:"《文心雕龙·原道》:'文之为德也大矣',亦言'文之德',而'德'如马融赋'琴德'、刘伶颂'酒德'、《韩诗外传》举'鸡有五德'之'德',指成章后之性能功用,非指作文时之正心诚意。"②二是以"属性"(即朱熹的"性情")释"德"。如周振甫即说:"德:文本身所具有的属性,即文的形、声、情。像天地的颜色形状就是文。"故其译文云:"文章的属性,是极普遍的,它同天地一起产生。"③另一位"龙学"专家寇效信,也认为"德"指属性:"'文',作为天地、万物和人类的一种属性,是很广大的。"④

在专门讨论"文之为德"的所指时,古典专家杨明认为,上述两种解释都有道理,总体上也符合刘勰的思想,但均有不妥。最重要的是,"德"字的含义固然是指事物的禀性、性质,但在"×之为德"中,情况又有所不同。在这个语式中,并非"德"字直接就表示禀性,而是表示禀性所体现的该事物的存在。物必有其性,性与物乃一而二、二而一,所以在"之为德"中,指说性的"德"字表示物之存在,并没有什么奇怪。朱熹在解释《中庸》"鬼神之为德"一句时指出:"为德,犹言性情功效。"⑤意谓之所以要说"鬼神之为德",之所以要用到这个"德"字,只是为了说明鬼神其物虽不可见不可闻,但从鬼神表现出来的种种情形、功效,便可以知道鬼神是确实存在的。这是不是可以给我们一个启发:"鬼神之为德"这种说法,不是要突出鬼神之德,而是要通过其"德",强调鬼神之存在。杨明的结论是,"德"原是禀性、特性之意,但在"×之为德"这个语式中,"德"字的含意虚泛化,也就是说重点在"×",而不在"德",因此说"×之为德",与单说"×",意思差不多,只是前者语气较为强调而已。古代汉语中有"×之为物"的语式,在许多情况下,"之

① 刘勰,陆侃如、牟世金译注:《文心雕龙译注》,齐鲁书社 1995 年版,第 97 页。

② 钱锺书:《管锥编》第四册,中华书局 1979 年版,第 2343 页。

③ 周振甫译注:《文心雕龙选译》,中华书局 1980 年版,第 19 页;周振甫:《文心雕龙今译》,中华书局 1988 年版,第 10 页。

④ 寇效信:《文心雕龙美学范畴研究》,陕西人民出版社 1997 年版,第 3 页。

⑤ 朱熹:《四书章句集注》,中华书局 2011 年版,第 26 页。

为德"与"之为物"意思相近，只是前者使人感到有抽象的意味罢了。故译解"文之为德也大矣"时，无须将"德"字译出，其意不过就是"文真伟大呀""文这种东西真了不起呀"，如此而已。^①

同样是根据朱熹的注释，詹瑛又别有新解。在引了朱注之后，詹瑛指出："此处句法略同，而德字取义有别。《易·乾·文言》正义引庄氏曰：'文谓文饰，以乾坤德大，故特文饰以为《文言》。'德即宋儒'体用'之谓，'文之为德'，即文之体与用，用今日的话说，就是文之功能、意义。重在'文'而不重在'德'。由于'文'之体与用大可配天地，所以连接下文'与天地并生'。"^②

在当代"龙学"研究中，对"文之为德也大矣"多有不同阐释。就上面所引的诸种解释来看，论者们都有一个共识，即刘勰的"文德"论指出了甚至强调了文章的重要性。那么，刘勰是在何种意义上说明"文"的重要性的呢？

刘勰的"文"论源于《周易》，其"文"包括"天文"与"人文"。首先是"天文"："夫玄黄色杂，方圆体分；日月叠璧，以垂丽天之象；山川焕绮，以铺理地之形：此盖道之文也。"天地阴阳变化，山川瑰奇壮丽，就是"道之文"，也即《易传》所说的"天文"。其次是"人文"："仰观吐曜，俯察含章，高卑定位，故两仪既生矣。惟人参之，性灵所钟，是谓三才；为五行之秀，实天地之心。心生而言立，言立而文明，自然之道也。"人为"天地之心"，是有意识、有思想的存在。有"心"即有"言"，有"言"即有"文"。"心"之所以有"言"，又因为它有所感于"物"——"人禀七情，应物斯感，感物吟志，莫非自然"^③。故人"文"虽是"心"之创造，也仍为"自然之理"。关于人"文"的起源，刘勰进而又有申论：

> 人文之元，肇自太极，幽赞神明，易象惟先。庖牺画其始，仲尼翼其终。而乾坤两位，独制文言。言之文也，天地之心哉！^④

《易传》云："是故《易》有太极，是生两仪，两仪生四象，四象生八

① 杨明：《〈文心雕龙·原道〉"文之为德"解》，《上海大学学报（社会科学版）》2007年第5期，第65-69页。

② 詹锳：《詹锳全集》，河北教育出版社2016年版，第2页。

③ 刘勰，范文澜注：《文心雕龙注》上，人民文学出版社1958年版，第65页。

④ 刘勰，范文澜注：《文心雕龙注》上，人民文学出版社1958年版，第2页。

卦。"①由自然的"太极"（即"两仪""四象"）而人"文"（"易象"即"八卦"），也就是人"文"如何肇自"太极"的过程。刘勰用"幽赞神明"来说明人"文"原是对"太极"的观察和模拟，它包括一切典章制度（文明）与言辞之文（文化艺术）。这句话的原始出处是《易传》上所说的："古者包牺氏之王天下也，仰则观象于天，俯则观法于地，观鸟兽之文，与地之宜，近取诸身，远取诸物，于是始作八卦，以通神明之德，以类万物之情。"②所以刘勰说《易》象，也即人"文"始于庖牺而成于孔子。天地之"道"表现于自然现象的变化，这些变化又显示了人事方面的意义，也与人的情感相关。"天文"与"人文"都是"道"的表现。"夫以无识之物，郁然有彩，有心之器；其无文欤？""道"既表现为"天文"，也表现于"人文"，这是"自然之理"——所谓"自然"，是说它们不是人为的"外饰"。所谓"原道"，就是要追溯"人文"如何是"道"的表现形式之一。

"文"是"道"之"文"，"道"是本源，"文"是表现。圣人最能体会、理解、把握天道消息，所以"道沿圣以垂文，圣因文而明道"。③人"文"之所以有"大""德"，是因为它是圣人根据天之"道"而创造的，圣人是以"文"来表达、阐明"天之道"的。"文"之重要在于：离开了"文"，"道"隐而不显，"圣"无由述作。所以"人文"的属性、性质与功能是很"大"、很重要的。因为它与"天文"一样，都是"道"的表现。

> 窃以文之为义，大哉远矣。故孔称性道，《尧》曰钦明，《武》有来《商》之功，《虞》有格《苗》之德，故《易》曰："观乎天文，以察时变，观乎人文，以化成天下。"是以含精吐景，六卫九光之度；方珠喻龙，南枢北陵之采。此之谓天文。文籍生，书契作，咏歌起，赋颂兴。成孝敬于人伦，移风俗于王政，道绵乎八极，理浃乎九垓。赞动神明，雍熙钟石，此之谓人文。若夫体天经而总文纬，揭日月而谐律吕者，其在兹乎。④

---

① 杨天才译注：《周易》，中华书局 2016 年版，第 372 页。
② 杨天才译注：《周易》，中华书局 2016 年版，第 380 页。
③ 刘勰，范文澜注：《文心雕龙注》上，人民文学出版社 1958 年版，第 2 页。
④ 萧纲：《昭明太子集序》，见郁沅、张明高撰：《魏晋南北朝文论选》，人民文学出版社 1996 年版，第 356 页。

从这个角度来理解，"文之为德"之所以"也大矣"，在于它是"天道"在人类社会生活中的表现形式，是圣人垂教、化成天下的具体方式。所以"文德"之"大"，不只因为它是"道"之载体，也是圣人教化百姓的凭借。"文"并非可有可无的载体，离"文"无"道"，则"文"与"道"同在。"文德"之"大"，包括这两个方面。就刘勰强调"文"的重要性而言，与曹丕相同；就其"文道"论而言，刘勰又不同于曹丕：文章之重要，不在于它是治国的工具，也不在于它使个体的生命价值得以延长，而在于它体现了圣人之道。刘纲纪认为："毫无疑问，刘勰是主张用'文'来宣传儒家的政治伦理之'道'的，这清楚地表现在刘勰认为'文'具有'光彩玄圣，炳耀仁孝'的作用。但是，与后世的'文以载道'说不同，刘勰并不把'文'看作外在于'道'的，用来进行道德说教的一种工具。"①

但是，刘勰之"文德"论毕竟以"道沿圣以垂文，圣因文而明道"为基础，也就是说，"文"之所以重要，在于它是"圣""明道"的一种方式，这就与后世的"文以载道"论相通。

几乎是古中国文化最高律令的"文以载道"论，其实可以分为两种。一种是如刘勰之所论，"道"以"文"而显，"文"为载"道"之文，"道"为"文"之所载，离开"文"也就无法得"道"。此论重在"文道"的整体性，它可以引申为文化社会效益论。另一种是"文"的存在价值在其载"道"，"文"本身无足轻重，其价值在其"载道"，此论可能导致对"文"的忽略、贬低。应当说，在后世的文化思想中，主要是后一种理解占据主导地位。如韩愈所说："文者，贯道之器也。"（《昌黎先生集序》）韩愈的"道"，是指以儒家文化为主要载体的一整套价值体系，以文统来传承道统、捍卫道统，讲求内圣外王，自上而下，由内而外，一以贯之。"贯道"论把文、道二分，此即钱锺书手稿所云："昌黎以文、道分别为二事，斥庄之道而称庄之文。"②

在古中国文化传统中，只要把"文""道"分为二事，其结果通常是以"道"压"文"甚至以"道"代"文"。第一个提出"文以载道"的是北宋理学家周

---

① 李泽厚、刘纲纪主编：《中国美学史》第二卷，中国社会科学出版社 1987 年版，第 700 页。
② 钱锺书：《钱锺书手稿集·容安馆札记》第三册，商务印书馆 2003 年版，第 1769 页。

敦颐，他认为："文所以载道也，轮辕饰而人弗庸，徒饰也。况虚车乎？文辞，艺也；道德，实也。笃其实而艺者书之；美则爱，爱则传焉，贤者得以学而至之，是为教。故曰：'言之不文，行之不远。'然不贤者，虽父兄临之，师保勉之，不学也；强之，不从也。不知务道德而第以文辞为能者，艺焉而已。"①按周之所论，"文""道"之间已有内外、高下的划界与评价，但毕竟还肯定"文"之必要。但在程颐看来，"文"与败坏道德、颓丧志向的"玩物"一样，而学诗则会妨害儒道义理这些头等大事，讲究词章文采则有害圣人之道的传播和自身的进德。这就把"文""道"美与善对立起来，从根本上否定了文艺的审美价值及其存在意义。在《遗书·伊川语十一》中，程颐又引孔子的话说："有德者必有言。"说明那些有道德修养的古圣人，"言则成文，动则成章"。这就等同美善，以修身养性代替言语行为和文学创作，否定文学的审美性，实际上也就是否定文艺创作，否定美的价值。如此，则道学家的"诗"成了"语录讲义之押韵者。"（刘克庄《吴恕斋诗稿跋》）其"文"则是宣讲心性义理的记录。以"道"主宰文艺的结果，是以道德代替文艺、否定文艺。

从"文以载道"到"作文害道"，伦理中心主义的儒家提供了一个分裂的文化模式：审美与道德势不两立。这对审美艺术而言，当然受到限制。

第四节 "实用"观点与"无用"论述

"人文化成"的教化原则、伦理优先的道德关切和文德至大的写作理论，是古中国的文化效益论的三种主要论述，这是一套丰富而又张力的意义系统，根据它的逻辑：文艺-文化既关乎经国大业的人伦教化，也可以是吟风弄月的雕虫小技。古中国的文艺-文化社会效果论，有无用、实用、有用三种。我们下面主要分析无用论、实用论的有关论述。

最早的"无用论"当为墨子"非乐"论，这集中表现在他的《非乐》中。

---

① 周敦颐：《通书·文辞》，见郭绍虞主编，王文生副主编：《中国历代文论选》第二册，上海古籍出版社 1979 年版，第 283 页。

墨子不否认人有审美和音乐的需要，他本人也是一个音乐家。有关他的佚事之一是："墨子吹笙。墨子非乐，而于乐有是也。"①但墨子认为，人总得先有温饱，然后才谈得上审美与音乐。"食必常饱，然后求美；衣必常暖，然后求丽；居必常安，然后求乐。为可长，行可久，先质而后文。此圣人之务。"②从这个观点来看，音乐以及其他艺术都应该被禁止，他提出的理由有六：徒耗社会财富，无助兴利除害，浪费社会人力，滋养奢侈之风，妨碍国家运行，为乐可以亡国。综此六条，墨子认为："今天下士君子，请将欲求兴天下之利，除天下之害，当在乐之为物，将不可不禁而止也。"③墨子非乐，与其所处时代的国乱民困直接有关。那么是否"仓廪实而知礼节，衣食足而知荣辱"呢？从儒家来说，应当是这样的。但墨子认为，即便国家富裕了，也不应"为乐"。墨子非乐，有其政治上的考虑。当时的音乐主要是"王公大人"的礼乐，这种音乐活动与权贵奢靡、富豪炫耀直接相关，确实有妨碍生产、夺民衣食的一面。墨子"非乐"有抗议社会不义、追求平等的一面。墨子说到做到，古书记载"墨子非乐，不入朝歌之邑。"（《淮南子·说山训》）"邑号朝歌，而墨子回车。"（《史记·鲁仲连邹阳列传》）但当他以此为据，把有用/无用、有利/无利当作判断音乐及一切文化活动的根本标准时，就走向一种赤裸裸的功利主义、实用主义。这是他与儒家的一个根本分歧。

> 子墨子曰：问于儒者何故为乐？曰："乐以为乐也。"子墨子曰："子未我应也！今我问曰何故为室？曰冬避寒焉，夏避暑焉，且以为男女之别也。则子告我为室之故矣。今我问曰何故为乐？曰乐以为乐也。是犹曰何故为室，曰室以为室也。"④

对墨子来说，做什么事都有一个实用性的、功利性的目的（"何故"）。造房子是为了避寒暑、别男女，但"为乐"却没有什么用途。这种思想当然是粗糙的、简陋的，但它严肃地提出了文化应当追求社会效益、社会效益优先于

---

① 吉联抗译注：《墨子·非乐》，人民音乐出版社 1962 年版，第 31 页。
② 吉联抗译注：《墨子·非乐》，人民音乐出版社 1962 年版，第 28 页。
③ 吉联抗译注：《墨子·非乐》，人民音乐出版社 1962 年版，第 16 页。
④ 吉联抗译注：《墨子·非乐》，人民音乐出版社 1962 年版，第 21 页。

其他效益的主张。

在中国传统文化中，墨子的主张并非主流，但他的观点实际上潜入了中国文化思想，不同时期都有人提出相似的观点，从而怀疑、否定文艺-文化的功用、效果。从其立说根据来看，这类言论主要有三种。

一是无助于实际事务的解决。社会人间有无数困难、饥馑、灾难以及由此而来的痛苦、死难，文艺-文化能够缓解这类问题吗？王充就认为："盖寡言无多，而华文无寡。为世用者，百篇无害；不为用者，一章无补。"[①]所谓于世有用，就是有社会效益。以此为文章的标准，本身并不错，但王充的"用"，重在实用，重在使文章成为社会生活中的一种工具性手段。对于这种主张，南朝的颜之推就对扬雄的"壮夫不为"之论有所"非之"：

> 余窃非之曰：虞舜歌《南风》之诗，周公作《鸱鸮》之咏，吉甫、史克，雅颂之美者，未闻皆在幼年累德也。孔子曰："不学诗无以言。""自卫返鲁，乐正，雅颂各得其所。"大明孝道，引诗证之。扬雄安敢忽之也！若论"诗人之赋丽以则，辞人之赋丽以淫"，但知变之而已，又未知雄自为壮夫何如也？著《剧秦美新》，妄投于阁，周章怖慑，不达天命，童子之为耳！桓谭以胜老子，葛洪以方仲尼，使人叹息。此人直以晓算术，解阴阳，故著《太玄经》，为数子所惑耳。其遗言余行，孙卿、屈原之不及，安敢望大圣之清尘？且《太玄》今竟何用乎？不啻覆酱瓿而已。
>
> 齐世有辛毗者，清干之士，官至行台尚书。嗤鄙文学，嘲刘逖云：君辈辞藻，譬若荣华，须臾之玩，非宏才也；岂比吾徒千丈松树，常有风霜，不可凋悴矣。刘应之曰：既有寒木；又发春华，何如也？辛笑曰：可矣。[②]

二是无助于修身养性的完成。儒家强调修齐治平、安邦定国的绝对优先性，

---

① 王充：《论衡·自纪》，见郭绍虞主编，王文生副主编：《中国历代文论选》第一册，上海古籍出版社 1979 年版，第 127 页。

② 颜之推：《颜氏家训·文章篇》，见郭绍虞主编，王文生副主编：《中国历代文论选》第一册，上海古籍出版社 1979 年版，第 351-352 页。

而一般的文学艺术不具此种功能，所以不可取。上述颜之推的观点是针对汉代大儒扬雄所说的。扬雄说过这样一段话："或问：吾子少而好赋？曰：然。童子雕虫篆刻。俄而曰：壮夫不为也。""赋"是汉代流行的文体。扬雄自幼博览群书，长于辞赋，所作《甘泉赋》《河东赋》等赋为当时所重。但到了晚年，扬雄却视赋为儿童游戏，"壮夫不为"。首先要说明的是，扬并不是一概否定"赋"，从他"诗人之赋丽以则，辞人之赋丽以淫"的判断来看，他所肯定的是屈原所代表的楚辞，否定的是铺陈华丽的汉赋。其次，扬雄以圣人之徒自居，强调"学者，所以修性也。视、听、言、貌、思，性所有也。学则正，否则邪。"在汉代烦琐荒诞的经学盛行之际，弘扬儒家正统，阐释孔孟真意。扬雄认为："舍舟航而济乎渎者，末矣。舍五经而济乎道者，末矣……山嶇之蹊，不可胜由矣；向墙之户，不可胜入矣。曰：恶由入。曰：孔氏。孔氏者，户也。"因此，"好书而不要诸仲尼，书肆也；好说而不要诸仲尼，说铃也。""仲尼之道，犹四渎也；经营中国，终入大海；他人之道道者，西北之流也；纲纪夷貉，或入于沱，或沦于汉。"①孔子是最大的圣人，但孔子之后，他所开创的圣道一直受到"塞路者"的阻碍。古有杨、墨塞路，孟子辞而辟之；当代有经学塞路，扬雄所欲为者，就是"深沉圣学"，像孟子那样扫除塞路者，再次为孔子之学开辟道路。扬雄之后，不少儒者都有此论，程颐的"作文害道"论即与此有关。

三是无助于社会正义的建设。统治者、当权者当然希望诗人为之歌功颂德、书写光明，把文艺作为皇权政治的工具，这种恶劣做法，即使在古代，也为多数诗人文人所不取。但还有一种与此相反的政治工具论。"安史之乱"后，盛唐气象一去不返，朝廷扰乱，藩镇称雄。元和年间虽云"中兴"，但大局未变，兵将跋扈，民不聊生，此后的唐德宗、唐宪宗、唐穆宗、唐敬宗、唐武宗……一路江河日下。诗人白居易入仕之初，意气风发，在谏官任上揭露真相，为民立言，对抗宦官与贪官，支持"永贞革新"，还当面批评唐宪宗李纯的错误……他上朝言事，下朝写诗，以谏官与诗人的双重身份履行政治使命，从事文学活动。主张诗歌应当"补察时政，泄导人情"，"文章合为时而作，歌诗合为事而作"。在这段时间，白居易把指摘时政与诗歌写作统一起来，以诗歌揭露政

---

① 扬雄：《法言》，韩敬译注，中华书局2012年版，第10、30、33、43、47、366页。

治的腐败、朝廷的罪恶。此即他所说的："仆当此日，擢在翰林，身是谏官，手请谏纸，启奏之外，有可以救济人病，裨补时阙，而难于指言者，辄咏歌之，欲稍稍递进闻于上。"①这种观念，在政治上是进步的，在文化上健康的。但问题是，仅仅以批评现实、介入政治为文学的标准，显然过于狭窄。比如按照他的说法，李、杜的大多数作品，也都有所欠缺："……诗之豪者，世称李、杜。李之作，才矣奇矣，人不逮矣，索其风雅比兴，十无一焉。杜诗最多，可传者千余首，至于贯串古今，䌷缪格律，尽工尽善，又过于李。然撮其《新安吏》《石壕吏》《潼关吏》《塞芦子》《留花门》之章，'朱门酒肉臭，路有冻死骨'之句，亦不过三四十首。"②在此时的白居易看来，诗人与谏官实际上是同一的，社会效益也是诗的唯一标准，伟大如杜甫，其诗作的价值也取决于它能否发挥干预现实、矫正国策的功能。这就取消了抒情言志一类的诗的存在价值，也取消了文化的特殊性。

应当说，在儒家占主导的古中国传统中，明确认为文艺无用的观点并不多，更普遍的，是要求文艺具有实践和实用的品格。文史名家张荫麟对此有概括性的解释："凡人类'正德、利用、厚生'的活动，或作为'正德、利用、厚生'的手段的活动，可称为实际的活动。凡智力的、想象的或感觉的活动，本身非'正德、利用、厚生'之事，而以本身为目的，不被视作达到任何目的之手段者，可称为纯粹的活动。凡实际的活动所追求的价值，可称为实践的价值。凡纯粹的活动所追求的价值，可称为观见的价值。过去中西文化的一个根本差异是：中国人对实际的活动的兴趣，远在其对纯粹的活动的兴趣之上。在中国人的价值意识里，实践的价值压倒了观见的价值。实践的价值几乎就是价值的全部，观见的价值简直是卑卑不足道的。反之，西方人对纯粹的活动，至少与对实际的活动有同等的兴趣。"③张荫麟认为，在西方人的价值意识里，观见的价值若不是在实践价值之上，至少也与实践的价值有同等的地位。这种传统，不见

① 白居易：《与元九书》，见郭绍虞主编，王文生副主编：《中国历代文论选》第二册，上海古籍出版社 1979 年版，第 98 页。

② 白居易：《与元九书》，见郭绍虞主编，王文生副主编：《中国历代文论选》第二册，上海古籍出版社 1979 年版，第 97-98 页。

③ 张荫麟：《论中西文化的差异》，见〔美〕陈润成、李欣荣编：《张荫麟全集》下卷，清华大学出版社 2013 年版，第 1889 页。

之于中国传统。

与张荫麟所论相似，另一位文史名家缪钺，针对清末以来中西学体用关系之争所作的一段评论，也提出了古中国文化重实用因而未能发展出现代科学的问题："所谓西学之用，国人以肤浅之观察最易见者，即其机械之巧，制造之精，工业之盛（尤其清末人所见大都如是）。实则西学之用，并不止于此，此不过其一端而已。然即此一端，亦非仅工匠之能事，实赖科学家之智慧，而推源于追求真知之精神。……返观吾国民族，自古即缺乏此种追求真知之精神。……中国民族不能产生科学，固无足怪。抗战以还，创巨痛深，国人深切感知，苟非积极科学化、工业化，此后吾中华将不能立国于天地之间。故提倡科学振兴工业之声盈于期野，此固可喜之现象。窃以为犹当更进一步，求其本原，即培养国人纯理性的追求真知之精神。吾国民族虽缺乏此种精神，然并非绝无也。先秦时则有惠施、公孙龙等辩者之学；魏晋玄言，论'才性四本'、'声无哀乐'，皆探求事物本性，而不重实用之目的。两宋理学，一方面虽似带有宗教性，而另一方面亦极重穷理致知。再观史籍及各家文集所载，畸人俊士具有科学精神者，亦偶或遇之。惟此一粒追求真知之种子，在中国民族性中，发育不善，其力甚微，故至今国人思想犹多陷于阴阳五行，冬烘迷信。此后当尽量培养而发扬之，庶几中国可以产生纯逻辑、纯哲学，纯科学。"[1]这种只重"实用"的文化环境，不能培养科学精神，也难以培养自由审美，致使古中国的文化生活迂拘逼窄、心灵枯萎。

当众多论者提倡"文"要有"用"时，也有人维护"文"的独立价值。在这个方面，清人袁枚对此有极好的分析：

> 夫物相杂谓之文。布帛菽粟，文也；珠玉锦绣，亦文也；其他浓云震雷，奇木怪石，皆文也。足下必以适用为贵，将使天地之大、化工之巧，其专生布帛菽粟乎？抑能使有用之布帛菽粟，贵于无用之珠玉锦绣乎？人之一身，耳目有用，须眉无用，足下其能存耳目而去须眉乎？是亦不达于理矣。韩退之晚列朝参，朝廷有大著作，多出其手。

---

① 缪钺：《评贺麟译斯宾诺沙〈致知篇〉》，见缪钺：《缪钺全集》第七、八合卷，河北教育出版社2004年版，第140页。

如《淮西碑》、《顺宗实录》等书，以为有绝大关系，故传之不衰。
而何以柳州一老，穷兀困悴，仅形容一石之奇，一壑之幽，偶作《天
说》诸篇，又多谲诡悖傲，而不与经合，然其名卒与韩峙，而韩且推
之，畏之者，何哉？文之佳恶，实不系于有用与无用也。[①]

布帛菽粟、珠玉锦绣、浓云震雷、奇木怪石看似毫不相干，但皆是生活中
缺一不可的事物，它们虽然作用、功能互不相同，但各自都有各自存在的价值，
没有任何一个可以被另一个所替代。"文"自有其价值，"适用"不是判断文
章的标准，更不是唯一的标准。柳宗元的"永州八记"，所记只是一石、一壑，
但读者喜欢，仍然有价值。这就说明文明生活需要多方面的满足，"适用"只
是其中之一。我们还需要审美，需要寄托，需要休闲。

总体上说，古中国传统对文化的认识和使用，较多关注文章的现实之用，
较多重视文化的社会效益。传统文艺的辉煌与局限，都与此相关。从今天的角
度看，任何文化产品都要有用，只是这个"用"，是一个范围广泛的概念，不
能仅仅理解为人生日用、政治工具、伦理载体。还是顾炎武说得好："文之不
可绝于天地间者，曰明道也，纪政事也，察民隐也，乐道人之善也。若此者有
益于天下，有益于将来，多一篇多一篇之益矣。若夫怪力乱神之事，无稽之
言，剿袭之说，谀佞之文，若此者，有损于己，无益于人，多一篇多一篇之
损矣。"[②]上有天文，下有地文，中有人文。有人就有"文"，人与文并生。
"文"之用，包括"明道""纪政事""察民隐""乐道人之善"等，还应当
有较为纯粹的真善美的追求，有能够满足人民的自由表达、创造性的欲望和
娱乐、游戏等多方面需求的品格、内涵和形式。文化必须有社会效益，而社
会则是一个广阔的世界，它包括人生的全部追求和社会的全部理想。这就是我
们从古中国传统中所得的教益。

① 袁枚：《答友人论文第二书》，见郭绍虞主编，王文生副主编：《中国历代文论选》第三册，上海古
籍出版社 1980 年版，第 464 页。

② 顾炎武：《日知录》卷十九，见郭绍虞主编，王文生副主编：《中国历代文论选》第三册，上海古籍
出版社 1980 年版，第 239 页。

第五章

西方人的观点

　　作为当代概念的"社会效益"，是指各种文化所具有的社会作用、影响和效果。所以尽管西方文化理论一直没有使用这个概念，但古希腊以来，西方理论同样也十分关注文化的社会作用、影响和效果。大体上说，古希腊的柏拉图、亚里士多德已经对此有过深入讨论，古罗马的文艺理论确立了这一观念，近代启蒙主义深化了这一论题，而 19 世纪以来的相关论者又在新的文化形势中予以深入。

第一节　古典分歧：文艺能否教出好人？

　　4 世纪前后，古希腊雅典城邦的文化生活极为丰富。世界是美丽的，生活是欢乐的，人们在这个世界上兴高采烈地生活——就像他们的领导人伯里克利说的："当我们的工作完毕的时候，我们可以享受各种娱乐，以提高我们的精神。整个一年之中，有各种定期赛会和祭祀；在我们的家庭中，我们有华丽而风雅的设备，每天怡娱心目，使我们忘记了我们的忧虑。"①古希腊人相信，美的事物是有用的，美与善相通，甚至根本就是善。各种文学艺术在古希腊公

---

　　①〔古希腊〕修昔底德：《伯罗奔尼撒战争史》，谢德风译，商务印书馆 1960 年版，第 130-131 页。

共生活中有重要地位，诗歌和体育则是古希腊教育的必修课。这一点，与古中国的"六艺"很相似。古希腊专家严群就认为：希腊"儿童——16岁以前——的教材，很像中国古代庠序里面所施行的。中国古代教儿童以礼、乐、射、御、书、数，这些和柏氏的音乐、体育、读写等科不相似么？射御就是体育，礼乐就是音乐，书数就是读定一类的东西。"[①]

在古希腊文化生活中，悲剧与哲学最为后世景仰。然而，希腊哲学对希腊悲剧却持严厉的批评态度。当雅典悲剧与雅典民主一起衰落时，柏拉图同时展开了对悲剧与民主的反思，实际上提出了我们今天所说的文化的社会效益问题。

柏拉图对文艺深有所好，对文艺的教化作用也有深刻认识。至少有一时期，他是把荷马、赫西奥德当作"好诗人"的。在《普罗泰戈拉篇》中，他就说过：学校里的老师们"要更加关注他的品行，胜过关心他的语法和音乐课程。老师们关心这些事情，当孩子们学会了文字，能够理解书面语言和口头语言，老师们会把好诗人的作品放在孩子们的桌上，让他们阅读和背诵。还有那些包含着许多训诫的作品，用请多段落颂扬古代的善人，这样一来，孩子们就会受到激励，模仿他们，成为像他们那样的人。同样，当孩子们学习弹竖琴的时候，音乐教师也培养学生们的道德尊严感和自我节制，教他们更加好的一些诗人的作品，亦即抒情诗和赞美诗人。老师们给他们配乐，使节奏和旋律进入孩子们的灵魂，使他们变得比较温顺，使他们的语言和行动变得比较有节奏，比较和谐"[②]。

然而，在柏拉图最重要的对话著作《国家篇》中，他却对文艺提出了严厉的指控。第一，文艺模仿的只是外部事物，而这些事物只是真正的存在"理念"的模仿。因此，艺术是"摹本的摹本""影子的影子"，是"从真相开始的第三级"。一切模仿的艺术大体上等同于无知、欺骗和理智的混乱。第二，诗人要教育民众，意味着他们有某种要教授的东西，他们知道一些东西。但荷马有什么发明？他为哪个城邦立法并使之得到良好的治理？他指挥了哪一场胜利的战争？实际上，荷马以及一切模仿诗人，对其所模仿的技艺一无所知，他们只

---

① 严群：《柏拉图及其思想》，商务印书馆 2011 年版，第 163-164 页。

② 〔古希腊〕柏拉图：《普罗泰戈拉篇》，见〔古希腊〕柏拉图：《柏拉图全集》（增订版）上卷，王晓朝译，人民出版社 2018 年版，第 415-416 页。

是未经审视的无效知识的集聚者和传播者。更严重的是，他们不只是提供了"假"知识，还以"假"乱真，使人放弃对真知的追求。第三，文艺处理的是充满激情、欲念的人和事，它诉诸灵魂中最低劣的部分。比如悲剧英雄公开宣布自己的不幸，捶打自己的胸膛。虽然这种行为并不符合伦理与政治标准，但对民众却有着巨大的魅力和诱惑。因此，诗歌既有力又危险，越是好的诗歌，越是危险。不但荷马史诗和雅典悲剧既假且坏，所有的模仿的文艺都具有欺骗性和腐蚀性。为了维护灵魂的"自然等级秩序"，培养合格的公民特别是城邦护卫者，正义的城邦都应该禁止诗歌、驱逐诗人，对诗和诗人的宽容意味着对城邦利益的侵犯和削弱。柏拉图对文艺的严峻态度，恰如英国哲学史权威 A. E. 泰勒所说：柏拉图真诚地相信"审美情绪与道德修养之间的联系如此紧密，以致凡是倾向于使我们的审美情趣崇高的东西，直接有助于提高我们的品德，而凡是倾向于滋长艺术中低劣'趣味'的东西，则同样倾向于败坏一个人的整个的道德本质"[①]。

柏拉图的严厉和偏至，引起了他的学生亚里士多德的回应。首先，模仿艺术是否只是虚假的影像？亚里士多德明确否定了这一点。他认为，诗人的职责不在于描述已经发生的事，而在于描述可能发生的事，即根据可然或必然的原则描述可能发生的事。历史学家和诗人的区别不在于是否用格律文写作，而在于前者记述已经发生的事，后者描述可能发生的事。所以，诗是一种比历史更富哲学性、更严肃的艺术，因为诗倾向于表现带普遍性的事，而历史却倾向于记载具体事件。其次，模仿艺术不但提供更具普遍性、必然性的知识，而且能激活人们的快感，陶冶人们的性情。这里关键是这样一段话：

> 悲剧是对一个严肃、完整、有一定长度的行动的摹仿，它的媒介是经过"装饰"的语言……通过引发怜悯和恐惧使这些情感得到疏泄（Katharsis）。[②]

这段话中的 Katharsis，陈中梅译为"疏泄"，罗念生译为"陶冶"，朱光

---

① 〔英〕A. E. 泰勒：《柏拉图——生平及其著作》，谢随知、苗力田、徐鹏译，山东人民出版社 1990 年版，第 397 页。

② 〔古希腊〕亚里士多德：《诗学》，陈中梅译注，商务印书馆 1996 年版，第 64 页。

潜译为"净化"。这个词本来是医学术语，即以药物宣泄人体内任何一种成分的过分蓄积。当时的医学与宗教、玄学还未完全分开，这一概念也有宗教含义。毕达哥拉斯学派用药物治病，用音乐洗涤不洁的心灵；柏拉图的《斐多篇》认为 Katharsis 是使心灵通过挣脱肉体的骚乱，使理想的东西摆脱一切非固有的感性成分而得到纯化。在亚里士多德的论著中，与 Katharsis 相关的论述主要有两段。

一是《尼各马科伦理学》第二卷第六节的"中庸论"："如若一位好技师，如我们所说那样以中间为标准而工作，那么，德性，如自然一般，要比一切技术都准确和良好，所以它就是对中间的命中。我所说的伦理德性，它是关于感受和行为的，在这里面就存在着过度、不及和中间。例如一个人恐惧、勇敢、欲望、愤怒和怜悯，总之，感到痛苦和快乐，这可以多，也可以少，两者都是不好的。而是要在应该的时间，应该的境况，应该的关系，应该的目的，以应该的方式，这就是要在中间，这是最好的，它属于德性……过度和不及都属于恶，中庸才是德性。"①

二是《政治学》第八章第七节中的"净化论"：音乐的旋律可分为道德情操型的、行为型的和激发型的三种；音乐的目的可分为教育、净化情感和消遣三种。要达到教育的目的，应采用道德情操型旋律；要开音乐欣赏会，应采用行为型的和激发型的旋律。"因为某些人的灵魂之中有着强烈的激情，诸如怜悯和恐惧，还有热情，其实所有人都有这些激情，只是强弱程度不等。有一些人很容易产生狂热的冲动，在演奏神圣庄严的乐曲之际，只要这些乐曲使用了亢奋灵魂的旋律，我们将会看到他们如疯似狂，不能自制，仿佛得到了医治和净化——那些易受怜悯和恐惧情绪影响，以及一切富于激情的人必定会有相同的感受，其他每个情感变化显著的人都能在某种程度上感到舒畅和松快。"亚里士多德也为消遣的音乐做了说明："观众有两类，一类是受过教育的自由人，一类是工匠、雇工和其他诸如此类的鄙俗之人，也应该设立一些令后一类观众开心的竞赛和表演。这些音乐应当投合他们偏离了自然状态的灵魂，由于这个缘故他们喜欢听怪异的曲调，偏好紧张和过于花哨的旋律。每个人依照其自然

---

① 〔古希腊〕亚里士多德：《尼各马科伦理学》，苗力田译，见苗力田主编：《亚里士多德全集》第八卷，中国人民大学出版社 1992 年版，第 35-36 页。

本性来取乐,所以专职的乐师在为鄙俗的观众演出时,可以选用与他们相宜的那种音乐。"①在这里,Katharsis 使"偏离了自然状态的灵魂"趋于中间状态,具有肯定性的社会效果,但这种效果并不是直接的政治教育或伦理教育。亚里士多德并不认为艺术的目的只是提供快感,但他也没有把艺术的社会效果直接等同于政治的或伦理的。

从古希腊到当代,亚里士多德提出的"怜悯和恐惧"、Katharsis 等问题"一直成为学术的竞技场,许许多多著名学者都要在这里来试一试自己的技巧和本领,然而却历来只是一片混乱"②。对 Katharsis 的解释大体上可分为两类,一是"净化说",即"净化"怜悯和恐惧之情中的不良因素;二是"宣泄说",即让过分强烈或被压抑的怜悯和恐惧之情"宣泄"出来。

文艺复兴时期的卡斯忒尔维特洛认为:"就亚里士多德看来,经常和唤起怜悯、恐惧与卑鄙的事物接触,并不使人过分怜悯、畏惧与下流,因为悲剧通过上述的激情、恐怖与怜悯,反而能把那些激情从人们的心里清除和驱逐出去……人类的怜悯和恐惧也是一样的,如果出现在少数可怜、可怕的情况中,比散布在大量值得怜悯与恐惧的事件上就会更强烈、更有震撼性。那么悲剧既然表现的正是这些类似的行动,当然就使我们比在没有悲剧的情况下更能经常地看到或听到它们,并使恐惧和怜悯在我们心中减弱,因为这种激情的效果已经分散在许多不同的行动中了。"③照此说法,Katharsis 就是通过观看悲剧把怜悯和恐惧清除出去,因为观众对此已习以为常,能够见多不怪。

启蒙时代的德国批评家莱辛,以强调文艺的道德教化作用著称。根据"剧院应该是道德世界的大课堂""各种体裁的文学作品都是为了改善我们"等观念④,他对 Katharsis 也作了道德方面的解释。怜悯和恐惧是悲剧特有的两种相互联系的情感,悲剧描绘那些与我们类似的人,因为过失而遭灾祸,这使我们不免想到自己也可能遭受类似的灾祸,所以产生怜悯和恐惧。这种怜悯不只是

---

① 〔古希腊〕亚里士多德:《政治学》,颜一等译,见苗力田主编:《亚里士多德全集》第八卷,中国人民大学出版社 1992 年版,第 284-285 页。

② 朱光潜:《悲剧心理学》,见朱光潜:《朱光潜全集》第二卷,安徽教育出版社 1987 年版,第 283 页。

③ 〔意〕卡斯忒尔维特洛:《亚里士多德〈诗学〉疏证》,见吴兴华译:《石头和星宿:译文集》,广西师范大学出版社 2017 年版,第 206 页。

④ 〔德〕莱辛:《汉堡剧评》,张黎译,上海译文出版社 1981 年版,第 10、396 页。

对悲剧人物，恐惧也不只是对自己，而是把自己的命运和同类人物的命运等同起来，觉得人有可能遭受此种命运，是一件可怜可惧的事。通过观看悲剧，怜悯和恐惧之情得到发泄，逐渐减弱到适中合宜的程度。所以"这种净化只存在于激情向道德的完善的转化中"[①]。

当代学者大卫·盖洛普指出，Katharsis 从句中包含着一个柏拉图的引述，这个词是未加解释而突然引入的。在《斐多篇》中，柏拉图认为，哲学家的灵魂在摆脱身体嗜欲和激情而获得的自由中得到净化。Katharsis 既不是情感的清除，也不是情感的倾泻，而是使灵魂从其中解放出来的灵魂的自由。在此净化中，哲学家获得了宁静，特别是消除了对死亡的恐惧。盖洛普认为：亚里士多德所用的"从这些情感中净化"几乎和柏拉图《斐多篇》中的语句完全相同。"由演员所表现和在观众中激发起的悲悯和恐惧，不仅根本不会引起对于这样一些情感的屈服，而是恰恰借此我们才从这些情感力量的奴役中解放出来。悲剧中丝丝缕缕的情感痛苦使我们深切地感受到自己作为芸芸众生之一的虚弱，由此而把我们提升到拘于一己的怜悯、恐惧和哀恸之上。悲剧有着这种神秘的提升能力。在对悲剧中受难者的同情和景仰中，我们在某种程度上就超出了我们自己自私的混乱。尤其当我们面对不应遭受的苦难，注视堪称典范的宽宏或尊严时，就特别能激起这种反应。"盖洛普由此还对亚里士多德的诗学概念提出新解。比如"诗歌双历史更富有哲理、更为严肃"。"说它'更富哲理'是因为它隐隐地指向'共相'，这正是哲学家主要讨论的对象；说它'更为严肃'，不是因为它比历史更富有启发性，或者说显示出更为彰显的德性，而是因为它歌颂了人类精神从不公、不幸、苦难和死亡中超拔而出的力量。"[②]

中国学者中，对此讨论最多的是罗念生、朱光潜和陈中梅。

罗念生重在其医学意义，并结合其"中庸之道"来评论"净化"。"卡塔西斯作为医学术语，除了'宣泄'的意思外，还有'求平衡'的意思，即求生理上的平衡。""亚里士多德的伦理学的中心思想是'中庸之道'。他认为美

---

①〔德〕莱辛：《汉堡剧评》，张黎译，上海译文出版社 1981 年版，第 400 页。

②〔加〕大卫·盖洛普：《亚里士多德的美学和心灵哲学》，见〔美〕大卫·福莱主编：《劳特利奇哲学史（十卷本）. 第二卷，从亚里士多德到奥古斯丁》，冯俊等译，中国人民大学出版社 2004 年版，第 105-106 页。

德须求适中，情感须求适度。"①情感的强弱不是天生的，而是由习惯养成，作为美德之一的适度的情感也是由习惯养成的。悲剧的功能就在于养成适度的情感。

观众刚入剧场时，他们的太强或太弱的情感尚处于潜伏状态中。但是随着剧情的发展，他们的情感就起了波动，他们对剧中人物正在遭受或即将遭受的苦难表示怜悯之情；因为他们是与观众近似的善良的人，他们遭受了不应遭受的苦难。然而这种怜悯之情不是一发不可收拾的，而是有一定限度的；因为剧中人物"之所以陷于厄运不是由于他为非作歹，而是由于他看事不明，犯了错误"……观众想起自身也可能遭受同样的苦难，因此发生恐惧之情，但这种情感也是有限度的，因为观众以为自己可以小心翼翼，把事情看清楚一些。至于那些过于幸福、无所畏惧而不易动怜悯之情的人和那些自以为受尽人间苦难而不再有所畏惧、不能动怜悯之情之人，看了悲剧，也会由于剧中的情节而感觉自己的幸福并不稳定，或者人间还有比自己更痛苦的人，因而发生一点怜悯之情，同时也就发生一点恐惧之情。以上这两种人所发生的怜悯与恐惧之情都是比较适度的。观众看一次悲剧，他们的情感受一次锻炼；经过了多次锻炼，即能养成一种新的习惯。每次看戏之后，他们的怜悯和恐惧之情恢复潜伏状态；等到他们在实际生活中看见别人遭受苦难或自身遭受苦难时，他们就能有很大的忍耐力，能控制自己的情感，使它们达到应有的适当的强度。这就是卡塔西斯的作用。悲剧使人养成适当的怜悯与恐惧之情，而不是把原有的不纯粹的或过于强烈的怜悯与恐惧之情加以净化或宣泄。

按照这样的解释，"卡塔西斯"就是情感锻炼，就是通过这种锻炼养成适当的怜悯和恐惧之情。罗念生进而认为："亚里士多德认为悲剧既然能陶冶人的情感，使之合乎适当的强度，借此获得心理的健康，可见悲剧对社会道德有良好影响，而不是如柏拉图所说，悲剧摧残理性，挑动情感，助长'哀怜癖'，

---

① 罗念生：《卡塔西斯笺释》，见罗念生：《罗念生全集. 第 8 卷，论古典文学》，上海人民出版社 2004 年版，第 166 页。

使人不能控制自己，以至影响世道人心。"①

　　朱光潜认为，亚里士多德对 Katharsis 的正解要在《政治学》中去找。他的结论是："柏拉图也提到过古代希腊人用宗教的音乐来医疗精神上的狂热症，并且拿这种治疗来比保姆把婴儿抱在怀里摇荡来他入睡的办法。他所指的也正是'净化'这个治疗方式。从亚里斯多德和柏拉图所举的'净化'的例子来看，可知'净化'的要义在于通过音乐或其他艺术，使某种过分强烈的情绪因宣泄而达到平静，因此恢复和保持住心理的健康。在《诗学》里提到的是悲剧净化怜悯和恐惧两种情绪，在《政治学》里提到的是宗教的音乐净化过度的热情，这里同时还明白指出受'其他情绪影响的人'也都可以受到净化。从此可见艺术的种类性质不同，所激发的情绪不同，所生的'净化'也就不同……柏拉图说，情绪以及附带的快感都是人性中'卑劣的部分'，本应该压抑下去而诗却'滋养'它们，所以不应该留在理想国里。亚里斯多德替诗人申辩说：诗对情绪起净化作用，有益于听众的心理健康，也就有益于社会，净化所产生的快感是'无害'的。"②

　　中国学者中，对柏拉图、亚里士多德的诗学用力最勤的是陈中梅。从亚里士多德的伦理学入手，陈中梅认为"和柏拉图一样，亚氏亦把情感紧归为人性的一部分；但是，他不同意柏拉图提倡的对某些情感采取绝对压制的办法。如果说产生情感的机制和它的工作效能是天生的（人们无法从根本上改变这一点），情感的表露和宣泄却是可以控制和调节的。有修养的人不是不会发怒，也不是不会害怕，而是懂得在适当的时候，对适当的人或事，在正确的动机驱使下，以适当的方式表露诸如此类的情感"。③具体地说：

　　　　亚氏不否认悲剧会引发某些情感，相反，他认为这种引发是必要的。引导（或引发）比盲目的反对好，适量的排泄比一味堵塞好。悲剧之所以引发怜悯和恐惧，其目的不是为了赞美和崇扬这些情感，而

----

① 罗念生：《卡塔西斯笺释》，罗念生：《罗念生全集. 第 8 卷，论古典文学》，上海人民出版社 2004 年版，第 168-169 页。

② 朱光潜：《西方美学史》上卷，见朱光潜：《朱光潜全集》第六卷，安徽教育出版社 1990 年版，第 107 页。

③〔古希腊〕亚里士多德：《诗学》，陈中梅译注，商务印书馆 1996 年版，第 227 页。

是为了把它们疏导出去，从而使人们得以较长时间地保持健康的心态，悲剧为社会提供了一种无害的、公众乐于接受的、能够调节生理和心态的途径。[1]

尽管亚里士多德对 Katharsis 的含义未作明确说明，尽管后人的大量推测和解释并未达成共识，但可以肯定，亚里士多德对悲剧的 Katharsis 的作用持肯定态度，正像他对模仿艺术的肯定一样。所以，一方面，不能因为《诗学》多次提到的快感，就以为亚里士多德的诗论没有伦理考虑。比如一些西方学者认为：亚里士多德是"第一个设法把美学理论和伦理理论分开的人"，他"把美感的目的和道德的目的分开，认为前者是基本的，后者是附带的"。"他的判断完全根据审美的理由。"[2]但另一方面，Katharsis 不是政治概念、道德概念，《政治学》把教育的音乐与 Katharsis、消遣音乐并列即表明这一点。在亚里士多德的理论中，悲剧的目的从属于快乐而不是从属于道德。当然 Katharsis 产生的快乐是一种特殊的快乐，其中包含着痛感，不同于单纯的舒适和娱乐。[3]亚里士多德用 Katharsis 来表达他对悲剧和音乐的审美效果的理解，它是一些而不是全部艺术的功能。在这个问题上，历来有两派，一重道德教育，二重快感，Katharsis 则把它们统一起来，宣泄感情的同时也陶冶性情，使自然的、本能的人向社会的、道德的人过渡。亚士多德承认，人并非完全是理性的，他的性格中还存在着一个决不能消除或忽视的情欲成分。有德的人允许非理性的情欲、冲动获得适当的位置，并使它们与他的理性计划保持和谐、避免冲突。所以美德应当瞄准处于完全的压抑与完全的放纵之间的感情的中间状态。当人们避免极端的行为或能理智地采取适度的方式时，他就能获得美德和幸福。艺术为社会提供了一种无害的、公众乐于接受的、能够调节生理和心态的途径。

柏拉图-亚里士多德的不同立场、观点和方法贯穿着西方文化史，但古罗马之后，西方文化的主流是承认文艺的社会效果、强调文艺的教育作用。这里我们简要介绍三位罗马人的看法。黄金时代的文坛领袖马尔库斯·图利乌斯·西

①〔古希腊〕亚里士多德：《诗学》，陈中梅译注，商务印书馆 1996 年版，第 228 页。
② 朱光潜：《西方美学史》上卷，见朱光潜：《朱光潜全集》第六卷，安徽教育出版社 1990 年版，第 101 页。
③〔英〕W. D. 罗斯：《亚里士多德》，王路译，张家龙校，商务印书馆 1997 年版，第 313 页。

塞罗最早、最明确地指出文艺的教育功能和娱乐功能。如《论法律》中指出"历史要求一切真实，而诗歌则主要在于给人以快感"。著名的演讲《为诗人阿尔基斯的辩护》完整地规定文艺的各种功能："文学能教育青年，娱乐老年；幸运时是点缀，不幸时是规避和慰藉，在家时给人怡乐，在外时不成为累赘；它能与我们一起共度夜时，一起客居，一起生活在乡间。"①另一位官方诗人贺拉斯，在其确立了古典正宗的权威之作《诗艺》中，把诗的教育作用和娱乐作用统一起来："诗人希望或给人教益，或给人快乐，或所言同时既令人愉快，又有益于生活。"诗人可以有教育、快乐或两者兼顾三种目的，这实际上也就是诗歌的三种类型。接着，贺拉斯又说："成人百人连会把无益的戏剧赶下台，高傲的骑士对无趣味的诗作会不屑一顾：这样的诗人才能受到一致赞许，如果他能把有益与魅人的相结合（miscuit），同时既娱悦读者，又给予规劝。"②王焕生对此有一段重要阐释：

> 贺拉斯在这里既指出了诗歌作为艺术创作的审美特性和作为人文活动的教导手段之间的正确依存关系，同时也是针对罗马社会重娱乐的现实而言的。有些文艺评论把贺拉斯的这一主张概括为"寓教于乐"，似乎不妥，因为贺拉斯只是指出二者兼备，混合一起（miscere），而"寓"包含着对二者关系的更深刻的理解和处理，贺拉斯显然未强调这一点。③

尽管如此，贺拉斯确实是第一次把娱悦和规劝联系起来并在后世产生极大影响。16 世纪的英国诗人菲利普·锡德尼就理所当然地认为：诗的目的在于"教育和娱情悦性"。④另一位批评权威德莱登则认为："使观众从愉快中得到教

---

① 王焕生：《古罗马文艺批评史纲》，译林出版社 1998 年版，第 94 页。

② 此处用王焕生译文。参见王焕生：《古罗马文艺批评史纲》，译林出版社 1998 年版，第 183 页。杨周翰的译文是："诗人愿望应该是给人益处和乐趣，他写的东西应该给人以快感，同时对生活有帮助。""如果是一出毫无益处的戏剧，长老的'百人连'就会把它驱下舞台；如果这出戏毫无趣味，高傲的青年骑士便会掉头不顾。寓教于乐，既劝谕读者，又使他喜爱，才能符合众望。"〔古希腊〕亚理斯多德、〔古罗马〕贺拉斯：《诗学·诗艺》，罗念生、杨周翰译，人民文学出版社 1962 年版，第 155 页。

③ 王焕生：《古罗马文艺批评史纲》，译林出版社 1998 年版，第 184 页。

④〔英〕锡德尼：《为诗辩护》，钱学熙译，人民文学出版社 1998 年版，第 12 页。

益是一切诗歌的总目标。"①这当然是典型的"寓教于乐"的说法。

第三位是在文学批评史、美学史上占有重要地位的朗吉努斯。他首次提出"崇高"的概念。崇高不在文辞的华美、雕琢或虚假的感情，而在思想感情的高超、强烈和尊严，使人产生激昂慷慨、淋漓尽致的喜悦，提高人的灵魂。"天才不仅在于能说服听众，且亦在于使人心荡神驰。凡是使人惊叹的篇意总是有感染力的，往往胜于说服和动听。因为信与不信，权在于我，而此等篇章却有不可抗拒的魅力，能征服听众的心灵。"这种以情感效果和思想力量为核心的崇高概念的提出，有其现实的批判指向。当时的罗马社会盛行实用和享乐的风气，贺拉斯对此已有批评并开出回到古典正宗、回到常识和理性的药方。朗吉努斯也是少有的敢于反潮流的人物，他提出的崇高风格是令人惊叹的，不是诉诸读者的理智理性而是诉诸其心灵的激情和思想，它使读者超出自己、超然于流俗之上。因此，文艺作品的接受效果成为评价作品的主要依据。"一般地说，凡是古往今来人人爱读的诗文，你可以认为它是真正美的、真正崇高的。因为若果不同习惯、不同生活、不同嗜好、不同年龄、不同时代的人们，对于同一作品持有同一意见，那么，各式各样的批评者的一致判断，就使我们对于他们所赞扬的作品深信不疑了。"②

古典时代的论述奠定了西方文化社会效益论的基础。如果说柏拉图与亚里士多德的论述主要是理论性、哲学性的判断和分析，那么古罗马时代已经把社会效益作为分析、评论作品的主要标准，并特别把娱乐、快感与道德、教育作为社会效益的基本内容。

第二节　启蒙之争：文艺能否移风易俗？

中世纪的文化观念主要来自柏拉图。朱光潜总结说："基督教会仇视一般

---

①〔英〕德莱登：《悲剧批评的基础》，袁可嘉译，见伍蠡甫等编：《西方文论选》上卷，上海译文出版社1979年版，第309页。

②〔古希腊〕朗吉努斯：《论崇高》，缪灵珠译，见章安祺编订：《缪灵珠美学译文集》第一卷，中国人民大学出版社1987年版，第80、86页。

文化教育活动，特别是文学与艺术……就文艺的道德影响来说，基督教会除掉重复柏拉图所提的题材淫荡、亵渎神圣、伤风败俗以外，还有它的特别的理由。文艺是感官的享受，所满足的还是一种肉体的要求，所以本身就是种罪孽；它打动情感，也妨碍基督教所要求的心地平静、凝神默想和默祷。"①作为对中世纪以道德、宗教的理由攻击文艺的反动，15、16 世纪的诗学与文艺理论公开肯定文艺的娱乐作用，激进的如卡斯忒尔维特洛舍教取乐，认为诗的目的是给大众"提供娱乐和消遣"，而诗人菲利普·塔索则批评当时的一些诗作虽使人受到教育，却没有给人以快乐。当然，这一时期的主流观念，是以亚里士多德和贺拉斯为基础，为文艺和社会功能进行辩护。批评家吉拉尔迪·钦齐奥明确说：诗人"借虚构来摹拟光辉的事迹，不照实在的而照应当的样子来描写，恰当地写出罪恶的行为总是带来可怕可怜的后果……从而洗净我们心中类似的激情，激励我们向善，像亚里士多德在悲剧之定义里所说的"②。剧作家巴蒂斯塔·瓜里尼认为文艺所写是虚构之人事，故不会对观众产生不良影响："诗中的悲惨和邪恶的因素本来是虚构的，观众不至于把它们误信为真实而受到震撼，以至引起自己性格的腐化。"③作为一种解放的话语，文艺复兴时期的论者在强调文艺的积极效果时没有突出其道德教育作用。

18 世纪启蒙主义兴起后，这种认为文化艺术能够在道德上改造接受者，因而重视文化的社会教育作用的理念和实践，就成为西方知识传统的一部分。"启蒙"意味着相信科学、知识、文学艺术的作用，相信人是可以教育的、社会是进步的。启蒙思想家创造了大量小说、戏剧来普及科学知识、人道主义、自由思想和进步理念，也通过沙龙、月刊、小册子以及特别著名的《百科全书》来传播其主张，还创造了一种新的文化形式即艺术批评："艺术批评很快成了一个伦理学的问题，成了启蒙思想意识内部的一个主要道德载体。"④伏尔泰认

---

① 朱光潜：《西方美学史》上卷，见朱光潜：《朱光潜全集》第六卷，安徽教育出版社 1990 年版，第147 页。

② 〔意〕钦齐奥：《论传奇诗的创作》，朱光潜译，见章安祺编订：《缪灵珠美学译文集》第一卷，中国人民大学出版社 1987 年版，第 431-432 页。

③ 〔意〕瓜里尼：《悲喜混杂剧体诗的纲领》，转引自朱光潜：《西方美学史》上卷，见朱光潜：《朱光潜全集》第六卷，安徽教育出版社 1990 年版，第 191 页。

④ 〔法〕让-皮埃尔·里乌、让-弗朗索瓦·西里内利主编：《法国文化史（卷三）启蒙与自由：十八世纪和十九世纪》，朱静、许光华译，华东师范大学出版社 2012 年版，第 14 页。

为，戏剧是文明至高无上的成果："名副其实的悲剧乃一所道德学校。纯戏剧与道德课本的唯一区别，即在于悲剧中的教训完全化作了情节，这教训是兴味盎然并增添了艺术魅力的。"①他还身体力行，创作了数十部意在教育公众的戏剧。在其悲剧《穆罕默德》（又名《狂热》）的献词中，他说："我一直在想，悲剧不该仅仅是供看看而已的戏，它只激动人心而不改善人心。古代世界某位英雄的激情和命运，如果不能为教育我们而服务，那么，这同人类又有何干系？"②狄德罗进一步发挥了戏剧是"道德学校"的主张，强调戏剧对人的道德教化作用：

> 何处找得出这样一个冥顽不灵的人，竟会冷冷地听一个好人的申诉而无动于衷？
>
> 只有在戏院的池座里，好人和坏人的眼泪才融汇在一起。在这里，坏人会对自己可能犯过的恶行感到不安，会对自己曾给别人造成的痛苦产生同情，会对一个正是具有他那种品性的人表示气愤。当我们有所感的时候，不管我们愿意不愿意，这个感触总是会铭刻在我们心头的；那个坏人走出包厢，已经比较不那么倾向于作恶了，这比被一个严厉而生硬的说教者痛斥一顿要有效得多。③

美国学者斯蒂芬·平克认为，18 世纪西方的人道主义革命的主要动力，是因阅读而来的移情的扩展。阅读是一种转换视角的技巧和行为，在阅读他人的文字时，人们走进另一个人的心灵，暂时分享他（她）对世界的感受、态度和反应。对别人观点的这种接受，不但可以改变一个人的成见，理解到"他人"不一定是邪恶的威胁，而且可以帮助人们养成代入别人观点的习惯，形成心理共性和普遍人性，最终减少对他人的敌意和残酷虐杀的意愿。因此"道德并不是一套由充满复仇的神任意制定再写在纸上规则，也不是某一种文化或某一个

---

①〔法〕伏尔泰：《论悲剧》，见〔法〕伏尔泰：《伏尔泰论文艺》，丁世中译，人民文学出版社 1993 年版，第 395 页。

②〔德〕威廉·狄尔泰：《体验与诗：莱辛·歌德·诺瓦利斯·荷尔德林》，胡其鼎译，生活·读书·新知三联书店 2003 年版，第 109 页。

③〔法〕狄德罗：《论戏剧诗》，徐继曾、陆达成译，见〔法〕狄德罗：《狄德罗美学论文选》，人民文学出版社 1984 年版，第 137 页。

部落的习俗，它是人们视角的可相互替置性和世界给予正和博弈的机会共同产生的结果"①。此论并不是说仅仅阅读、移情就可以减少暴力，因为还有世界能否给予"正和博弈的机会"的制度性问题。但平克确实分析、强调了阅读、移情所带来的"视角的可相互替置性"在人性化过程中的重要性。这种"移情"能力，正是狄德罗等人一再主张的："我经常看到我邻座的恶人对台上的行为深感气愤，其实他们自己的处境如果与诗人为他们痛恨的人物设想的环境相同，他们也会做出类似行为。"②通过观赏文艺作品而实现的"移情"，是文艺社会作用的核心。

启蒙主义的主流在理论上坚持文艺具有移风易俗、改良社会的作用，他们的文化实践，特别是《百科全书》确实也发挥了传播知识、改进社会的巨大作用。但法国启蒙运动的大将卢梭却激烈反对这种主张。从其著述生涯的一开始，卢梭就设置了文明/道德"二律悖反"的论述模式："政府和法律为结合在一起的人们提供安全和福祉，而科学、文学和艺术（它们虽不那么专制，但也许更为强而有力）便给人们身上的枷锁装点许多花环，从而泯灭了人们对他们为之而生的天然的自由的爱，使他们喜欢他们的奴隶状态，使他们变了所谓的'文明人'。"③卢梭认为，从经验上说，历史上有大量事实，可以说明科学和艺术的日趋完美伴随着人们的心灵的日益腐败。从理论上说，科学艺术对社会的主要危害，主要表现为浪费时间、鼓励奢侈（奢侈又导致败坏风尚和审美力）等。当达朗贝尔秉承戏剧是道德学校的传统主张在日内瓦创建剧院时，"日内瓦人"卢梭终于找到了一个全面指控戏剧等文化艺术的机会并借此否定文化艺术的社会-道德作用。综合卢梭的反对意见，主要有三个方面。

文化艺术源于奢侈。卢梭认为所有的科学与艺术都起源于人类不健康的需要和追求。科学产生于人的闲逸，反过来又助长人的闲逸；文艺产生于奢侈，反过来又助长人的奢侈。"没有科学和艺术，奢侈之风就很难盛行；而没有奢

①〔美〕斯蒂芬·平克：《人性中的善良天使：暴力为什么会减少》，安雯译，中信出版社2015年版，第219页。

②〔法〕狄德罗：《演员奇谈》，徐继曾、陆达成译，见〔法〕狄德罗：《狄德罗美学论文选》，人民文学出版社1984年版，第323-324页。

③〔法〕卢梭：《论科学与艺术的复兴是否有助于使风俗日趋纯朴》，李平沤译，商务印书馆2011年版，第10页。

侈之风，科学和艺术也无由发展。"①以戏剧为例，它不但耗费金钱，而且败坏当地民风。人们观看戏剧，就得放下正事腾出时间，因此会变得懒惰，没有精神，不再创新；建剧院、看戏剧会增加开销；劳动偷懒加上开销增加，当地人就会抬高产品价格，而这一行为的结果是产品销路大大减少；为剧院而配套建设的公共设施如加设路灯等，会增加征税；戏剧表演为奢侈之风推波助澜，女演员有失检点的台风带来奢侈与招摇的流行，而这一趋势一旦形成，便无药可救。

文化艺术滋养虚伪。以剧院为例，戏剧表演的情节是虚拟的，或许是一个道德败坏的演员在表演无比正直的人，或是有德行的观众感同身受地体验着虚拟的情感，总之剧院中充斥着虚情假意，人们在此体验并学会了伪装、虚伪、矫饰，并将之带到了生活之中，在道德生活中形成虚假之风。卢梭认为，人们经由教育、科学、艺术、理性训练之后，与其善良的本性越来越远："在艺术尚未使我们养成这种作风和教会我们说一种雕琢的语言以前，我们的风俗虽很粗犷，但却是很自然的。……在我们的风尚中流行着一种邪恶而虚伪的一致性，好像人人都是从同一个模子中铸造出来的：处处都要讲究礼貌，举止要循规蹈矩，做事要合乎习惯，而不能按自己的天性行事，谁也不敢表现真实的自己。"②文明化造就伪善，礼貌取代德性，英雄取代正义，各种形式变戏法般地层出不穷。

文化艺术颠倒价值。据卢梭分析，有大量的历史资料证明，科学、艺术带来的是奢靡兴盛、道德沦丧，直到国家灭亡，而单纯、无知、朴实的人/国度却是贤明、充满德行、幸福的。"戏剧和剧院的道德效果不可能是好的，也不可能是健康的；即使从它们的种种优点看，它们也没有任何真正的用处，而且，即使有用处，也不可能不生产比它带来的用处更大的害处。正是由于戏剧没有什么实际的用处，所以，它不仅不能敦风化俗，反而会使风俗愈加败坏。它将助长我们的欲望，使为了满足欲望而采取的行动更加强烈；舞台上情意绵绵的表演，将使我们陷入意志消沉的境地，使我们更加不能控制情欲的骚动。"③悲

---

① 〔法〕卢梭：《论科学与艺术的复兴是否有助于使风俗日趋纯朴》，李平沤译，商务印书馆 2011 年版，第 28 页。

② 〔法〕卢梭：《致达朗贝尔的信》，李平沤译，商务印书馆 2011 年版，第 12 页。

③ 〔法〕卢梭：《致达朗贝尔的信》，李平沤译，商务印书馆 2011 年版，第 90 页。

剧表演的可憎、残忍的行为会让观众对罪行、恐怖司空见惯，从而变得麻木；喜剧虽然令人欢喜，但表现的是人心的邪恶，例如戏剧中的好人都是油腔滑调的，而老实做实事的人却显得笨态，这引诱人们不再喜爱美德，甚至嘲笑美德。戏剧和剧院的道德效果不可能健康，也没有用处。

　　基于这些判断，卢梭彻底否定了此前有关文化艺术的社会效益的观点。"净化论"没有根据。能够净化激情的只有理性，而理性在舞台上没有用武之地。"……《诗学》……主张，对于人的感情，应先刺激之，然后净化之；我是不大赞同这个办法的。难道说为了使一个人变成性情温和贤良的人，就先要使他变成一个脾气火爆的疯子吗？"①教育与娱乐并重的观点不符合事实。戏剧的主要目的是给人快乐，剧作家不能不顺应观众的感情，那种以为快乐与受教可以两全其美的观点"纯属妄想"。戏剧是道德学校的观点不能成立。戏剧作为一种娱乐是孤立的，它割裂了社会纽带——人一进剧院，就会忘记他的朋友、邻居和亲人，只对剧中瞎编的情节感兴趣；更重要的是，认真看戏不等于接受剧中所表演的真假善恶的原则。比如"那个残暴的苏拉在听引人讲述不是他本人干的坏事时，也曾掩面哭泣过。费赫的那位暴君在剧院里曾躲在一个角落里看戏，因为他怕被人家看见他同安德洛马克和普立安一起抽泣，而他对每天被他下令处死的许许多多无辜的人的哀号却充耳不闻，无动于衷"。"只要对舞台上表演的情节流几滴眼泪，我们就尽到了我们的仁爱之心，就不必真的要有所作为……"②总之，在道德教育、改良风尚方面，戏剧没有用处，如果有，那也是坏作用。卢梭对结束不久的路易十四时代繁荣的戏剧文化没有好感，对大力提倡文艺并借之传播启蒙思想的伏尔泰等人更是愤愤不平。

　　柏拉图已经把荷马的作品逐出了他的《理想国》，而我们竟容许莫里哀的作品在我们的共和国大演特演！③

---

　　①〔法〕卢梭：《致达朗贝尔的信》，李平沤译，商务印书馆 2011 年版，第 43 页。

　　②〔法〕卢梭：《致达朗贝尔的信》，李平沤译，商务印书馆 2011 年版，第 49 页。引文中的苏拉（约公元前 138—前 78）是古罗马的统帅、政治家和独裁者。"费赫"是古希腊的名城，"费赫的那位暴君"是指普鲁塔克所提到的费赫国王亚历山大。安德洛马克和普立安均是希腊神话和史诗中的人物，安德洛马克是赫克托尔的妻子；普立安（通译普里阿摩斯），特洛伊战争时期的特洛伊国王、赫克托尔之父。

　　③〔法〕卢梭：《致达朗贝尔的信》，李平沤译，商务印书馆 2011 年版，第 157 页。

卢梭自觉继承了苏格拉底-柏拉图的观点。他肯定性地引用柏拉图的对话，也搬出清教徒（不论天主教徒或者加尔文教徒）数百年来反对戏剧的所有武器。当然，卢梭没有把戏剧逐出他所理想的共和国，而是和柏拉图后来在《法律篇》中所说的一样，要求对文艺进行监管和审查。然而，如果说柏拉图对模仿艺术的批评是以区分"好""坏"艺术为前提的话，那么卢梭的反艺术、反文明的思想则更具有总体性。柏拉图至少在理论上不反对"颂神和描写好人"的"好"文艺，而卢梭实际上不承认任何专业文艺。作为对戏剧等文化形式的取代，卢梭所理想的文化是民间的庆祝活动、体育赛事、划船赛、青年舞会、侨民的归国团聚等，"总之是看不见任何艺术活动或目的的各种聚会"[①]。这实际上是以社会责任、公民道德和公共文化为由，否定了文艺，特别是专业性的文化。

卢梭尖锐刺耳的声音遭到德国诗人席勒的批评。青年席勒与启蒙主流一致，他于1784年在曼海姆所作的演说原以"优秀剧院能起什么作用"为题，1802年收入文集时，被改为更为醒目的"论剧院作为一种道德的机构"之名。1789年后，席勒在反思法国大革命、寻找人类自由之路时，接受了康德美学，认为文艺不是实现任何外在目的的手段，它本身就是目的，有其独立性和自律性。在写于 1792—1796 年的美学论著中，席勒不再为文艺规定外在于它自身的目的，而是以康德的自律论美学为基础，研究文艺的内在本质，研究文艺与人性的关系，对文艺的社会效果提出新的看法。

在《审美教育书简》第十封信中，席勒简单地批评了柏拉图拒绝艺术进入其共和国，认为这种反对艺术的人，"他们除知道谋利要付辛苦，俯首可得收益以外，不知道还有别的价值尺度——他们怎么会有能力去尊重趣味为培养内在的和外在的人而做的默默无闻的工作，他们怎么会有能力不因美的修养有偶然的短处而对它的本质的长处视而不见呢？没有形式感的人，把一切措辞的优雅都当作笼络，把交往中的一切文雅都当作虚伪，把举止的一切审慎和大方都当作过度和矫情加以鄙视"[②]。席勒对卢梭的批判比较复杂，重点有三个方面。

坚决反对卢梭"回归自然"的观念。卢梭看到文明与自然的对抗，为了让

---

① 〔美〕雷纳·韦勒克：《近代文学批评史》第一卷，杨自伍译，上海译文出版社2009年版，第77页。

② 〔德〕席勒：《审美教育书简》，冯至、范大灿译，见〔德〕席勒：《席勒经典美学文论：注释本》，范大灿等译，生活·读书·新知三联书店2015年版，第254页。

人类尽快摆脱这一对抗,他宁愿让人再次回到愚昧无知和单调乏味的原始状态,却不想通过完成文明教化实现人性和谐来结束这一对抗;他宁肯完全不让艺术萌生,也不愿等待艺术的完成;他宁肯放低目标,降低理想,以便更迅速、更保险地达到目标和理想。"卢梭作为作家,像他作为哲学家一样,除了不是寻找自然,就是报复人为以外,没有任何别的倾向。"席勒认为,卢梭始终处于感性与理性的矛盾之中:"他的自主性过多地干预了他的感受,他的感受力过多地干预了他的思维。因此,在他提出的人类的理想中,对人类受到的限制顾及太多,对人类的能力顾及太少,因此在他的人类理想中处处显露出来的是对物质安宁的需求,而不是对精神和谐统一的需求。"①卢梭的严肃性格虽然始终不让他陷入轻浮,但同样也不让他上升到诗的游戏境界,他从未达到过审美的自由。尽管席勒也承认文明与自然的对立,但这只是人与自然关系的一个阶段。在初始阶段,也即人类还处于自然状态时,人与自然是统一的,人性也是完整的。但人类不能永远停留在原始的丰满与和谐,为了发展自身,他必须通过抑制某些方面来使另一些方面得到强化。劳动分工肢解了完整人性,使人碎片化,从个体来看,人成了一个片面的存在、单向度的存在,但从整体上看,人类因此获得了改造自然、组织生产的更大力量,整体通过牺牲个人而发展。这就是文明的辩证法,席勒认为这种力量的对抗乃是文化的伟大工具。所以,席勒用两个"但是"来说明这种辩证法。其一,分工固然是文明发展的创伤,但是,它同时也是人性在更高的程度发展的必需。"要发展人身上的各种内力,除了使这些内力彼此对立以外,没有任何别的办法。"其二,分工是人类整体发展的绝对必需,但是,人类整体又必须超越这一个阶段。"这种力的对抗是文明的伟大工具,但也只是工具,因为只要这种对抗还继续存在,人就还是正处在走向文明的途中。"②所以,不是像卢梭所说的向后转,回归自然,而是向前走,清除文明带来的种种弊端,在更高的层次上恢复人的完整性。

承认卢梭对科学、艺术的攻击有其经验上的根据。因为确实"几乎在每个

---

①〔德〕席勒:《论质朴的和多情的文学》,范大灿译注,见〔德〕席勒:《席勒经典美学文论:注释本》,范大灿等译,生活·读书·新知三联书店 2015 年版,第 473、474-475 页。

②〔德〕席勒:《审美教育书简》,冯至、范大灿译,见〔德〕席勒:《席勒经典美学文论:注释本》,范大灿等译,生活·读书·新知三联书店 2015 年版,第 235 页。

艺术昌盛、趣味得势的历史时期中都看到人类的沉沦，而且举不出一个例子能证明，在一个民族里，审美修养的高度发展和极大普及是与政治的自由和公民的美德、美的习俗是与善的习俗、举止的文雅是与举止的真实携手并进的"。比如，在古希腊，当伯里克利和亚历山大统治下文艺的黄金时代到来时，希腊的力和自由就再也不见了。"在过去的世界里，不管我们的目光转向哪里，到处都能看到，趣味与自由各自分驰，美在英雄美德的沦丧之上建立它的统治。"①席勒与卢梭都看到，文艺繁荣意味着道德的软弱、民族的懒散，审美修养与政治自由也相互矛盾。然而，席勒认为经验不是可以判决这一问题的法庭，经验指给我们的只是个别人的个别状态，从来就不是人类的普遍历史。卢梭所指责的美也不是真正的美，因为在那些起了坏作用的美之外，还有一种美的概念，它的渊源不是经验，而是理性。如果我们从人的各种个体的和可变的现象中发现绝对的和永恒的东西，通过抛弃一切偶然的局限来获得关乎人的生存的各种必然条件，把人提高到纯粹概念之上，那么美就表现出是人的一个必要的条件，我们就可以从人的感性与理性兼而有之的天性中推论出来美的概念。席勒的意思是，人的天性包含感性与理性，但迄今为止总是一方压倒另一方，因此人还不是真正的人，美也不是真正的美。要充分地论证美，必须选择先验的道路，这就是通过对人性的先验分析来获得关于美的"纯粹理性概念"。

艺术-审美塑造理想人性的积极功能。人性包括感性与理性两个方面，现实的人性是感性与理性的冲突，理想的人性是感性与理性的和谐。文明的任务，就是监视这两种冲动，确定各自的范围，将感性和理性两种能力协调起来，将无限世界现象都吸收进来而又保持自己最高的独立自主，将存在的最大丰富和形式的最大自由结合在一起。这就需要培育感受性，防备人的感性受自由支配；同时也要培育理性功能，使人在面对感觉的支配时确保人格性。席勒认为，审美和艺术就是可以把这两种冲动结合在一起的冲动，使人能够同时既意识到自己的自由，又感觉到自己的存在，既感觉到自己是物质，又认识到自己是精神。审美的人摆脱了一切自然的强制和道德的强制，成为自由的人。如果说在自然

———————————

① 〔德〕席勒：《审美教育书简》，冯至、范大灿译，见〔德〕席勒：《席勒经典美学文论：注释本》，范大灿等译，生活·读书·新知三联书店 2015 年版，第 257、258 页。

状态下，人与人以力相遇，他的活动受到限制；在道德状态下，人以法律的威严相对峙，他的意志受到束缚；而在审美的王国中，人只需以形象显现给别人，只作为自由游戏的对象与人相处，通过自由去给予自由。所以，艺术-审美的本质，也就是艺术-审美的社会功能，就在生产"游戏和假象的快乐王国"，并推动人类向这一美的王国迈进。

席勒构思了一个审美的乌托邦，他有天真之处，有空想之处，但他是严肃的，审美不能现实地救济悲惨的人生，更不能改变社会体制，但它唤醒了盲目狂妄的理性文明，为人类调整自己的生活方式提供了想象和范例。从19世纪到20世纪，生活的艺术化已经从一小部分人的理论构想转化为现实的人类行为。

第三节 现代对立：文化如何影响社会？

柏拉图与亚里士多德讨论的主要是荷马史诗和希腊悲剧，卢梭、席勒研究的也只是戏剧和诗歌。在此之后，文化已包括更多的种类、形式和内容，20世纪中叶以后，文化产业兴起，所以19世纪特别是20世纪以来，文艺-文化的社会效果问题又有了新的含义。我们这里先重点介绍马修·阿诺德和乔治·斯坦纳两种几乎是针锋相对的观点，然后简要介绍法兰克福学派批判理论和英国文化研究的观点，最后再概括一下研究这个问题的困难所在。

1. 马修·阿诺德：以文化代宗教

在现代文化理论中，能够把自己的名字与文化效益联系在一起的，首推英国维多利亚时代的诗人马修·阿诺德。那是工业革命凯歌高进的时代，英国乃至西方在收获工业化、城市化带来的巨大物质财富的同时，也面临着社会动荡、精神扭曲和文化危机。阿诺德感受最深、抨击最有力的，一是机器工业所带来的文化危机，二是民主革命后成为时代风气的个人主义所带来的社会无政府状态。有鉴于此，阿诺德隆重地请出文化，意在用文化来克服无政府状态，重建文化-社会秩序。这就是《文化与无政府状态》书名的含义。

第一，什么是文化？

首先，阿诺德最著名的一个观点，是定义文化为"世人所思、所表的最好之物"。这一判断在《文化与无政府状态》一书中被直接使用。溯其源始,阿诺德在早期的文学批评中就有此论。在 1865 年《批评在当前的功能》中,阿诺德已经这样说:"像我说过的那样,批评的任务只是去了解世界上最好的知识和思想,反过来又通过对这一点的宣扬去创造一个真正而鲜活的思想的潮流。"①从其相关论述看,"最好的知识和思想"体现为西方经典作品。阿诺德相信普遍人性论,相信古典文化的不朽:"那些人类永恒的,不随时间而转移的基本情感。这些情感是永恒不变的;而引起这些情感的兴趣的东西,也是永恒不变的。"②

其次,文化是真与善、光明与美好的统一。文化的动力并非只是追求知识的科学热情,而且也是行善的道德热情和社会热情。"文化就是或应该是对完美的探究和追寻,而美与智,或曰美好与光明,就是文化所追寻的完美之主要品格。"③文化的"美"("美好")在于它促进人性之美和价值的所有能力的和谐发展,文化的"智"("光明")在于它致力于看清事物真相、获得有关普遍秩序的知识。在统一的"完美"(perfection)的观念中,"美"偏重人性的内在和谐,"智"偏重认清事物的原本和真相,两者的目标都是克服阶级的或个人的种种偏见。

再次,文化是"对完美的追寻"。文化所关注的是"成为"什么而不是"拥有"什么,是关心内在的灵魂而非外部环境;"完美"并不是某种确定的东西,而是一种"追求"的活动;追求完美不是少数文化专家的职业,而是原则上人人都可以参与的活动。"文化是指研习完美的文化,它引导我们构想真正的人类的完美,应是人性所有方面都得到发展的和谐的完美,是社会各个部分都得到发展的普遍的完美。"④

最后,对完美的追寻是内在的又是外在的,是个体的也是社会的。"我们

---

①〔英〕马修·阿诺德:《批评在当前的功能》,见〔英〕马修·阿诺德:《批评集:1865》,杨果译,中央编译出版社 2017 年版,第 25 页。

②〔英〕安诺德:《诗与主题》,见〔英〕安诺德:《安诺德文学评论选集》,殷葆瑹译,人民文学出版社 1958 年版,第 118 页。

③〔英〕马修·阿诺德:《文化与无政府状态:政治与社会批评》,韩敏中译,生活·读书·新知三联书店 2012 年版,第 36 页。

④〔英〕马修·阿诺德:《文化与无政府状态:政治与社会批评》,韩敏中译,生活·读书·新知三联书店 2012 年版,第 188 页。

所推荐的文化，首先是一种内向的行动。"但文化还有其社会的、整体的含义。因为"人类是个整体，人性中的同情不允许一位成员对其他成员无动于衷，或者脱离他人，独享完美之乐；正因为此，必须普泛地发扬光大人性，才合乎文化所构想的完美理念。文化心目中的完美，不可能是独善其身。个人必须携带他人共同走向完美，必须坚持不懈、竭其所能，使奔向完美的队伍不断发展壮大，如若不这样做，他自身必将发育不良，疲软无力"。"文化是对完美的追寻，文化引导我们认识到，在人类全体普遍达到完美之前，是不会有真正的完美的……因此，如若我们真像嘴上说的那样，想做完美的人，那么朝着完美前行的时候，我们必须带上所有的同类，不论他们是伦敦东区的还是别的地方的人。"①

文化是最好的知识与思想，它包括求知的热情和行善的热情；文化是完美的追寻，这种追寻既是个人的也是社会的，就其有助于人类精神的成长、转化而言，文化与宗教不谋而合；就其促进人性之美和价值的所有能力和谐发展而言，文化又超越了宗教。文化是"使上帝的理性和愿望盛行于世"，"文化之信仰，是让天道和神的意旨通行天下，是完美"②。要注意的是，文化可以"代替"宗教甚至可以更好地实现宗教的理想，但文化毕竟不是传统的宗教，它所追求的不是超验世界、来世天堂，而是此世人间。阿诺德认为文化的效果，是把天道、神意盛行于人世、通行于天下。所以，自始至终，阿诺德所说的都是文化的社会-政治效果。

第二，实现文化效益的方式是"教育"和"说服"。

阿诺德和他的父亲一样是教育家。这种教育不只是狭义地传授知识，也包括广义的文化教育，即通过传播最优秀的知识和思想，来说服当代社会各阶级的成员改变自己的知识境界和思想习惯。"我们已知文化工作者的职责是说服那些迷信行动、喜好议论政治和采取政治行动的人，让他们转个方向，面对自己的思想，多进行思考，多审视自己所固有的观念和习惯，少搞现在的这些议

---

① 〔英〕马修·阿诺德：《文化与无政府状态：政治与社会批评》，韩敏中译，生活·读书·新知三联书店 2012 年版，第 186、11、162-163 页。

② 〔英〕马修·阿诺德：《文化与无政府状态：政治与社会批评》，韩敏中译，生活·读书·新知三联书店 2012 年版，第 9 页。

题和行动；只有学会更清晰地思考问题，行动起来才不会那么糊涂。"①英国之所以陷于无政府状态，是因为当时的三个主要社会阶级都不能有效地维持社会和谐或促进社会团结。贵族虽然因其高雅仪表而在形象上代表了"美好"，但他们闭目塞、听因循守旧且被世俗权力和辉煌引诱而无足够的"理智之光"，因此只有外在的文化，他们是"野蛮人"。中产阶级之无用，因为其只追求外在的物质文明，唯利是图、无所用心、不谋改革，他们是"非利士人"（philistia，市侩）。劳工大众只是倚仗人多势众，将自己的意志强加给贵族和中产阶级，或者像中产阶级一样满脑子地发展工业，希望尽快成为市侩，或者堕落到粗野的兽性，成为黑暗的贮藏所，他们是"暴民"或"群氓"。②

那么，什么人是"文化"的承担者呢？阿诺德希望社会中少数"异己分子"能够发挥中流砥柱的作用。"每个阶级中都产生了一些人，他们生性好奇，想了解最优秀的自我应是怎样的，想弄清事物之本相，从工具手段的束缚中挣脱出来，一门心思地关注天道和神的意旨，并竭尽所能使之通行天下；总而言之，他们爱好的是追求完美。" "……在各个阶级的内部都存在着一定数量的异己分子（假如能如此称呼他们的话），也就是说，有这么一些人，他们的指导思想主要不是阶级精神，而是普泛的符合理想的人性精神，是对人类完美的热爱。"③这些为数不多的异己者是现代社会中的文化的守护者，也是社会和谐的主要支撑力量。他们的使命，就是"说服"：说服"野蛮人"，让他们别太看重封建习俗；说服"非利士人"，让他们好好学习神道和世界秩序；说服"群氓"，让他们从直接的政治行动中转个方向，多进行思考、多反思自己的观念和习惯，这样行动起来就不会那么糊涂。"说服"的目的，在于使被说服的对象自我转化、自我提升。

---

① 〔英〕马修·阿诺德：《文化与无政府状态：政治与社会批评》，韩敏中译，生活·读书·新知三联书店 2012 年版，第 176 页。

② 这一判断与席勒一致。1795 年席勒就发现："在为数众多的下层阶级中，我们看到的是粗野的、无法无天的冲动，在市民秩序的约束解除之后这些冲动摆脱了羁绊，以无法控制的狂暴急于得到兽性的满足。……另一方面，文明阶级则显出一副懒散和性格败坏的令人作呕的景象，这些毛病出在文明本身，就更加令人厌恨。"引自〔德〕席勒：《审美教育书简》，冯至、范大灿译，见〔德〕席勒：《席勒经典美学文论：注释本》，范大灿等译，生活·读书·新知三联书店 2015 年版，第 224–225 页。

③ 〔英〕马修·阿诺德：《文化与无政府状态：政治与社会批评》，韩敏中译，生活·读书·新知三联书店 2012 年版，第 75-76 页。

以阿诺德称为"非利士人"的中产阶级为例。几乎在所有西方国家，这个本应成为现代社会担纲者的阶级，在其兴起时都不同程度地存在着目光短浅、唯利是图、精明庸俗的特点，对人文价值、启蒙教育、艺术修养等毫无兴趣，而这些恰恰是超越利害考虑而公正追求完美和真相的文化的敌人。阿诺德相信，文化可以说服这些狭隘、平庸之人："文化的用途恰是通过树立完美之精神标准，帮助我们认识到财富是手段，是工具；并不是只要我们嘴上这样说说而已，而是要真正看到、从心里感到财富只不过是手段……我们叫做非利士人的，就是那些相信日子富得流油便是伟大幸福的明证的人，就是一门心思、一条道儿奔着致富的人。文化则说：'想想这些人，想想他们过的日子，他们的习惯，他们的做派，他们说话的腔调。好生注意他们，看看他们读些什么书，让他们开心的是哪些东西，听听他们说的话，想想他们脑子里转的念头。如果拥有财富的条件就是要成为他们那样的人，那么财富还值得去占有吗？'"[①]从当时及后来的演变来看，贵族阶级必然从舞台上谢幕，劳工阶级不是文化的主体，真正主导西方现代社会的就是中产阶级；要使这个阶级脱胎换骨，关键是改变他们对物质财富在生活中的地位的看法。这一点，在西方整个现代文化中都有普遍的意义。

一个没有得到关注的问题是，阿诺德把文化的希望寄托在少数"异己者"身上。按这个逻辑，实现文化价值的方式是"少数人"对多数人的教育和说服，但在阿诺德的笔下，却经常出现诸如"文化说""文化告诉我们"之类的话，如：

> 文化认为人的完美是一种内在的状态，是指区别于我们的动物性的、严格意义上的人性得到了发扬光大。人具有思索和感情的天赋，文化认为人的完美就是这些天赋秉性得以更加有效、更加和谐地发展，如此人性才获得特有的尊严、丰富和愉悦。

> 文化懂得，在粗鄙的盲目的大众普遍得到美好与光明的点化之前，少数人的美好与光明必然是不完美的。

> 一般来说贵族的文化主要是外在的文化，其主要的构成似乎仍是

---

① 〔英〕马修·阿诺德：《文化与无政府状态：政治与社会批评》，韩敏中译，生活·读书·新知三联书店 2012 年版，第 14-15 页。

外部的魅力和造诣，以及浅表层的内在美德。真正的文化教导我们应该通过学习探讨，从思想和感情的世界取得美好和光明。……这个阶级的完美适中之惟一的不足，就是缺乏足够的理智之光。[①]

"文化"成为一个主语，它似乎可以现身说法，直接教化众生。推测阿诺德的意思，是说文化内涵的"美"和"智"具有转化人心、引导人们追求"完美"的力量和效果。在现代文化理论中，德国的席勒、英国的珀西·比希·雪莱等都持有阿诺德式的观念，但席勒的关键词是"艺术"，雪莱的主题是"诗"，阿诺德浓墨重彩地把"文化"观念引入现代话语，以"文化"的名义向社会各界发出呼声。据美国批评家莱昂内尔·特里林的看法，"自从《文化与无政府状态》于1867年出版以来，'文化'一词已经成为阿诺德的个人标志"。[②]这个"个人标志"，就是阿诺德不但赋予文化以极重的社会-政治责任，而且以"文化"为主语，使"文化"成为现代社会改革的基本参与力量。

第三，文化的目标是确立"最佳的自我"——国家。

社会无政府状态的根源，在于各个阶级只追求自己的利益因而导致阶级冲突。阿诺德把人的"自我"一分为二：现实的"自我"各有其阶级意识和习惯，潜藏在人心中的"最好的自我"则摆脱了阶级意识和习惯。文化是最好的东西，它教育、说服所有的社会公民控制本能冲动、利益追求和阶级偏见，使他们能够通过健全的理智来认清自我与社会，拥护国家和权威，所以克服无政府状态的办法，就是通过文化来唤醒公众心灵中潜伏的、为阶级意识和习惯的缺陷所蒙蔽的"最好的自我"——这个"自我"不属于某一阶级，更不属于某一个体，它体现在"国家"之中。文化就是最优秀的言论和思想，它能够树立共同的理想和权威，从而维护国家的整体性；只有国家才是"光明"与权威的中心，是"最佳自我"的代表。

那么，如果我们超越阶级的界限，放眼整个社会，着眼于国家，能不能从中找到光明和权威呢？

---

① 〔英〕马修·阿诺德：《文化与无政府状态：政治与社会批评》，韩敏中译，生活·读书·新知三联书店2012年版，第10-11、33-34、71页。

② Trilling L, *Beyond Culture*, Penguin Books, 1966, p.134.

　　然而，有了最优秀的自我，我们就是集合的，非个人的，和谐的。
将权威交给这个自我不会危及我们，它是我们大家能找到的最忠实的
朋友；当失序状态造成威胁时，我们尽可以放心地求助于这个权威。
其实，这就是文化、或曰对完美的追寻所要培育的自我。改造之前的
老的自我要扔掉，那个我只知道随心所欲、我行我素最是快活，殊不
知这一来就随时会有同他人冲撞的危险，因为别人也在随心所欲、我
行我素！就这样，被人嘲笑成不切实际的、可怜的文化引导着我们，
使我们找到了走出当前困境的思想。我们需要的是权威，但我们看到
的只是互相猜忌的阶级、制约机制和一副僵局。文化则提出了国家的
概念。平常的我们不能构成国家权力的坚实基础，文化则启迪说，基
础应在最优秀的自我。

　　文化明白自己所要确立的，是国家，是集体的最优秀的自我，是
民族的健全理智。①

　　文化及其担当者的使命不是批判权威，而是重建并加强权威。如果说反对
外在文明、矫正财富至上的观念，主要是针对中产阶级而言的，那么强调服从
权威、认同国家，则主要针对劳工阶级而言。文化要求劳工阶级以"理智"约
束冲动，使自己的思想和行动理性化、秩序化并服从权威，实现整体社会的"和
谐"。阿诺德的建议是："如若一心想着完善人自身、使人的心智臻至完美的
文化为我们带来了光明，如若理智之光让我们看清，能为所欲为本身并非什么
万幸之事，崇尚随心所欲的自由本身是一种工具崇拜，而真正的幸福在于按照
健全理智的律令行事、服从它的权威；如若文化能这样做，那我们就从中得到
了切实的益处。我们得到了一个十分需要的、权威的准则，来对抗似乎正在威
胁我们的无政府倾向。"②不过，作为一个保守主义者和国家的信仰者，阿诺
德不但反对劳工阶级的无政府状态，也反对当时盛行的自由主义——无政府状
态源于自由太多。文化不是与自由而是与国家同一，只有国家才能拥有推广和

①〔英〕马修·阿诺德：《文化与无政府状态：政治与社会批评》，韩敏中译，生活·读书·新知三联
书店 2012 年版，第 62、64 页。
②〔英〕马修·阿诺德：《文化与无政府状态：政治与社会批评》，韩敏中译，生活·读书·新知三联
书店 2012 年版，第 48 页。

普及文化的权力和威望。"我们则相信健全理智,相信我们不但应该、而且可能提炼出最优秀的自我并提高其地位,相信人类会朝着完美前进。我们认为,社会的基础构架是上演人类走向完美之壮举的大舞台,因而是神圣的。不论谁在管理这个社会,不论我们多么想赶走他们,不让他们继续管理下去,但只要他们还在任期内,我们就要坚定地、一心不二地支持他们制止无政府状态的蔓延和混乱的局面。这是因为没有秩序就没有社会,没有社会也谈不上人类的完美。"①无论国家或代表国家的政府多么糟糕,但有政府总比无政府好,即使是最坏的国家也比没有国家好。如果说现存的国家还不完美,那么文化则通过塑造每个阶级的"优秀自我"而推动国家的完善。文化体现的是权威而不是自由,文化是国家的支持力量和无政府的敌人:"文化因教育我们对国家抱着希望,为国家规划未来的蓝图,而成为无政府主义的死敌。我们信仰健全理智,对人类走向完美抱有信念,并将为这些目标而不辞劳苦;我们这样做时,就会对健全理智的概念有进一步的了解。对完美的条件和附件有更清晰的概念;我们就会逐步地以这样的新认识充填国家的基本架构,塑造其内部成分及其所有的法规和体制,使之与新的思想一致起来,使国家越来越成为表达最优秀自我的形式——不是表达那多样、庸俗、不稳定、好争斗且变来变去的自我,而是表达高尚稳健、心平气和的自我。"②在这最后的,也就是文化通向国家的意义上,"文化不仅能通向完美,甚至只有通过文化我们才会有太平"③。

阿诺德所说的"文化",是体现人文和宗教经典最优秀的知识和思想。他没有阐明,如果文化不都是"最优秀的知识和思想",那它的效果又如何?

文化的发展似乎与阿诺德开了一个玩笑。即使在 19 世纪中叶的英国,阿诺德也已经看到,与古典文化衰落相应的,是与工业、商业紧密相联的新文化的兴起。他当然可以凭借对"少数人"的信念反对当时刚刚露头的文化与工业的

---

① 〔英〕马修·阿诺德:《文化与无政府状态:政治与社会批评》,韩敏中译,生活·读书·新知三联书店 2012 年版,第 172 页。

② 〔英〕马修·阿诺德:《文化与无政府状态:政治与社会批评》,韩敏中译,生活·读书·新知三联书店 2012 年版,第 173 页。

③ 〔英〕马修·阿诺德:《文化与无政府状态:政治与社会批评》,韩敏中译,生活·读书·新知三联书店 2012 年版,第 171 页。

结合："有人时常同我们说，新的时代到来了，我们遇见的将是众多的普普通通的读者，大量的普普通通的文学，而这样读者并不需要也不欣赏比这更好的文学，而供应这样普通的文学将是大规模的和大发财的工业。但即使好文学在世上完全不能流通了，要自己还能继续欣赏它，那也很值得。但它不会在世上不流通的，虽然有的东西会一时繁荣起来；它也不会丢掉了优势的。流通和优势是有保证的，这当然不是由于世人故意的和有意的这样做，而是由于更深一层的道理——那就是人类保持自己生存所具有的直觉，不能不使事情这样。"①20世纪以来，人类的"直觉"显然更喜欢"普普通通"的文学，并大规模地发展了"大众文化""文化工业""文化产业"。照阿诺德的逻辑，工业化、商品化的文化不但不可能有什么社会效益，甚至只会起消极作用。然而，就其肯定文化的教育作用、就文化有助于建立国家的权威而言，阿诺德式的理论原则和思考模式依然是一个示范。"阿诺德的成就与那些经验主义理论家不可同日而语，其巨大的影响力体现为'阿诺德式'的总体性视角，并以这一视角来研究大众文化问题。"②"文化-文化产业的社会效益"这一命题本身，就是一个"阿诺德式"的命题。

2. 乔治·斯坦纳的看法

根据雷蒙·威廉斯在《文化与社会》一书中的考察，"文化"是工业革命以后进入英国社会生活中的重要观念之一，它自始至终都是对资产阶级的社会观念的一种批评。英国主流的文化观念是肯定文化具有社会效益，但20世纪中叶前后活跃于英语世界的批评家乔治·斯坦纳却对此提出严肃质疑。

文化理论研究不能脱离时代的重大问题。20世纪最重大的事件就是两次世界大战。斯坦纳指出："第一次世界大战和第二次世界大战末，大约有七千万欧洲人和俄国人在战争、饥饿和屠杀中失去生命。分析当下环境的文化理论，不将这些死亡的恐惧列为重点考虑范畴，其本身就是不负责任的做法。"③提

---

① 〔英〕安诺德：《论诗》，见〔英〕安诺德：《安诺德文学评论选集》，殷葆瑹译，人民文学出版社1958年版，第114页。

② 〔英〕约翰·斯道雷：《文化理论与大众文化导论》第7版，常江译，北京大学出版社2019年版，第22页。

③ Steiner G, *In Bluebeard's Castl, Some Nots Towards the Re-definition of Culture*, Farber & Faber, 1978, pp.31-33.

出大量人口死亡问题，不是因为它对文化生活的影响，而是因为它直接提出了文化艺术的社会效益问题。纳粹大屠杀不是发生在亚洲的戈壁沙漠，不是亚马孙流域的热带雨林，而是发生在欧洲文明的心脏地区。受害者的冤鸣，在大学外清晰可闻；虐待的暴行，在与剧院一墙之隔的街上实施；党卫军刽子手晚上读歌德和里尔克的诗歌、弹奏巴赫与舒伯特的音乐，白天去奥斯威辛上班；歌德的花园与布痕瓦尔德集中营毗邻，就如同高乃依的房子紧挨着圣女贞德被残忍处死的广场……当暴行肆虐时，大学与文化机构几乎没有对之进行道德抵抗，整个文明世界也无动于衷冷漠以对。因此，引入大屠杀来定义文化，就不是一个逻辑推论，而是一个内在的必需。此即斯坦纳说的："任何对文学及其社会地位的思考，都得从这毁灭出发……无论作为批评家还是只作为理性的人，我们行动的时候都无法再假装，就好像我们对人类可能性的看法没有深刻变化，就好像在 1914 年到 1945 年间大约七千万男人、女人、儿童在欧洲和俄罗斯因饥馑和暴力而灭绝之后，我们意识的质地没有根本改变。"[1]在死了这么多人之后，我们已不可能闭着眼睛言说文明、论证道德；大屠杀已经永远改变了传统的文化观念和价值观念，它强迫文化理论重新定义文化、理解文化。

在英国人文学界，要把"死亡的恐惧"作为文化理论议题，就必须推翻人文艺术有助于人心向善、有助于社会改良的观念。斯坦纳此论首先针对英国人文传统："与阿诺德和利维斯不同，我发现自己难以自信断言，人文学科具有人性化力量。事实上，我甚至可以说：至少可以设想，当注意力集中于书写文本（书写文本是我们训练和追求的材料），我们在现实生活中道德反应的敏锐性会下降。"[2]对于英国主流学界来说，质疑人文艺术的道德价值，把大屠杀说成是包括英国文学在内的人文学科普遍失败等，是不能接受的。20 世纪 60年代后，由于一系列对于纳粹罪犯的审判特别是 1961 年的艾希曼审判，也由于西方左翼文化的兴起，"大屠杀研究"在西方进入大众视野，斯坦纳的关于大屠杀的开拓性研究成果终于进入英国的公众话语中，英国人开始了解大屠杀也

---

①〔英〕乔治·斯坦纳：《人文素养（1963）》，见〔英〕乔治·斯坦纳：《语言与沉默：论语言、文学与非人道》，李小均译，上海人民出版社 2013 年版，第 11 页。

②〔英〕乔治·斯坦纳：《教化我们的绅士（1965）》，见〔英〕乔治·斯坦纳：《语言与沉默：论语言、文学与非人道》，李小均译，上海人民出版社 2013 年版，第 72 页。

正是得益于他的作品。经历了大屠杀，经历了斯坦纳的提醒之后，我们再也不能简单地接受这种传统的权威观念：文学-文化的价值在于促进个人和社会的道德观念。

斯坦纳的质疑也指向整个西方文明传统。高雅艺术、专门文化与专制、暴政的联系几乎贯穿整个文明史。"有许多灿烂的文明——伯里克利时代的雅典、美第奇时代的佛罗伦萨、16世纪的英国、大世纪时代的凡尔赛和莫扎特时期的维也纳——这些灿烂辉煌的文明都与政治专制主义、森严的等级体系以及周围依附性的民众息息相关，能说这是一种偶然吗？伟大的艺术、音乐和诗歌，培根和拉普拉斯的科学几乎都是在极权主义的社会治理模式下实现了繁荣。"①对斯坦纳来说，灿烂文明与专制暴政之间不是表里关系，伟大艺术也没有刻意遮蔽极权主义，它们同时存在且共生共荣，这是一个公开的秘密。所以，对西方文明的考察，不能停留在其高雅文化和伟大艺术自身上，还要看到与之紧密相连的专制政治、暴力行为乃至种族屠杀。深刻思考这些事件和现象，斯坦纳不但无情地提出了人文主义和野蛮暴政联结的问题，也从根本上否定了文学-文化之于世俗社会的积极效益。

然而，所有这些都不意味着我们要否定西方的人文传统和高雅艺术。斯坦纳认为："无论该多么受到谴责，也无论西方的忏悔是多么歇斯底里，西方在两千五百年期间的主导地位这一事实基本上是真实的……哲学的、科学的、诗歌的力量最显赫的中心都位于地中海、北欧以及盎格鲁-撒克逊人的种族和地理发源地。……柏拉图的世界不同于萨满教的世界，伽利略和牛顿的物理学在我们头脑中建立起对人类现实世界主体部分的认识，莫扎特的创造远远高于打击乐和爪哇人的钟琴，对我们来说，上述说法仍然是或者应该是一种陈词滥调。当这些说法与其他一些梦中的记忆联系在一起时，它们令人感动，也让人心情沉痛。"②对待西方文化的这一矛盾心态，源于这样一些事实：崇拜艺术而又漠视人的生命，这在希特勒及其党徒身上多有表现；艺术具有社会教化作用，

---

① Steiner G, *In Bluebeard's Castl, Some Nots Towards the Re-definition of Culture*, Farber & Faber, 1978, pp.68-69.

② Steiner G, *In Bluebeard's Castl, Some Nots Towards the Re-definition of Culture*, Farber & Faber, 1978, pp.54-55.

但伟大的艺术恰恰与专制、暴政、残酷相联。所有这些都表明，对于文化"建立在纯粹世俗基础上"的辩护，即关注文化对现实世界的影响的辩护，其中心论据是站不住脚的。斯坦纳认为，一种文化理论的核心是宗教性的——不必与对上帝的信仰有关，而是因为艺术家的目的在于不朽，他的雄心就是超越"平庸的死亡民主"。他引用古希腊诗人品达的《第三首达尔菲阿波罗神殿颂》：

> 我将潜心地研究神学
> 悉心照看属于我的财富。
> 请上帝赐予我财富与力量吧，
> 我期盼着更高的荣耀。
> 我们熟知内斯托尔和利吉亚的萨耳珀冬，
> 男人的讲演，从朗诵的文字中流露出钳工们的勤劳智慧
> 铸就美好。为人类创造出的伟大诗歌而深表荣耀
> 愿其魅力长存；但这种伟大成就总是归于少数人。

斯坦纳据此提问："文明难道是由人固有的观点和社会现实来为其承担风险的吗？没有'我将潜心研究神学'与对'我期盼着更高的荣耀'的渴望之间的逻辑关系，文明的发展还会生机勃勃吗？艺术家毕生都以此逻辑来推论其身后世事，而这一逻辑本身就是宗教性的。"[①]艺术家心灵中的"神性"使他们渴望获得来世复活的荣耀，他们坚信经由艺术创造能够达到不朽。真正的艺术是宗教性的，其价值和意义不应当在教化普通民众、增进个体道德、维系群体团结等一般社会意义上来理解。

无论是在英国还是在西方，斯坦纳都长期游离于主流之外，其所论既振聋发聩又令人不安，存在着很多争议之处。但他由以推论的基本事实，即纳粹刽子手的行凶不是因为没有文化或不懂艺术，却是没有疑问的。在理论上，他否定文化艺术的道德教化功能，与阿诺德的主张形成对立的两极，打开了有关这个问题的探索空间和多种可能。

3. 批判理论与文化研究

阿诺德对劳工阶级深怀敌意，将之视为"无法无天"、制造社会混乱和政

---

① Steiner G, *In Bluebeard's Castl, Some Nots Towards the Re-definition of Culture*, Farber & Faber, 1978, p.72.

治骚乱的无政府主义者。他当然不会想到，就是这种"无政府状态"直接间接地通向后来的"流行文化""大众文化"。但真正值得我们注意的，是 20 世纪以来对这类文化的研究，即使不再持阿诺德的保守立场，也仍然是批评性的。英国学者维多利亚·D. 亚历山大对此有一个概括："马克思主义者认为，流行艺术让工人接受资本主义，并努力工作。大众文化的研究者还看到了很多其他不良影响。名单很长。社会批评家认为：爵士乐让人在酒吧里沉沦（20 世纪 20 年代）；低俗小说腐蚀道德（20 世纪 30 年代）；飞翔的超人鼓动儿童从屋顶跳下（20 世纪 60 年代）；说唱音乐侵蚀法律和秩序的尊严（20 世纪 80 年代）；感官艺术破坏了家庭价值观（20 世纪 90 年代）。""如我们所知，这些'罪恶'通常被说成是文明即将堕落的信使。"[①]在所有这些批判性研究中，法兰克福学派的"文化工业"批判理论，始终具有代表性和示范性。

霍克海默和阿多诺认为，"文化工业"也是统治阶级自上而下地强加于大众的一种意识形态，是他们利用"启蒙神话"控制社会的一种策略或者手段。他们的主要根据有三。一是欺骗性。文化工业系统中不存在真正的个体性。"个体在文化工业里成为幻梦泡影，不只是因为生产方式的标准化。个体唯有无条件地认同普遍者，他们才能够被容许存在。从爵士乐里标准的即兴演奏，到标新立异的电影人物，他们都得刘海覆额，才能让人们认识他们，其中充斥着虚假的个体性。"[②]文化工业并非如一般所说的可以满足人的感性需要，现时幸福所允诺的东西是对现实事物的无力模仿。在阿多诺看来，文化工业并不是真正的娱乐，它所提供的娱乐其实是欺骗。"所谓的诈骗，并不是说文化工业为娱乐服务，而是说文化工业的商业头脑执着于自我整肃的文化的意识形态口号，因而滥用趣味。"[③]二是整合性。文化工业的世界不是 19 世纪阿诺德所说的是一片混乱或无政府状态，而是一个被严格管理和监控的世界。文化工业总是极力掩盖异化社会中主体与客体、特殊与一般之间不可调和的矛盾，将消费者图

①〔英〕维多利亚·D. 亚历山大：《艺术社会学》，章浩、沈杨译，江苏美术出版社 2009 年版，第 47 页。

②〔德〕马克斯·霍克海默、提奥多·阿多诺：《启蒙的辩证：哲学的片简》，林宏涛译，商周文化事业股份有限公司 2008 年版，第 196 页。

③〔德〕马克斯·霍克海默、提奥多·阿多诺：《启蒙的辩证：哲学的片简》，林宏涛译，商周文化事业股份有限公司 2008 年版，第 181 页。

式化并系统地瓦解了人们感知与理解现实的能力，自上而下地自觉地整合消费者。即使是艺术和感官愉悦所代表的那些具有一定形式的自主性和不可预测性的领域，也为理性化资本主义所支配，而且它不只是理性化资本主义的消极复制，还巩固了市场和商品的拜物教统治，麻木和钝化了大众的自我批判意识，抑制了任何异常的、相反的和不同的思想和经验，从而再生产了整个现存的社会。三是政治性。作为资本主义生产-消费系统，文化工业不再是标志着一种富有创造性的人的生命的对象化，而服务于现行体制，成为异化劳动的另一种形式的延伸。它排斥现实需要或真实需要，排斥可选择的和激进的概念或理论，排斥政治上对立的思维方式和行动方式，最终强化资本主义秩序，加速了国家资本主义的社会组织合法化。

相对于批判理论的激越深沉，流行甚广的"大众文化"理论有较多经验研究的支撑，但其论与批判理论也比较接近。美国学者约翰·瑞安和威廉姆·温特沃斯认为：20 世纪中期以来，大众文化批评理论形成了如下判断。

工业化导致城市化，因为工厂和居民都聚集在拥有充足电力、道路和住房的区域。

当人们移居到这些大城市，他们失去了与原先家族和社区的紧密关联。

脱离了家庭和社区的人在行为上少了约束，更倾向于通过随意的性、犯罪和恶习来寻求即刻的满足。

因为工业化带来了高标准的生活，这些没有羁绊的个人口袋里有了更多的钱。

商业（包括大众传媒）的兴起，通过给养和满足工业大众的这些不受限制的渴望而获得利益。

总的结果是：社会偏离了高标准道德和美的艺术，并因此被性爱和暴力的图像所充斥。这些图像吸引了疏离的、品质恶劣的观众。这些观众美德，很容易被政治投机分子、广告商和媒介策划者所操纵。①

---

① Ryan J, Wentworth W M, *Media and Society: The Production of Culture in the Mass Media*, Allyn and Bacoin, 1999, p.48.

　　文化-文化工业-大众文化有社会效果，但这些效果是不好的，是破坏性的。这些都不是好消息，但好消息也有，它存在于接受者、消费者对文化工业产品的选择、使用和阐释之中。这方面的论述主要见于英国"文化研究"。根据斯图尔特·霍尔的回顾，当代（狭义上的）英国文化研究经历了文化主义、结构主义、"葛兰西转向"（the turn to Gramsci）三个阶段。第三阶段（类型）的文化研究把文化看成是各种利益和价值观相互竞争的矛盾的混合体，把文本和意义看作是斗争的一个场所，其中接受者和消费者对文本和意义的吸收、歪曲、抵抗、协商、复原等都是一种斗争形式，文化产品在有选择的消费行为和生产性的阅读和阐明行为中被重新定义、重新定型，并改变了其原来的方向，而这一切可能与其生产者的本意或所预见的情况截然相反。作为这类研究的代表性作品，是霍尔 1980 年发表的《编码，解码》一文。按照霍尔的看法，不但信息编码有赖于制度结构、生产网络、知识背景、话语形式、技术基础等多种多样的因素，因此这个过程是开放的，而且一旦信息以符号的形式被编码，它就向受众使用的各种阅读策略开放，读者（观众）不能被视为一个单一的没有区分的群体，他（她）是社会团体的混合物，这些团体以不同的方式将自己与主导意识形态的形式和意义联系起来，所以生产与接受之间注定是不一致的，观众会根据自己的需要将它们重新排列组合，解释它们的社会意义。霍尔既不像批判理论那样认为大众是铁板一块，也不否认文化产业是欺骗群众的意识形态工具，而是认为文化产业产品是一个存在着差异和斗争的"场"，是统治阶级为获得文化领导权的努力与被统治阶级对领导权的抵抗共同组成的。[①]文化不是经制作而成的让我们消费的东西，而是接受者在丰富多样的消费活动中创造出来的。文化产品的意义既不是文本的意义，也不是受众的赋予，而是在受众的生产性阅读、接受过程中形成的，因此是流动的、不确定的。从而，分析并判断文化产业的社会效益，不能局限于产品的内在品质，而应在受众接受、参与的过程之中，在文化领域控制和反控制的过程中进行。英国文化研究以及持同一立场的法国德·塞托等人的价值和意义，不仅在于他们揭示了文化接受-消费过程所具有的创造性和再生产的特点，而且在于他们提供了新的研究文化社会

---

　　① 〔英〕斯图尔特·霍尔：《编码，解码》，见罗钢、刘象愚主编：《文化研究读本》，中国社会科学出版社 2000 年版，第 345-358 页。

效益的思路和方法。

4. 有关社会效益的其他观点

2004 年春，英国批评家约翰·凯里在伦敦大学诺思克利夫讲座上，重新评论了诸如"艺术品是什么？""高雅艺术就更好吗？""艺术会让我们变得更好吗？""科学能成为宗教？"等基本问题，否定了有关艺术社会功能的经典理论，甚至被认为是给艺术"泼脏水"。凯里的有些观点与斯坦纳相同或相似，但他提供了大量实例并使用了更多的当代研究成果。进一步研究艺术、文化产业的社会效益问题，凯里所论不能回避。下面我们以他的观点为中心，把不承认艺术–文化社会效益的观点简单概括一下。

其一，艺术没有使世界变得更美好。

当代文化生活的繁荣不容否定，但与此同时，饥馑、战争、恐怖、贫富差距等始终存在于、发生在这个文明的世界上。这就不可避免地引起这样一个疑问：有允许这类事情发生的世界文明吗？[①]当代视觉文化理论家约翰·伯格的《观看之道》也认为，西方艺术史并不是人类文明的里程碑，而是特权、不平等和社会不公正的里程碑。这是因为艺术是在伪善的宗教虔诚气氛中发展起来的，因此它被用来为政治权力提供虚假的精神装饰。各种文化遗产、经典杰作被供奉在博物馆、美术馆、歌剧院等场所，其全部意图就是利用艺术的影响力，美化当代的社会体制及其特权。伟大的画家凡·高生前贫困凄惨，少人关心，他的毕生画作都是艺术家被不平等的社会秩序折磨得发疯的痛苦的见证，但现在，它们被挂在权贵富豪的客厅中——无论我们如何解释这种现象，都不会认为这些伟大的作品在改变着依然不平等的社会。

艺术不能使人向善。包括古典音乐、严肃文学和大师之作等的"高雅文化"不但不能提高生活质量，而且还包含着阶级偏见、文化专制和特权主义，其"神圣性""精神性"还导致对世俗的、物质的生活方式的漠然和轻视。有人认为，高雅艺术能把我们从西方生活的世俗浅陋中拯救出来，将我们重新与真实结合在一起。凯里认为，这跟"9·11"事件中的恐怖分子的动机是一样的。"假设高雅艺术就能让人接触到'神圣的'东西，也就是说，接触到凌驾于人类利益之上，具有毋庸置疑的价值的东西，这种假设就带有一种对人类的轻视。而如

---

① 〔英〕约翰·凯里：《艺术有什么用？》，刘洪涛、谢江南译，译林出版社 2007 年版，第 97 页。

果把这种想法移置到国际恐怖主义的领域，这就会助长杀戮。恐怖主义和高雅艺术最根本的要素就是劝你相信，其他人不是完全的人，因为这些人趣味低下、缺少教育，……"①凯里重提斯坦纳所说的那些集艺术爱好者与大屠杀刽子手于一身的纳粹人物，不但说明知识精英对暴力的欣赏，也意在阐明高雅艺术无助于世俗人间。

艺术也不能增强人们之间的伙伴之情，它根本就在制造分裂。大卫·刘易斯的《洞穴中的心智》（2002）考察了原始艺术，布尔迪厄研究了当代艺术，他们都认为艺术是社会区分的途径。布尔迪厄甚至过火地认为，趣味与客体的内在审美价值毫不相干，它只是社会阶层的一个标志。当代文化充满阶级、性别、种族、代际等的分裂、对抗和斗争，"认同"问题不但在社会生活，在文化生活中也引起久久的冲突，甚至成为"取消文化"的理由和借口。

其二，无法阐明艺术经验如何影响人的行为的过程。

中外文化史的一个主流观点是，文化艺术对其受众有直接、间接的影响。中国古代的《乐记》认定："先王之制礼乐也，……将以教民平好恶而反人道之正也。"②西方的柏拉图为了强调文艺的教育作用，还故意设问："一个人欣赏坏的身体运动或坏的曲调会给他带来任何伤害吗？如果他从相反种类的表演中取乐，会给他带来任何好处吗？"③他的答案当然是肯定的。但是，文化艺术之于受众或消费者的影响无法得到逻辑或经验的证实。

德国学者汉斯·克莱斯特和汉斯·舒拉米斯·克莱特勒在《艺术心理学》（1971）中，总结了一百多年来实验心理学的成果，得出结论：没有理由期待艺术品会给接受者带来行为上的改变，因为行为是许多不同条件作用的产物，而这些条件是不可能通过艺术来产生和改变的。因此试图将一个文化群体的整体道德水平与其艺术修养联系的做法是值得怀疑的。艺术能够教诲公众，并帮助人们更好地处理事务，这个被广泛认同的信念缺乏任何事实根据。④一些艺术教育工作者也给出了令人沮丧的结论，这里特别值得注意的是，通过艺术教育

---

① 〔英〕约翰·凯里：《艺术有什么用？》，刘洪涛、谢江南译，译林出版社 2007 年版，第 52 页。

② 吉联抗译注：《乐记》，人民音乐出版社 1982 年版，第 6 页。

③ 〔古希腊〕柏拉图：《法篇》，见〔古希腊〕柏拉图：《柏拉图全集》（增订版）下卷，王晓朝译，人民出版社 2018 年版，第 61 页。

④ 〔英〕约翰·凯里：《艺术有什么用？》，刘洪涛、谢江南译，译林出版社 2007 年版，第 92 页。

提高了鉴赏力的学生，确实可能会比同龄人发现更多的东西。例如，他们会发展出这样一种能力：去注意一堵墙上阳光的形状，注意大街上一个无家可归者推着超载推车时的表情。"作为说明从艺术学习中获益的例子，这种情况看起来很不幸，仅仅把一个无家可归者当成与墙上阳光相似的审美对象，恰恰表明了唯美主义麻木不仁的影响。因为它只是根据自己的需要，将一个同类的人降格为艺术审美的客体。如果这就是艺术教育的收获，那么它似乎是一个取消艺术教育的充分理由。"①艺术教育有助于提高受教者的审美欣赏能力，但这与塑造个性、提升人性没有关系。同理，也无法准确地证明，一些包含色情、暴力、邪恶等内容的作品是如何对接受者产生不良影响的。

其三，大量文化艺术家并无良好的个人品行。

这方面，英国学者保罗·约翰逊早在 1998 年的《知识分子》中，就详细地展示和评说了卢梭、雪莱、亨利克·易卜生、托尔斯泰、欧内斯特·米勒尔·海明威、贝尔托·布莱希特、伯特兰·阿瑟·威廉·罗素、让-保罗·萨特、埃德蒙·威尔逊、维克多·高兰茨、莉莲·海尔曼等十多位一流人文知识分子在私生活中的贪婪自私、专横霸道、欺世盗名、忘恩负义等阴暗面。这些杰出的，甚至伟大的知识分子，以语言创造辉煌的思想和文本，以真、善、美为理想，激发人们走向乌托邦，但他们自己却在种种劣迹与混乱中度过一生。约翰逊认为，知识分子的毛病与其生活-工作方式有关。他们很少关注现实。"他们都急于发扬救赎和超越的真理，把这种真理的确立视为他们为了人类而具有的使命。对他们在论证过程中遇到的客观事实所体现出来的世俗的、每天可以见到的真理，他们并没有多少耐心。这些棘手的、比较次要的真理被漠视、篡改、修正，甚至被处心积虑地压制。"②怀抱为人类的未来设计美好未来的使命感，知识分子以为理性高于事实，使命高于道德，他们以为自己发现了人类生活的真理，因此可以超越常人道德甚至牺牲他人；他们所爱的只是作为概念的人类，对现实生活中特定的个人，即使是自己的亲人，却冷酷无情；他们宣称要解放人类，但在实际生活中却大都是极端的个人主义者和自我中心主义者。

---

① 〔英〕约翰·凯里：《艺术有什么用？》，刘洪涛、谢江南译，译林出版社 2007 年版，第 92-93 页。

② 〔英〕保罗·约翰逊：《知识分子》，杨正润等译，江苏人民出版社 1999 年版，第 360 页。

其四，我们无法对"好"形成一个公认的看法。

这种以为艺术能使人变得更好的假设，其实没有或很少严肃地考虑这样的问题：人怎样才能算是更好？[①]这是一个贯穿整个文明史的老问题。从柏拉图到托马斯·莫尔，西方作者不断地在构思和写作各种乌托邦理想，但究竟怎样才算是"好生活"，他们至今也没有共识。上帝死亡之后，道德相对主义、价值虚无主义流行开来。曾经有过这样的说法：

> 全看你在什么地点，
> 全看你在什么时间，
> 全看你感觉到什么，
> 全看你感觉如何。
> 全看你得到什么培养，
> 全看是什么东西受到赞赏，
> 今日为是，明日为非，
> 法国之乐，英国之悲。
> 一切看观点如何，
> 不管来自澳大利亚还是廷巴克图（非洲国家马里的地名——引注）
> 在罗马你就得遵从罗马人的习俗，
> 假如正巧情调相合，
> 那么就算有了道德。
> 哪里有许多思潮相互对抗，
> 一切就得看情况，一切就得看情况……[②]

在几乎人类努力的一切领域都发生了巨大变化的今天，仍然会有"乌托邦"现形，但那是"反乌托邦"。这意味着原来的乌托邦并不理想。在这种情况下，我们如何期待或要求文化艺术塑造好人、好社会呢？

不过，也有好消息。从古希腊到 19 世纪，西方对"好生活"的设计，都是

[①]〔英〕约翰·凯里：《艺术有什么用？》，刘洪涛、谢江南译，译林出版社 2007 年版，第 93 页。

[②]〔美〕L. J. 宾克莱：《理想的冲突——西方社会中变化着的价值观念》，马元德、陈白澄、王太庆、吴永泉等译，商务印书馆 1983 年版，第 9-10 页。

一种理性行为，而无论何种理性，都经常地、内在地与特定的历史时期的社会结构、权力体制有关，因而也就和人类生活的真实本性有别。至少西格蒙德·弗洛伊德以来，我们对人的认识已经有了很大变化。"的确，大多数现代主义文学、哲学、艺术的特征都在于坚持人类不只限于理性的自我主义、竞争与获取；社会也不只是逻辑计算和自主的个体之间的契约；政治也不只是非人的技术专家用投票、调查、数据统计、数学模型和技术等手段设计的超理性进步体系。在最简单的世俗交易之外，还存在着广阔的无意识领域。"[1]这就是向我们揭示，传统的理性以及随之而来的科学、逻辑、计算、交易等都不能完整地、充分地认识和理解人性和人类社会生活中"广阔的无意识领域"，那么各种文化艺术，至少可以更为全面、更为真实地呈现人性和人类社会生活，而在这个基础上，文化艺术有望对"好生活"有所贡献。

---

① 〔印〕潘卡·米什拉：《怨憎时代的政治学，启蒙的黑暗遗产》，见〔德〕海因里希·盖瑟尔伯格编：《我们时代的精神状况》，孙柏等译，上海人民出版社 2018 年版，第 171 页。

第六章

归拢社会效益的维度

文化产业的社会效益，集中表现为文化产品与服务的社会效益。分析评论文化产品的社会效益，首先要明确"社会"的含义。从广义上说，社会包括经济、政治、文化等，所以文化的经济效益、政治效益等都是社会效益的一部分。狭义上的"社会"是与经济、政治、文化、生态相并列的概念，如伦理关系、道德实践、人际交往、群体融合等。尽管我们的论述也会涉及政治方面，但本书所说的"社会效益"主要是一种狭义的概念。根据我们的认识，文化产品的社会效益主要由四方面构成。

第一节 生产另一种知识

文化产业所生产和提供的是符号性产品。符号之为符号，在于其由"能指"与"所指"构成，即每个"能指"均有其"所指"。这个"所指"，就是符号所蕴含主体对客体的认知。广义的文化包括科技、文教、伦理等的活动与产品，这些活动与产品中的相当一部分本身即是知识性产品。我们这里要论述的，主要是不以知识为主要目的的艺术性活动与产品，它们构成文化产业的主体。

在日常语言中，"文化"通常与"知识"相连，"文化知识"几乎是一个固定词语。这不是偶然的。各种文化艺术都包含着不同性质与类型的知识，文艺的知识性，很早就是论者们的共识。孔子在要人学《诗》时，其理由就是："子曰：小子！何莫学夫诗？诗可以兴，可以观，可以群，可以怨。迩之事父，远之事君，多识于鸟兽草木之名。"[①]兴观群怨中的"观"即是指《诗》的认识功能。郑玄注："观风俗之盛衰。"[②]朱熹注："考见得失。"[③]他们两位都认为诗歌是反映社会现实生活的，因此通过诗歌可以帮助读者认识风俗的盛衰和政治的得失。至于"多识于鸟兽草木之名"，则是说通过诗，我们可以获得有关自然的知识。当然，文学艺术所提供的"知识"，主要不是自然科学、技术知识，而是与人、社会相关的知识。

首先，文艺生产社会知识。中外大量文化遗产，都是当代社会生活、人间世象的记录，都是生动的历史教科书。中国古代有"采诗"的传统，如"命史采民诗谣，以观其风"，"孟春之月，群居者将散，行人振木铎徇于路，以采诗，献之太师，比其音律，以闻于天子。故曰王者不窥牖户而知天下"[④]。采诗观风，观风察政，即通过诗歌、音乐来认识社会政治状况进而调整政策，是古中国的一个传统。《乐记》还总结出一套由文艺认识社会的规律："是故治世之音安，以乐其政和；乱世之音怨，以怒其政乖；亡国之音哀，以思其民困，声音之道，与政通矣。""是故审声以知音，审音以知乐，审乐以知政，而治道备矣。"[⑤]由音知政的逻辑是：艺术语言—情感形式—社会状态—政治得失。根据这一逻辑，所有文化产品都内含着特定时代、特定社会的真实情状，对欣赏者和使用者来说，这就是一种知识形式。因此，即使在各门社会科学相对独立的现代，文化产品也仍然有不可取代的认知作用。胡适认为《醒世姻缘传》"是一部最丰富又最详细的文化史料。我可以预言：将来研究十七世纪中国社会风俗史的学者，必定要研究这部书；将来研究十七世纪中国教育史的学者，必定要研究这部书；将来研究十七世纪中国经济史（如粮食价格，如灾荒，如捐官价格，等等）的学者，必定要研究这部书；将来研究十七世纪中国政治腐败，

---

① 郭绍虞主编，王文生副主编：《中国历代文论选》第一册，上海古籍出版社1979年版，第17页。

② 郭绍虞主编，王文生副主编：《中国历代文论选》第一册，上海古籍出版社1979年版，第18页。

③ 朱熹：《四书章句集注》，中华书局2011年版，第166页。

④ 班固：《汉书·卷二十四》，中华书局1962年版，第1123页。

⑤ 吉联抗译注：《乐记》，人民音乐出版社1958年版，第3、5页。

民生苦痛，宗教生活的学者，也必定要研究这部书。"①陈寅恪丰富扩展了"诗史互证"的学术传统；萨孟武的《水浒传与中国社会》《〈西游记〉与中国古代政治》《〈红楼梦〉与中国旧家庭》等书以小说为由分析传统社会；彭信威的《中国货币史》从唐宋传奇、元曲、明清小说中得到不少材料；何炳棣的《明清社会史论》多引小说、谚语为据；黄仁宇的《从〈三言〉看晚明商人》、尹伊君的《红楼梦的法律世界》等均以小说为论史之凭借和资料。法学家苏力的《法律与文学：以中国传统戏剧为材料》一书，以中国的一些传统戏剧为材料，分析法律的或与法律相关的一些理论问题。比如以《赵氏孤儿》为例，分析复仇制度的兴衰以及与复仇制度相关的社会意识形态的变化；以《梁祝》为例，对古代包办婚姻和媒妁之言的婚姻制度的历史合理性进行分析，探讨制度变迁中个人力量的渺小和珍贵；以《窦娥冤》为例，对法律制度的道德主义研究和分析进路进行批判，从科学技术、制度能力和制度角色以及清官局限等方面，强调科学技术以及社会分工的重要性，降低信息成本、减轻裁判者和决策者的个人责任、提高审判效率。②丰富的中国文化，不但是我们精神生活的主要资源，也是中国社会科学赶超世界的优势所在。

　　文艺作为一种"社会知识"，其特点是普遍与特殊、一般与个别的统一。亚里士多德早就说过："写诗这种活动比写历史更富于哲学意味，更受到严肃的对待；因为诗所描述的事带有普遍性，历史则叙述个别的事。"为什么诗所叙述的事更具普遍性呢？这是因为诗不是在描述已经发生的事，"而在于描述可能发生的事，即按照可然律或必然律可能发生的事"③。诗的普遍性不是逻辑的普遍性，也不是统计学的普遍性，而是普遍的人性。因此又使这种普遍性蕴含在个别之中。正如英国诗人威廉·华兹华斯具体阐释说："诗的目的是在真理，不是个别的和局部的真理，而是普遍的和有效的真理；这种真理不是以外在的证据作依靠，而是凭借热情深入人心；这种真理就是它自身的证据，给予它所呈诉的法庭以承认和信赖，而又从这个法庭得到承认和信赖。"更重要

---

① 胡适：《〈醒世姻缘传〉考证》，见欧阳哲生编：《胡适文集》，北京大学出版社 1998 年版，第 310-311 页。

② 参见苏力：《法律与文学：以中国传统戏剧为材料》，生活·读书·新知三联书店 2017 年版。

③〔古希腊〕亚里士多德：《诗学》，罗念生译，见伍蠡甫等编：《西方文论选》上卷，上海译文出版社 1979 年版，第 65、64 页。

的是，"诗人作诗只有一个限制，即是，他必须直接给一个人以愉快，这个人只须具有一个人的知识就够了，用不着具有律师、医生、航海家、天文学家或自然哲学家的知识"①。在文艺作品中，我们直接看到的，往往是个体的生命、生活和遭遇，是所有社会科学所不具有的具体性。在这个意义上，恩格斯认为，法国作家奥诺雷·德·巴尔扎克"在《人间喜剧》里给我们提供了一部法国'社会'，特别是巴黎'上流社会'的卓越的现实主义历史，他用编年史的方式几乎逐年地把上升的资产阶级在 1816—1848 年这一时期对贵族社会日甚一日的冲击描写出来……围绕着这幅中心图画，他汇集了法国社会的全部历史，我从这里，其至在经济细节方面（诸如革命以后动产和不动产的重新分配）所学到的东西，也要比从当时所有职业的史学家、经济学家和统计学家那里学到的全部东西还要多"②。确实，无论是历史学家、经济学家还是统计学家，他们的研究可以告诉我们 19 世纪上半叶巴黎所发生的事件、经济发展状况及其与经济有关的全部数据，但他们无法也无意告诉我们，生活在此时此地的人是如何参与到当时的事件和经济过程中的。只在巴尔扎克的小说中，我们看到外省单纯的青年是如何被巴黎改造为成功人士的，我们看到了金钱是如何主导着巴黎人的生活并使一切社会关系都变成交换关系的，我们也看到在资本主义进程中的各色人物的悲欢离合……总之，巴尔扎克的小说让我们具体地感受到当时巴黎社会的真实情形，体验到巴黎人的生活遭遇。这是任何历史著作和经济学成果所不能提供的。

其次，文艺是一种"人学"，它呈现人的精神世界、探索生活的逻辑、表达人性的希望，是我们理解人性和人的生活的主要凭借。英国批评家塞缪尔·约翰逊认为：从莎士比亚的戏剧中，"可以搜集出来整套的公民的和家庭的智慧"③。即使在科学昌明的现代社会，我们也要从伟大的宗教、文学和哲学的经典中获得对人、对生活的理解。当代法国作家阿尔贝·加缪极端地表达出来："真正

---

① 〔英〕华兹华斯：《〈抒情歌谣集〉一八○○年版序言》，曹葆华译，见伍蠡甫等编：《西方文论选》下卷，上海译文出版社 1979 年版，第 13 页。

② 〔德〕恩格斯：《恩格斯致玛·哈克奈斯（4 月初）》，见中共中央马克思恩格斯列宁斯大林著作编译局编：《马克思恩格斯选集》第四卷，人民出版社 1995 年版，第 683-684 页。

③ 〔英〕约翰生：《〈莎士比亚戏剧集〉序言》，李赋宁译，见伍蠡甫等编：《西方文论选》上卷，上海译文出版社 1979 年版，第 527 页。

严肃的哲学问题只有一个，那便是自杀。判断人生值不值得活，等于回答哲学的根本问题。至于世界是否有三维，精神是否分三六九等，全不在话下，都是些儿戏罢了。"①科学很难回答人是否值得活下去的问题，但宗教、文学、哲学至少是在尝试回答这个问题，而且也越来越增进我们对生命、生活的意义的体验和理解。近年来成为中国文化产业重要资源的古典诗歌就包含了种种高明的生存智慧、生活知识，增加了我们对生命的理解。当代人文学者斯坦纳这样指出：

> 可以证明的是，荷马、莎士比亚和陀思妥耶夫斯基的作品对于人类的洞见，超过了全部的神经学或统计学；遗传学中的发现，无法危及或超越普鲁斯特对家族的魔咒或负担的洞察；当奥塞罗提醒我们想起明亮刀锋上的水锈，我们对人生必然经历的感官短暂现实之体验，胜过了物理学梦想传达给我们的感觉；在理解政治动机或策略方面，任何社会计量学都难以与司汤达媲美。②

最后，文艺与"现代科学"也有内在关联。我们现在说的"知识"，主要是指科学知识，是可以系统陈述甚至公式化、数字化的知识。但越来越多的研究表明，这只是人类的知识之一。当代科学家与哲学家迈克尔·波兰尼认为，通常被描述为知识的，即以书面文字、图表和数学公式加以表述的显性知识或"明言知识"（explicit knowledge）。相对于传统认识论所研究的这种可明确表述的逻辑的、理性的知识，人的认知活动中还活跃着一种与认知个体的活动无法分离的不可明言只能意会的"默会知识"（tacit knowledge），像我们在做某事的行动中所拥有的知识，这是一切知识的基础和内在本质。默会知识是自足的，而明言知识依赖于被默会地理解和运用。所有的知识，不是默会知识，就是植于默会的知识。证实这一点是一个经验性常识：我们知道的要比我们所能言传的多。"就如由于我们的一切知识在根本上都具有默会性而我们永远不

---

① 〔法〕阿尔贝·加缪：《西西弗神话——献给帕斯卡尔·皮亚》，沈志明译，见〔法〕阿尔贝·加缪，柳鸣九、沈志明主编：《加缪全集》第 3 卷，柳鸣九等译，河北教育出版社 2002 年版，第 69 页。

② 〔美〕乔治·斯坦纳：《人文素养（1963）》，见〔英〕乔治·斯坦纳：《语言与沉默：论语言、文学与非人道》，李小均译，上海人民出版社 2013 年版，第 12-13 页。

能说出所有我们所知道的东西，由于意义的默会性，我们也永远不能完全知道我们所说的话中暗示着什么。"①默会知识基于人类认知理性中的"默会理性"（mute reason），它在认知活动的各个阶段、各个层次上都具有主导性作用。默会理性不是经验归纳，不是逻辑推理，而是一种可能用宗教术语"内居"（in-dwelling）来指称的一种与直觉、灵感、想象、体验等息息相关，且具有突变、飞跃、顿悟等特质的创造性思维。科学不再是在任何时间、场合都能拥有并普遍有效的"精确知识"，而是随着我们的创造性参与正在形成中的东西。波兰尼通过科学家的知性热情、创造性想象、科学直觉、鉴赏和寄托在科学认知中的作用，说明科学是"人的艺术"；通过科学前提、科学权威、科学传统在认知活动中的作用，分析科学信仰的本质；通过对"道德倒置"现状的批判，指出科学真理不应忽略它在宗教和道德上的后果。总之，无论是在艺术认知过程中，还是在科学认知过程中，人所发挥的作用是一样的。自然科学与人文研究一样，充满人性的因素，知识是文化的知识、"个人的"知识。

承认科学与人文的不可分，也就承认了文化艺术在科学研究中的必要性。实际上，我们在几乎所有大科学家的传记中，都看到科学家的人文修养、艺术感觉、美学趣味、社会习俗、宗教信仰等在其科学发现中的重要作用。数学是最严格的、与人文艺术关系不大的科学，但有"数学家之王"之称的德国数学家弗里德里希·高斯却曾一直关心形而上的问题。他曾经说过："有些问题，例如令人感动的伦理学，或我们与上帝的关系，或关于我们的命运和我们的未来的问题，我对这些问题的解答，比对数学问题的解答重视得多，但是这些问题完全不是我们能够解答的，也完全不是科学范围内的事。"②在高斯关注的伦理学等领域，他没有什么成果，但可以肯定，他的形而上的关怀，对其数学成就是不可或缺的。值得注意的是，波兰尼的理论还影响了托马斯·库恩、保罗·费耶阿本德等科学哲学家，他们一起推动了对客观主义、实证主义、还原主义的批判，把文化的、社会的、心理的、政治的因素带入科学哲学和认识论，

---

① 〔英〕迈克尔·波兰尼：《个人知识：朝向后批判哲学》，徐陶译，上海人民出版社 2017 年版，第109 页。

② 〔美〕E. T. 贝尔：《数学精英》，徐源译，宋蜀碧校，商务印书馆1991年版，第280 页。

形成科学与人文融合的后现代科学观，它强调科学发现、重大成果之中及背后的文化艺术的支持。

第二节　培育与扩展道德

任何一个熟悉文化史的人，都会赞同美国学者艾伦·布卢姆的这一段话：文化首先是与自然相对的人类性，它几乎等同于人民或民族，譬如说法国文化、德国文化、伊朗文化等；其次是指艺术、音乐、文学、教育电视节目、某些种类的电影等，简言之，一切可以鼓舞精神、陶冶情操的东西。"作为艺术的文化，是人的创造力的最高体现，是人冲破自然的狭隘束缚的能力，从而摆脱现代自然科学和政治科学对人的贬低性解释。文化确立了人的尊严。文化作为共同体的一种形式，是一个关系网络，置身其中的自我得到了多彩多姿而又细腻的表现。它是自我的家，也是自我的产物。它比只管人们的肉体需要、逐渐退化为纯粹经济的现代国家更为深厚。"[①]不同的文化本来就源自不同的宗教-伦理体系，所有重要的文化论述都在不同程度上包含着伦理论述。当我们说文化的道德效果时，主要是指与知识、审美相对的艺术的道德效果。文化艺术的教化作用有两个基本点。

其一，文化具有控制本能、调适人性的功能。英国批评家克莱夫·贝尔是20世纪最有影响的艺术理论家之一，其"有意味的形式"已成为艺术的定义之一。在把文化理解为文明化的过程时，他强调的是文明与理性的一致性："文明是社会的一种特征：粗略地说，文明就是人类学家用以区分'先进'社会和'落后'或'低级'社会的那种特征。野蛮人一旦用理性控制自己的本能，具有初步价值观念，也就是说，他们一旦能够区分目的和手段或说达到美好状态的直接手段和间接手段，就可以说他们已向文明迈出了第一步。这一步指的就是用理性纠正本能；第二步就是为得到更美好的东西有意识地放弃眼前的满足。"文明始于本能的克制与约束，只有在这个基础上，才能产生出文明人类的种种美好。这就是贝尔说的："从理性至上和价值观念这两个根本特征中可以派出

---

① 〔美〕艾伦·布卢姆：《美国精神的封闭》，战旭英译，译林出版社 2007 年版，第 144 页。

许多次要特征，如喜欢真和美，宽容，求实态度，严格要求，富于幽默感，彬彬有礼，好奇求知，鄙视庸俗、野蛮、过火，等等，不迷信，不假正经，大胆接受生活中美好事物，彻底自我表达的愿望，要求受到全面教育的愿望，蔑视功利主义市侩习气等等等等，用两个词概括起来就是：甜美和光明。并不是所有摆脱了野蛮状态的社会都能抓住上述诸观点的全部，甚至大部分都抓不住，能够牢牢抓住其中之一的社会就更少。这就为什么尽管我们发现的文明社会确实不少，但只有很少几个算是高度文明的。这是因为，只有把相当多的文明特征抓住而且抓得很牢才能算高度文明的社会。"[①]贝尔的"文明"论基于其对西方文化史几个高峰时期的研究，至于西方社会进入"文明化"状态的具体过程，则是德国社会学家诺贝特·埃利亚斯《文明的进程》一书的主题。

然而，告别纯粹的自然和本能，并不是说文明人类就只是纯粹的理性与文化的生物。实际上，人性中仍然有自然性。人类不能摆脱自然，但文化艺术可以提升自然感性，使之符合人的理性的目的；它也能给带有野蛮性的本能冲动以自由发泄的机会。文明化的过程就是从自然走向道德的过程。

其二，文化具有想象他者、理解他人的功能。作为个体的人，从他出生的那一刻起，就生活在人群之中，我们是在与他人"共在"之中追求个人目的、实现个体价值的。作为群体生活的规则，道德的起点在于尊重、理解他人。文化艺术作品就是通达他人内心的桥梁，我们通过它可以更好地理解、同情他人。诗人雪莱说过："道德中最大的秘密是爱，亦即是暂时舍弃我们自己的本性，而把别人在思想、行为或人格上的美视若自己的美。要做一个至善的人，必须有深刻而周密的想象力；他必须设身于旁人和众人的地位上，必须把同胞的苦乐当作自己的苦乐。想象是实现道德上的善的伟大工具……诗以不断使人感到新鲜乐趣的充实想象，因而扩大想象的范围。"[②]道德生于仁爱，仁爱生于同情，同情生于想象——欣赏文化艺术产品的过程，就是设身处地、进入他人生活和心理的过程，如此我们才能尊重与理解他人，才能做到"己所不欲，勿施于人"。

---

①〔英〕克莱夫·贝尔：《文明》，张静清、姚晓玲译，李活校，商务印书馆 1990 年版，第 102-103 页。

②〔英〕雪莱：《为诗辩护》，缪灵珠译，见刘若端编：《十九世纪英国诗人论诗》，人民文学出版社 1984 年版，第 129 页。

　　以现代传播技术为基础的各种媒介文化，使得发生在遥远非洲的饥荒、战争以及它们所造成的人道灾难，可以及时为我们所知。电视对于饥荒和战争的报道，对西方慈善事业产生了显著影响。比如单单在英国，自从1984年有关埃塞俄比亚的纪录片首次播出以后，就有超过6000镑的资金捐赠给了饥荒救助机构。长期以来，国籍、宗教、民族、利益、地理等障碍把我们的道德空间一分为二：那些需要我们承担责任的，以及那些超出我们关心的范围的。由此形成一个依次递减的道德秩序：首先是亲属和朋友，然后是邻居、同一教派的人、同一国籍的人、利益相关的人，只是到最后，才是不确定的陌生人。儒家的差等之爱即表明，亲属、朋友比陌生人更具有道德的优先权。但20世纪改变了这一秩序。这首先是因为亚美尼亚、凡尔登、俄罗斯前线、奥斯威辛、广岛、越南、柬埔寨、黎巴嫩、卢旺达、波斯尼亚等地一个世纪的饥荒、战争和屠杀使所有人都成了受害者，它们颠覆了按国籍、民族和阶级划分的道德标准，将不同的个体研制成完全平等的纯人类单位。在希特勒的集中营中，有波兰的农民、汉堡的银行家、罗马尼亚的吉卜赛人、里加的杂货店主等，他们都被放在苦难的砧板上，被锤炼到完全同质，然后彻底湮灭。在埃塞俄比亚的集中营，高地的基督徒、低地的穆斯林、厄立特里亚人、索马里人等也在重演砧板上的苦难。"大屠杀和饥荒创造了一种新的人类主体——纯粹的受害者，他被剥夺了社会身份，因而丧失了在正常情况下会倾听他哭泣的特定道德听众。家庭、部落、信仰、民族都不再作为这些人的道德观众而存在。如果他们最终要想得到拯救，必须将信任投向最令人恐惧的依赖关系：陌生人的善心。"[1]按照传统道德观，我们习惯于按照关系之远近来分配救助苦难的责任，我们把我们的关怀慷慨地给予兄弟姐妹、同胞、信仰相同者和共事者。当所有能够帮助一个人的社会关系，如同胞之爱、种族之爱、阶级之爱等都被剥夺时，普遍性的人类手足情谊，即非个人化的、对陌生人的承诺，就开始发挥作用。根据加拿大学者叶礼庭（一译米哈伊尔·伊格纳季耶夫）的分析，"如果存在于人类手足情谊神话中脆弱的国际主义作为一种道德力量回归现代世界，那是因为那些按照宗教、民族和阶级划分的排他性的人类团结体——已经因以他们为名所犯下的罪行而名誉扫

---

①〔加〕叶礼庭：《战士的荣耀：民族战争与现代良知》，成起宏译，中央编译出版社2017年版，第18页。

地。"①问题在于：我们如何知道，这世界上有人在遭受苦难？

所以其次一个方面，在陌生人遭受的苦难和那些存在于世界上少数安全地带的良知之间，电视以及各种形式的新闻报道成了最主要的媒介形式。电视屏幕上的受害者，他们作为陌生人，也可以向我们的道德良知提出需求。2018 年 6 月 23 日，泰国 12 名少年足球运动员和 1 名教练进入一处国家公园洞穴内"探险"时，因突降暴雨被困洞中且与外界失联。这一消息很快就传遍全球，多国救援队都赶到泰国参与搜救。7 月 2 日晚，两名英国潜水员发现了失联 10 天的少年队员，使他们全部获救。这一事件不但表明人类命运相连、休戚与共，也表明这种命运相连、休戚与共的前提是，要由传播文化把远距离的人、事、物联系起来，使不同地区和国家的人都能有休戚与共的感觉和认知。当然，媒介文化在扩大了道德空间的同时也带来其他方面的问题。比如，除非食物短缺有一种巨大的视觉吸引力，否则电视新闻对其视而不见；当有更多的其他的问题需要关注时，食物短缺的报道就从电视新闻中消失了。还有人认为，电视报道让我们成为他人苦难的偷窥者，成为他人苦难的消费者，如此等等。

上述两点是自古以来即有的文化-伦理观，当代大众文化、文化产业兴起之后，文化的道德效果又有新的取向和特征。

从根本上说，传统文化伦理是规范性、控制性的伦理，传统道德的核心是以理性约束感性，我们对文化-伦理价值的判断，长期固守在灵魂、理性等精神层次，而涉及个人的经验、身体、欲望、情感的一面则被忽视。但人之所以为人，正在于他首先具备了承载情感活动的身体。虽然在理性主义精神至上的伦理范式中，精神、意识、理念作为言说的统一主体存在，但是人类是更加复杂的主体，他总是被具身化、情感性、同感以及欲望等核心内容所界定。不正视、不承认这一点，人类将永远无法合理地呈现身体、解放自我。在面对由资本、消费而来的欲望身体的图景时，这种伦理虽然仍可占据着道德高位，但却总是遭受"身体"景观的冲击，对其应接不暇或根本无法应对。当身体、欲望不再背负伦理谴责而获得承认时，意味着传统的灵魂/身体、理性/非理性等对立范式也在不断松动，意味着传统文化伦理所构建出的好/坏、高/低的标准已不能

①〔加〕叶礼庭：《战士的荣耀：民族战争与现代良知》，成起宏译，中央编译出版社 2017 年版，第 15-16 页。

毫无改变地存在下来。事实上，当代文化的解放性，通常表现为这样一种逻辑：当我们用既定的理性主义的普遍法则来约束、压抑日益解放的身体、欲望、冲动、情绪等非理性的实存时，恰恰导致更深层次、更大范围的反叛和挑战。所以，只有把身体、感官、生命体验正面置于当代文化生活中并给予伦理的认可，而不是先将其构建为对立面去排斥、贬黜它，才能为文化生活中涉及欲望、刺激、享乐甚至娱乐至死等原本被认为相悖于传统伦理的事物提供理解的可能性。

这就需要解构那些由传统文化所建构而又为当代文化批评所袭用的理性/感性等一系列解释人性的理论范式。面对享乐、欲望、刺激、感官愉悦的诱惑和理性主义伦理的冲突，我们习惯于用传统的教化理论作出价值判断和取舍选择，从而使得一切仍旧维系在理性的秩序中，因为对立所以有压制，因为冲突所以有规训。但随着文化产业、消费文化的来临，身体、感官、生命体验已越来越不容置疑地进入文化艺术之中，原先稳固的意义充满了不确定性，现代科技和资本一定程度上助长着消费社会的欲望、刺激、享乐，甚至文化作品/产品、艺术品的生成过程以及与人的关系都发生了巨变，人处在其中早已不是在被动地接受来自精神、灵魂、理念层次的约束和指导，而是主动地用行动与实践动摇着他者的主体性，意义似乎不再重要了，感官经验才是鲜活而又真实的。在这里，"身体"是一个隐喻，标志着来自宏大的精神世界的理性秩序中的文化-伦理价值法则，在身体介入后，更多地成了细碎的、个人的、不断更新的、开放的感官经验。如果说在传统伦理秩序中，人们追求的文化价值是形而上的精神和灵魂的价值，树立这种价值意味着要对人进行精神层次的规范与教化，直至无视或取消身体，那么，在身体转向的文化时代，文化-伦理则从"理念"向人的身体全方位地渗入，是经验性的感受，来自感官的生命体验，而这种经验是难以用确定性的概念、语言界定/限定的，因为人与文化艺术、产品之间，以及艺术自身内部的关系都是开放的、不停生成的，所以它会导致文化伦理本身的去主体化、去轴心化。从而，当代文化的产业化、消费化和娱乐化，并不一定是伦理危机、价值缺失、道德崩塌，而是文化-价值的转向与嬗变。

肯定并尊重文化-价值的身体转向，并非也没有必要将身体、冲动、欲望、不确定性等提升到道德-伦理之上，而是在身体-感性的自我调适、自我训练中探索身体伦理、感性伦理，并使之与传统的精神-理性伦理统一起来，更多地关注人与文化、身体与意识的差异性和多样性。我们生活在约束型伦理与解放型伦理并存的时代，文化产业借用了约束型的传统文化资源，也收编了现代艺术反伦理、反理智、反审美甚至反文化的狂放姿态，但在把美感与格调、个性与风格、欲望与身体等转化为商品的同时，文化产业对于创新伦理、重建道德使命的完成度还有待提高。只有解决或参与解决这一人类文化的基础性难题，文化产业才能在未来文化系统中拥有广阔前途。

第三节 美化生命与世界

正如现代社会与现代人生一样，现代文化辉煌而伟大、复杂而分裂。"轴心时代"以来延续数千年的伦理规范、道德理想在 20 世纪遭遇严重挑战，使得如何生活成为一个问题。英国诗人托马斯·艾略特有一首诗叫《空心人》，说尽了现代人的无奈和绝望。

> 世界就是这样告终的
> 世界就是这样告终的
> 世界就是这样告终的
> 不是砰的一声而是一声抽泣。①

世界当然没有告终。正像贝克特在其荒诞剧中说的：可事儿还得继续下去。让生活继续下去，让生活多一些美，让艺术成为生活的一部分，这是人最深层的愿望，也是文化产业兴起的最好的、最必要的理由。

因为胡适的引介而在中国影响很大的美国哲学家约翰·杜威，是着力探索生活美化这一重大问题的现代哲学家，其名著《艺术即经验》一书以恢复审美经验与日常经验的连续性、使生活向艺术靠拢为主题。艺术即经验，经验是艺术的基础，任何人类行为都潜在地具有艺术特性。并不是任何经验都是艺术，手段与目的融合后的经验才是。只要手段与目的是分离的，人就无法得到这种真正的经验。真正的经验不是指人做了什么或追求什么，而是指人是怎样做的，

---

① 〔英〕T. S. 艾略特：《空心人》，见〔英〕T. S. 艾略特：《荒原：艾略特诗选》，赵萝蕤译，人民文学出版社 2016 年版，第 115 页。

它产生于做什么和怎样做之间的相互作用和相互协调的过程中。当人获得这种真正的经验时，他的劳动或生活过程就已经是艺术的了。不是为艺术而艺术，而是艺术为生活，艺术以想象的方式提高个人和全体人的精神生活，使经验成为它本质上应该成为的那种完美和愉快的样子。美不等同于日常经验，但又不是与经验无关，审美经验是从日常经验中升华出来和由正常经验转变而成的。一种正常的经验，要想成为审美经验，要具备强烈性、完整性、清晰性三个特征。但日常经验大多缺乏这三个特征，这就需要完成一种由日常经验向审美经验的转变，转变不是质的转变，审美经验也仍然是经验，只不过是达到顶峰的日常经验。完美的经验就是人们认真、热切、激烈地做某一事情的经验，在其中，绝对不带有任何被动的或不得已而为之的因素，没有僵化性，与此相反的则是松弛无力、无精打采、混乱不整，所做之事与所得到的东西不平衡的经验。所以取得审美经验的关键在于"做和经验之间的平衡"。两者达到了平衡，即使吹口哨和切菜这样简单的活动，其"做"的过程和形式也就变成了值得欣赏的对象，人们可以在具体的形式中感知到手段与目的、有用的东西与美好的东西的完美融合。审美经验就是经验的完美，当生活变得美好和强烈时，它就已经是艺术的了。不能说"生活"需要"艺术"，因为这样说意味着把生活与艺术割裂开来。如果艺术孤立于生活之外，它就失去了自己最基本的原料。艺术的独立就是艺术与生活的融合，真正的艺术绝不以取消人的正常趣味和活动为代价，而必须使这些趣味和活动得到非同寻常的满足。杜威认为，这是理应如此，而实际生活中，人们一般感知不到艺术从生物活动中演化出来，原因在于人的真实自然存在总是因文明被阻隔，他因此而背上沉重的包袱。为此，杜威建议我们不要拒绝人的内在自然，而是释放它；不要因为受到内在自然的操纵而感到不安和羞耻，而是十分高兴地拥有它和珍惜它，并让它达到对自身的赞美。

杜威把审美、艺术和生活经验联系起来，扩大了此前所有的艺术定义，以至于一些似乎与艺术毫不相关的事物和人类活动，现在都具有了审美性质。从此，审美与生活之间的距离开始消失，艺术被等同于生活的完美状态。他的思想直接影响了美国艺术家，他们把一种巨大的社会意识作为艺术工作的总目标。从 20 世纪 60 年代的学生运动开始，年轻的一代尝试建立一种审美文化，把本来是审美自律领域的"无目的的目的性"扩展到整个文化中，使之变成"有目的的无目的性"的东西，用审美原则改造思维方式、生活风格、道德准则和教育观念，部分实践了从席勒到杜威的构想，并启示了赫伯特·马尔库塞等人的"审美革命"的思想。这个时期的大部分艺术，都反抗分离艺术与生活的形式主义，它们都试图使伟大艺术回到人类日常生活中来，与生活交融一体。

这是宏伟的理想和可贵的实践，虽然杜威是"实用主义"者，但其论述仍重在对"经验"的阐释。在文化产业兴起之后，关于这个主题的论述更多地从生活方式、生产过程出发。德国哲学家韦尔施提出"超越美学的美学"理论来说明这一过程。在他看来，整个世界都在经历一个现实的非现实化，也即审美化的过程。所谓"审美"不是指美的感觉，而是指现实的虚拟性与可塑性，是整个世界的表象化。深层的审美化就是社会的美化，其基础是硬件与软件的位移。一是新材料技术特别是微电子学，可以将材料转变为审美产品。"从今日的技术观点来看，现实是最柔顺、最轻巧的东西。材料的更强的力度，亦是得益于柔软的、审美的程序。"①二是通过传媒建构现实。比如电视的现实是可以选择、可以改变的，也是可以逃避的。频道转换之间，消费者是在实践着现实世界的非现实化。韦尔施之所论，其实正是文化产业和文化科技的发展现状。我们的"文化+"，就是把艺术、审美的原理、要素、风格与物质、实体、经济、社会融合起来，不但推动产业升级和经济转型，而且使得我们生活的世界日益美化；我们所说的文化科技就是以更强有力的重塑力量和设计能力，重新安排自然与社会世界的一切，使之不但符合我们的目的，而且符合我们的审美。经济就是物质产品的审美化与经济眼前的现实。如此等等，都是与传统的、作为艺术标准的美不同的另一种美，这种美的实质，就是包括生产、生活在内在整个世界的人性化、自由化。

把这个问题说得更清楚明白的，是英国学者费瑟斯通所阐释的"日常生活审美化"理论。这一概念有三层含义。

其一是指艺术与生活的融合。第一次世界大战以来的先锋派和实验艺术挑战艺术作品的地位、取消艺术与生活之间的界限，为20世纪60年代的后现代艺术提供了策略。比如超现实主义打破艺术与生活的界限，说明最普通的消费品、大众文化的瓦砾也可以被美化并作为艺术；以杜尚为代表的20世纪60年

---

① 〔德〕沃尔夫冈·韦尔施：《重构美学》，陆扬、张岩冰译，上海译文出版社2002年版，第9页。

代的后现代艺术反对博物馆和学院中被制度化了的现代主义，消解艺术与日常生活之间的界限；以安迪·沃霍尔为代表的波普艺术，则显示了大众文化中的鸡毛蒜皮，以及那些低贱的消费商品如何一跃而成为艺术。费瑟斯通指出，达达主义、超现实主义和先锋派所使用的这些策略和艺术技巧，已经被消费文化中的广告和大众传媒所广泛采纳，其后果是，任何地方都可能出现艺术，任何事物也都可以是艺术。这样，"艺术与日常生活之间的界限坍塌了，被商品包围的高雅艺术的特殊保护地位消失了。这是一个双向的过程。首先……艺术已经转移到了工业设计、广告和相关的符号与影像的生产工业之中。其次，在本世纪二十年代以达达主义和超现实主义形式、六十年代又以后现代主义形式出现的艺术中，有一种内在的先锋式的动力，它试图表明，任何日常生活用品都可能以审美的方式来呈现"①。艺术产业兴起，艺术与其他行业的距离缩小乃至消失，艺术家在品位、视野上更加接近中产阶级。艺术不是"对资产阶级的震撼"，像先锋派所理解的那样，而是成为资产阶级的生活标准，艺术不是精英化而是更加职业化和民主化。

其二是生活向艺术的转化，形成了一种作为日常生活审美化原型的生活方式。无论是英国分析哲学家 G. E. 摩尔所说的人生之中最伟大的商品，即是由个人情感和审美愉悦构成的；还是英国作家王尔德所说的，一个理想的唯美主义者应当用多种形式来实现他自己，来尝试一千种不同的方式，总是对新感觉好奇不已。在费瑟斯通看来，这样一种不断追求新趣味、新感觉，不断探索新的可能性的脉络，就是从王尔德、摩尔、布卢姆茨伯里派（Bloomsbury Group）直至当代哲学家理查·罗蒂一脉相承下来的美好生活的标准，它们尤其鲜明地凸显在后现代理论之中。

其三是符号商品在生活中渗透。根据阿多诺的观点，商品的抽象交换价值与日俱增占据主导地位，这不仅是湮没了其最初的使用价值，而且是任意给商品披上一层虚假的使用价值外衣，这就是后来让·鲍德里亚所谓的商品的"符号价值"。图像通过广告等媒介的商业操纵，持续不断地重构着当代都市的欲望。所以"决不能把消费社会仅仅看作是占主导地位的物欲主义的释放，因为它还使人们面对无数梦幻般的、向人们叙说着欲望的、使现实审美幻觉化和非

---

① 〔英〕迈克·费瑟斯通：《消费文化与后现代主义》，刘精明译，译林出版社 2000 年版，第 36 页。

现实化的影像。鲍德里亚、詹明信所继承的就是这个方面。他们强调影像在消费社会所起的新的核心作用，也因此赋予了文化以史无前例的重要地位"①。费瑟斯通认为，对此现象的理论阐释，是由源自马克思异化-商品拜物教批判传统的卢卡契、法兰克福学派、瓦尔特·本雅明、亨利·列斐伏尔、波德里亚和詹姆逊等人完成的。除了本雅明和波德里亚的后期著作外，他们大多对此过程持批判态度，也导致有人从正面角度来呼吁艺术和生活整合为一，如马尔库塞的《论解放》（1969）和列斐伏尔的《现代世界中的日常生活》（1971）。

结合韦尔施与费瑟斯通的研究来看，艺术在摆脱了"美"的标准之后，成为人类生活世界的原则，所以艺术成为一种文化——一种生活风格、一种生产方式。与此同时，"……美学丧失了它作为一门特殊学科、专同艺术结盟的特征，而成为理解现实的一个更广泛、也更普遍的媒介"②。这样，艺术超越"审美"领域，或者说，美超越"艺术"领域，艺术与美涵盖了日常生活、感知态度、传媒文化以至整个生产和生活世界，此时的艺术、美已不是与日常生活隔离的"自律领域"，而是当代生活、工作和休闲的新的属性。韦尔施与费瑟斯通的研究路径是从（传统）美学到（当代）文化，我们非常高兴地看到，在路径不同且更为宽广的文化思想研究中，也有类似的理论，它们都指出了文化美化生命与生活的问题。

世界的文化就是以艺术、美为原则来重新构造世界的，这时的"艺术"就是文化产业的产品，而美则是重新定义的纯粹的快感和满足——"从严格的哲学意义上讲，现代的终结也必然导致美学本身或广义的美学的终结：因为后者存在于文化的各个方面，而文化的范围已扩展到所有的东西都以这种或那种文化移入的方式存在的程度"③。现代终结之后是后现代。就后现代取消了艺术与生活的界限而言，后现代是一场文化革命。此即美国社会学家贝尔说的：

> 新革命以两种基本方式早已开始。一是，艺术领域中获得的文化自治如今开始跨越边界进入生活舞台。后现代主义潮流要求以往在幻想和想像领域已经耗竭的所作所为，如今必须在生活中上演。艺术和

① 〔英〕迈克·费瑟斯通：《消费文化与后现代主义》，刘精明译，译林出版社2000年版，第98页。
② 〔德〕沃尔夫冈·韦尔施：《重构美学》，陆扬、张岩冰译，上海译文出版社2002年版，第1页。
③ 〔美〕弗雷德里克·詹姆逊：《文化转向》，胡亚敏译，中国社会科学出版社2000年版，第108-109页。

生活没有区别。艺术中许可的所有事情在生活中也被允许。

其二，曾经被小团体实践的生活方式——不管是波德莱尔对生活的冷面相对还是兰波的幻觉狂怒——如今被"大多数"复制（当然在社会中仍是少数人，但就数目而言并不少），并控制了文化场域……曾经局限于小范围精英之内的波希米亚生活方式，如今被大众媒体的巨大屏幕展现出来。[①]

既然艺术已经扩展到人类生活的所有方面，那么，这种艺术也就不再是传统意义上的"创作"，而是一种日常行为，艺术与非艺术、反艺术合而为一。詹姆逊明确地指出："在 19 世纪，文化还被理解为只是听高雅的音乐，欣赏绘画或是看歌剧，文化仍然是逃避现实的一种方法。而到了后现代主义阶段，文化已经完全大众化了，高雅文化和通俗文化，纯文学与通俗文学的距离正在消失。商品化进入文化意味着艺术作品正成为商品。"[②]这样，不但艺术终结了，传统形式的文化也终结了。在经济富裕、政治民主的当代社会，人们需要重新设计自己的生活，追求质量、品位、个性和风格。艺术的生活化、人生的艺术化等古老理想通过文化产业得到部分落实。文化不再是传统意义上的文化，而是新的社会原则、生活方式，文化产业也就成为当代经济社会的支柱产业。

第四节　凝聚群体与社会

文化领域是美学的领域、意义的领域。英国文化研究的主要理论家霍尔的贡献之一，是提出并论证了文化的"意义"概念。根据他的观察："在社会和人文科学中，尤其在文化研究和文化社会学中，现在所谓的'文化转向'倾向于强调意义在给文化下定义时的重要性。这种观点认为，文化与其说是一组事物（小说与绘画或电视节目与漫画），不如说是一个过程，一组实践。文化首

---

① 〔美〕丹尼尔·贝尔：《资本主义文化矛盾》，严蓓雯译，江苏人民出版社 2007 年版，第 54 页。引文中的兰波，是 19 世纪的法国诗人。

② 〔美〕弗雷德里克·杰姆逊：《后现代主义与文化理论——杰姆逊教授讲演录》，唐小兵译，陕西师范大学出版社 1986 年版，第 129 页。

先涉及一个社会或集团的成员间的意义生产和交换，即'意义的给予和获得'。说两群人属于同一种文化，等于说他们用差不多相同的方法解释世界，并能用彼此理解的方式表达他们自己，以及他们对世界的想法和感情。文化因而取决于其参与者用大致相似的方法对他们周围所发生的事作出富有意义的解释，并'理解'世界。"①不是事物"自身"拥有一个单一的、固定的、不可改变的意义，而是文化的参与者赋予人、客观事物及事件以意义。文化就是生产、传播与消费意义的过程与实践，参与这一过程和实践，个体即被整合进"我们"之中。其一，意义就是对我们是谁，或我们"归属于"谁的一种认知的东西，文化在区分诸群体之间标出和保持同一性，进而在诸群体间标出和保持一定差异。其二，意义持续不断地在我们参与的每一次个人及社会的相互作用中生产出来，并得以交流。其三，意义规范和组织我们的行为和实践，它有助于建立起使社会生活秩序化和得以控制的各种规则、标准和惯例。孔子早就说过"诗可以群"，即指诗歌可以起到使社会人群交流思想感情、协和群体的作用。通过宗教、文艺、伦理等象征性的表现方式，给人类生存提供一种超越性的信仰，使之成为一种将整个社会凝聚起来的道德纽带。下面我们从中西方历史上各举一例予以说明。

陈寅恪先生认为，北魏末期宇文泰凭借原属北魏的六镇一小部分武力，西取关陇，与山东、江左鼎立而三。然而，在物质上，其人力物力皆不及高欢北齐所统辖的境域；在文化上，魏孝文帝以来的洛阳及继承洛阳的北齐邺都，其典章制度，实非历经战乱而荒残僻陋的关陇地区所可并比，至于江左，虽然武力较弱，却是神州正朔所在，且梁武帝时正是江南政治相对稳定，经济文化较为发达时期。陈寅恪提出：

> 宇文泰率领少数西迁之胡人及胡化汉族割据关陇一隅之地，欲与财富兵强之山东高氏及神州正朔所在之江左萧氏共成一鼎峙之局，而其物质及精神二者力量之凭藉，俱远不如其东南之敌，故必别觅一途径，融合其所割据关陇区域内之鲜卑六镇民族，及其他胡汉土著之人为一不可分离之集团，匪独物质上应处同一利害之环境，即精神上亦

---

① 〔英〕斯图尔特·霍尔：《表征：文化表象与意指实践》，徐亮、陆兴华译，商务印书馆2005年版，第2页。

必具同出一渊源之信仰，受同一文化之熏习，始能内安反侧，外御强
邻。而精神文化方面尤为融合复杂民族之要道。①

此即陈寅恪先生所说的包括物质与文化两方面的"关中本位政策"。在物
质方面是兵制，即建立府兵，改易府兵将领的郡望与姓氏，并命府兵军士改从
其将领之姓。在文化方面是官制，"要言之，即阳傅《周礼》经典制度之文，
阴适关陇胡汉现状之实。内容是上拟周官的古制"②。所谓"关陇胡汉现状之
实"，即是以胡族和胡族文化为主。广义地说，"关中本位政策"中的改易氏
族，也是一种文化行为。正是凭借这一政策，关陇集团成为西魏、北周、隋和
唐初的政治核心，并创造了中国文化的鼎盛期。据陈寅恪分析，李唐一族之所
以崛兴，"盖取塞外野精悍之血，注入中国原文化颓废之躯，旧染既除，新机
重启，扩大恢张，遂能别创空前之世局。故欲通解李唐一代三百年之全史，
其氏族问题实为最要之关键"③。陈寅恪所说的"氏族"，其意在文化而不在
血统。

中国如此，西方也不例外。公元 500 年，亡于蛮族的西罗马由不同的蛮族
国王统治着，不列颠的盎格鲁-撒克逊人中断了与大陆的联系，法兰克人占据了
高卢，勃艮第人据有萨瓦，西哥特人成了西班牙的主人，汪达尔人定居非洲，
东哥特人定居意大利。这些蛮族虽然侵入并消灭了罗马帝国，但罗马人在数量
上要比占领军多好几倍，因此能否把日耳曼人与罗马人整合到一个国家，在很
大程度上影响着这些蛮族王国的命运。这一整合的困难在于，罗马人大多信仰
正统教派，而蛮族地都是阿里乌教派（the Arians），而能否实现宗教-文化上
的融合又是国家整合的基础。占领意大利的是东哥特人，其统治者狄奥多里克
比法兰克国王更文明、更智慧，他依靠罗马的行政人员来管理先前的政府机器，
意大利人继续生活在罗马官员管理的罗马法律之下。东哥特人独立于罗马人之
外，生活在本种族伯爵的统治之下，信仰阿里乌教派且对罗马人的正统基督教
派信仰表示宽容。在意大利，东哥特人的作用只是纯粹的军事保卫。这种双重

① 陈寅恪撰，唐振常导读：《唐代政治史述论稿》，上海古籍出版社 1997 年版，第 15 页。

② 万绳楠整理：《陈寅恪魏晋南北朝史讲演录》，黄山书社 1987 年版，第 317 页。

③ 陈寅恪：《李唐氏族之推测后记》，见陈寅恪：《陈寅恪文集之三　金明馆丛稿二编》，上海古籍出
版社 1980 年版，第 344 页。

责任体制意味着文化与国家的分裂，不管狄奥多里克的统治多么温和和宽容，主教和当地民众总是用敌对的眼光看待他。552 年，东哥特人被拜占庭军队完全征服，作为独立的民族消失在历史之中。西班牙的西哥特王国也面临着西哥特人与西班牙-罗马人在宗教信仰上的不同，利奥维吉尔德国王（572—586 年在位）曾试图把正统基督教主教们改宗为阿里乌教派，结果是激起了叛乱。其子雷卡尔特（568—601 年在位）采取相反的政策，他接受了罗马臣民的正统基督教，两个民族逐步融合。主要是因为君主制的不稳定性，西哥特王国于 711 年亡于穆斯林的征服。

所有定居在罗马帝国西部土地上的日耳曼民族中，只有法兰克人幸存下来，并建立了一个持久的国家。其中重要的原因是只有在高卢地区，日耳曼文化与罗马文化在某些类似平等的条件下融合起来。公元 495 年的基督教世界中没有一个主要的统治者与教皇信奉同一教派，所有的东日耳曼国王都是阿里乌教派，法兰克人也仍然是异教派，拜占庭皇帝因一次教派分裂而与罗马教皇分离。这时有一个关键人物出场了，这就是后来墨洛温王朝的开创者克洛维。据说，在一次关键的战役中，克洛维向基督教的神祈祷后，获得大胜。他立即宣布，他与三千武士一起接受基督教。尽管他的皈依更多流于形式，但"这一事件的深远价值在于，它为全体法兰克民族在下一世纪通过基督教主教和传教士真心皈依打开了通路。至于直接的影响，即对正统教义的接受，给克洛维带来了明显的政治上的好处，他当然极为敏锐地注意到了这些有利条件。当时整个信仰正统基督教的高卢南部，被一个信仰阿里乌派的西哥特统治者所占领。能够预料，人民和其主教们将欢迎并与一位能以解放者姿态出现的有正统信仰的国王合作。因此在 507 年，克洛维宣布道：'我很难过，这些阿里乌派教徒占据着高卢的一部分地区。让我们靠着上帝的帮助，去征服他们。'他在普瓦捷南面几英里处取得了巨大胜利，而西哥特人被赶出高卢，进入西班牙"[①]。克洛维之后，罗马教皇制与本笃会修道制结合，西欧在法兰克王国和拉丁教会的基础上实现了统一。

差不多同时，北魏-隋-唐的连续性帝国得以开创，克洛维奠定了法兰克王

[①]〔美〕布莱恩·蒂尔尼、〔美〕西德尼·佩因特：《西欧中世纪史》第六版，袁伟伟译，北京大学出版社 2011 年版，第 70 页。

国-查理曼帝国的基础。政治、军事、经济之外，文化整合在其中发挥了重要作用。应当说，中外历史上一些伟大的政治人物，一些重大的政治成果，都程度不同、方法不同地用文化来整合群体、凝聚意志。在当代世界，文化已成为综合国力的必要组成部分，全球竞争包含着文化竞争。这具体表现为三种形式。

首先，文化作为一种认同方式，是国家建构的必要途径。文化与政治意义上的民族国家既不等同又相互交错。德国诗人歌德担心德意志的统一可能危及文化的多样性，当代英国社会学家鲍曼则一再论证现代国家的建构过程同时也是排他性的文化统一过程，他们都指明了国家不仅仅是政治实体和暴力的合法使用者，而且也是一个文化单元。国家力量的形成及其实施首先需要作为个体的国民服从国家价值观，使整个社会具有较高的凝聚力、整合力和导向力，从而达到民族融合、国家统一以及社会稳定。现代国家的建构过程一再表明，文化传统在凝聚人心、鼓舞士气、振奋精神、激励斗志等方面的作用至关重要。文化既促成国家意志和主流意识形态的建构，又作为国民表达政治意向、实现政治参与的载体；现代政治实践在维持强大的国家机器的同时，也越来越多地通过宣传与推广特定的生活方式、世界观与价值观、信息等文化方式来完成。当 18 世纪末德国浪漫派以德意志文化的特殊性反对法国启蒙主义的普遍主义时，他们关注的其实是德意志民族的政治命运；当 19 世纪的英国批评家阿诺德以文化反抗无政府主义时，其前提是国家权力的基础不是在自我中而是在文化中。当代学者本尼迪克特·安德森的研究发现，民族"是一种想象的政治共同体"，使这种想象成为可能的首先就是文化：宗教、政治王朝、人们理解世界的方式（比如时间观念）、书籍（包括报纸等）等等。[①]所以，文化与国家的关系，既不只是文化现代性所主张的文化是一个超越并批判世俗权力的相对独立领域，也不只是一般所理解的文化服从于国家整体利益，真正重要的是，文化使国家成为可能，没有脱离文化（以及经济）的抽象国家。人们正在根据文化传统重新界定自己的身份，文化利益成为国家利益的核心，文化主权构成国家主权的一部分，文化成为国际竞争的力量之一。

其次，文化作为一种"软实力"，是国家竞争的重要资源。自从美国学者

---

① 〔美〕本尼迪克特·安德森：《想象的共同体：民族主义的起源与散步》，吴叡人译，上海人民出版社 2003 年版。

小约瑟夫·S. 奈提出"软实力"（soft power，一译软权力、软力量）概念之后，有关"软实力"的问题就一直为政学两界所重视。相对于以强制（大棒政策）和援助（胡萝卜政策）方式发挥作用的军事、经济等"硬权力"（hard power），"软权力"是指以"吸引"的方式发挥作用的权力，包括对他国有吸引力的文化、在国内和国际上都得到遵循的政治价值观、被视为合法并享有道德权威的外交政策。[①]就其起源而言，"软实力"是在全球化时代民族国家竞争的语境中提出的，有着浓厚的西方中心主义色彩。19世纪以来，西方国家之所以在很大程度上主导全球进程，固然是基于强势政治、经济、军事和科技力量，同时也是理性、民主、人权、自由等价值观的吸引力、强劲势头及其荣誉的反映。20世纪末，从后共产主义的东欧到后官僚威权的拉美国家，从最贫穷的赤道非洲到新富有起来的工业东亚，都踏上了民主的进程。非民主或反民主的政体并未退出历史舞台，但在道义上，却难再理直气壮。这固然是各个国家人民的自我选择，同时也是西方文化软实力的效果之一。与"硬实力"比较，"软实力"是更根本、更深层、更持久的力量，具有中国古人说的"不战而屈人之兵"的功效。我们当然不能认为民主只是西方国家的意识形态，不能否认后发现代国家面临的建设民主政治的深切愿望，但在西方国家全力推进"民主化"的过程中，又确实包含着西方权力的扩张。易言之，西方文化不但包含着西方权力，它本身就是西方权力的一部分。因此，跨国文化交往的过程也是国家软实力的竞争过程。

最后，文化作为一种产业，是推动国家发展的重要力量。文化产业与传统文化的重大区别在于，它不只是特定传统中人们的态度、价值观、信仰及其行为模式，而且具有明确的经济利益和政治效果。通过文化产业，文化实现了从精神价值、意识形态等抽象的、信仰的层次向世俗的、物质的领域延伸，越来越多地具有物质商品的形态，"心""物"难分难解，文化不再是社会政治经济之外的"飞地"或孤立绝缘的自律领域，不再只是地方风习、民族惯例，它同时也是技术、娱乐与服务，也是一种商品、一种经济，是社会生产力和财富源的组成部分。作为国际贸易的重要组成部分，文化贸易不仅带来了巨大的经

---

① 关于小约瑟夫·S. 奈的论述，参见单世联：《文化大转型：批判与解释——西方文化产业理论研究》上，中国社会科学出版社 2017 年版，第 13 章第 4 节。

济效益，其承载的一国文化影响力也随着文化产品市场占有率的扩大而增强。西方的影像产品、动漫、通俗文艺、美食、时装、广告等在渗透到世界各个角落并攫取高额利润的同时，也诱导世界上所有人接受西方文化，而非西方国家也竭力发展自己的民族文化以对抗西方的价值观和生活方式。文化产业以其巨大影响力有力地参与到当代的国际竞争之中。

当代文化研究的主题之一，就是文化与包括国家在内的共同体的认同方式，与国家、民族、地区的综合实力的内在联系。这一联系的基础，就是文化塑造了一个国家、一个民族、一个社群的整体性生活方式。

文化产品的社会效益包括增进知识、培育道德、美化生活和凝聚群体四个方面。但有效益并不意味着有好效益。古今中外，都有一些文化产品，或没有给我们带来新知，甚至还提供虚假信息、歪曲历史真相；或没有蕴含正面的道德理想，甚至包含着黄赌毒方面的劣质内容；或没有美的品质，甚至以丑为美、以"俗"为美；或缺少整体关怀，宣扬赤裸裸的个人主义或暴力倾向，不利于社会建设和国家整体利益。因此，文化产品的社会效益有两种形式，一种是"正效益"，即增进知识、培育道德、美化生活和凝聚群体；一种是"负效益"，即不能实现上述目标，甚至是走向反面。

这也就是说，文化产品的社会效益是多种多样的。文化史一再告诉我们，我们相信繁荣的文化生活、丰富的文化产品有助于社会的和谐稳定，也能够解决现代人的心灵或社会问题，我们同时也看到，当代文化的社会效益需要进一步提升。文化产业生产符号性商品或文本性商品，其产品及效益多种多样，不同的文化产品可以有选择地追求某一方面的社会效益。当我们说"坚持社会效益优先"时，是指正效益，是指我们要警惕、反对、抵制各种负效益。当然，文化产品的社会效益与产品本身相关，也与社会环境、时代气氛、受众接受有关。如何确保文化产业实现其正效益，那是本书后面要研究的问题。

第七章

辩证两种效益的"关系"

　　社会是一个整体，经济行为原本就是社会生活总体的一部分。19世纪以来人类学、社会学和历史学的研究一再表明，原始社会中的交换行为同时具有法律的、宗教的、道德的、美学的意义。卡尔·波兰尼总结说："最近历史学及人类学研究的重要发现是，就一般而言，人类的经济是附属于其社会关系之下的。"[1]只是在17世纪中叶资本主义生产方式生成之后，财富生产和分配才成为一个相对独立的领域，经济才拥有其自身规律并对整个社会发挥着制约作用。2011年，英国学者艾伦·麦克法兰在清华大学讲演时认为："市场资本主义是一个集态度、信仰、建制于一身的复合体，是一个寓经济和技术于其中的大网络。这个体系……最核心的表征是让经济分离出来，成为一个专门的领域，不再嵌于社会、宗教和政治之中。"[2]文化与经济的相对独立，其后果一方面是文化与经济分别积聚演化的动力并获得更自由的发展空间，另一方面则是从马克思主义、浪漫主义到当代批判理论等所着力揭露的劳动异化、社会分裂、价值危机等。无论是文化还是经济，其即使在独立之后，也仍然服从于作为整体的人的、社会的需要。所以，现代文化与经济的分裂，始终是一个需要克服的历史遗憾。从根本上说，文化产业社会效益与经济效益的矛盾，不过是现代经

---

　　① 〔英〕卡尔·波兰尼：《巨变：当代政治与经济的起源》，黄树民译，社会科学文献出版社2013年版，第113页。

　　② 〔英〕艾伦·麦克法兰主讲：《现代世界的诞生》，刘北成评议，上海人民出版社2013年版，第57页。

济"脱嵌"于社会生活整体的一种反映，而提倡并实践"坚持把社会效益放在首位、社会效益和经济效益相统一"的发展原则，则是维护社会生活的整体性、人类生活的丰富性和文化产业健康发展的重要举措。

第一节　从市场-伦理的关系说起

文化产业的构成包括当代社会的多种力量和各方因素，其中最突出、讨论最多的无疑是文化发展和经济转型所导致的文化与经济的融合；文化产业的效果多种多样，其中最显著的是它的经济效益。文化产业是在市场上实现其经济效益的，文化产业经济效益与社会效益之间的关系，很大程度上就是市场与伦理的关系问题。问题有两方面。

我们确实要看到，市场体制与社会伦理有其不同的性质与逻辑。市场关系就是交换关系，它通过满足人的某一方面的需要而实现，商品交换的过程无意改变人心、人性。文化的主题是人，是人类生活，它通过创造真、善、美三大价值来陶冶人心和推动社会发展，最终实现个体与社会整体的和谐进步和向善向美。在这种意义上，文化产业的两种效益是有矛盾、有冲突的。19 世纪以来，文化理论的主题之一，就是批判市场体制对文化艺术的伤害乃至摧残。

但另一方面，市场体制作为现代经济体制，最大限度地激活了经济发展。满足消费者的需求，改善消费者的经济生活，是现代社会的一项重大成就。在提供文化产品与服务、满足消费者的文化需求的同时，也能实现经济效益，这正是文化产业不同于传统文化的特点和优势所在。所以不能简单地指责文化产业对经济效益的追求。在不违背国家法律和社会伦理、符合市场规律的条件下，文化经济有广阔的发展空间。而且，文化经济因其所内含的人文价值和社会关怀，无论如何都体现着经济发展与社会整体利益在更高层次上的关联。

所以，讨论文化产业社会效益与经济效益的关系，必须讨论市场与伦理的关系。经济的市场逻辑并非简单的利益交换，由于交换是在买卖双方实现的，因此市场逻辑具有规范人的行为的效果，即以利人之行达到利己之心。从经济学上说，几乎所有人都以自我为中心（self-centered）。但现代市场经济的特点在于，以自我为中心的个体，通过市场交易，可能实现更为积极的社会效益。对此，亚当·斯密以来的经济学家多有论述。其中以当代经济学家艾伯特·奥·赫希曼的论述最有精意。以"欲望"与"利益"的区分为基础，赫希曼认为，资本主义是欲望的释放，但这不是因为新教伦理，而是因为资本主义思想家以"利益"取代"欲望"。从古希腊到中世纪的文化思想中，并无"利益"和"欲望"之分，但基督教的早期教父奥古斯丁对权力欲相对宽容，认为它对"荣誉"和"公共美德"的追求可以抑制一些罪恶。此论一方面在基督教时代得以发扬光大，另一方面又曲折与现代的欲望制衡理论相通。中世纪的骑士内外弘扬了为荣誉和光荣而奋斗的精神，文艺复兴时期的主导观念也是对荣誉的追求。然而，这一理想在现代之初经历了一个迅速的转换,现代的诞生伴随着"英雄的毁灭"："在塞万提斯（Cervantes）将英雄主义的激情贬为愚蠢之物（即使不是精神错乱）之后，拉辛（Racine）又将其描述为对人格的侮辱。""所以，英雄主义理想的毁灭，只能恢复耻辱式的平等，即奥古斯丁所指的赋予对金钱的热爱、对权力欲和荣誉欲（更不用说正当的欲望）的平等。事实上，不到一个世纪，攫取欲和与之相关的活动，例如，商业、银行业，最后是工业，由于种种原因得到了普遍认可。"①现代世界始于对"作为真实自我"的"人"的发现，即人是永不安宁的、充满欲望并受欲望驱使的动物。从文艺复兴到17世纪，人们不再相信可以用道德教化式的哲学和宗教戒律来约束人的破坏力，因此需要探究关于真实人性的知识，以寻找约束人性的新方法。作为对宗教律令或地狱惩罚的替代，有三种方式：一是压制和约束，即国家以暴力手段阻止欲望的最坏表现形式和最危险的后果。加尔文主义即主此论。但这只是逃避已经发现的困难而不是解决困难，实际上仍然是中世纪的解决方式。二是驯化和利用，即驯化人欲使之向普遍福利转换的方式。培根、维柯、伯纳德·曼德维尔等人提出了这个观点，但他们所说的转换的过程像炼丹术一样神秘，不能落实为一套可以确定的制衡欲望的制度。②三是从欲望中分析出"利益"的概念，使之与"欲望"相对并制衡欲望。对"欲望"与"利益"的区分及其关系的确定，是 17

①〔美〕艾伯特·奥·赫希曼：《欲望与利益：资本主义走向胜利前的政治争论》，李新华、朱近东译，上海文艺出版社 2003 年版，第 5 页。

② 司马迁已经注意到欲望的历史性："夫神农以前，吾不知已。至若《诗》《书》所述虞、夏以来，耳目欲极声色之好，口欲穷刍豢之味，身安逸乐，而心夸矜势能之荣，使俗之渐民久矣。虽户说以眇论，终不能化。故善者因之，其次利道之，其次教诲之，其次整齐之，最下者与之争。"（《史记·货殖列传》）

世纪、18 世纪若干伟大思想家的观点，社会契约、权力分立等重要学说都是制衡欲望的一种策略。

这是一个历史过程。16 世纪以前，西方传统对人类行为动机的分析只有"理性"和"欲望"两个范畴，英国胡格诺派（Huguenot）教徒、政治家亨利·德·罗昂公爵在《论君主利益与基督教国家》一书中，有"让君主支配人民，让利益支配君主"的名言，首先把"利益"从"欲望"中析出，并提出利益与欲望二元对立的观点。"利益"（interest/intérêt）一词常常在一个非常广泛的意义上使用，只是在经过了一个演变过程之后，"利益"被狭义化为对物质经济利益的追求，并在 17、18 世纪成为解释人类行为动机的第三个范畴。

> 自柏拉图以来，谁也不去解释利益一词在欲望与理性这两类范畴之间所占的地位，欲望与理性这两类范畴一直主宰着对人类行为动机的分析。然而，恰恰因为利益一词与传统的欲望和理性二元对立的背景相左，第三类范围在 16 世纪末和 17 世纪初的出现才能够为人们所理解。一旦人们认为欲望具有破坏性且理性是无效用的，那种相信能够用欲望或理性来全面解释人类行为的见解就意味着一种对人性过于沮丧的看法。所以，把利益概念置于关于人类行为动机的欲望和理性这两个传统范畴之间，这为解释人类行为带来了一线希望。实际上，利益这一概念被看成兼具欲望与理性这两个范畴各自优良的秉性，欲望与理性这两个范畴是被理性所强加和容纳的"自利"的欲望与由"自利"的欲望所给予指导和赋予力量的理性。人类行为的这一最终混合形式，被认作是既消除了欲望的破坏性，也克服了理性无效用的缺点。[①]

这就是说，对利益的追求，是一种经过理性权衡的欲望，它不是一种邪恶的欲望，而是一种可以用来压制欲望的欲望。"利益"作为人类行为的支配性动机，使欲望成为融入"理性"的欲望，使理性成为有"利益"驱动的理性。此论始于马基雅维利，而由孟德斯鸠、密尔等人发扬光大。孟德斯鸠在《论法的精神》中有这样的名言："幸运的是人们处于这样的境况中，他们的欲望让

---

① 〔美〕艾伯特·奥·赫希曼：《欲望与利益：资本主义走向胜利前的政治争论》，李新华、朱近东译，上海文艺出版社 2003 年版，第 37 页。

他们生出作恶的念头，然而不这样做才符合他们的利益。""哪里有商业，哪里就有温和得体的风俗"，①此论意在强调"利益"具有使"贪婪变得无害"的功能。综合 17、18 世纪思想家的论述，赫希曼认为，不同于"欲望"的不可预见性和多变性，"利益"具有可预见性与恒久性的优点；不同于"欲望"的贪婪与狂暴，"利益"是无害的、温和的，所以受"利益"驱使的行为胜过受"欲望"引导的日常行为。所以欲望是有害的，利益是无害的，资本主义的成功在于通过追求温和、无害的"利益"来控制住"欲望"的罪恶。如此，则资本主义的市场逻辑其实是有社会效益的。

这或许就是资本主义之于人类文明的创新性贡献。在市场经济已经成为全球主导性经济体制的今天，我们完全可以就市场与伦理的关系进行逻辑分析。其一，市场与伦理一样都假设自我中心。就市场而言，"市场逻辑"的含义是，为了满足自己的需要，首先必须满足别人的需要，满足别人的需要是满足自己需要的手段。通过等价交换，每个人获得的利益正好等于他所让渡的利益，利己和利人在价值量上相等，利己等于利人。这就是说，市场的逻辑调和了利己与利他。就道德而言，人有同情心，即使最坏的人也有同情心。同情心就是设身处地理解他人的心理能力，人同此心，心同此理，这就有了"己所不欲，勿施于人"这一道德的起点。同情心的特点是围绕自我而展开，同情心的大小，一是与物理上的距离有关，二是与生理上的距离有关。看到亲人去世，比看到外人去世时的同情心要大；看到猴子被杀，比看到蚂蚁被杀时的同情心要大。这就是说，同情心是建立在自我中心的基础上的，儒家伦理体系从孝悌扩展到宗族、国家，现代爱国主义首先是对自己所在国的爱。所以，无论从市场还是从伦理来看，利己与利他、自私心与同情心并不一定矛盾，双方有兼容自洽的一面。市场体制利用人的自私心，鼓舞竞争提高效率，创造财富满足需要，不但维持了生命而且使人类过上更好的生活，这本身就是一种道德行为。进而，市场经济使道德交往的范围扩大，更广泛的交流利于建立普遍的道德体系和准则。人们的同情心和对公平正义的要求这些进化而来的道德情感会被更有效地激发，监督促使企业、个人更注重道德形象，并投身于社会公益事业，用短期

---

① 转引自〔美〕阿尔伯特·赫希曼：《欲望与利益：资本主义胜利之前的政治争论》，冯克利译，浙江大学出版社 2015 年版，第 68、54 页。

利益来换取道德形象从而谋取长期利益。亚当·斯密认为，人与生俱来就有以自我为中心的偏见，离自己越疏远的人或事，自己就越不在乎："让我们假设，那个伟大的中华帝国，连同其亿万民众，突然被一场地震吞没，让我们思考一下欧洲一位颇具人性的人，他与世界的那部分毫无关联，他在得知这一可怕的灾难时将会受何影响。据本人想象，他首先会对那一痛苦民族的不幸表示悲伤，他将对人生朝不保夕的变幻莫测，对顷刻间即可荡然无存的人类劳苦之虚幻无益，做出许多忧伤的反应……当所有这些慈悲为怀的情感得到完美表达时，他将转而去关注自己的事业或快乐，或同样心安理得地去休闲消遣，似乎这种意外事件根本没有发生。而那些可能发生在他头上的哪怕极其无关痛痒的灾难，却会使他感到一种更加实际的不安。"①自私心有其合理性，但这种自我中心的天性会妨碍人做到客观与公正，而当一个人只生活在封闭的只有亲友私人关系的小社会中时，此人自我中心的偏见更易受到亲朋好友的纵容；相反，在商业社会中，每天都不得不与众多陌生人交易接触或擦肩而过，在这种互动环境的长期熏陶下，自我中心的偏见更易得到收敛甚至矫正。这就是说，市场不仅具有利用自私以达到公益的一面，还有克服自私性增进道德的一面。

其二，市场与伦理一样都以诚信为基础。市场经济起源于互通有无、互利互惠的社会需要，它内在地具有强迫参与者采取符合道德策略的压力。广泛深入持久的合作，本身正是道德得以进化而来的重要条件，越是高度发展的自由市场经济，对参与经济活动者的道德要求就越高，就越强烈地要求参与者信守承诺，就越强烈地要求参与者能够帮助解决他人的需求，就越是奖赏遵守道德准则的游戏参与者，惩罚那些不道德的交易方。至少从长远看，在市场中一个人能持久致富，一定是靠诚实守信，而不是靠坑蒙拐骗。孔子早就说过："富与贵，是人之所欲也；不以其道得之，不处也。贫与贱，是人之所恶也；不以其道得之，不去也。"②追求富贵不能损害道德，这就是君子爱财取之有道的观念。就商业行为而论，司马迁也指出："廉吏久，久更富，廉贾归富。"③这就是说，经商就如同做官，廉而能久，久而更富。竞争中只有着眼于长远利益

① 〔英〕亚当·斯密：《道德情操论》，宋德利译，译林出版社 2011 年版，第 131 页。

② 张燕婴译注：《论语》，中华书局 2006 年版，第 42 页。

③ 司马迁，周宇澄选注，梁建邦、张晶校：《广注史记精华》，商务印书馆 2013 年版，第 259 页。

的人，才能够真正赚钱，所以市场经济里的人特别注重自己的名声。如果经商只是欺诈，规则无人遵守，则市场的运行将无法展开。道德能降低交易成本，让更多的人能专注于生产，市场的运作效率才会更高。这一点，早已为现代经济实践所证实。

其三，市场与伦理一样都以公平为原则。市场给每个人发财致富的机会，只要你为别人创造价值。一般来说，健全的市场中谁赚钱最多，就是提供服务最多的人，就是最大程度地满足别人需要的人。给别人带来的幸福越多，赚的钱就越多；带给别人的幸福越少，赚的钱就越少，这就是市场的逻辑。通过给别人带来幸福从而使自己变得幸福，这是公平的行为，是合乎伦理的行为。市场经济需要道德基础，但这一道德只能在市场中实现和找到，也可以反过来说，道德需要建立在市场的基础上，即建立在公平的基础上。市场制度之所以能够创生道德，根本原因在于道德只有在社会性的交往中才能实现，孤独的个体无所谓道德，而市场则是现代社会交往最基本的形式，以公平为原则的市场交易是相互平等、相互尊重、相互满足的主要途径之一，也是检验个体道德的主要方式。

我们强调市场与道德的统一性，并不是说所有的市场行为，特别是尚处初级阶段的市场行为都是合乎道德的，而是说，市场与道德并不对立。一些企业、一些企业家也确有自私贪婪、不择手段、不计后果和各种形式的道德冷漠感，也确有一些企业和企业家遵循"强盗的逻辑"和弱肉强食的丛林法则。正因此，我们才需要建立完善的法律体系和实行政府对各种经济主体的管理，才需要提倡并践行社会主义核心价值观指导下的市场道德、市场伦理，如此双管齐下，从而使"市场的逻辑"得到全面的贯彻。

这一点，因为文化市场的复杂性而更为必要。在有关文化市场的讨论中，一些市场体制的肯定者、辩护者，认为市场具有"价值中立"性。他们认为文化市场确实存在品质下降、趣味低下的现象，但原因不在市场，因为市场是非价值性的，自由市场从本质上说与价值无关。美国学者恩斯特·范·登·哈格就这样认为：

> 市场确实会对可以交易的东西——这也基本就是世界上一切东西了——设定一个价格。这一市场价格取决于供给与需求，而与精神或美学价值无关。而且，市场使所有东西从经济角度看都可以互换，尽

管从精神或美学的角度看它们是独一无二的。教授也可以标定市场价格（就是他们的收入水平），而他们写的书可能是畅销书，也可能不是畅销书。如果是畅销书，教授的市场价格就会上涨。但知识分子对于不得不依赖市场非常不满。有些（通常是市场价值比较低的）知识分子觉得自己被化约为市场的价值，自己没有被当做一个人和一个知识分子看待……

然而，产生"人被化约为商品"的感觉，其实是不公道的。毕竟，化学界研究物质的化学成分，并没有把这些物质化约成化学成分。医生观察病人身体的官能，也并没有把病人化约为身体的官能。因此，市场可能会评估出东西或人的市场价值，而这并不意味着把这些东西或人化约为该市场价值本身。①

同样，批判者认为市场广告行为扭曲人的欲望。辩护者认为，广告不具有这样大的力量，我们不是孩子，不会盲目地听从权威播音员的指令奔向商店购买肥皂，况且，广告本身完全是中立的工具，汽车广告告诫美国人开车时不要喝酒，而威士忌酒广告则提醒美国人不要喝酒时开车。广告可以用来传播各种相互冲突的信息，因此也助于大为相异的种种欲求的发展，它并不只有一种效果。总之，辩护者认为，在市场上，文化商品与其他商品一样只是商品，知识分子与其他人都是市场参与者。市场不会对文化商品或知识分子情有独钟，也不会故意贬低文化商品、打压知识分子。辩护者所指的市场不涉文化价值，并不意味着市场没有文化创造："资本主义的特征并不是大众低劣的趣味，而是因为，资本主义使大众富裕起来，成了文学的'消费者'——当然，也只能是垃圾文学的消费者。书籍市场上充斥着的是给半野蛮人写的毫无价值的东西。但这并不妨碍伟大的作家创作出不朽的作品。"②事实上，从19世纪到20世纪，市场体制下诞生了无数名篇杰作和伟大艺术，我们不能因为知识分子的批判就否认市场的公平性。

市场以公平自由为原则，进入市场的是自利的个体，所以市场是根据自利

---

① 〔美〕恩斯特·范·登·哈格：《知识分子对资本主义的敌意》，见〔英〕F. A. 哈耶克、〔英〕罗伯特·诺齐克：《知识分子为什么反对市场》，秋风译，吉林人民出版社2003年版，第135页。

② 〔奥〕路德维希·冯·米塞斯：《官僚体制·反资本主义的心态》，姚中秋译，新星出版社2007年版，第164页。

的原则运转的。这当然受到批判。但辩护者认为，对谋取利润的自私动机的指责植根于一种宗教伦理：无私地致力于他人的福利要比寻求自己优先权的人高尚。经济学家乔治·斯蒂格勒认为，重视他人的利益，不是良好的社会的唯一性质。这"特别是因为，既然是好社会，就意味着人们应当享有最大限度的自由，惟一的限制因素是他人对其信仰和行动所设定的界限。这种伟大的个人自由伦理是与仁爱伦理相冲突的，因为当我对他人行善的时候，我不可能不限制他。……我的意思并不是说仁爱就不好，但是，跟别的东西一样，仁爱也可能做过了头。"[①]同时，市场系统没有为那些才能和兴趣不取向于谋取利润的经济行为的人准备条件。这项指责是真实的："在市场中，如果你没有向他人提供其所需求之物，你就得不到收入。人们确实具有非常多样的欲望，但这种欲望不会多到有人竟然想掏钱雇人去研究古代语言，或者放在 60 年前，也不会有人想到要掏钱雇人研究量子力学。市场不会建立一支空军或救济穷人，市场更不可能供应婴儿。我的结论是，社会总是需要不止一个市场。"[②]市场不能满足所有人的所有需要，市场有失灵的时候，因此才需要有政府、有社会的存在，才需要"观念的市场""知识的市场"。

如果要给并不高尚的市场提供高尚的产品，也就得为这种高尚付出代价。这就是路德维希·冯·米塞斯说的："如果你鄙视你可能从服务生意或职业拳击比赛中赚来的钱，而更看重写诗或研究哲学所带来的满足感，你当然可以自由地按自己的意愿行事。不过，这样一来，你当然就没有那些服务于大多数人的人士挣的钱多。这是市场的经济民主的规律。比起那些满足多数人的需求的人士来说，你只满足了少数人的需求，因而，你就只能得到较少的选票——美元。论起挣钱多少，电影明星肯定超过哲学家，平卡平卡的制造商肯定超过交响乐作曲家。"[③]一些普通公众不喜欢"高雅文化"，不是市场的错，而是这些公众的错——但谁又能要求这些公众一定要喜欢"高雅文化"？

---

①〔美〕乔治·斯蒂格勒：《知识分子与市场》，见〔英〕F. A. 哈耶克、〔英〕罗伯特·诺齐克：《知识分子为什么反对市场》，秋风译，吉林人民出版社 2003 年版，第 82-83 页。

②〔美〕乔治·斯蒂格勒：《知识分子与市场》，见〔英〕F. A. 哈耶克、〔英〕罗伯特·诺齐克：《知识分子为什么反对市场》，秋风译，吉林人民出版社 2003 年版，第 83-84 页。

③〔奥〕路德维希·冯·米塞斯：《官僚体制·反资本主义的心态》，姚中秋译，新星出版社 2007 年版，第 119 页。引文中的"平卡平"是一种广受欢迎的酒精饮料。

实际上，市场反映大众趣味而不是降低公众品位。全球各地文化市场都会出现这样的现象："成百上万人都喜欢侦探小说、神秘电影、通俗小报、斗牛比赛、拳击、威士忌、雪茄、口香糖。成千上万的人投票支持那些渴望更新装备、发动战争的政府。因此，那些最好、最廉价地供应消费者用于满足这些欲望的商品和服务的企业家就发财致富了。"[①]这是冯·米塞斯1956年说的话，至今在文化产业中也仍然存在这一现象。它表明的是：先有消费者的欲望，然后才有满足这些欲望的产品。这些欲望当然是低级的、败坏的，但这不是文化企业的过错。公众品位也在变化。斯蒂格勒以美国为例说明："美国公众的品味要比历史上所有大社会公众的品味更高尚……绝大多数社会都是由其文化贵族来统治的，事实上，在历史上，人口中绝大多数都不能被当作社会文化的组成部分，因为这庞大的人口根本就不识字，受传统约束，绝大多数人在乡下的小棚屋中过着简陋的生活。而我们这个社会的趣味是由这数量庞大的多数所决定的，这个多数慷慨大方，谦恭殷勤，工作勤奋，还有空前数量的人口投入到自学深造活动中，或者是热情地资助艺术事业。我们那些靠市场维持生存的舞台剧，确实是世界上最出色的，它可以从一定程度上反映我们大众的趣味。"[②]斯蒂格勒还认为，相关的指责说明知识分子不理解市场的逻辑和运转。比如说利润动机导致的庸俗趣味，这种批评就是基于误解而来的文不对题，甚至是虚伪的。市场上的文化商品趣味不高，但商品与服务反映了消费者的品味，当缺陷来自流行的趣味本身时，仅仅批评市场满足了这些趣味是不公平的，正如不能把肥胖症的罪责推给餐馆中的侍者一样。

那么，为什么批判理论总是在指责市场/资本主义所造成的艺术堕落呢？冯·米塞斯的解释是：这些批判家"拿保存在城堡中的欧洲贵族的家具和博物馆里的藏品，跟大规模生产的廉价家具进行对比。他们没有认识到，这种收藏品是专门为有钱人打造的。在贫苦人家可怜的茅屋中，是不可能找到精雕细刻的柜子和细木镶嵌的桌子的……当现代工业刚开始为大众提供一种比较舒适的

---

①〔奥〕路德维希·冯·米塞斯：《官僚体制·反资本主义的心态》，姚中秋译，新星出版社2007年版，第118页。

②〔美〕乔治·斯蒂格勒：《知识分子与市场》，见〔英〕F. A. 哈耶克、〔英〕罗伯特·诺齐克：《知识分子为什么反对市场》，秋风译，吉林人民出版社2003年版，第78页。

生活所需要的种种物品的时候，关注的是尽可能廉价地生产出这些东西，而根本就没有考虑其美学价值。后来，随着资本主义的进步，大众的生活水平的不断提高，人们才开始逐步地生产那些不乏精细和优美的东西"[1]。在米塞斯看来，市场/资本主义不是降低艺术标准、败坏文化价值，而是在一个更广的范围内提高社会文化水平和美感趣味。

经验的事实告诉我们，市场破坏传统权威同时也培育创新精神。批判者认为市场/资本主义毁灭了创造它的制度基础，但辩护者认为："如果说资本主义倾向于削弱现存的道德、权威、信任和凝聚力的话，那么它也在允许新事物不断地涌现。"[2]确实，为了满足持续变化的市场召唤，市场导向文化产业在新技术的支持下创造了无数新的文化形式，持续地进行着文化创新。这种辩护的合理性在于，它承认市场/资本主义有不利于文化的一面，但还要进一步分析这是什么意义上的"不利"。比如哈格就认为，在市场体制下，人们的生活比以前更自由、更富裕，但文化生产活动却受到损害。例证是纽约在规模上比文艺复兴时代的佛罗伦萨、中世纪的威尼斯、古代的雅典都大得多，但在文化上却比这些城市贫乏得多，原因在于纽约的"大众市场"。

> 资本主义创造出了一个从前不存在的大众文化市场。这个大众市场吸收、挪用了那些本来会对高雅文化作出贡献的人士。现在他们可能向这个大众市场供货，而不是去创造更具有美学价值、但却在经济上无利可图的、独具匠心的作品。天才的作曲家现在可能去谱写流行音乐，而放在过去，他可能会谱写更高雅的乐曲。建筑师更多地设计机场、超级市场而不是教堂（我们这个时代几乎没有留下多少具有美学价值的不朽的建筑）。

> 天才人物分流到大众市场还只是刚刚开始，但已经导致了非大众市场的艺术和艺术家的边缘化。我们要比以前的生活更富足了，但我们的生活却没有更宜人，原因部分就在于我们都得迎合大众市场，也只能享

---

① 〔奥〕路德维希·冯·米塞斯：《官僚体制·反资本主义的心态》，姚中秋译，新星出版社 2007 年版，第 165 页。

② 〔美〕杰瑞·穆勒：《市场与大师：西方思想如何看待资本主义》，余晓成、卢画泽译，社会科学文献出版社 2016 年版，第 496 页。

受到大众市场上的产品。这种局面很可能耗尽社会的创造能力，使我们所有人，尤其是知识分子的生活会更舒服但却更加难以令人满意。[1]

文化精英与艺术天才都被"大众市场"吸引过去生产"大众文化"，所以纽约无法媲美那些文化古都。如此，不就是对市场体制的否定了吗？哈格进一步认为，"大众市场"固然不能产生伟大的杰作，但它也不是非文化、反文化的。那些精英和天才确实丧失了创造伟大作品的可能，但他们也从中获得了自由和富足，避免了文化史上无数天才那样的悲惨命运。这是他们能够在文化上有所成就的前提。

综上所述，市场与伦理有其不同的性质，也有统一的基础。争论的双方都自有合理之处。文化产业通过市场实现经济与社会的双重效益，其间存在的矛盾，既反映了市场与伦理的不同性质，也表明以伦理规范市场的必要性。坚持把社会效益放在首位，追求文化产业的社会效益与经济效益的统一，就是实现、强化文化市场内在的伦理性并以伦理规范文化市场。

第二节　"统一性"是理想

文化史一再表明，任何一种优秀的文化产品作品当然会被许多人所喜爱。流传至今的传统杰作，不但具有健康的内容和意义，也具有完美的、能够为广大受众接受的形式，它们构成一个伟大的"经典传统"，有力地塑造着我们今天的文化生活。杜甫的名句"天意君须会，人间要好诗"，指出了文化生产的真正奥秘。那些优秀的当代文化产品也是如此。以中央电视台 2016 年 2 月 12 日开播的《中国诗词大会》节目为例，它以古典诗词知识竞赛和鉴赏为中心，辅之以各种优美的艺术形式，在众多参与者的配合中，为全球受众提供了一个品评汉语、感受文学、涵养心灵、理解中国的契机。节目播出后，有媒体用"万人空巷"来形容这个节目所受到的欢迎程度。理所当然地，这个节目的经济效益也很好。巨大的收视率之外，还带动了相关产业。比如古典诗词的各种出版

---

①〔美〕恩斯特·范·登·哈格：《知识分子对资本主义的敌意》，见〔英〕F. A. 哈耶克、〔英〕罗伯特·诺齐克：《知识分子为什么反对市场》，秋风译，吉林人民出版社 2003 年版，第 136 页。

物，就因此而成为畅销商品，而一些在此节目获奖的选手，也因此成为明星并可望生产出更多的好产品。

西方也有不少优秀的产品。美国导演詹姆斯·卡梅隆历时 12 年完成的科幻电影《阿凡达》在全球范围内好评如潮。2010 年，该片以全球累计 27 亿美元的票房，成为当时全球票房最高的电影。《阿凡达》之所以拥有巨大的经济效益，固然在于其卓越的 3D 效果和发挥到极致的"光影造梦"的功能，但主要还是其正义战胜邪恶的内容。在遥远的潘多拉星球上，Na'vi 族人过着简朴天然的生活，不同物种和谐相处，但贪婪和残忍的采矿公司想占有这个星球上独有的矿物元素 Unobtanium，所以决意要去摧毁这一更原始、更自然也更完美的星球，肆意践踏这里的神树、生命、家园和仙境。由此展开了征服与反征服的战争。电影既表现了现代权力和资本的傲慢自负和贪婪残忍，也表达了人类拒绝和反抗侵略性和掠夺性的理想。如果说现代人类面临着困境，如人性的自私与贪婪、权力和资本的霸凌与嚣张、自然生态的恶化与报复等，那么并不需要做太多的引申，我们完全可以从中读出对这三种恶魔的反思和批判。

两种效益的统一，基础在于市场与伦理的统一。市场与伦理都以诚信为基础，市场源于互通有无、互利互惠的社会需要，它要求参与者采取符合道德的行为策略，而诚信则能降低交易成本，提高市场的运作效率。同时，市场与伦理又都以公平为原则。通过满足他人从而满足自己，这是公平的也是合乎道德的行为。如果说现代社会基本上就是市场社会，那么现代社会道德也必须在市场中实现，甚至可以说道德需要建立在市场的基础上，即建立在公平的基础上。文化的经济效益主要通过文化产品的市场交换来实现，而市场是由众多需要者、消费者构成的。要有好的经济效益，就得有多的消费者。消费者及其消费行为是复杂的，他们的趣味和喜好有时并不与文化产品的品质、内在价值完全一致，但至少在逻辑上，好产品较之一般的作品更能得到消费者的喜好。卡梅隆就明确表达了这一观点。[①]文化产业是经济导向型文化，它的两种效益也具有内在

---

① 在与记者的对话中，卡梅隆说："商业有什么错？给全世界提供电影业工作机会有什么错？娱乐大众有什么错？如果人们不买账，那是我们错了；如果人们愿意埋单，那么我们就提供他们需要的；如果他们乐意再次埋单，那么就说明我们给了他们想要的，所以他们才会愿意花两次钱。"（参见《对话卡梅隆：泰坦尼克的隐喻不断在历史中重复》，《中国青年报》2012 年 5 月 6 日。）

的一致性。说好东西没人要,那是对文化市场结构和公众接受能力的一种批评,而不是说真正好的产品不会有应当有的受众。其一,良好的社会效益包括两个方面,一是产品与服务本身包含良好的文化价值,具有实现良好社会效益的潜能;二是产品与服务具有广泛的接受者、消费者,具有实现良好社会效益的途径。一首没有多少读者的诗歌,或许可能是一首好诗,但我们不会说它有良好的社会效益。作为文化产品的社会效果和影响,社会效益逻辑上意味着它具有良好的经济效益。其二,良好的经济效益意味着有众多的接受者和消费者。什么样的产品与服务能够卖得出去呢?一般来说,好的东西也会有好的经济效益。也正因此,自古以来就有"以文化人"的传统,但只有那些健康的、有益于世道人心的作品,才可能具有化人的力量。

两种效益的统一,动力在于文明人类的真实追求。文化的价值在真善美,或许现在还需要加上(娱)"乐"。文明社会一般都把文化的社会效益放在首位,几乎所有的文化产生者、创造者,也都希望自己的作品能够实现社会效益和经济效益的统一。白居易"每作诗,令一老妪解之"的故事众口流传。清代评论家吴乔将诗分为六等:"诗如陶渊明之涵冶性情,杜子美之忧君爱国者,契于三百篇,上也;如李太白之遗弃尘事,放旷物表者,契于庄、列,为次之;怡情景物,优闲自适者,又次之;叹老嗟卑者,又次之;留连声色者,又次之;攀缘贵要者为下。而皆发于自心,虽有高下,不失为诗。"[①]诗为心声,只要是发于自心,均可为诗,但众多诗作中,只有那些具有忧君爱国之情、能够陶冶性情的诗方为最好。可见,即使在"诗"这种较为纯粹的艺术中,也是以社会效益为最高标准的。较之古典诗歌和艺术,文化产业更是一项社会性、集体性的产业,社会效益自应为重中之重。法国作家巴尔扎克一生创作91部小说,其主题就是揭露金钱与权力对人性的操纵,就是呈现亲情、友情、爱情在金钱面前的分崩离析、不堪一击的过程。就这些作品揭示了现代社会唯利是图、金钱至上的罪恶而言,当然具有良好的社会效益。也正因此,这些作品给作者带来了名声和财富。在日本动漫画家宫崎骏眼里,动漫艺术高于一切,是不能用金钱来衡量的。正是秉持这一精神,宫崎骏的作品以其纯真之美、博大之爱获

---

① 吴乔:《围炉诗话》,见郭绍虞编选,富寿荪校点:《清诗话续编》一,上海古籍出版社1983年版,第474-475页。

得了同类产品中最好的经济效益。

两种效益的统一，路径在于文化生活持续地自我完善。我们不相信，优秀的文化产品与服务会没有良好的经济价值，我们不愿意相信，没有健康思想感情的文化产品居然有很多接受者和消费者。卡梅隆导演的《泰坦尼克号》曾是最卖座的电影之一，但他本人并不以经济效益为目标。[①]好产品就会有好市场，这是文明社会、文明人性的证明，也是激活文化企业、文化从业者潜心创作的最大信念。没有这一信念，文化市场只会充满劣质产品，人类也不会有美好的未来。所以两种效益的统一既是评价文化产品的标准，也是引导一些有经济效益但社会效益不太明显的产品向上提高的动力。以《爸爸去哪儿》为例，这是湖南卫视从韩国 MBC 电视台引进的亲子户外真人秀节目，其重点在育儿、亲子关系与父子互动，具有一定的教育意义。但中国版的《爸爸去哪儿》有自己的特色。导演谢涤葵认为：很多观众看节目的入口可能是孩子"卖萌"或者"窥探明星的生活"，但它实际蕴含着一个社会议题，即在快速发展的社会，太多人聚焦于事业和金钱，忽视了家庭伦理及家长和孩子的情感沟通，而中国版的节目就提供了一种参照。因此，不同于韩国版更偏向于娱乐，中国版更措意于纪实与社会影响。但观众仍有意见，其中之一是嘉宾还是"明星+明星子女"的老路，导致过度宣扬明星父子，易引奢靡之风，影响孩子心理。2016 年 4 月，国家新闻出版广电总局下发《关于进一步加强电视上星综合频道节目管理的通知》，强调不得借真人秀节目炒作包装明星子女，防止包装造"星"、一夜成名。中国版《爸爸去哪儿》在播出五季后于 2017 年被叫停。这就是说，尽管中国版已有国情意识、社会关怀，但在注意与韩版有一定区别的同时，却没有注意到明星生活可能带来的另一种消极影响。存在这些片面性并不可怕，我们可以不断调整、完善，从而达到两种效益统一的目标。

---

① 卡梅隆说："在《泰坦尼克号》背后，并没有巨大的商业利益。现在重新发行，也不是受商业驱使。3 小时 15 分钟的言情片，而且结局大部分人都死了，每个排队买票的人在看之前都知道了电影的结局，这样一部电影是拿来赚钱的吗？听上去不是那么有商业性。我拍过自己都觉得很商业的电影，也拍过纯粹由内心激情驱动的电影，《泰坦尼克号》就属于后者。我们所信仰的东西驱使我们拍了一部观众想看的电影，而非靠运气。"（参见《对话卡梅隆：泰坦尼克的隐喻不断在历史中重复》，《中国青年报》2012 年 5 月 6 日。）

第三节　"矛盾性"是现实

两种效益统一是一个理想。如果说，即使在文化与经济日益融合的当代，即使在文化产业实践中，文化与经济，依然是两种并未融合甚至也不可能完全重叠的价值，那么，我们也要看到，市场体制与社会伦理还是有其不同的性质与逻辑。经济行为主要是逐利行为，不是所有的交易都严格遵循社会规范和伦理约束。当代文化批判理论，一再揭发经济体系、市场逻辑对世道人心、对文化艺术的伤害。提出文化产业社会效益的优先性，就是承认经济效益并不就是社会效益的现实，而"优先"云云，又正表明社会效益也并不与经济效益无关。这里所欲分析的，是那些社会效益良好的产品，何以没有相当的经济效益与之匹配。

存在着三种情况：一是时代错位。一些优秀产品不能为当代受众所认可。"藏之名山"的杰作并不罕见，生前寂寞、死后荣耀的艺术家悲剧也非个别。二是欣赏与购买的脱节。多数消费者优先选择的更多是自己当下需要的而不一定是自己欣赏的。比如没有人怀疑经典作品的价值，但真正花钱购买的往往是当代的"消费文化"。有人认为，如果在普通群众中调查作家的排行榜，严肃的、思想深邃的作家肯定排名靠后，武侠、暴力、色情产品的排名往往大大靠前。三是有不同的"好"的标准。"说到趣味无争辩"。不排除娱乐类、游戏类产品中有优秀之作，但这类产品不论好坏，却都经常性地占据着文化市场的最大份额。出现这三种情况的原因何在？

第一，文化从业者基于教育公众的原则而开罪观众。古希腊的柏拉图最早发现了两种效益的矛盾。在他看来，诗人没有真知，摹仿只是儿戏，而当时的几种主要文化形式如史诗、悲剧、绘画和雕刻、音乐等都不同程度地逢迎人性中低劣的激情，以牺牲灵魂更高、更理性的部分为代价来强化这些激情。所以判断音乐的标准不是大多数听众的喜好，立法者和艺术家有必要教育儿童和年轻人正确地体验快乐和痛苦。真正的艺术教育就是立法者与艺术家对听众不良嗜好的纠正，这意味着听众所接受的音乐或其他文化产品并不是，也不应当由他们自己来选择。①18 世纪末，歌德在观众"希望有的"情感与他们"应当有的"情感之间做出区分，并以后者为正确的选择。②柏拉图的观点基于维护城邦整体利益的政治考虑，但更多的诗人、艺术家，在强调创作者之于消费者的权威性时，他们考虑的主要是文化自身的价值和创作者的独立性。这类论述所表达的不只是文化从业者的权力，也包括他的责任：作家承担着教育观众、提高观众品质的文化责任。文化的独立价值，艺术家的创作理想，至今也必须维持；文化生产不能完全迁就市场，文化产品应当给公众以必要的引导，至今也仍然为我们所坚持。但是，历来都有相当多的公众并不因艺术家的严肃负责而感谢他们。随着社会转型和文化开放，知识分子及其所代表的文化价值的独立性、权威性越来越受到消费者的挑战。直到 20 世纪 60 年代，英国文化研究的奠基者理查德·霍加特还在与英国商务电视就"观众想要什么就给他们什么"发生争论。如果说文化市场的基本任务是满足消费者，那么消费者就有权利坚持自己的选择，就有可能拒绝生产者和供应商的"教育"和"引导"，由此产生的矛盾部分地表现为两种效益的矛盾。

第二，文化从业者的高远追求不能得到普通公众的理解。在西方，传统文化，特别是文学艺术，多为精英所创造，在多数人不识字的时代，知识与文化的权力特别明显，知识精英不怕甚至刻意开罪于读者。文化的创造性、它的魅力和价值，很大程度上就是在与公众的趣味、标准的对立中展开的。在资本主义凯歌高进、文化市场持续繁荣的巴黎，凡·高自觉地反对市场取向的艺术，在人生的许多尝试都失败之后，他以农民特有的倔强和虔诚叩响艺术之门，真诚而痴迷地对待画画，宁愿挨饿受冻，也决不勉强自己适应世俗趣味："照我看来，为市场而创作，这未必是正路；相反的，它欺骗了艺术爱好者。真正的画家不那样作，但是由于他们真诚，他们迟早总要得到同情的。我所能知道的便是这些，我并不以为我需要懂得更多的东西。"③当代批判理论家，比如阿多诺就一直认为，现代艺术的本质及其社会职能正在于其与世界的对立，体现

---

① 〔古希腊〕柏拉图：《法篇》，见〔古希腊〕柏拉图：《柏拉图全集》（增订版）下卷，王晓朝译，人民出版社 2018 年版，第 62 页。

② 〔德〕歌德：《威廉·麦斯特学习时代》，见杨武能、刘硕良主编：《歌德文集》第 5 卷，张荣昌译，河北教育出版社 1999 年版，第 323 页。

③ 〔美〕珍妮·斯通、欧文·斯通编：《亲爱的提奥》，平野译，四川美术出版社 1983 年版，第 192 页。

于"反世界"（anti-welt）的倾向，这几乎成了 19 世纪中期以来自律艺术的一种常规。[1]真正的艺术家往往是孤独的，他们不得不与平庸的观念、世俗的力量进行较量。法国雕塑家爱米尔-安托瓦尔·布德尔对此最有体会："古往今来，一切傲然屹立在时代峰巅的至高无上的艺术，从未得到过最多的赞美和最公正的评价。是的，总是二流的艺术得到了时代所能给予的全部殊荣和人们至诚至忠的喝彩。因为它粉饰了民族的愚蠢，而不是传播了民族的精神美德。第一流的艺术总是同时代忤逆狂悖的，并超越时代的精神之上，这种艺术的感召力才是最强大、最积极的，也是一个民族精神中最生动的部分。"[2]无论文化从业者如何自觉地面向市场，也无论消费者的接受视野如何开阔，从业者与消费者之间都会有差异，而这种差异就可能展开为两种效益的矛盾。

第三，文化消费是一个复杂现象，产品优劣与市场的成功与否并不直接等同。在基本逻辑上，市场与伦理是统一的，但在交易实践中，非道德的市场行为或产生非道德后果的市场行为并不罕见。就消费者而言，人的欲望是多层次的，快感与美感、自我放纵与自觉控制、满足现时与把握未来，同样合乎人性，但相互之间又是有矛盾的。文化从业者与消费者如果注重前一方面，忽略或轻视后一方面，社会效益就难以实现。"下里巴人"并不一定是"三俗"，但它可能更多地与经济效益相关；"阳春白雪"并不一定合乎社会理想，但它可能较少产生经济效益。就文化从业者特别是企业而言，市场效益是交易中的直接收益，而社会效益则是消费后的间接收益。在激烈的市场竞争中，文化从业者包括文化企业，首先面临的是生存、发展的压力，直接的经济利益是其首要关切。只有在企业能够从容生产的条件下，优质产品、良好形象、社会声望等才可能提上日程。文化企业之所以能够存在，在于它有维持其存在的经济效益。因此，经济效益是企业的必需，社会效益是企业的追求。尽管两种效益逻辑上是统一的，但要同时实现，却需要多种多样的契机、条件和环境。不是所有企业都有这样的幸运，在通常情况下，一些企业之所为也只能是确保经济效益而

---

① 〔德〕阿多诺：《艺术社会学论纲》，见方维规主编：《文学社会学新编》，北京师范大学出版社 2011 年版，第 124 页。

② 〔法〕爱米尔-安托瓦尔·布德尔：《艺术家眼中的世界》，孔凡平、孙丽荣编译，辽宁美术出版社 1990 年版，第 120 页。

又不违背社会效益，问题在于，确保经济效益的行为有可能会导致社会效益的不足甚至低下。就管理者而言，不能不考虑到人有各种需要、企业有生存需要的现实性，因此形成的"提倡有益、允许无害、禁止有害"的管理底线思维也就顺理成章。"无害"的范围极为广泛，只要不违法、不违规、不悖德，它就有问世的可能。文化政策可以限制甚至打压"三俗"，文化批评可以指摘"三俗"，但不能强制性要求消费者都一无例外地追求高尚、欣赏杰作，庞大的文化市场也难以通体光明、表里澄澈。主要是消费者、生产者和管理者这三个方面的原因，使得文化产业的市场与伦理处于一种矛盾关系之中，并导致两种效益的矛盾。

第四，现代文化的内在矛盾。现代性的分化有两个层次。一是总体社会分为经济、政治和文化三大组成部分，三个部分分别追求不同的目标，相互之间存在矛盾；二是文化又分为真、善、美三个价值领域，科学、伦理与艺术各有自己的价值追求和实现方式，真的不一定美，美也不一定真、善。两个层次区分和交织的后果，是价值的多样性和价值之间的不能化约，而冲突着的不同价值所产生的种种效益，当然也就很难和谐共存。[①]韦伯在追溯了新教伦理与资本主义经济的"亲和力"之后，又敏锐地发现，一旦资本主义取得了它在经济生活中的支配地位，宗教的力量就将让位于赤裸裸的利益冲动，天职责任的观念就像死去的宗教信仰一样，只是幽灵般地徘徊着。新教伦理的支撑下演变而来的当代资本主义已经抛弃了它的文化起源,追逐财富已经不需要宗教的论证,它本身就是理由。接过这一话题，当代社会学家贝尔认为，资本主义的精神起源不只是新教的禁欲伦理、苦行主义，还有维尔纳·桑巴特所发现的"贪婪攫取性"（acquisitiveness），而霍布斯的个人主义哲学和歌德笔下的"浮士德"便是这种"贪婪性"的文化表现。两种精神既对立又互补，共同构成西方现代的"合理性"。但在 20 世纪，推动资本主义发展的宗教冲动与经济冲动失去平衡。新教禁欲伦理和苦行精神先被世俗法制社会破除了神学外壳，再被工业时代的现实主义文学、实用主义哲学和科技功能理性斩断了超验纽带，最后，消

---

① 关于价值与效益的区分以及由此带来的文化产业效益之间的复杂性，参见单世联、卢子葳：《文化效益冲突的意义及效果——兼论文化价值与文化效益的关系》，《上海财经大学学报》2017 年第 4 期，第 4-14 页。

费文化又粉碎它的道德内核和灵魂。[①]这类批判性分析,是现代文化理论的主题之一。就社会而言,这意味着凝聚力的消解;就个人而言,这意味着生活意义的失落;就文化而言,这意味着纵欲消费、物质功利的主导。中国不是美国,中国的社会主义文化市场与西方的资本主义文化市场有本质的区别,但文化产业因其市场动机,有可能成为片面的休闲业、娱乐业,真善美的价值追求面临着单向度的娱乐化、游戏化的挑战。在市场操纵力和广告诱惑力面前,消费者的区分优劣、辨别良莠的愿望和能力受到影响,文化消费有可能丧失其丰满人生、改进生活、美化世界的内涵。正因此,我们才需要建立完善的法律体系和实行政府对各种经济主体的管理,才需要提倡并践行社会主义核心价值观指导下的市场道德、市场伦理,如此双管齐下,从而使"坚持把社会效益放在首位、社会效益和经济效益相统一"的目标得以实现。

第四节 "优先性"是选择

所谓社会效益优先,是说在两种效益之间,特别是当两种效益发生冲突时,我们首先选择哪一种效益的问题。

"优先"的第一个含义是,发展文化产业的根本目的,在于为社会提供丰富的文化产品与服务,满足公众的精神文化需求。这是一个指导性思想,属于方向性的问题。其核心是要认识到文化产业与其他产业的不同。文化产业自觉地追求经济效益,但仍然有相当一部分文化产品并非为市场而生产,其经济效益只是其非预期的后果。这类产品主要指相对纯粹的艺术创作。莫扎特之所以为莫扎特,是因为他的美妙音乐,而不是因为他有助于萨尔茨堡的旅游业或巧克力、糖果产业。毕加索的重要在于他创新了绘画的语言,改变了我们观察事物的方式,而不是因为他在毕尔巴鄂的作品使近于萧条的西班牙港口重现生机。这就是说,文化产品的经济效益其实是其他社会因素在使用时产生的,而对于这些产品本身的评估,是不能用市场交易的效益来进行的。文化产业并没有

---

① 〔美〕丹尼尔·贝尔:《资本主义文化矛盾》,赵一凡、蒲隆、任晓晋译,生活·读书·新知三联书店 1989 年版,第 132 页。

取消文化的非经济内容和意义，文化与经济的多元关系并未因文化产业而单一化。①我们没有理由以经济效益为评价文化产品的首要标准。所谓文化的经济效益，最直接的是文化商品与服务，也就是狭义上的文化产品和服务的交换价值；间接的是文化之于投资环境的改变、文化之于人力资本的贡献、文化之于购买力的提升、文化之于非文化商品的附加值的贡献等。但在我们看来，这两种类型的效益只是文化经济的一个方面，另一个更重要的方面是，文化在改造、更新现在的经济体系，这种经济是文化的经济，是为文化所参与、所洗礼过的经济——这种经济在追求 GDP 的同时能够更多地关照社会的、伦理的、政治的效益。所有这一切的前提是，文化产业只有确保自身的文化价值和社会效益，才有可能实现社会规范经济、文化改造经济的目的。一个价值贫乏的时代不可能是经济健康发展的时代，一种只图经济利益的文化产业不可能是真正的"文化"产业。

"优先"的第二个含义是，当两种效益发生矛盾甚至冲突时，经济效益要服从社会效益。比如，一段时期内流行不衰的"炫富"产品就有相当大的市场。网络词语包括"白富美""高富帅""拼爹""富二代""拜金女"迅速流行；娱乐相亲节目中"拜金女"屡出狂言；"明星嫁豪门""奢侈婚礼""煤老板购买豪华私人代步飞机"等新闻屡屡被报道；各类奢侈品广告充斥着大众眼球；影视作品更是把富豪作为作品的真正主人公……对于仍处于致富过程中的某些消费者来说，"炫富"产品提供了一个想象的财富之梦；对于已经富起来的某些消费者，"炫富"产品正是他们地位、身份和财富的投射。所有这些产品能激起这些消费者的欣赏和共鸣。金钱与奢华历来是引起人们兴趣的话题。全球文化市场，都不乏与性、暴力、奢华相关的产品。这类作品通常通过高端群体与底层平民、奢华生活与困苦处境的鲜明对比，来营造戏剧冲突与美感。也有一些另类极端的"金钱狂欢"以及类似炫富的"狂欢节"。"炫富"已不只是消费行为，更体现在生活的各个方面；不再是简单的个体行为抑或群体行为，而可能衍化成社会心理、文化顽疾。炫富文化滋生个人中心，藐视伦理规范，或纵情欢乐，追求物质刺激与感官满足，或炫富憎贫、分裂社会，使少数成功

---

① 参见单世联：《文化大转型：批判与解释——西方文化产业理论研究》上，中国社会科学出版社 2017 年版，第 1068-1151 页。

者傲慢，使众多劳动者蒙羞，加剧了现代社会中的"优绩暴政"（tyranny of merit），不但不利于社会和谐，也背离了文化产业的初衷。对于这类有违社会伦理、误导观众的产品，无论它们有多少经济效益，都应进行抵制和限制，对于其中极少数"有害无益"的产品，完全应当禁止。如果我们相信，健康的社会应当给所有劳动者分配机会、给予认可，合格的文化产品也应当赋值劳动、加持正义，那么坚持社会效益优先，就不只是一般性的政府倡导、舆论鼓励，而必然落实为文化管理政策并有坚决的手段执行。

　　"优先"的第三个含义是，社会效益被优先考虑，但不是唯一的标准。当我们以社会效益为优先时，也要兼顾其经济效益，实现社会效益和经济效益相统一。其一，经济效益也是社会广义的社会效益。文化是一项社会事业，有它的庄严性和独立性，但即使是伟大的艺术家，也要养活自己。进而，文化产业本身就应该有其经济效益。文化企业的社会责任之一，就是要对社会的文化资产进行保值、增值。在当代中国，我们需要文化产业在引领、推动经济转型升级方面发挥示范作用，具有良好经济效益的文化产品不但有利于文化产业的发展，而且有助于带动经济社会的整体繁荣。其二，经济效益往往与受众需求直接相联。当代受众大多具有基本的文化教养，具有辨别好坏美丑的能力。以中国为例，接受过高等教育的人口比重持续提高，他们对生活、对社会多抱有正面的态度。他们的趣味、倾向、评价等，一定程度上主导着我们文化生产的基准。基于这种考虑，一些有较好的经济效益的娱乐节目、游戏产品，也是可以允许、应予宽容的产品。

　　"社会效益优先"既如此丰富，如何坚持这一原则不只是一个简单的选择。其一，谁来评价并作出选择？柏拉图曾认为，能够判断并审查文化产品的是城邦中的官员或五十岁以上的公民。政府官员本来就负有此责，一般来说，年长者确也较年轻人更有智慧，但应当说，如果只是依靠这两类人，文化的生机、创造的自由很可能被扼杀。中外历史早已提供了这方面的案例。习近平总书记在文艺工作座谈会上指出："加强和改进党对文艺工作的领导，要把握住两条：一是要紧紧依靠广大文艺工作者，二是要尊重和遵循文艺规律。"[1]对文化产

---

①《习近平：在文艺工作座谈会上的讲话》，中国共产党新闻网，http://cpc.people.com.cn/n/2015/1015/c64094-27699249.html，2015 年 10 月 15 日。

业社会效益的评价，也要依靠文化工作者，遵循文化规律。在最后的意义上，评价文化的社会效益，只能是社会、是人民，而不是某个人、某个机构。任何个人、任何机构，只有在执行人民意志、代表人民立场的前提下，才能成为合格的评价者。

其二，什么时候进行评价并作出选择？在文化产品进入市场之前，我们很难有什么根据来评价其社会效益。因此，事先评估、审查既是必要的，又需要十分谨慎，应避免主观好恶和长官意志、权力任性。如果文化产品已经进入市场，而且其社会效益又是不好的，那么我们就很难挽回影响。所能做的，大多是事后总结经验教训，避免这种现象再次出现。这是评价上的两难：实践是检验真理的唯一标准，社会效果是检验文化产品社会效益的唯一标准。但当社会效果形成时，已很难有纠正的机会。为了社会效益的最大化，必须把功夫做在事前，提倡并要求文化从业者、生产企业以社会效益为优先考虑，在主观上确保产品合格。同时实施必要的预先评估、检查，尽可能避免不良产品进入市场。如果万一出现这种情况，也应及时采取补救措施。电视节目可以停止播出，出版物可以下架，电影可以停止上演，游戏可以停售。

其三，"社会效益"的标准是什么？不能把社会效益理解为"临时的、具体的、直接的"政治要求，更不能以社会效益为借口约束、限制文化工作者的精神探索和创新创造。文化从业者有在法律规定的范围内自由创造的权利，人民也有自由选择消费产品的权利。社会生活是文化产品的"过滤器"，要相信绝大多数的生产企业和广大消费者的文化自觉，相信人民需要优秀的文化。政府之所为，更多是持之以恒地倡导、法律法规的约束和正面的引导。比如全球各地都有若干大大小小的电影节。电影节的创办初衷，就是因为人们逐渐意识到，商业影院看到的并非全部，还有更多种类的电影，如实验性质的或者是纪录片性质的电影，它们有着超越商业电影的艺术价值或社会政治价值。"电影节"就体现了政府或文化机构所提倡和引导的方向、标准和理想。以上海国际电影节为例，近年来的获奖影片，主要不是占尽票房风头的商业影片，而是优秀的艺术片、小众片，有些甚至从未在影院上映过。电影节实际上承担了"把关人"的角色，把真正的艺术从粗劣且泛滥的商业电影中挑选出来，在维护艺术纯洁性、确保社会效益方面起到了重要的作用。

如何理解和处理文化产业两种效益之间的关系，关系到中国现代文化的发展方向。本节所论的每一个论题,都需要进一步探索。如果两种效益的"统一"是理想,那么,这种理想在什么条件下可以实现?既然两种效益存在着矛盾,那么文明人类做了哪些努力来克服这种矛盾,这种矛盾有什么积极意义?在两种效益之间,绝大多数人(包括生产者与消费者)都愿意选择社会效益优先,我们在选择的过程中又受到哪些因素和力量的影响?那些选择经济效益优先的人,是否完全不考虑社会效益?对这些问题,既需要进一步的理论探索和逻辑分析,也更需要充实的经验性研究。

第八章

文化产业，是"文化"的产业

文化产业改变了文化也改变了经济。这个时代的文化已无可避免地受到商品生产一般体系的影响并逐渐被整合到经济体系之中，我们消费的文化越来越多地由分散在市场中的营利机构来供给，文化企业日益成为就业与工作机会的重要来源。虽然在国民经济中，艺术产业的比重较小，但影视产业、娱乐业、媒体产业、信息产业的比重却持续加大。迄今，文化-创意产业已经成为全球最具活力的经济领域之一，为经济增长提供了重要动力。文化产业在经济方面的良好表现，突出了"文化产业"中的"产业"概念，而作为主体的"文化"似乎仅成了一个修饰语。为这一误读加持、助威的，是文化的商品化、娱乐化和技术化。实现文化产业的社会效益，必须对"三化"保持警惕。

第一节　文化商品并非"价值中立"

文化产业是一系列社会因素相互作用的产物。"文化产业"这一概念可以从"文化"和"产业"两个方向来理解。在文化这个方向上，它是指艺术、创造性等精神过程及其产品的商品化、经济化；在产业这个方向上，它是指经济的文化属性和文化内容。后者是前者的发展和历史延伸，理解文化产业的起点是文化艺术的商品化。

在西方，文化商品化是一个与资本主义同时展开的过程。资本主义是一个历史社会体系，其特征是"万物商品化"。社会学家贝尔认为："资本主义是经济文化体系，经济上围绕着财产机构和商品生产建构起来，而文化基础则是以下事实：交易关系，即买卖关系，渗透进社会的大部分领域。"[①]左翼史家伊曼努尔·华勒斯坦也以为，与其他历史体系相比较，"被我们称作历史资本主义的这个历史社会体系的不同之处在于：在这个历史体系中，资本的使用（投资）采取了一种特殊方式。自我扩张成为资本使用的首要目标和首要意图。在这个体系中，只有当过去的积累被用来进行更多积累时，它才成为'资本'……正是资本持有者的这种无休止的、奇异的自顾自的目标，即积累更多的资本，以及这一资本持有者为实现这一目标而与其他人建立起来的关系，被我们称为资本主义过程"[②]。在追求更多资本积累的过程中，资本总是力图在经济生活的所有领域把越来越多的社会过程加以商品化，而包括文化艺术在内的"万物商品化"，则又是批判理论认为资本主义反文化的原初根据。

最早在理论上揭露这一点的是马克思。马克思发现，资本的趋势一是不断扩大流通范围，二是在一切地点把生产变成由资本推动的生产。资本必然要向社会文化和人的领域扩张："于是，就要探索整个自然界，以便发现物的新的有用属性；普遍地交换各种不同气候条件下的产品和各种不同国家的产品；采用新的方式（人工的）加工自然物，以便赋予它们以新的使用价值。要从一切方面去探索地球，以便发现新的有用物体和原有物体的新的使用属性，如原有物体作为原料等等的新的属性；因此，要把自然科学发展到它的最高点；同样要发现、创造和满足由社会本身产生的新的需要。培养社会的人的一切属性，并且把他作为具有尽可能丰富的属性和联系的人，因而具有尽可能广泛需要的人生产出来——把他作为尽可能完整的和全面的社会产品生产出来（因为要多方面享受，他就必须有享受的能力，因此他必须是具有高度文明的人）——这同样是以资本为基础的生产的一个条件。"[③]资本的内在特性和发展趋势就是

---

①〔美〕丹尼尔·贝尔：《资本主义文化矛盾》，严蓓雯译，江苏人民出版社 2012 年版，第 12 页。

②〔美〕伊曼努尔·华勒斯坦：《历史资本主义》，路爱国、丁浩金译，社会科学文献出版社 1999 年版，第 1-2 页。

③ 中共中央马克思恩格斯列宁斯大林著作编译局译：《马克思恩格斯全集》第三十卷，人民出版社 1975 年版，第 389 页。

"万物商品化"。尽管这并不意味着在资本主义时代，家庭、道德、情感、艺术等都被资本所瓦解，因为反对资本主义、抗议资本扩张不但是当代西方社会运动的口号，也一再成为文化艺术的主题。但马克思这种极而言之的论断却准确地概括了一个席卷世界的历史过程：整个商品世界，物质生产即物质财富生产的一切领域，都（在形式上或实际上）从属于资本主义生产方式。马克思甚至认为，这个过程在资本主义发展中表现出极限，并且越来越接近于精确性：一切从事商品生产的工人都是雇佣式工人，生产资料在所有这些领域中都作为资本与他们对立，他们的劳动实现在商品中、实现在物质财富中。当然，马克思也注意到，在非物质生产领域，即使当这种生产纯粹为交换而进行，因而纯粹生产商品的时候，也可能有两种情况：

（1）生产的结果是商品，是使用价值，它们具有离开生产者和消费者而独立的形态，因而能在生产和消费之间的一段时间内存在，能在这段时间内作为可以出卖的商品而流通，如书、画，总之，所有与艺术家所进行的艺术活动相分离的艺术品。在这里，资本主义生产只能非常有限地被运用……就是说，从事各种科学或艺术的生产者，工匠或专家，为共同的商人资本即书商而劳动，这种关系同真正的资本主义生产方式无关，甚至在形式上也还没有从属于它。

（2）产品同生产行为不可分离，如一切表演艺术家、演说家、演员、教师、医生、牧师等等的情况。在这里，资本主义生产方式也只是在很小的范围内进行，而且按照事物的性质只能在某些部门内发生……在这里，演员对观众说来，是艺术家，但是对自己的企业主说来，是生产工人。资本主义生产在这个领域中的所有这些表现，同整个生产比起来是微不足道的，因此可以完全置之不理。①

为什么资本主义生产方式与非物质生产"无关"或"微不足道"呢？因为物质产品的基本特性是它可以脱离生产者和消费者而独立存在，它是有形产品；而非物质生产的产品至少有一部分是不能脱离生产者而独立存在的。但这只是

---

① 中共中央马克思恩格斯列宁斯大林著作编译局译：《马克思恩格斯全集》第三十七卷，人民出版社1971年版，第341页。

19世纪的情况，随着资本主义生产方式的发展，这些非物质生产领域也越来越多地被整合进资本主义生产方式之中。文化产业的兴起，就是文化被纳入市场体制与资本增值过程之中。以马克思所说的诗歌、文学为例，法国学者罗贝尔·艾斯卡皮尔就指出："现在，书写成了一种职业，至少成了一种有利可图的活动，它是在经济体制的范围内进行的，经济体制对创作者有着不可否认的影响。……文学……是图书业的'生产'部门，而阅读则是这一工业的'消费'部门。"[①] 商品的价值，是指一件商品客体与相关的主体之间的需求的满足程度的评价。按照马克思的观点，商品价值是指凝结在商品中无差别的人类劳动。这就是说，任何产品一旦成为商品，对它的评估只能按照"无差别"的人类劳动的原则进行。因此，文化产品成为商品，就意味着它原来的一些属性与价值的流失。

商品化对文化艺术的挑战在于，作为自由交换场所的市场与审美价值高低、与道德高尚与否似乎无关。这是批判理论批判商品化、市场化的主要根据之一。即使是商品化、市场化的辩护者也都承认，文化商品化在带来经济效益的同时，也付出文化在审美、伦理方面的代价。这有三层含义。其一，文化产业志在扩大市场，其产品与服务必须具有最大限度的可交换性。这就要摆脱传统的、特殊的宗教信仰、政治制约、伦理规范和审美标准，像市场上的其他普通商品一样。比如"创意经济"（creative economy）这个概念，就与传统意义上的文化无关。作家孙犁早就以朴素的语言说过："什么东西，一旦成为商品，有时虽然定价也很高，但相对地说，它的价值就降低了。因为得来的机会，是大大地增多了。"[②]20世纪末，英国政府在提出"创意产业"这个概念时，考虑的就是回避文化能否商品化的难题，也就是说，"创意产业"这个概念不考虑文化艺术的特殊价值。其二，文化产业拥有巨大产能，其丰富产品与服务已经渗透到日常生活之中，与其他商品、物质一起发挥作用，其特有的意义与价值日益稀释，当代文化已不再像古典文化那样内在地具有意义和价值。当代新的生活方式包括同时同地购买食品、家居商品、服装、鲜花、小玩意和新小说，看电影和用餐可以在同一个地方进行，艺术与娱乐、自然与文化等被混杂、搅拌、调节并一次性地展现在同一次的购物之中。文化已成为商业中心的一部分，

---

① 〔法〕罗贝尔·艾斯卡皮尔：《文学社会学》，符锦勇译，上海译文出版社1988年版，第4-5页。

② 孙犁：《谈书》，见孙犁：《孙犁全集》第7卷，人民文学出版社2004年版，第134页。

人们再也不会觉得在获取一双长袜或一把扶手椅的同时获得一幅石版画或铜版画有什么不正常的了，艺术品进了肉类食品店，抽象画进了工厂，在一家上等的杂货铺与一个画廊之间，在《花花公子》与一部古生物学论著之间已不存在什么差别。无论是经典艺术还是专门学术，曾经与世俗日常生活保持距离的文化，现在已经成为生活的一部分。所有的文化都可以成为消费品，这不是文化被"糟蹋"，而是文化商品化。其三，文化产业依赖受众参与，其产品与服务的价值更多是由消费者再生产出来的。公民文化权利的普遍提升、文化自主意识的生长、消费行为的主动性质等，都使文化产品与服务的价值更多不是由文本所决定，而是取决于消费者如何使用。这就是说，对于一件文化商品、一次文化服务，我们不能抽象地说它有什么社会效益，只有在结合消费者的理解、接受和使用过程的前提下，我们才能对其社会效益进行具体的分析和评估。

当文化产品与一般商品没有实质性区别的时候，文化自身的价值就受到挑战，而其社会效益则非常模糊。20世纪初在巴黎生活过的翻译家傅雷指出："现代生活偏偏把艺术弄得如此商业化，一方面经理人作为生财之道，把艺术家当作摇钱树式的机器，忙得不可开交，一方面把群众作为看杂耍或马戏班的单纯的好奇者。"[1]在当时的巴黎以至整个西方世界，从作家的思想感情和信念，到用于写作的纸张，都成了可以买卖的东西，这是一个知识、文学和艺术活动的每一个领域都全盘"商品化"的过程。早在19世纪上半叶，在法国作家巴尔扎克的名作《幻灭》中，青年诗人吕西安从外省来到巴黎，遇到了几个有着严肃精神生活的作家，他们没有一个不是学识渊博，也没有一个没有经过贫穷的考验。然而，这些志存高远、忠于艺术的青年才俊，在巴黎遭遇的是普遍的冷漠和荒凉，他们跑上十来家书店，连一声请坐都听不到就被打发了。不论在戏院里，书店里，报馆里，那些文化经营者和企业家从来不提艺术和荣誉，他们关心的只是生意经，追求的只是金钱和名声。有人告诫吕西安："凡是我们消耗了生命，为之坐到深更半夜，绞尽脑汁的题材，我们在精神世界中的漫游，用足心血造起来的大建筑，在出版商眼里不过是一桩赚钱生意或者蚀本生意。书店老板只晓得你的书好销不好销。他们只操心这一点……最好今天印的书明天就卖完。既然是这种制度，真有分量，要慢慢的受到推崇的作品，出版商决

---

① 傅敏编：《傅聪版傅雷家书》，江苏文艺出版社2012年版，第305页。

不接受。"①在巴尔扎克的笔下，报纸就是现代社会恶劣风气的集中表现，又进一步毒化了现代社会的环境，它是"贩卖思想的妓院""储存毒素的库房"。

在马克思看来，商品具有使用价值与交换价值双重属性。当一个客体通过其内在属性或作为人类劳动产物而获得的某些属性满足了人们的需要时，它就具有一定的使用价值。但是当这客体变成了商品时，它的唯一价值就在于交换。商品生产的人与人的关系，采取了商品和商品之间相互发生关系的形式，如此，人与人之间的社会关系为物的外壳所掩盖。"商品拜物教"指资本主义用物的关系遮蔽、掩盖甚至取代社会关系，人为物化。自卢卡契在《历史与阶级意识》中以"商品拜物教"（waren-fetisch）为核心对资本主义社会的"物化"结构进行了解剖之后，特别是随着马克思《1844年经济学哲学手稿》公开出版之后，"物化"与"异化"已经成为当代马克思主义批判资本主义社会的基本概念工具。批判理论家阿多诺分析了"音乐拜物教"的概念，他的前同事埃利希·弗洛姆扩大为对整体性的生活方式的批判：消费时代的人与自己的关系是一种"市场取向"。在这种关系中，人体验着自己就像是在市场上将被顺利使用的一种物品。人没有把自己当作主动的因素，当作人类力量的承担者来体验，他的目的只是在市场上成功地出卖自己，他的自我感觉来自社会经济作用。②

这一趋势的进一步演化，不是巴尔扎克、马克思和20世纪上半叶阿多诺所说的"商品拜物教"，而是"消费者拜物教"。人类学家阿尔君·阿帕杜莱认为："不管广告是如何保证了某种特定产品的成功，广告在当代具有代表性的模式（特别是电视广告）确实采取了某种策略。这一策略包括让那些非常平常化的、大批量生产的、廉价的，甚至是劣质的产品让它们看起来（在西美尔的意义上）可望而又可及。这些平常的物品被置于一种虚假的情境下，从而使其看起来似乎并不是任何可以付得起价钱的人都可以获得的。所有这些试图创造独特性幻想的社会景象都可以描述为消费者拜物教，而不是商品拜物教。所有社会化的景象（归属、性吸引、权力、区分、健康、整合、友情）都蕴含在广告之下，以用来使消费者认为不去购买某种特定的商品将是一种追悔莫及的事

---

① 〔法〕巴尔扎克：《幻灭》，傅雷译，人民文学出版社1989年版，第290页。
② 〔美〕E.弗洛姆：《资本主义下的异化问题》，纪辉、高地译，见陆梅林、程代熙编选：《异化问题》下册，文化艺术出版社1986年版，第58-59页。

情。人与物之间关系的双重倒转可以被视为是资本主义高级阶段的一种文化运动。"①所以，继续用"商品拜物教"批判文化产业，显然是不够的了。但我们又不能对这种"高级文化运动"抱有乐观态度，因为"消费者拜物教"仍然意味着对消费者的操纵。比如，社会学家布尔迪厄就从法国电视节目的演变指出这一新拜物教的实质：20世纪"50年代的电视要的是文化品位，从某种意义上来说，它利用自己的垄断给众人强加了有文化追求的产品（资料片、古典作品改编、文化讨论会等等），培育公众的品位；可90年代的电视为了能尽可能地招徕最广大的观众，竭力地迎合并利用公众的趣味，给群众提供一些粗俗的产品，典型的有脱口秀、生活片断、赤裸裸的生活经历曝光等等，往往很过分，用于满足某种偷窥癖和暴露癖。"②

文化参与交换并获得经济效益，自古已然。但只有在现代文化市场形成之后，文化的经济效益才得以系统实现。现代百货商店的设计基于大剧院的观念——这或许是文化经济化的一个象征。文化产品也需要通过市场交换而实现经济效益是一回事，但仅仅从经济、利益的角度看待文化，仅仅把文化当作盈利的手段，就使文化产品与服务狭隘化为普通商品，这是另一回事。我们必须区分两个概念："文化市场"与"市场文化"。"文化市场"（a cultural market）是组织文化生产的一种工具，而"市场文化"（a market culture）则是一种文化方式，其间市场价值观、交换关系渗透到文化生活的各个方面，这是一种文化关系按照市场规律加以改变的文化。仅仅着眼于经济效益，"市场文化"就应运而生，其商品与行为可能具有反文化（价值）、非（社会）伦理的倾向，比如人类的情感、信仰都被加工转化为商品出售。有这样一些文化行为：出租你的前额（或者你的身体的其他部位）用来放置商业广告，777美元。新西兰航空公司雇用了30个人，把他们的头发剃光并印上"需要做出改变吗？请来新西兰"广告语的刺青。20世纪90年代互联网上流行一种"死亡赌局"（death pool），其中以"僵尸网"（stiffs.com）1993年的游戏最受欢迎，缴纳15美元的参赛费后，参赛者提交一份他们认为可能在年底去世的名人的名单，猜得最

---

①〔美〕阿尔君·阿帕杜莱：《商品与价值的政治》，夏莹译，见孟悦、罗钢主编：《物质文化读本》，北京大学出版社2008年版，第55页。

②〔法〕布埃尔·布尔迪厄：《关于电视》，许钧译，南京大学出版社2011年版，第69-70页。

准的人可以赢得 3000 美元的头奖。"僵尸网"每年吸引 1000 多名竞猜者。[①]恰如中国思想家章太炎所说："纵情则为奔驹，执德则如朽索，趋利则如坠石，善道则如悬丝。"[②]当文化产品成为一种商品时，文化的审美与道德内涵也就日益稀薄。

对于这种行为，人们几乎可以不假思索地说"不"，因为它们不能带来良好的社会效益。当然，如果因此而拒绝文化的商品化，又走向另一个极端。公众有凡俗的权利，市场反映大众趣味而不是降低公众品位。一般的情形是，先有消费者的欲望，然后才有满足这些欲望的产品。这些欲望可能并不高尚纯粹，但这不是文化企业的过错，而且，公众品位也在变化，中国文化产业的由小到大、由弱而强的发展历程，同时也是市场产品不断提高丰富的历程，是消费者不断扩大眼界、改进趣味的历程。

所以，文化商品化是一个充满矛盾的过程。在西方社会，其一，市场体制是一种兼具解放和规范双重性质的体制。文化商品化、市场化曾经是一种解放的体系和制度，它为绝大多数人提供了展示自己创造性的机会，知识分子成为一个相对独立的阶层，文化成为一个相对独立的行业。但曾经解放的市场体制也可能形成了新的约束和控制，少数人特别是文化精英的自由又受到了新的威胁，由此焕发出批判文化商品化、市场化的激情。无论社会公众如何提高其知识文化水平和艺术审美趣味，都不可能抹平不同个体在文化艺术上的差别，那么如何解决少数人的自由问题？我们肯定不能回到从前，但未来究竟如何？其二，市场体制是一种能够破除壁垒和界限的体制。当 18 世纪马克思等人断定资本主义与艺术、诗歌对立的时候，艺术和诗歌等文化领域还没有被资本主义体系整合或收编，它被认为是市场/资本主义之外的一个"飞地"，它如果不能在市场/资本主义之外建立价值的话，至少也可以参与、补充资本主义空洞的价值系统。然而，在艺术已蜕变为文化，文化已经"产业"化的当代，曾经相对独立的文化艺术已经与它曾经批判过的资本主义合而为一，成为资本主义市场经

---

① 〔美〕迈克尔·桑德尔：《金钱不能买什么——金钱与公正的正面交锋》，邓正来译，中信出版社 2012 年版，第 XI、160 页。

② 章太炎：《革命之道德》，见太炎文录绩编：《章太炎全集》第四卷，上海人民出版社 1985 年版，第 284 页。

济的一个领域并日益排斥那些没有被资本主义体系整合的文化行为和艺术家，"文化"也已不再整体性的具有批判的动力和功能。当从审美、独创性、真实感到人性本能、个体自由、社会凝聚力等成为都是可以制造的产品、都是可能用来支撑现状的工具之后，我们又何以能进行批判？困难不在于指出文化产业的种种弊端和歧途，而在于我们有什么替代性方案。如果市场/资本主义的批判仍然是迄今为止"不是最坏"的体制，批判的界限又在何处？

布尔迪厄说得明白，文化产业"事实是，文化生产传播相对于经济必然性很不容易争得的独立，其原则本身受到了威胁：商业逻辑侵入了文化产品生产和传播的所有阶段"。文化产业的条件是"把文化产品当作一件普通商品，当作随便一件什么产品来处理，服从利润规律"。它损害，甚至毁灭了文化。[1]这种说法可能过火，但并非无理。作为一种文化商品的生产机制，它既具有可能毁灭文化的动力，也具有发展文化的可能。我们强调文化产业的社会效益，就是要把市场体制真正变成一种"创造性破坏"，即在破除落后的文化体制的基础上创造新的文化形态，使文化商品避免其可能的坏的方面，实现其更好的方面。

第二节　文化消费不是娱乐消费

文化产业的产品与服务以娱乐化为特征，美国和日本文化产业的主体之一就叫"娱乐观光业"。在英国学者约翰·霍金斯的描述中，创意劳动就是一种游戏："创意其乐无穷……游戏无忧无虑，充满乐趣；当它不再好玩，人们就停止游戏。游戏是自发性的，但是却在每个人都得绝对遵守的既定规则内进行，而且即使有惩罚，也仍然充满欢笑。或许，结果的意义很重大，但是游戏本身却无足轻重（许多人在观察创意者工作后通常困惑不已——'他们看起来一点都不像在工作！'）。"[2]21 世纪以来，游戏产业提供的商品与服务非常大，

---

① 〔法〕布迪厄：《文化处于危险中》，见〔法〕布迪厄：《遏止野火》，河清译，广西师范大学出版社 2007 年版，第 173 页。

② 〔英〕约翰·霍金斯：《创意经济——如何点石成金》，洪庆福、孙薇薇、刘茂玲译，上海三联书店 2006年版，第 22 页。

全球范围的在线游戏社区中，美国有 1.8 亿玩家，中国有 2 亿玩家，印度有 1.05 亿玩家，欧洲有 1 亿玩家。美国的"极端玩家"多达 500 万，他们平均每周在游戏中花费 45 个小时；600 万中国玩家每周至少玩 22 个小时的游戏。所有这些数字都还在不断增加。这显然表明，人类在普遍性地走向游戏。[①]从经济学上看，这类娱乐游戏产品也就是"体验经济"（the experience economy）的一部分。这一概念由美国学者约瑟夫·派恩和詹姆斯·吉尔摩于 1999 年出版的《体验经济》一书中提出。所谓体验，就是企业以服务为舞台，以商品为道具，以消费者为中心而创造出的使消费者参与其中的活动。体验经济的产品如动感影院、主题公园、迪士尼乐园、游乐场、健身房，以及骑马、滑雪、攀岩、冲浪、蹦极等，都以差异性、参与性、感官性、知识性、延伸性等为特征。在中国，所有这类产品、活动与服务，都属于广义的文化产业。

人性需要娱乐，文化产业生产娱乐，这都没有问题。它之所以引起关注甚至被批评，在于过度娱乐化。文化产业的时代，也存在功利主义、消费主义、物质主义，由此激化了经济发展、财富追求与人文精神、伦理道德之间紧张关系。一方面，文化产品/服务在市场运转中本着逐利的原动力，创造着大量经济效益；但是另一方面，为了迎合市场或是开发人的欲望，某些文化产品/服务似乎不再具备明显的道德判断和引导正确价值观的意义，而是以娱乐、享乐，或是媚俗、低俗等姿态来取悦受众。徐复观早就发现："'笑'是很轻松的事。但现代的笑匠，很少能引起一个成年人的真正地笑。中国有两句成语：'会心微笑'，或'相视而笑，莫逆于心'。这两句话是一个意思：即是真正的笑，是要把感官的东西凝注在心里面，心里面发现有由感官所诱导，但并不能由感官所完全表达出来的可喜可悦的东西，这才自然而然地会发出真正的笑。所以笑与人的'心'是不可分的。现代笑匠们的动作，一传到人的耳目感官上已经完事了。做得好，也只会使人'嘻嘻哈哈'，并不能引出代表内心喜忧的真笑，更说不上带有眼泪的笑。"[②]面对良莠不齐的观赏环境和一些鉴赏修养不高的

---

① 〔美〕简·麦戈尼格尔：《游戏改变世界：游戏化如何让生活变得更美好》，闾佳译，浙江人民出版社 2012 年版，第 1-10 页。

② 徐复观：《不思不想的时代》，见李维武编：《中国人文精神之阐扬：徐复观新儒学论著辑要》，中国广播电视出版社 1996 年版，第 40 页。

观众，某些企业为了生存，势必只能放弃引领而一味迎合。这样做，就势必强化观赏环境和观众群体鉴赏心理中的落后因素，而被强化了的这些落后因素，又势必反过来刺激在文化上不自觉、不自信的创作者生产品位更低俗的作品。结果，文化生产与消费就陷入恶性循环。比如，曾经的一段时期内，一些影视产品为了追求收视率和观赏性，或以色情、暴力来刺激感官，或以所谓大制作、大投入"营造视听奇观"的极端唯美，或刻意展示"人性恶的深度"和"窥人隐私"以消极地满足受众的快感。荧屏之上，一家"超女"，多家"快男"；一家"选秀"，大家跟上；婚变、绯闻、隐私……此类节目，皆高举"娱乐"大旗，以吸引观众尤其青少年观众、追求收视率为目的，相互攀比，竞相效尤，掀起了一股"过度娱乐化"之风。以至于后来国家新闻出版广电总局专门发文，要求采取行之有效的措施，避免黄金时段卫视节目过度娱乐化。面对如此的文化场景，我们当然会担心人类的美好品质、文化的严肃内容，是否在这娱乐化的浪潮中被消解了。

这是全球文化产业的共同问题。美国学者尼尔·波兹曼认为，西方社会在经历了 20 世纪六七十年代文化领域的革命动荡之后，在 20 世纪 80 年代终于再次安定了下来。但传统上重视节俭和勤奋、反对纵欲的新教伦理已被倡导感性的自由解放彻底击溃，伴随着消费社会的形成，人们找到了更多享乐的理由，于是一场宣扬娱乐的革命成了社会共识。新的媒介技术又给人们带来了前所未有的视听盛宴，电视迅速成为时代的宠儿。电视节目的主要类型是肥皂剧、真人秀等娱乐性节目，为了吸引观众，这些节目进而作出一些新鲜刺激的调整，不断地制造奇闻逸事和娱乐噱头来博取观众的眼球，电视一味地降低品格追求收视，严重丧失了公众话语权。根本的问题是，电视本身的性质就是娱乐性的，电视上所展现的一切都是娱乐，都是为了娱乐。观看电视不需要思考，但人们能获得情感上的满足。正因为电视的包罗万象，其他的一切都按照电视的要求来塑造自己，最终成就了娱乐的时代。媒介社会所面临的最大问题不在于电视为人们提供娱乐性的内容，而是所有的内容都以娱乐的形式表现出来。娱乐已经成为电视上所有话语的超意识形态，成为表现一切经历的形式，从新闻到政治，甚至是宗教活动都在全心全意地娱乐观众。例如，"裸体新闻"将新闻播报和脱衣舞真人秀相结合，令人瞠目结舌。类似将娱乐进行到底的行为值得我们反思，今后的媒介应当如何发展。娱乐的确成了现代生活的标志，它已经溢出电视，弥散到整个社会之中。"一切公众话语都日渐以娱乐的方式出现，并成为一种文化精神。我们的政治、宗教、新闻、体育、教育和商业都心甘情愿地成为娱乐的附庸，毫无怨言，甚至无声无息，其结果是我们成了一个娱乐至死的物种。"[①]波兹曼对此持批评的立场，他认为人类不能将政治、宗教、新闻、体育和商业都贬为娱乐的附庸，倘若如此，其结果是人们成为一个娱乐至死的物种。其实，不只是电视，当代文化市场上的各种文化产品与服务，当代人类的各种文化活动，有多少能与娱乐划清界限？

在古中国，浪漫诗人如苏轼也只能"聊发""少年狂"。在汤显祖的戏剧中，腐儒陈最良以"六十来岁，从不晓得伤个春，从不曾游个花院"而自豪；在蒲松龄的小说中，最爱笑的婴宁也噤声失笑。古典文艺极少李白式的自然生动而多是"结束铅华归少作，屏除丝竹入中年"的拘谨和收敛。林语堂早就说过：

> 以中国人的立场来说，我认为文化须先由巧辩矫饰进步到天真纯朴，有意识地进步到简朴的思想和生活里去，才可被称为完全的文化；我以为人类必须从智识的智慧，进步到无智的智慧，必须变成一个欢乐的哲学家。
>
> 我以为这个世界太严肃了，因为太严肃了，所以必须有一种智慧和欢乐的哲学以为调剂……西方那些严肃的哲学理论，我想还不曾开始了解人生的真正意义，在我看来，哲学的唯一效果是叫我们对人生抱一种比一般商人较轻松快乐的态度。[②]

这类观点，提醒我们必须对文化的娱乐化、游戏化持一种正面的态度。美国人文思想家斯坦纳在为约翰·赫伊津哈的《游戏的人：文化中的游戏成分的研究》作序时，就提出过休闲问题：

> 休闲问题成为人们关注的焦点，这个突出的变化远远超过了赫伊津哈的预期。我们陷入了一个新的两难困境：如何分配多余的时间和

[①]〔美〕尼尔·波兹曼：《娱乐至死·童年的消逝》，章艳、吴燕莛译，广西师范大学出版社2009年版，第6页。

[②] 林语堂：《我这一生　林语堂口述自传》，万卷出版公司2013年版，第284-285页。

资源，以便用创造性的、有利于社会的方式去利用闲暇……"玩游戏的时候"，人处在创造力的巅峰，他完全摆脱了互相仇视的羁绊，他从粗俗的需求中彻底解放出来。只有死亡才打破一切游戏规则，只有死亡才顽强地战胜一切对手。①

拥有大量休闲时间，是人类生活幸福的标志之一。在不严格的意义上，文化产业的兴起很大程度上就是为了回应休闲时间的需要。

但也要看到，文化产业的娱乐已不再是传统的个体性、休闲性活动，而是一种社会文化产品。托尔斯泰早就说到一个简单的事实："无论何种舞剧、马戏、歌剧、轻歌剧、展览会、图画、音乐会或书籍的刊印，都需要千百万人的紧张劳动来完成，这些人都不得不去做那些往往是折磨人、屈辱人的工作。"②娱乐、游戏产品也是许多人辛苦和劳动的产物，我们理所当然地要求它具有积极的社会效益。什么样的娱乐是值得提倡的？中外都有回答。

中国古代的价值观一向主张限制感性娱乐，认为过度的感官刺激不但不符合人文伦理，也不利于身心健康。《老子》第十二章："五色令人目盲，五音令人耳聋，五味令人口爽。驰骋畋猎，令人心发狂；难得之货，令人行妨。"③除了《管子·侈靡》一节正面肯定奢侈的好处外，古典文献几乎一无例外地反对奢靡，主张控制欲望。因此古中国对娱乐的第一个要求，就是"不过度"。这在《吕氏春秋》《淮南子》等书中有大量论述。这些古代观念产生于生产水平极低的时代，它要求人们把时间、精力集中到生产上来。抑制欲望是一种不得已的选择。其次，也是更重要的，娱乐要有普遍性，要有社会意义。这是儒家的观点，集中表现在孟子所说的"与民同乐"之中。

臣请为王言乐。今王鼓乐于此，百姓闻王钟鼓之声，管籥之音，举疾首蹙頞而相告曰："吾王之好鼓乐，夫何使我至于此极也？父子不相见，兄弟妻子离散。"今王田猎于此，百姓闻王车马之音，见羽

---

① 《乔治·史丹纳序》，见〔荷〕约翰·赫伊津哈：《游戏的人：文化中的游戏成分的研究》，何道宽译，花城出版社 2007 年版，第 30 页。

② 〔俄〕列夫·托尔斯泰：《什么是艺术？》，丰陈宝译，见〔俄〕列夫·托尔斯泰：《列夫·托尔斯泰文集》第十四卷，陈桑、丰陈宝等译，人民文学出版社 1992 年版，第 135 页。

③ 刘长允、包汉毅编：《老子》，济南出版社 2019 年版，第 39 页。

旄之美，举疾首蹙頞而相告曰："'吾王之好田猎，夫何使我至于此极也？父子不相见，兄弟妻子离散。'此无他，不与民同乐也。"

"今王鼓乐于此，百姓闻王钟鼓之声，管籥之音，举欣欣然有喜色而相告曰：'吾王庶几无疾病与，何以能鼓乐也？'今王田猎于此，百姓闻王车马之音，见羽旄之美，举欣欣然有喜色而相告曰：'吾王庶几无疾病与，何以能田猎也？'此无他，与民同乐也。今王与百姓同乐，则王矣。"

王曰："贤者亦有此乐乎？"

孟子对曰："有。人不得，则非其上矣。不得而非其上者，非也；为民上而不与民同乐者，亦非也。乐民之乐者，民亦乐其乐；忧民之忧者，民亦忧其忧。乐以天下，忧以天下，然而不王者，未之有也。"[1]

孟子论"乐"，本乎其政治思想，这就是"民为贵，社稷次之，君为轻"。国以民为本，王者要施"仁政"，要"得乎丘民"，就必须"乐民之乐，忧民之忧"。孟子所说的"乐"，包括一切美的享受、感官的娱乐。蒋孔阳分析指出："孟轲'与民同乐'的思想，从根本的性质来说，是要音乐为政治服务的。他所考虑的，不是音乐本身的问题，而是音乐如何更好地为政治服务，如何使音乐沟通人民与君主之间的感情，消除人民与君主之间的隔阂。"[2]这一评论是准确的。但由孟子之所说，我们可以进一步引申，各种娱乐能沟通人民与君主之间的感情，在于这些娱乐所表达的，不只是君主的爱好、感情和欲望，而且是能够为普通人民所能分享的普遍性爱好、感情和欲望。"与民同乐"对当代文化的启示，就是娱乐应有"与众同乐"的内涵与形式，应有沟通感情的社会效益。

近代以来，人的自由得到伸张，人们对娱乐的看法也发生了变化。康有为的论述最为重要。根据他的解释，儒家并不压抑人性、否定娱乐。"乐"是"民情"与人性之一，既不能绝更不当绝，他把孟子在这个问题上的主张概括为孟子"人己平等，各得其乐"，并认为这种主张最为合理，因为既反对暴君民贼

---

① 万丽华、蓝旭译注：《孟子》，中华书局 2006 年版，第 23-24、29 页。
② 蒋孔阳：《先秦音乐美学思想论稿》，安徽教育出版社 2007 年版，第 172 页。

"凌虐天下，以养一己之体，而但纵一人之欲"，也反对"佛氏之绝欲，墨子之尚俭"。类如佛家绝欲、墨家尚俭，只会导致"生不歌，死无服，裘葛以为衣，跂蹻以为服，使民忧，使民悲也"。而"宋贤自朱子染于释氏无欲之说，专以克己，禁一切歌乐之事，其道太觳，近于墨氏，使民情不懂，民气不昌，非孔子之道也"①。康有为正面肯定了文化娱乐的必然性和合理性，反对"存天理灭人欲"的理学教条，他充分肯定文化艺术的娱乐属性。

> 夫戏者乐也，乐以化民成俗者也。既所关至大，乌得不重视之？亦既重视之，乌得不以学生学之？吾国以虑其媟也而轻鄙之，士人遂不屑为；且以其为优者，竟不齿于人数焉，故乐益坏而位益下。而戏剧既无通人主持，乃益趋淫靡，而无裨于风化人心焉。大凡物为人情所同好而不能免者，则为治教者必当有维持之，不能以轻鄙绝之也。学者愈轻鄙之而又不能绝之，愈败坏矣。夫道者非从天降地出者也，因人之身体、性情率而行之之谓道也，故孔子曰：道不远人。戏剧者，人身体、性情之所乐好，所谓道也。既有此道，绝之而不裁成著美之，则俗化衰矣。故学生之为戏剧，岂非所谓"道不远人"者耶？②

康有为还为人类社会演化的不同阶段设计了不同的娱乐方式。在"升平世"，应通过一定方式扩充人民之乐，如公学校、公图书馆、公博物院、公音乐院等，都可以为人民所共享。"凡一切艺业观游"，只要可以"开见闻，悦神思，便民用"，都可以作为公共事业"以与民同"。在"大同之世"，则可以听凭人们"采取娱乐"，因为彼时人心为公，无复有私，人心公平，无复有贪。③

康有为的娱乐论有两个值得重视的观点。其一是不要怕庸俗。对拜神巫术、传统庆典、民间医药、麻将赌博、娼妓嬖姬、纳妾婢女、牌坊匾额等"落后""迷信"的民间风俗，他主张取宽容的态度。其二是明确反对政府以行政、立法

---

① 康有为，楼宇烈整理：《孟子微：礼运注 中庸注》，中华书局 1987 年版，第 100-101 页。

② 康有为：《英国监布烈住大学华文总教习斋路士会见记》，见康有为：《康有为全集》第八集，中国人民大学出版社 2007 年版，第 54 页。

③ 康有为，楼宇烈整理：《孟子微：礼运注 中庸注》，中华书局 1987 年版，第 99 页。

来移风易俗。他说：民"生于天"，因而有"天性"，而他们"受于历史风俗"，"习而安之"，形成"第二天性"。他们对于历史上形成的风俗，"因之则安且乐，去之则乱且苦"，这种民俗"与立国之政治无关"。《礼记》所说"修其教不易其俗，齐其政不易其宜"乃是"吾国先圣宜民之精义"，这一点也是欧美通行的惯例。西方各国经过多次政权变动，但"礼俗、服色、徽号、官名、器械不少易，议院不敢议及"，政府更是"不敢过问"。"泰西茶会动至数千人，赛会燃灯至数百万人，其余一切会，皆数千人。"康有为认为，此举正合孟子的"众乐之义"。英国虽然统治印度，但不干预其"风俗教化"，"故民能安之"。相反，信奉伊斯兰教的奥斯曼帝国对于属地"多敷行其教，而强变旧俗"，结果发生导致国家分裂的战争。可见"治教之至，不过至于民乐而已"[①]。康有为的娱乐论，与其自然人性一起。在宋明理学禁欲主张余威尚在的时代，此论宣传文化解放、娱乐自由的意义。但有一点，康有为所辩护的娱乐，仍然是众众之乐、群体之乐，是一种有积极的、正面的社会效益的娱乐。

西方传统中有关娱乐的思考要追溯到古希腊。柏拉图认为，诗歌描绘了神的野蛮、欺骗、陷害、享乐、贪婪等低劣行为和品质，这类远离理性、激发欲望的产品会使普通人感到"愉快"，最终导致"快乐和痛苦代替公认为至善之道的法律和理性原则成为你们的统治者了"[②]。在《理想国》第十卷中，柏拉图只许可歌颂神明、赞美好人的诗歌进入城邦，而坚决拒绝那些为娱乐而写作的诗歌和戏剧，因为这些作品充满诱惑，可能败坏人的德性。18世纪卢梭在反对日内瓦剧院时，也认为戏剧是一种、也只是一种娱乐，且这种娱乐也不是人民所需要的："如果人们真的需要娱乐的话，对一个生命短暂和时间非常宝贵的人来说，就只能观赏他们需要的娱乐，而一切没有用的娱乐都是有害的。"[③]戏剧如此，其他形式的文化也是如此。在批判娱乐所带来的文化-美德的败坏的同时，卢梭也有自己的理想的文化/娱乐方式，这就是广场上的演出、露天体育竞赛、节日活动、舞会，因为这些集会与竞赛并不讲究排场，十分简朴，而且

---

① 康有为，楼宇烈整理：《孟子微：礼运注 中庸注》，中华书局1987年版，第100页。
② 〔古希腊〕柏拉图：《理想国》，郭斌和、张竹明译，商务印书馆2019年版，第410页。
③ 〔法〕卢梭：《致达朗贝尔的信》，李平沤译，商务印书馆2011年版，第38页。

是全民共乐，可以成为公民团结的纽带。他借假想中的日内瓦人之口发出呼喊："我们青年时期的盛大的体育竞赛和节日活动在哪里？我们和睦相处的公民们在哪里？我们万众一心的团结精神在哪里？我们令人欢欣鼓舞的娱乐活动在哪里？我们和平、自由、平等与无私的风尚在哪里？让我去把这一切都找回来吧！"①也就是说，相较于源于雅典的戏剧艺术，卢梭崇尚的是斯巴达人那样的勇敢、团结、和平、简朴、平等、无私的集体娱乐活动。

卢梭的思想很接近孟子"与民同乐"。无独有偶，19世纪的托尔斯泰也严格区分艺术与娱乐，反对艺术的娱乐化。艺术是一项伟大的事业，其价值在于把人们的理性意识转化为感情，在传达感情中增进人们的相互理解和社会团结。但"任何一种娱乐在每次重复时都会叫人感到厌腻。为了使令人感到厌腻的娱乐重新能为人所接受，就必须想个什么办法使它变个新花样，如波士顿牌玩腻了，就想出惠斯特来玩；惠斯特玩腻了，就想出胜牌来玩；胜牌玩腻了，再想出一种新的牌戏来，这样继续下去，事物的本质还是照旧，只是形式在改变着"②。娱乐是艺术最低级的表现之一，而艺术则是表达、沟通人类情感的高尚形式。人们确实需要娱乐的话，那是因为娱乐与"休息"相关，而艺术就是最好的休息和娱乐。"艺术是使劳动者得到休息的一种娱乐，这种娱乐是：一个人无须努力就感受到从艺术感染到的各种心情、情感。艺术是给予劳动者以休息的一种娱乐，也就是给予那些总是处于全人类所固有的正常条件下的人们以休息的一种娱乐。"③托尔斯泰所理想的娱乐，也是孟子、卢梭式的"与民同乐"。他有这样一段动人的描述：

> 前几天有一次我散完步，带着沮丧的心情走回家来。将近家门口的时候，我听到村妇们在大环舞中高声歌唱。她们在欢迎和祝贺我那出嫁之后首次归宁的女儿。在这伴有呼叫声和镰刀敲击声的歌唱中，有那样一种明确欢欣、爽朗和坚毅的感情表达出来，竟连我自己也没

---

① 〔法〕卢梭：《致达朗贝尔的信》，李平沤译，商务印书馆2011年版，第176页。

② 〔俄〕列夫·托尔斯泰：《什么是艺术？》，丰陈宝译，见〔俄〕列夫·托尔斯泰：《列夫·托尔斯泰文集》第十四卷，陈桑、丰陈宝等译，人民文学出版社1992年版，第216页。

③ 〔俄〕列夫·托尔斯泰：《什么是艺术？》，丰陈宝译，见〔俄〕列夫·托尔斯泰：《列夫·托尔斯泰文集》第十四卷，陈桑、丰陈宝等译，人民文学出版社1992年版，第126页。

有注意到自己是怎样受了这种感情的感染。我带着比较高兴的心情走向家门，等我到家的时候，我已经精神勃勃，欢欣鼓舞了。我发现家里所有听到这歌唱的人也都怀着同样激昂的心情。就在这天晚上，来我家作客的一位以演奏古典乐曲，特别是贝多芬的乐曲闻名的卓越音乐家为我们演奏了贝多芬的一首奏鸣曲，作品第一〇一号。[①]

托尔斯泰认为，这首奏鸣曲正如贝多芬晚期的其他作品一样，是毫无规律的即兴式的音乐。比较而言，村妇的歌曲才是真正的艺术，它传达出一种明确而深刻的感情，而贝多芬的作品第 101 号只是一个不成功的艺术尝试，其中没有任何明确的感情，因此没有什么可以感染人。真正的艺术存在于生活之中，摇篮曲、笑话、怪相的模仿、住宅、服装和器皿的装饰，以至于教堂的礼拜仪式、凯旋的行列……所有这些都是艺术活动。严格地说，托尔斯泰所理解的"艺术"，就是我们现在所说的"文化"，他强调的是，这种艺术-文化不但起源于而且存在于群体的日常生活之中。

从柏拉图、卢梭到托尔斯泰，西方文化思想有一个强有力的传统，它们认为人们在诗歌、戏剧、音乐等文化艺术的影响下，陶醉于娱乐，倾向于虚伪，成为受欲望支配的非理性人，由此引发或加剧社会的道德危机。但正如上述，柏拉图、卢梭和托尔斯泰等在反对娱乐的同时，又都有自己所肯定的娱乐方式，这就是公共的、群体的、朴素的娱乐。

也有人更明确地肯定娱乐。亚里士多德在讨论知识与实践时认为："全部生活也可以分为劳作的与闲暇的，或分为战争的与和平的，各种行为则可分为必需又实用的与高尚的两类。"[②]闲暇/劳作与必需/高尚对应，但"必需"之外的活动也是多样的，它们并不都是高尚的。在《形而上学》中，亚里士多德又提出了实用/娱乐/知识的三分法："当初，谁发明了超越世人官能的任何技术，就为世人所称羡；这不仅因为这些发明有实用价值，世人所钦佩的正在他较别人敏慧而优胜。迨技术发明日渐增多，有些丰富了生活必需品，有些则增加了

---

①〔俄〕列夫·托尔斯泰：《什么是艺术？》，丰陈宝译，见〔俄〕列夫·托尔斯泰：《列夫·托尔斯泰文集》第十四卷，陈桑、丰陈宝等译，人民文学出版社 1992 年版，第 126 页。

②〔古希腊〕亚里士多德：《政治学》，颜一等译，见苗力田主编：《亚里士多德全集》第九卷，中国人民大学出版社 1994 年版，第 260 页。

人类的娱乐；后一类发明家又自然地被认为较前一类更敏慧，因为这些知识不以实用为目的。在所有这些发明相继建立以后，又出现了既不为生活所必需，也不以人世快乐为目的的一些知识，这些知识最先出现于人们开始有闲暇的地方。"①在实用、娱乐之上，"知识"是最高尚的活动。因此，在《尼各马科伦理学》中，亚士多德又对"快乐"进行了区分的：一种是感觉的快乐，它与肉体、欲望相联系；另一种是理智的快乐，它与德性、自由相联系。"我们认为一个人越是高尚，他的活动也就越是严肃，所以一个高尚人的活动，其本身就是优越的，从而是幸福的。随便什么人都能享受肉体快乐，奴隶也不比出身高贵者差。但没有人去给奴隶以幸福，除非是属于生命的。"这种严肃的、高尚的活动就是以其自身为目的的活动："理智的活动则需要闲暇，它是思辨活动，它在自身之外别无目的可追求，它有着本己的快乐（这种快乐加强了这种活动），它有着人可能有的自足、闲暇、孜孜不倦，还有一些其他的与至福有关的属性，也显然与这种活动有关。"②娱乐（肉体快乐）与知识（理智快乐）都属于文化行为，但只有后者，才被古希腊哲人认为更值得追求，他们愿意为此付出肉体的快乐。比如赫拉克利特放弃王位而专心哲学，德谟克利特为了不让感性事物蒙蔽理性之光而刺瞎自己的双眼；阿基米德在敌人的刀口下还要保护画在地上的几何图形；亚里士多德不愿随伟大的学生亚历山大去征服世界却请其搜集动植物标本以为科学研究之助……他们在为人类文化作出贡献的同时，自己也在这些求知的活动中得到快乐和满足。对希腊人来说，在闲暇时从事的理智性的求知活动是一个高出劳作生活和肉体快乐的高尚行为。创造了娱乐与知识的"闲暇"绝不是无所事事，它自身就有其固有的目的。

亚里士多德对人类活动的这一区分，几乎确立了直至今天的文化观念。赫伊津哈认为，文明就是游戏。"如果要总结游戏的形式特征，我们不妨称之为一种自由的活动，有意识脱离平常生活并使之'不严肃'的活动，同时又使游戏人全身心投入、忘乎所以的活动。游戏和物质利益没有直接的关系，游戏人不能够从中获利。游戏在特定的时空范围内展开，遵守固定的规则，井然有序。

---

① 〔古希腊〕亚里士多德：《形而上学》，吴寿彭译，商务印书馆 2009 年版，第 3-4 页。

② 〔古希腊〕亚里士多德：《尼各马科伦理学》，苗力田译，见苗力田主编：《亚里士多德全集》第八卷，中国人民大学出版社 1992 年版，第 226、228 页。

游戏促进社群的形成，游戏的社群往往笼罩着神秘的气氛，游戏人往往要乔装打扮或戴上面具，以示自己有别于一般的世人。"①当代英国政治学家迈克尔·奥克肖特从区分需要（needs）与欲望（wants）开始讨论游戏的意义。人与自然的区别在于人有"欲望"。"欲望"不同于自然的"需要"，它是文化的产物，人类的各种知识与技能，人类永无休止地"劳动"或"工作"，都是为了满足欲望。"劳动"或"工作"是一项持续辛劳的活动，是被种种欲望驱使的人所无法避免的、典型的人类行为。欲望的解放，是现代事件。16世纪以来，现代人乐观地相信：只要以某种真正坚决的方式去做，只要倾其所有的智力和精力，人类将实现那源自种种欲望的满足而获得幸福。因此认为对自然界展开一场竭尽全力的、有组织的进攻，随之而来的必然是成功。在此，懒惰和低效不但是罪恶的，而且是愚蠢的。然而，19世纪以来，人们发现这只是一个梦想：欲望或许满足了，但人类并没有因此而获得幸福。原因很简单，完成由欲望构成的人不可避免地是充满各种焦虑的人，他的世界只是满足他的欲望的手段和工具，而且欲望的满足又无止境地产生各种新的欲望。人的工作或劳动，是一个无止境的获得与消耗、制造与消费的过程，这个过程无论多么伟大，却绝不会带来人的幸福。然而，人类的活动不只是"工作"，人类还有一种带来各种满足，却没有"工作"或满足欲望所固有的挫折的活动，这就是"游戏"。奥克肖特对人类的乐观信念就源自"游戏"。就其固有性质来看，游戏只是一个娱乐过程，它不是一个人为了得到什么而进行的斗争，也不是为了满足欲望而对自然的一次攻击。也许，参加一场游戏是为了获得奖品、争得荣誉，但这是不重要的。游戏有自己的规则，它可能会消耗精力，需要努力，但它把人从"工作"的严肃性、满足欲望的目的性和所谓的"重要性"中解放了出来。"简言之，'游戏'所表示的既不是'工作'，也不是'休息'；它是一种活动，但不是寻求满足欲望的活动。"②作为一种休闲，游戏并不意味着缓慢，而是说它不存在欲望满足后的焦虑和无休止的追求，它被认为是为了自身的目的而存在。因

---

①〔荷〕约翰·赫伊津哈：《游戏的人：文化中的游戏成分的研究》，何道宽译，花城出版社2007年版，第14页。

②〔英〕迈克尔·奥克肖特：《工作和游戏》，见〔英〕迈克尔·奥克肖特、〔英〕卢克·奥沙利文编：《历史是什么》，王加丰、周旭东译，上海财经大学出版社2009年版，第249页。

此，第一，游戏是真正自由的活动。在这种活动中，人类相信自己能够享受某种自由和启迪，而这是欲望的满足所不可能提供的。这是自由人的特性而不是奴隶的特性。第二，游戏是真正文明的活动。游戏就是游戏，也只是游戏，它没有更进一步的目的，开端和结局都是它本身。游戏的目的是认识和解释世界，而不是像"工作"那样是为了改变世界。哲学、科学和历史学都属于"游戏"而不属于"工作"。在从事这些事业的过程中，我们完全从把世界视为满足欲望的材料的态度中解脱出来，而进入了一个充满诗意的想象活动。奥克肖特比较"工作"与"游戏"的动机，不只是为了阐释游戏的意义，而且要说明，在满足欲望不但是我们注意的中心，还使其他活动都从属于它的当代世界，"游戏"活动已经被"腐蚀"了。问题不在于娱乐、游戏是否应当存在，而在于它是否取消了文化生活的严肃内容，在于它是否内含以人为本的价值体系。在娱乐化席卷文化生活的今天，我们要记取波兹曼的警告："如果一个民族分心于繁杂琐事，如果文化生活被重新定义为娱乐的周而复始，如果严肃的公众对话变成了幼稚的婴儿语言，总而言之，如果人民蜕化为被动的受众，而一切公共事物形同杂耍，那么这个民族就会发现自己危在旦夕，文化灭亡的命运就在劫难逃。"[1]提倡文化产业社会效益优先，就是为了避免文化遭遇的这种厄运。

第三节　文化科技是手段与载体

　　文化产业兴起的前提之一是传播技术的革命。没有现代科技所发明的各种生产/传播技术作为载体，文化的内容、意义无法转化为可以广泛传播的产品，不可能形成产业；而在大数据、人工智能、虚拟现实技术的新时代，技术又进而直接改变、重塑着文化的内容、形态和意义。生产数字化、传播网络化、消费个性化，好莱坞3D电影《阿凡达》、上海世博会的动感名画《清明上河图》等，表明文化已成为新技术应用与集成最广泛的领域之一。在当前阶段，文化与科技融合的主要标志与途径就是文化数字化。在产业实践中，文化生产的数

---

　　①〔美〕尼尔·波兹曼：《娱乐至死·童年的消逝》，章艳、吴燕莛译，广西师范大学出版社2009年版，第133页。

字化，有助于改造提升传统文化产业，催生新的文化业态，推动文化产业转型升级；文化传播的数字化，有助于形成覆盖广泛、传输便捷的现代传播体系；文化消费的数字化，有助于文化消费更加便利、有效需求规模迅速扩大。在中国，文化数字化还有更特殊的意义。一是文化资源的数字化，有助于用新的表现手法展示中华传统的光华；二是文化产品的数字化，提高了文化表现力、增强了文化感染力、提升了文化传播力；三是文化载体的数字化，有利于文化产业与制造业、旅游业、建筑装饰业、信息业、包装业等相关产业紧紧地联结在一起，直接产生了创意设计、数字电影、动漫、网络游戏、社交媒体、数字出版等新类型、新业态。不但延伸了文化的疆域，也拓展了产业的边界，如文化装备制造业关系到文化产业的技术水平，电子终端设备制造业直接影响文化产业的广度和深度。随着立体视觉产业的兴起，立体视频的采集、制作、播映、显示所需的摄像机、电视机、计算机、手机、银幕等设备必然面临更新换代，反过来拉动制造业的发展。

在数字化影响越来越深入的时代，各种"云录制""云演艺""云展示"等越来越接近"全面在线文化实践"，文化业态、行业形态或许只有深度网络化才能找到未来。疫情加速了"全面在线社会实践"。消费场景向线上集中，消费能力在线上释放，线上消费需求短期内急速上升；文化产业跨界融合发展态势、线上线下融合发展态势表现出集中特征，也带来新的文化生产方式和体验方式，实现了自古即有的"足不出户看尽天下"的梦想。

然而，在一片欢呼声中，我们也要看到，文化与科技的融合也带来新的挑战与困惑，最根本的一点，就是它可能瓦解人类延续数千年的生存方式、伦理准则和文化规范。玛丽·雪莱的《弗兰肯斯坦》（1818）和阿道司·赫胥黎的《美丽新世界》（1932）所虚构的技术造人的故事，现在已由生物技术和人工智能完成，对人的设计、改造、美化、模拟和建构已经是当代科技的重要趋势。克隆技术不仅能创造出一个新的基因级别的结构，而且能对人类自身进行全新的仿真模拟，人性看上去首次成为唾手可得之物。当人、人性成为产品、商品，"人工人"可以大批量出现之时，我们现在的"自然人"也就消失了。现在，机器人、人工智能的诞生，使得我们这些"自然人"现实地感受到"后人类"时代的来临。人类向何处去？文化应有何为？这已不是哲学家、诗人、宗教家的形上思考，而是一个迫在眉睫的现实难题。数字化时代，我们面对的是三种可能的危机。

第一种是人性危机。

1992 年，集中研究文化与技术关系的传播学家波兹曼再次指出："失控的技术增长毁灭人类至关重要的源头，它造就的文化将是没有道德根基的文化，它将瓦解人的精神活动和社会关系，于是人生价值将不复存在。"[1]技术在什么意义上瓦解人的价值呢？技术虽然提供了社会生活所必需的客观、精确、高效的可能性，但它同时也是一种新的社会控制形式。这一点，法兰克福学派的马尔库塞、哈贝马斯等人早有论述，数字技术的兴起没有改变而是再次印证了这一观点。

以大数据的实践为例，其基本假设与主导信念是，一切活动都产生数据，世界上的一切存在、一切关系用数字来表述和重建，世界的本质就是数据，由此形成"一切皆数据，万物可量化"的世界观。这当然与人的自由意志、自主行动、自我控制完全相悖。应当说，大数据在一定程度上反映了人类的过去和现在，并能更为精确地预测未来趋势。大数据的核心就是预测，在越来越多的数据指标下，预测的精确性也越来越高，甚至可以根据数据表征预测行为，这就为人类的生活创造了前所未有的可量化的维度。这种数据分析的广泛性、便利性，各种预测的精确性，诱惑着人们放弃所有方法而接受定量研究方法。生活在数字世界中的人类接收数据，产生数据，也被数据所包围、所塑造，最终丧失人之为人的自由性，成为机器般的存在。但是，即使在数字世界中，人依然是最重要的载体，数据在多大程度上能够衡量人的情感、人的无意识、人的关系以及其他多种多样的个性化因素？人生的悲欢离合，人的爱恨情仇，至少在目前还是很难计算和分析的。比如，人的决定往往是瞬间完成的，各种行为的结局并不仅仅是计算的结果。这一点，现代主义文艺早已作了杰出表现。俄国作家陀思妥耶夫斯基在《地下室手记》中设问：

> 假如我们果然能在什么时候找到我们的一切愿望和任性的公式，查清它们是由什么决定的，是按什么规律产生的，是怎样传播的，在

---

[1]〔美〕尼尔·波斯曼：《技术垄断：文化向技术投降》，何道宽译，北京大学出版社 2007 年版，第 2 页。

这种或那种情况下是向哪个方向发展的，等等，等等——总之，假如真能找到一个真正的数学公式，那么人也许立刻就不再有什么愿望，而且肯定不会再有什么愿望了。按照表格表示愿望，那何苦呢？不仅如此，他立刻将由人变成风琴的琴键或者诸如此类的东西；因为，人要是没有愿望，没有意志，没有欲念，那还成什么人呢，岂不成了风琴上的一个键子？①

至少到目前为止，大数据的理论与实践无法回答这个问题。数据计算一定程度上取消了人的自主选择的意愿和能力，没有为"人性"留下空间，更为深刻地危及人的存在和人的价值。陀斯妥耶夫斯基担忧人的自由的丧失。德国哲学家克劳斯·施瓦布指出"如果我们在任何情况下的行为都是可以预测的，那么为了不偏离这种预测，我们还能拥有或感觉自己拥有多少个人自由呢？这一能力的发展是否可能导致人类行为最终变得和机器人一样？这又引出一个更具哲学性的问题：在数字时代，我们如何保持我们的多样性和民主的根源——自我？"②而且，在大数据世界，人以及与人有关的一切都只是数据。至少在理论上，数字革命的人，连他的存在也已丧失。所以全部问题在于：我们是否可以把人"数据化"？后现代理论家让-弗朗索瓦·利奥塔对此说道："我们把人类中的什么东西称之为人性？是人类童年最初的痛苦，还是其获得第二'本性'的能力，第二本性由于有语言的帮助使得人们得以分享集体的生活、成年人的意识和理性？后者依赖于前者，并以前者为前提，这是每个人都会赞同的。问题只是在于要弄明白，这一辩证法，不管我们冠之以何种名字，是否遗留下了任何剩余物。"③这个问题就是：在我们这些"自然人"中，是否还有某些为种种新的技术如生物技术、人工智能等所不能制造、生产的"剩余"？如果有，则人和人性还有一线继续存在的希望；如果没有，则人和物、人性与物性

---

① 〔俄〕陀思妥耶夫斯基：《地下室手记》，顾柏林译，见〔俄〕陀思妥耶夫斯基：《陀思妥耶夫斯基作品集·赌徒》，满涛等译，上海译文出版社 1988 年版，第 159 页。

② 〔德〕克劳斯·施瓦布：《第四次工业革命：转型的力量》，李菁译，中信出版社 2016 年版，第 102-103 页。

③ 〔英〕凯里·麦高恩：《批评与文化理论中的关键问题》，赵秀福译，北京大学出版社 2012 年版，第 156 页。所引利奥塔的原话，参见〔法〕让-弗朗索瓦·利奥塔：《非人：时间漫谈》，罗国祥译，商务印书馆 2000 年版，第 3 页。

也就没有根本性差别，则人为"非人"。所以，有"大数据商业应用第一人"之称的美国学者维克托·迈尔-舍恩伯格在其与肯尼思·库克耶合著的书中认为，大数据时代的特征，是放弃对因果关系的渴求，取而代之关注相关关系。也就是说只要知道"是什么"，而不需要知道"为什么"。这颠覆了千百年来人类的思维惯例，对人类的认知和与世界交流的方式提出了全新的挑战。所以，他认为："大数据……仍需要人类扮演重要角色。人类独有的弱点、错觉、错误都是十分必要的，因为这些特性的另一头牵着的是人类的创造力、直觉和天赋。"[1]这是完全正确的。比如在文化领域，社会的文化需求，文化品的特质、风格，都不是数据可以精确界定的。正因此，文化产品才可能有独特的魅力，人性才有自由创造的可能。

第二种是伦理危机。

在美德合拍的电影《我，机器人》中，警察认为谋杀只是人对人的行动，机器人不存在谋杀的问题，因此，杀了创造者的机器人桑尼，为其他机器人所钦佩。这是虚构，也是离我们并不遥远的现实。如果我们的生活中布满这样的"电子人""机器人""基因人"等"人工人"，所有的社会组织、生活方式、伦理道德、法律制度还能维持吗？德国哲学家克劳斯·施瓦布在研究第四次工业革命时，提出这样一个问题："人工智能同样面临着复杂的伦理边界问题。例如，机器的思维可能比人类更超前甚至更深入。亚马逊和网飞公司已经掌握了能预测我们可能喜欢的电影和书籍的计算机算法。相亲与就业网站为我们推荐由它们的系统计算出来的适合我们的伴侣与工作，可以就在附近，也可在世界上任何地方。我们应该怎么办？"[2]然而，我们还能控制、掌握技术吗？伦理是自我与他人的关系准则。面对由新技术而来的新的文化形式，传统伦理原则已不能从容应对。

一是人际关系的错乱。伦理是处理人际关系的准则，数字技术改变了自身与他人的关系。人与人之间的社会交往、面对面的交流不再存在或较少存在，代表大众的只是一堆统计数字。从理论上说，媒体就是信息。但现实是，他们

---

①〔美〕维克托·迈尔-舍恩伯格、〔美〕肯尼思·库克耶：《大数据时代：生活、工作与思维的大变革》，盛杨燕、周涛译，浙江人民出版社 2013 年版，第 245 页。

②〔德〕克劳斯·施瓦布：《第四次工业革命：转型的力量》，李菁译，中信出版社 2016 年版，第 102 页。

的社交能量被媒体和其他技术"冻结"了，媒体的信息量越大，社交就越少。媒体不再是大众的延伸，而是他们生活的主宰者。比如，网络空间现在差不多就是另一个人类社会，至少在理论上，网络技术的进步使得任何人或组织都无法形成绝对的垄断势力，阻隔信息的传递。人们在网络空间中可以轻易地建立连接，获取信息，成为他者的在场。在此过程中，社会的空间感和时间感被日趋削弱，形成安东尼·吉登斯所说的"脱域"："社会关系从彼此互动的地域性关联中，从通过对不确定的时间的无限穿越而被重构的关联中'脱离出来'。"[①]其结果是个体与群体的疏离、个体与个体的疏离，最终是传统的伦理难以维持。与此同时的另一个方面，个体生活也被分裂。以社交媒体为例，就已经产生自我与他人关系的难题。人类从未有哪个时代能像如今一样观看别人的生活，并且营造自己的虚拟身份，展示出想给别人看到的生活。虽然这种生活和自我的身份建构，可能都只是互联网上的一串数据和代码，可以任意编造和涂抹，但人类生活的公开性和隐私性之间的界限却日益模糊。我们的身体需要被他人所指认和观察，以便直接交流，但同时我们也需要遮蔽某些部位；我们需要别人理解自己的心理与情感，同时也需要隐藏某些心理过程以便进行自由思考；我们公开地进行社会沟通以建立秩序，同时也需要保持社会意义上的隐秘以保证个人的自由。三组矛盾的平衡，是人类伦理所要处理的基本问题。但在信息社会，一面是无所不在的监控所导致的隐私难存，另一面却又是缺少直接交流而导致的公开性稀缺。在这方面，明星们既暴露自己又隐藏自己的行为不过是一个突出的表现形式。

二是生活目的的迷失。社会生活的各个领域都需要信息和知识，而面对可能获得的海量信息和知识，唯恐落后于他人的个体承受着越来越大的压力。美国思想史家彼得·伯克指出："如今，公司、政府和大学所能获取的信息洪流前所未闻。问题的关键已经变成了如何得到人们想要的那部分信息，即获取有关信息的信息。信息错位的问题已经日益严峻，即便是在搜索引擎发达的今天。"[②]所以信息和知识的营销就衍生出伦理问题。以"知识付费"为例。现

---

① 〔英〕安东尼·吉登斯：《现代性的后果》，田禾译，译林出版社 2011 年版，第 18 页。

② 〔美〕彼得·伯克：《知识社会史（下卷）：从〈百科全书〉到维基百科》，汪一帆、赵博囡译，浙江大学出版社 2016 年版，第 155 页。

在，知识已成为一种商品。内容创造者将书籍、理论知识、信息资讯等知识与自身认知积累融合，并对其进行系统化和结构化梳理，将之转化成标准化的付费产品，借助平台所搭建的付费机制和业务模式传递给用户，满足用户自身认知提升、身份归属、丰富谈资等需求。付费机制对知识与受众都有重大影响。就知识而言，媒体从来都不是不偏不倚地传播这些信息，而是从根本上对它们产生影响，以媒体特有的方式给它们打上烙印，并借此规定了人们接触现实的形式。付费机制让用户相信自己能够省时省力地得到想要的知识，知识却在这一过程中被日益商品化和工具化。就个体而言，它固然因人主观能动地对其媒介形式加以利用而存在塑造人的能力的潜力，同时也因其内容而存在剥夺人的能力的可能性。在知识付费产品中，究竟是多样胜过同质、塑造胜过剥夺还是相反，都是值得讨论的问题。作为信息时代的文化服务方式，知识付费平台将所谓"知识"打造成标准化的产品，这个过程是否不可避免地对知识进行了"除魅"从而简化为浅层的信息？在满足用户短期需求的同时是否有利于人的自我学习和长远发展？以解决知识焦虑为原初目的的产品是否在有意无意地增加焦虑？这些都是不能"一言以蔽之"就可以回答的问题。我们可能成为"信息的巨人"，却是"知识的侏儒"，我们淹没的信息之中，却在迫切地渴求知识。为了克服信息接受中的问题，人类不断发明新的技术，但正如波兹曼所说："为了对付新的信息，就需要增补控制机构。但新的控制机制本身就是技术，它们又反过来增加信息的供应量。当信息的供应量无法控制时，个人的心宁神静和社会生活的宗旨就必然普遍崩溃而失去防卫。"①如此恶性循环，个体感到的只能是恐惧。

三是传统规范的解体。传统的伦理准则早已在"现代酸"的侵蚀下逐步瓦解，数字技术及由数字技术衍生的传播媒体更加剧了这一进程。认知革命以来，人类个体的智慧并无明显提升。但由于分工合作的手段更加多样、信息生产和传播的技术不断进步，人"类"的总体智慧在不断进步，工业革命以后更是呈几何式增长。人类的道德，则很难说是在与时俱进，与技术同步发展。人类社会由于工业革命开始了城市化进程，逐渐从乡村聚落分裂成为原子化社会，个

---

① 〔美〕尼尔·波斯曼：《技术垄断：文化向技术投降》，何道宽译，北京大学出版社 2007 年版，第42 页。

体性增强的同时，也因为群体规范的减弱而少了很多束缚，人性的小恶得以部分释放；又由于信息革命，人类甚至连个体都从现实中消失，转而隐退到互联网背后，受到虚拟性和匿名性的保护，有些人的小恶更加肆无忌惮。大部分民众可能不会直接面对杀人武器等不加掩饰的“恶”，但却因为网络的存在，无时无刻不在面对他人的言论压力和自我意识的迷茫。从个人言，海量的信息和愈发先进的技术，可能意味着主体性的进一步丧失；从群体言，网络让从前无法想象的庞大个体得以凝结，个体的小恶可能无伤大雅，群体的大恶却越发可怕。网络的虚拟性与匿名性和检索技术的不断发展与反制，使得人性之恶与社会规制之间产生了无尽的张力。比如互联网所具有的强大聚合力，让众人的言论能够形成一种空前强大的力量，甚至成为章太炎所说的压迫个体的“公理”：“言公理者，以社会常存之力抑制个人，则束缚无时而断……然则以众暴寡，甚于以强凌弱。而公理之惨刻少恩，尤有过于天理。”[①]如果道德规范远跟不上技术的发展，那么后者的准入门槛就会越来越低，所能聚集的力量也越来越客观，与之相伴的隐忧也愈甚。

第三种是文化的危机。

数字文化产品致力于将潜在的、可能的生活内容重新编码，将一切都数字化、程序化、简单化，其原则是量越多越好，速度越快越好，内容越轻松越好，任何信息都要以最简洁、易懂的方式出现，而古往今来人们关注的生老病死、活着的意义等基本问题却很可能被排斥，那些社会生活中的一些根本的东西，体现真善美价值的东西也可能被束之高阁。比如在游戏生产中，3D 甚至 4D 横行，VR（虚拟现实）、AR（增强现实）方兴未艾，技术开始异化内容成为游戏的主要卖点，体现了技术与艺术、内容与硬件本末倒置的特点。近年来欧美游戏大厂的疲软似乎说明了这些，在感受到电影化游戏强大画面表现能力带来的效益后，游戏产业也不可避免地走上了工业化的流水线生产路径，已经证明过自己的名牌 IP+成熟的技术包装，使得观感上令人眼花缭乱的各类大作又有种千篇一律的错觉。相反，注重于文化内容生产的制作商往往会吃力不讨好。一旦人们开始发现一种固定获利的模式，在资本的驱动下就会自觉形成固化，

---

① 章太炎：《四惑论》，见太炎文录绩编：《章太炎全集》第四卷，上海人民出版社 1985 年版，第449 页。

不仅开发商对其他模式兴趣缺失,或者在短暂尝试遭受挫折后立即回归"正轨",市场也开始形成"稳定",成为"异端"从一开始就会背负枷锁前行,人们在高呼创新的同时也正在杀死创新。永远是技术的创新在引领业界,而不是因为内容的创新从而需要技术突破。VR 与 AR 甚至 MR(混合现实)的技术虽然并不仅针对于游戏,但显然已经成为各大游戏厂商下一步的战略核心,新世代的游戏主机与外接设备也已经基本研发到位,但内容的缺失仍未见改变,只能通过复刻传统 IP 的形式来持续吸引热度,至今也未能出现真正适配该项技术的划时代作品。

文化从业者成为"数字劳工"。电脑早已具有超过人的计算能力,数字技术使得历来只是人的工具、帮手的机器越来越智能,劳动力、劳动工具、劳动产品都被数字化。数字文化产业中不再有严格意义上的艺术家、天才和创造者,而只是数据处理者、程序编码员,这些处理者、编码员说到底也只是一堆数字。这就是说,数字时代对人的剥削,已不再是对劳动成果、资源的掠夺,而是心智上的占领、灵魂的解构。这有三种方式。一是构建数字信赖性。日常生活和社会关系逐步网络化和数字化,文化从业者的生活、工作都离不开互联网等设备。文化生产似乎只是与数字打交道,通过数字攫取古往今来的一切文化遗产。离开了数据,数字文化企业的从业者似乎不再拥有任何真正的创造资源。二是由数据型企业而非用户占有平台和平台背后的利益关系,形成一种新的"异化"。三是使用者的商品化,使用者是一种商品,使用者所生产的信息也是一串数字,可从中获利。用户在享受到服务的同时也成为可以被用来买卖交易的商品。

文化消费被事先设计。营销方式的网络化、数据化,不但可以更为精准地进行销售产品、提供服务,而且使这些产品或服务成为消费者最好的"唯一选择"。但这种营销却是从特定产业的利益出发,他们关注的不只是把产品和服务送到每一个需要的受众之中,而是如何使自己的产品和服务成为唯一的、最优的。大数据能够反映消费者的需求、倾向和偏好,而隐藏在城市各个角落的摄像头、公共通信系统和公共 Wi-Fi,都能记录、暴露个人的行为数据。拥有大数据是一种权力,也是一种利益,大数据的使用者占据着能够说服消费者的有利地位,成为文化市场上的权威和控制者。美国《新闻周刊》记者斯蒂芬·贝克在《当我们变成一堆数字》中,描述了一群新兴的数学精英,千方百计地以惊人的准确性,渗透我们生活的每一个细节,剖析我们的每个举动,预测我们的行动计划，将我们描绘为工薪族、购物者、选民、博主、潜藏的恐怖分子、病患者，甚至是恋人。在我们毫不知情的情况下，他们将我们买了什么、对什么感兴趣、与谁坠入爱河的人间风光尽收眼底，而其目的，则是巧妙地操控我们的行为。[①]其操控策略，一是通过不断推送内容，把消费者限制在"信息茧房"之中，使其习惯性地寻找自己感兴趣的内容。它确实满足了消费者的需求，但没有使文化产品多元化。二是通过计算机完成大数据的分析、挖掘，形成了文化生活中的新权威，人们更倾向于相信数据的事实，而非专业评论或社会舆论。三是通过在数据分析、挖掘上的优势，一些数字文化企业可能在预测购买行为中运用"价格歧视"的策略，抬高个别消费者的购买价格。比如一些互联网企业出现的大数据"杀熟"的价格问题，就不仅导致企业信任危机，而且降低社会安全感。

数字技术已在重构世界，生物技术可能创造生命。如果世界与生命都在发生变化，那么文化当然会拥有全新的形式和意义。在这个意义上，文化科技的创新也必然势不可挡。我们不能因此而忽视科技带来的人性危机、伦理危机、文化危机等，但我们也没有必要陷入悲观并因此而拒绝科技。关键是人类能够驾驭自己创造出来的科技手段，能够拥有规制科技的政治体系和道德规范。在美国科幻电影《极乐空间》中，21世纪末的地球已被严重污染，人类难以生存于其中。一些富人移民到"极乐空间"，把地球当作抽取利益和财富的生产基地，由此引起两地居民的激烈冲突。在主人公的积极抗争之后，"极乐空间"向所有人开放，所有人都进入新生活。这部电影的寓意是，高科技时代依然需要平等、共享、互利互惠的伦理原则；科技如果要造福人类，就必须服从一定的伦理。现在，越来越多的人意识到："人类不断增长的行为能力，乃至技术对自然和社会，以及对人的身体和精神不断加深的干预和切入程度，导致了伦理反思的责任和必要性的同步提高。"[②]在文化生活中，我们也看到了许多积极的努力。如美国学者派卡·海曼就着力探索提出并论证一种"黑客伦理"（hacker ethic），他认为黑客代表一种充满激情、挑战传统和高扬创造力的态度，

---

① 参见〔美〕斯蒂芬·贝克：《当我们变成一堆数字》，张新华译，中信出版社2009年版。

② 〔德〕阿明·格伦瓦尔德主编：《技术伦理学手册》，吴宁译，社会科学文献出版社2017年版，第5-6页。

因为黑客进行创造是出于对工作本身的热情，是自由选择的结果，且可与工作以外生活中的其他爱好发生各种互动。黑客进行创造是为其社区服务，创新并不是为个人名利，而是为了社区其他成员都能使用，并达到进一步提升创新产品水准的目的。黑客在行动上追求完全的表达自由，反对被动接受，他们有其特定的"网络伦理"（nethic），即在利他主义基础上保持对个人选择生活方式权利的尊重。创新精神贯穿上述三方面，因为真正的黑客有想象力地运用个人能力，以惊人的方式不断超越自我，为世界提供真正有价值的新贡献。[①]

以伦理控制技术的努力也已经收获了一定的成果。美国导演卡梅隆的《阿凡达》第一次使 3D 技术成熟起来，全片有超过 3000 个特效镜头，技术程度很高，但技术在这里只是一种艺术表现手段。卡梅隆强调的则是："不管是电影节的奖项，还是奥斯卡奖，人们都要面对一个电影是人性化还是技术化的问题，我一直很反对那样归类电影，像《泰坦尼克号》，我努力地用科技来充实情感，我相信这点我们做到了。《阿凡达》也不例外，在观看《阿凡达》的时候，人们可以感受到这是一个关于人性的故事，虽然故事中主角大多不是人类。不过，人们觉得它的技术层面太抢眼了，我希望在这部电影的续集里能平衡得更好。电影从一开始就是关乎人类，关乎生活，关乎心灵，技术推动人类发挥运动影像展现人与人的关系。未来，我仍会关注人与人心灵的沟通，传达电影里人的精神世界。深入人心的故事就是一次旅程，《阿凡达》就是这样，我只是想讲一个伟大的故事，带着观众一起旅行。"[②]卡梅隆还指出，《泰坦尼克号》这部电影表达了对现代科技的热爱，但同时也在进行着讽刺，"现代文明科技并非不好，不过，我们应该控制这个对技术依赖的势头"[③]。只有控制技术而不是依赖技术，我们才能争取一个好的未来；以文化规范科技而不是文化向科技投降，我们才能理性地掌握文化科技。

文化产业包括文化的商品化、消费的娱乐化和手段的技术化，商品化可能

---

① 〔芬〕派卡·海曼：《黑客伦理与信息时代的精神》，李伦、魏静、唐一之译，中信出版社 2002 年版。

② 吴晓东：《卡梅隆：泰坦尼克的隐喻不断在历史中重复》，中青在线，http://zqb.cyol.com/html/2012-05/06/nw.D110000zgqnb_20120506_1-03.htm，2012 年 5 月 6 日。

③ 吴晓东：《卡梅隆：泰坦尼克的隐喻不断在历史中重复》，中青在线，http://zqb.cyol.com/html/2012-05/06/nw.D110000zgqnb_20120506_1-03.htm，2012 年 5 月 6 日。

消解文化的价值内涵，娱乐化可能取消文化的严肃内容，技术化可能铲除文化的人性价值。为了这一切可能不成为现实，或避免其消极后果，我们需要以文化价值为基础，实现文化的经济效益、政治效益、社会效益与生态效益的动态平衡。就中国文化产业的实践而言，最重要的是坚持把社会效益放在首位，追求社会效益和经济效益相统一。

第九章

文化经济化，经济又如何？

　　无论在理论上还是在实践上，文化产业的基本问题是它如何既是一种文化形态又是一种经济形态？作为一种文化形态，文化产业是文化与经济的持续整合以及因此而来的面向市场的生产、传播和消费模式；作为一种经济形态，文化产业是生产符号化、文本化商品和服务的产业。文化产业之所以突出地提出社会效益与经济效益的关系问题，就在于它必须在两种效益的矛盾平衡中寻找发展的道路。考察文化产业有文化与经济两个视角，我们既要从文化上论证社会效益的优先性，也需要从经济方面论证社会效益的优先性。这并不只是论证的需要，也是当代经济、经济学演变的一个趋势。这是一个双向互动的过程，当文化的经济效益日益突出之时，经济领域也日益人文化、审美化。在最终意义上，文化产业所提出的社会议题，不只是文化应当如何产业化，而且应当包括经济如何文化化的问题。

第一节　经济从来都不是孤立的

　　在一个并不浮夸的意义上，"文化产业"可能是一个词而不是词组，因为文化与经济原本就不是可以截然分开的两个实体。法国历史学家费尔南·布罗代尔根据其对欧洲资本主义的广博研究指出："经济从不是孤立的。经济活动场所也是其他实体——文化、社会、政治——的安身之地，其他实体不断向经济渗透，以便推进或者阻碍经济的发展。这些实体很难互相分开。"①回溯人类曾经的生活，对我们认识今天的文化、经济和文化产业有极其重要的意义。

根据人类学、历史学的大量研究，在传统的、前现代社会中，经济活动与宗教的、家庭的和政治的活动密不可分。英国人类学家布伦尼斯洛·马林诺夫斯基的《西太平洋的亚尔古英雄》（1922）已经考察了新几内亚群岛美拉尼西亚人的家庭制度与巫术活动对其经济活动的影响。法国人类学家马塞尔·莫斯《礼物》（1923）一书研究发现，在大洋洲、美拉尼西亚、西北海岸、古罗马等地，财产、财富和产品的交换，不是发生在社会意义上独立的个体之间，而是发生在群体或群体的代表之间，而且，"他们交换的东西绝对不是财产和财富、动产与不动产、经济上有用的东西。这些东西首先是礼节、筵席、仪式、军事服务、女人、儿童、舞蹈、节日、集市，交易市场只是其中的一个片断，其中财富的流通只是更为普遍和永恒的契约中的一项"②。那些表面上看起来是自愿的交换实际上是一种义务，而且被群体所认可的规范强化。如义务性的送礼、义务性的接受、义务性的回赠礼物。莫斯还特别研究了对财富破坏式的分配的"夸富宴"。这种对现代经济学来说是没有意义的，但在特定的文化背景下，夸富宴不只是一种经济制度，而且是一种总体现象。首要的参与者都被视为灵魂与祖先的化身，因此它也是一种宗教制度；它把不同氏族、家族和社会群体聚集在一起，因此它也是一种社会制度。莫斯的研究表明，初民社会的交换涉及人类生活的一切领域，也被纳入社会生活的整体之中。这里没有独立的商品交换，也没有独立的经济领域，经济是一种嵌入在社会总体中的过程，它与其他领域并不截然分开。人类学家克劳德·列维-斯特劳斯评论说：《礼物》一书是"第一次努力超越经验的观察，达到更深刻的现实。社会第一次不再属于纯粹是资料汇总的领域（奇闻、轶事、用来进行道德化描述或博学式比较的材料），而是变成了一套系统，人们从中可以发现各部分之间的联系、等价和一致。它

---

① 〔法〕费尔南·布罗代尔：《十五至十八世纪的物质文明、经济和资本主义》第二卷，顾良译，施康强校，生活·读书·新知三联书店1993年版，第31页。

② 〔法〕马塞尔·莫斯：《论礼物：古代社会里交换的形式与根据》，见〔法〕马塞尔·莫斯：《社会学与人类学》，佘碧平译，上海译文出版社2014年版，第177页。

首先是社会活动的产物：技术的、经济的、礼仪的、审美的或宗教的产物，如工具、手工产品、食品、巫术用语、装饰、歌曲、舞蹈和神话"[①]。

但这是原始社会的情形，进入现代社会或资本主义社会之后，经济已一跃成为社会生活的主宰。这就需要把经济与社会的关系置于历史变迁过程中来理解。马克思的一个重要观点是："根据古代的观点，人，不管是处在怎样狭隘的民族的、宗教的、政治的规定上，总是表现为生产的目的，在现代世界，生产表现为人的目的，而财富则表现为生产的目的。"[②]这就是说，经济本来是社会生活的一部分，只是随着资本主义的到来，经济才成为社会的一个独立的、有着自身规律的领域，并对社会生活发挥着制约性以及"归根到底"意义上的决定性作用，以至于经济脱离了人类的整体生活并反过来控制人类的其他活动。在《神圣家族》中，马克思指出历史发展的三阶段：

> 曾经有这样一个时期，例如在中世纪，当时交换的只是剩余品，即生产超过消费的过剩品。
>
> 也曾经有这样一个时期，当时不仅剩余品，而且一切产品，整个工业活动都处在商业范围之内，当时一切生产完全取决于交换。
>
> ……
>
> 最后到了这样一个时期，人们一向认为不能出让的一切东西，这时都成了交换和买卖的对象，都能出让了。这个时期，甚至像德行、爱情、信仰、知识和良心等最后也成了买卖的对象，而在以前，这些东西是只传授不交换、只赠送不出卖、只取得不收买的。这是一个普遍贿赂、普遍买卖的时期，或者用政治经济学的术语来说，是一切精神的或物质的东西都变成交换价值并到市场上去寻找最符合它的真正价值的评价的时期。[③]

---

① 〔法〕克劳德·列维-斯特劳斯：《马塞尔·莫斯的著作导言》，见〔法〕马塞尔·莫斯：《社会学与人类学》，佘碧平译，上海译文出版社 2014 年版，第 22 页。

② 中共中央马克思恩格斯列宁斯大林著作编译局译：《马克思恩格斯全集》第三十卷，人民出版社 1975 年版，第 479 页。

③ 〔德〕马克思：《哲学的贫困》，见中共中央马克思恩格斯列宁斯大林著作编译局编：《马克思恩格斯选集》第一卷，人民出版社 1958 年版，第 79-80 页。

　　因此，不能抽象地讨论经济与社会的关系，而只能在历史的过程中考察经济-社会关系的不同形态。与马克思认为是"资本主义"使经济成为社会的主导力量这一观点相近而不同，社会学家涂尔干认为是"工业社会"把经济置于社会生活的首要地位："两个世纪以来，经济生活都在以前所未有的规模膨胀。它们从被贬低和委诸下等阶级的次要功能，一跃成为首要的功能。在经济生活面前，我们看到军事、行政和宗教的功能逐渐败落了。惟有科学功能才能占据它的基础地位，甚至在现代人的眼中，科学也很难赢得这一荣誉，除非它能够提供物质上有用的东西，也就是说，除非它能够在经营业中起到很大的作用。我们有充分理由说，这些社会基本上已经变成了工业社会。"①20世纪的思想家卡尔·波兰尼认为这个过程是"市场经济"的产物。他用"脱嵌"（disembeded）这个概念描述的是经济脱离社会整体并在社会生活中取得主导地位的过程。此说认为，不管是在部族的、封建的，还是在重商主义条件下，社会中都不存在一个分离的经济体系，经济秩序是社会秩序的一种功能。直到18世纪的最后十年之前，还没有提出要建立一个自由劳动力市场的建议，而经济生活自发调节的观念更是超出了那个时代的视野。只是在19世纪社会，经济活动才被孤立出来并归结于通过交换来获得利益和利润这样一种独特的动机，这是人类历史上独一无二的转折点。波兰尼把这一资本主义过程称为"巨变"，其核心就是市场在主导着宗教、政治和社会生活。

　　无论是马克思的"资本主义"、涂尔干的"工业社会"，还是波兰尼的"市场经济"，它们的所指都是经济从社会整体中脱离出来并成为社会生活的主导或决定性力量这一过程；三个概念的不同只是表明三种不同的分析路线和价值判断。无论用哪个概念，我们现在所面对的，只能是文化与经济这两种相互联系的人类活动日益鲜明地呈现为社会生活中两个相对独立的领域。我们必须在两种观点之间进行选择。一种是认为经济从来不是孤立的，经济与社会的一体关联并不限于原始社会。布罗代尔强调，在现代社会和资本主义之前，甚至在现代社会和资本主义发展过程中，经济都依赖于物质和日常生活。另一种观点认为，至少在现代社会，经济是主导，是基础，对社会生活具有决定性作用。

---

　　①〔法〕埃米尔·涂尔干：《职业伦理与公民道德》，渠东、付德根译，上海人民出版社2001年版，第11-12页。

对于这两种矛盾的观点，有两种解释。有学者认为，以经济的重要性作为划分现代社会与前现代社会的标准之一，这种说法是不正确的。以为资本主义把经济置于社会生活中的主导地位这个观点，"既歪曲了前现代社会，也曲解了现代社会：它贬低了经济生活在前现代社会中的作用，夸大了经济生活在现代社会中的作用，而忽视了其他交换形式的重要性"①。美国学者劳伦斯·格罗斯伯格认为，不同的观点与不同的学科有关："作为一门学科，经济学只关注经济的脱嵌性，这让我们看到了低估其社会性和相关性的危害，而人类学只关注经济的嵌入性，这又让我们看到了过高估计其社会性和相关性的危害。我们面临的挑战是去思考经济嵌入性和脱嵌性的不同和变化形式，以及实际构成经济的这两种'存在模式'之间的接合形式。"②格罗斯伯格的思考较为复杂，简单地说：经济既植根于社会也与之相脱离。"不存在自主的经济，甚至是非常有限地承认经济具有相对自主性是很大的让步。换句话说，存在一种双重接合：脱嵌的特定形式是通过嵌入形式建立起来的；反过来，嵌入的形式又通过其脱嵌在社会构成中的持续和传播，创建了嵌入的其他形式。"③

作为对历史的解释，两种观点确有矛盾，但并不是不可以调和的。以马克思为例，他确实认为在资本主义社会，经济成为"异化"了的统治力量，但这恰恰是马克思批判资本主义的根据。马克思的重要性，不在于提出经济基础与上层建筑之间的关系，而在于由此提出的一种总体性的方法。根据这一方法，文化、经济、政治和社会处于一个统一整体之中，这个整体是一个关系系统，从这个系统出发每一件事都可以得到解释。这样，我们可以得出两个结论。其一，经济与文化的关系也有一个历史演变的过程。资本主义的发展可以被描绘成经济独立化的过程，或经济联系从社会与文化准则中脱离出来的过程，这个过程有利于经济的自主发展，但同时也带来"异化""脱嵌"之类的严重危机。其二，经济是社会生活的一个方面。当我们讨论文化与经济的关系时，不过把作为整体的社会生活作分门别类的处理，这种研究上的便利并不意味着文化与

---

① 〔英〕西莉亚·卢瑞：《消费文化》，张萍译，南京大学出版社 2003 年版，第 2 页。

② 〔美〕劳伦斯·格罗斯伯格：《文化研究的未来》，庄鹏涛、王林生、刘林德译，中国人民大学出版社 2017 年版，第 141 页。

③ 〔美〕劳伦斯·格罗斯伯格：《文化研究的未来》，庄鹏涛、王林生、刘林德译，中国人民大学出版社 2017 年版，第 143 页。

经济互不相干。实际上，经济思想史并未忽视文化对经济的影响、文化在经济中作用，这方面至少有这样几种解释模式。

一是以宗教解释经济伦理。最著名的是韦伯的"新教伦理命题"所阐明的宗教伦理与资本主义精神、与经济伦理的"亲和性"。关于《新教伦理与资本主义精神》的内容、观点的研究评论已是韦伯研究、经济思想史与比较文明研究的重要课题。美国学者卢西恩·派伊，并非韦伯专家，但他的论述却简明准确："……其实，韦伯对资本主义文化起源的看法要复杂得多。他尤其对两个看来似乎自相矛盾的现象感兴趣。第一个现象是这样一个历史事实：僧侣们全身心修来世，在隐修院中过着苦行僧生活，但他们却建立了非常有效率的组织，赚取今世的利润。第二个现象是，在建造资本主义方面起了关键作用的角色，是那些相信得救预定论的加尔文派教徒，而不是那些相信善有善报的其他基督教徒。韦伯认识到，以会计账簿方式对待善有善报，太容易使人陶醉或灰心，而相信只有上帝预先挑选的人才能灵魂得救，就会有一种深刻的心灵不安全感，因而会努力抓住每一个可能证明自己属于'蒙上帝挑选者'的迹象。关键的动力是心灵的焦虑。韦伯细心分析过中国的文化，在对比儒学和基督教清教教义时，强调儒学很重视君子要'修身养性以适应外界，适应世情'。儒学文化的理想是达到心灵和谐，没有强烈的内心紧张或心灵不安全感，没有'神经'问题……韦伯详细描述过中国人的性格，认为中国人是经过了良好的调节，有'无限的耐心'和'有节制的礼貌'，'不在乎单调'而且'能不间断地努力工作'。但是韦伯认为这些品质不能自发地产生资本主义。与此同时，韦伯又以相当大的先见之明指出，中国人的这些品质有助于他们十分能干地模仿资本主义的做法。他写道：'十有八九，中国人将会很能干地——很可能比日本人更能干地——将现代文化地区已在技术上和经济上充分发展起来的资本主义加以同化。'"[1]在韦伯论述了新教伦理的入世禁欲主义推动着资本主义生活方式的形成之后，德国一位社会学家维尔纳·桑巴特在《犹太人与现代资本主义》中提出"桑巴特命题"：是犹太人而非清教徒才是"资本主义精神"最明显的人

---

[1] 〔美〕卢西恩·派伊：《"亚洲价值观"：从狄纳莫到多米诺？》，见〔美〕塞缪尔·亨廷顿、〔美〕劳伦斯·哈里森主编：《文化的重要作用：价值观如何影响人类进步》，程克雄译，新华出版社 2010 年版，第 305-306 页。

格化体现，犹太教"一方面，他们影响了现代资本主义的外在形式；另一方面，他们表现了现代资本主义的内在精神"①。韦伯命题和桑巴特命题的观点相左，但其持久价值并不在于命题的观点和结论，而在于它们引发了关于资本主义精神动因的长期讨论。自此，宗教伦理承载了前所未有的时代主题。1926 年，英国社会学家 R. H. 托尼出版《宗教与资本主义的兴起》，试图论证制度与信仰共同作用于资本主义兴起的影响，资本主义取得成功的关键正是宗教与世俗生活的分离，而不是韦伯所说的宗教与世俗的联系。2005 年，制度学派的代表人物道格拉斯·诺思通过《理解经济变迁的过程》与托尼展开对话，认为基督教最为重要的作用并不是为资本主义经济提供了个人主义的思想，而在于让人们摆脱思想观念的束缚，不断产生新思维，私有产权制度和现代经济组织才是资本主义兴起的根本原因。②

二是以人性解释经济秩序。亚当·斯密的观点与见解在经济学界一直影响深远。作为经济学家，他在《国富论》中强调人性自利；作为伦理学家，他在《道德情操论》中强调人性利他，由此构成的"斯密问题"客观表明经济学与伦理学的深刻而复杂的关联。不同于斯密竭力推崇运用市场的力量对人类的财富欲望加以引导，当代思想家赫希曼的关注点之一，是通过不同的人性欲望之间的相互制衡来调控社会发展的可能性，即利用相对无害的欲望来制衡更具危险性和破坏性的欲望，从而揭示了资本主义走向胜利的心理观念机制。1995 年，日裔美籍学者弗朗西斯·福山通过《信任：社会美德与创造经济繁荣》回应了斯密的观点，即资本主义与道德相容，人类的理性有助于诚实、可靠、合作和互惠等美德的发展，这些美德正是信任的基本内涵，也是社会资本的基础。同时，福山也强调："追求被认可的欲望是人类精神异常强大的部分"③，以至于"争取被认可的斗争"是人类历史进步的主要动力。福山认为在制度趋同的今天，决定经济竞争力的主要因素是由文化所构建的社会信任和合作程度。在1999 年的《大分裂：人类本性与社会秩序的重建》中，面对后工业社会的道德

---

① 〔德〕维尔纳·桑巴特：《犹太人与现代资本主义》，安佳译，上海人民出版社 2015 年版，第 14 页。

② 〔美〕道格拉斯·诺思：《理解经济变迁的过程》，钟正生、邢华等译，中国人民大学出版社 2008 年版。

③ 〔美〕弗朗西斯·福山：《信任：社会美德与创造经济繁荣》，郭华译，广西师范大学出版社 2016 年版，第 357 页。

失范，福山意图通过人性（理性）来重建社会秩序。

三是以心态解释经济运行。马克思关于资本主义经济体制产生、发展和最终灭亡的演化过程的观点对后世产生了深远的影响。长期以来，学界普遍认为，马克思资本理论的核心在于揭示资本主义经济体制运行和演化的内在矛盾，并预言其最终必然崩溃的命运。同马克思类似，约瑟夫·熊彼特也非常关注资本主义经济发展的动力机制以及演进方向。不同的是，熊彼特认为，是资本主义经济上的成功，而非失败，令资本主义走向最终毁灭的命运。在 1942 的《资本主义、社会主义与民主》中，熊彼特将资本主义经济的快速增长归因于企业家的创新精神，指出"创新才是资本主义演化发展的内在动力"。可是，由于资本主义鼓励一种理性和批判的心态，这种心态成功地营造了一种对自身极为不利的社会与政治气候，即资本主义在构建新组织、引进新工艺、创制新产品、开辟新市场、满足消费者的新的需求的同时，也创造了一个新的理性主义的社会心理的上层建筑，这个上层建筑既打倒了其他社会体系的道德权威，到头来也毁灭了自己存在的基础——私有财产制和整个资产阶级价值体系。

四是以奢侈解释经济繁荣。1899 年，美国经济学家托斯丹·邦德·凡勃伦在观察、研究了"镀金时代"暴发户的消费行为之后，在理论上提出了"炫耀性消费"的概念。他对先富起来的资产阶级持批判和嘲讽的态度，将奢侈消费视为资产阶级的非理性行为，并分析了奢侈消费对社会进步的阻扰作用。[1]1913年，桑巴特在《奢侈与资本主义》中以凡勃伦对立者的姿态提出奢侈论，认为17、18 世纪这两个世纪内富人们渴望通过奢侈消费来获得上流社会认同的强大运动推动了资本主义的发展，因此，"奢侈，它本身是非法情爱的一个嫡出的孩子，是它生出了资本主义"[2]。1936 年，约翰·梅纳德·凯恩斯的有效需求理论为奢侈性消费进入公共政策视野提供了一个便利的渠道。在凯恩斯主义财政政策的实施中，奢侈性消费成为扩张总需求、拉动经济增长的一个砝码，最终在私人的恶德中滋长出公共的善，从而对曼德维尔于 1714 年提出的有关私人恶德与公共利益之间的悖论作出了回应。

---

① 〔美〕凡勃伦：《有闲阶级论：关于制度的经济研究》，李华夏译，中央编译出版社 2012 年版。

② 〔德〕维尔纳·桑巴特：《奢侈与资本主义》，王燕平、侯小河、刘北成译，上海人民出版社 2000 年版，第 80 页。

这几种解释模式都属于广义的经济思想和社会理论，即使在历史细节上有疏漏，论证上有跳跃，但我们决不能仅仅视之为理论假说。与此同时，我们也注意到在经济学中，文化也受到较多的重视，其中以演化经济学、新制度经济学、行为经济学以及福利经济学的研究方法最能够凸显文化所具有的历史性、内生性、不确定性以及价值观念和意义表达。

演化经济学（evolutionary economics）强调动态和演化，肯定路径依赖的重要性。达尔文的《物种起源》问世后，马克思就结合达尔文的演化思想来研究社会生产关系和生产力的变迁，认为技术进步类似于生态系统中的物种演进及其相互转换。1898年，凡勃伦发表《经济学为什么还不是一门演化（进化）的科学》一文，系统阐述了他对传统古典经济学的批评，将达尔文主义引入经济学。凡勃伦认为传统古典经济学没有提供一个动态和演化的框架来分析人类社会的经济活动，而只是运用一些静止的和先验的固定模式来研究，其结果只能令经济学与实际社会脱离。他强调从发生学的角度去把握正在展开的过程，提出"积累性因果"的概念，指出人类社会经济系统的演化是一个渐进的过程，同时也是一个和自然、社会以及历史发展相融合的过程，因此经济学应当是"由经济的利害所规定的文化的成长过程的理论"[1]。在《有闲阶级论：关于制度的经济研究》（1899）中，凡勃伦强调制度结构自身的历史性变迁在经济分析和社会分析中的重要性，从而创立了经济学中的旧制度学派。1912年，熊彼特在《经济发展理论》中提供了一个相对完整的用于解释变迁的演进理论。1939年，《商业周期》问世，熊彼特借此揭示了资本主义经济的动态演化和周期性波动。熊彼特在《资本主义、社会主义和民主》（1942）中首次引入"创造性毁灭"（creative destruction）一词来描述资本主义的动态过程。这一概念遂成为资本主义经济动态演化最显著的特征和最生动的诠释。20世纪50年代，弗里德里希·奥古斯特·冯·哈耶克提出"自发秩序"理论。"自发秩序"，产生于个体为实现自我利益的过程，是非目的性的结果，是适应性进化的结果。他明确指出，"各种各样的制度和习惯，亦即人们做事的方法和工具，是透

---

[1] Veblen, T, Why is economics not an evolutionary science, *The Quarterly Journal of Economics*, 1898(12): 403-414.

过长期的试错演化而逐渐形成的，且构成了我们所承袭的文明。"[1]也即是说，演化是沿着惯例进行的，而并非沿着理性的方向前行。1981 年克尼斯·博尔丁出版的《演化经济学》以及 1982 年理查德·R. 纳尔逊和悉尼·G. 温特合作出版的《经济变迁的演化理论》被认为是现代演化经济学的奠基之作。1989 年，欧洲演化经济学会成立，两年后，《演化经济学》杂志创刊，杰弗里·M. 霍奇逊等人随即提出演化经济学的纲领，即"接纳新事象，反对还原论"（novelty embracing，anti-reductionism），并勾勒出演化经济学的宏微观体系。

新制度经济学（new institutional economics）明确社会嵌入，探索制度因素的内生化。所谓制度，包括各种正式制度如法律规章，也包括各种非正式的制度如历史、社会、伦理、风俗、习惯等。区别于新古典主流经济学假定各种制度因素外生给定，新制度学派强调将经济活动置于整个社会关系和制度体系中进行审视，研究各种制度因素对经济行为和经济发展的影响，以及经济发展如何影响各因素的演变。新制度学派的创始人罗纳德·科斯在论文《企业的性质》（1937）中提出"边际交易成本"的概念，以此拓展了主流经济学的分析框架，并解释了现实制度的内生化及其对经济绩效的影响。1981 年，诺斯在《经济史中的结构与变迁》一书中，利用心理学的最新研究成果，提出影响人们对"客观"存在的变化具有不同反应的"意识形态理论"，强调意识形态是影响经济绩效的内生变量，并将其作为理论支柱之一，连同"产权理论"和"国家理论"一起，极大地发展了"制度变迁理论"。1994 年，斯坦福大学的阿夫纳·格雷夫发表《文化信仰与社会的制度结构：从历史和理论的角度看集体主义社会和个人主义社会》，研究了伊斯兰世界和拉丁世界沿着不同的道路发展从而形成两个截然不同的制度性结构的影响因素，揭示了文化在决定制度性结构、在促进路径依赖的形成以及阻碍社会制度被成功采用等方面的重要意义。[2]2006 年，在经典著作《大裂变：中世纪贸易制度比较和西方的兴起》中，格雷夫从文化信念对社会组织以及制序安排的型构与变迁影响的分析视角，再次强调经济发

---

[1] Hayek, F A, *Law, Legislation and Liberty, Volume 1: Rules and Order*, The University of Chicago Press, 1978.

[2] Greif, A, Cultural beliefs and the organization of society: A historical and theoretical reflection on collectivist and in, dividualist society, *Journal of Political Economy*, 1994(5): 912-950.

展中不同的文化信念和文化背景在历史上的重大意义。[①]如今，在现代西方经济学蔚为壮观的体系中，制度经济学已经成为特别引人注目的一支。

行为经济学（behavioral economics）引入不确定性，考察心理因素对行为决策的影响。不同于传统主流经济学将人的认知当作独立于经济决策的外生变量来对待，以至于忽略人类心理活动对信息的加工和处理，2002年诺贝尔经济学奖得主丹尼尔·卡尼曼和阿莫斯·特维斯基合作发表的著名论文《预期理论：风险下的决策分析》，认为人类的决策问题十分复杂，必须考虑心理因素对行为决策的影响。他们提出价值决策模型，强调行为者认知能力的局限性和偏好的内生性。[②]借助心理学的研究成果，行为经济学把不确定条件下个人决策行为的研究向前推进了一大步，向传统主流经济学基础之一的经验规则有效性提出非常严肃的质疑，从而修正了传统经济学中关于理性、自利、完全信息、效用最大化等一些基本假设的问题，并在一定程度上解释了法国经济学家莫里斯·阿莱斯提出的"阿莱斯悖论"，即现实中人们面临风险时并不总是追求期望效用最大化，选择行为也不是完全依据概率行事。如今，行为经济学已经发展成为经济学的一个重要分支，其研究成果直接辐射到各商业领域如金融、营销和会计等方面的研究。在《非理性繁荣》一书中，经济学家罗伯特·希勒以1929年和1987年世界两次巨大的股市震荡为背景，指出股市中由于存在诸如催化因素、反馈环、放大机制、连锁反应等作用，投资者的心理依托会受到来自社会压力、媒体、权威等的过度信任的强烈拉动，以至于从众行为、信息层叠、信息口头传播、新闻报道、社会注意力等因素都将使投资者行为趋向于主流经济学所认为的"非理性"。

福利经济学（welfare economics）关注价值判断，在经济学中重建伦理思考。阿瑟·塞西尔·庇古最早将社会的合意性判断，也即价值判断引入经济学，打破了传统经济学研究所秉持的价值中立原则，使经济学研究更加人性化。其代表作《福利经济学》（1920）将资产阶级福利经济学系统化，建立起旧福利经

---

① 〔美〕阿夫纳·格雷夫：《大裂变：中世纪贸易制度比较和西方的兴起》，郑江淮等译，中信出版社2008年版。

② Kahneman, D, Tversky, A, Prospect theory: An analysis of decision under risk, *Econometrica*, 1979(2): 263-292.

济学的完整理论体系。鉴于 20 世纪 40 年代前后在旧福利经济学基础上发展起来的新福利经济学有意避开价值判断问题，认为只有经济效率问题才是最大福利，艾布拉姆·伯格森在《福利经济学某些方面的重新论述》（1938）一文中提出研究社会福利函数的"新方向"，认定尼古拉斯·卡尔多、约翰·希克斯等新福利经济学家们把实证问题和规范问题分开、把效率问题和公平问题分开的企图必然失败。[1]1973 年，新制度学派的代表人物约翰·肯尼斯·加尔布雷思再度将价值判断引入经济学研究。在《经济学和公共目标》（1974）中，加尔布雷思提出"整体制度目标"的概念，将整体制度目标分为经济价值目标和文化价值目标，而社会追求的公共目标就是经济价值和文化价值综合起来的"生活质量"。[2]近 20 年来最重要的经济学家之一阿马蒂亚·森通过对于经济学和哲学手段的综合运用，把伦理因素重新纳入了至关重要的经济学问题讨论之中，认为经济学可以通过更多、更明确地关注构成人类行为和判断的伦理思考而变得更有解释力。

综上所述，尽管新古典主流经济学以其逻辑的、结构的、静态的思维方式而把文化因素排除在外，但经济从来不是孤立发展的，所以一直都有学者把经济学研究对象纳入复杂的社会文化系统中，并借鉴历史学、法学、社会学、心理学的研究方法和研究结论，理解各种文化背景和社会因素对经济结构的整体制约，以提高经济学的预测力和解释力。这些努力和成果，证实经济与文化的多重复杂关系。

第二节　所有产业都是文化产业？

从知识社会学的角度看，经济作为社会生活的一个方面取得相对独立的地位并逐步具有决定社会生活其他方面的地位，与资本主义时代把人类需求分为经济的与非经济的两大类有关。经济需求占据主导地位，因为它关系到人类的

---

[1] Bergson A, A reformulation of certain aspects of welfare economics, *Quarterly Journal of Economics*, 1938(2): 310-334.

[2]〔美〕约·肯·加尔布雷思：《经济学和公共目标》，蔡受百译，商务印书馆 1980 年版。

基本需求，如食物、衣服、住所、工作、收入、就业以及生存。非经济需求在重要性方面占据次要地位，因为它们涉及的人类需求是教育、艺术、宗教和精神满足、娱乐、社交及政治稳定。加拿大学者保罗·谢弗认为："人类需求在经济与非经济两方面的分解使人们对社会的认识也出现了两个角度：'经济基础'和'非经济的上层建筑'。这一认识准则——直接来源于马克思但也明显见于大多数古典、新古典、凯恩斯学派、后凯恩斯学派以及发展经济学家们的文献著作中——已经得到全世界绝大多数的政治的、公司的和国际的领导人的认可。"[1]因此，尽管基础/上层建筑是马克思主义的基本概念，但其所指称的现实却得到普遍认可，并具有强大的解释力量。问题的另一方面是，"从这一观点出发，像艺术、教育、娱乐、宗教、社会事务、精神文明等这样的非经济活动，必定有其重要的社会地位，但绝不会成为主要的角色。这导致这些活动受到边缘化的排挤，并且得出这样结论，即这些活动只能在经济基础扩大的情况下得到相应的扩大，并且在经济基础出现危机时必然会随之倒退"[2]。

但 20 世纪中叶以来，文化与经济的关系发生了巨大变化，文化不但不是经济的对立面，而且进入经济系统，或作为其中的一个产业，或作为经济发展的动力之一，或改变着经济的性质和效果。在形式上，这一趋势呈现出传统的经济-文化一体化的某些特征；在经济学中，这一趋势导致一种新的认识：文化是重要的。

文化是重要的。早在 19 世纪上半叶，法国思想家阿历克西·德·托克维尔就在《论美国的民主》中论证说，美国的制度之所以顺利，在于其文化适合于民主。然后是韦伯在 1904 年的《新教伦理与资本主义精神》中，追溯资本主义的文化起源。1958 年，美国政治学家爱德华·班菲尔德出版《落后社会的道德基础》，分析南意大利贫穷和专制的文化根源。班菲尔德是第二次大战前后，一批重视从文化上研究各种社会的社会科学家的代表。1985 年，美国学者劳伦斯·哈里森在其《不发达是一种心态——拉丁美洲事例》一书中，认为在拉美若干国家，文化成为发展的一种障碍。由此引起的热烈论争，标志着社会科学

---

① 〔加〕D. 保罗·谢弗：《经济革命还是文化复兴》，高广卿、陈炜译，社会科学文献出版社 2006 年版，第 149 页。

② 〔加〕D. 保罗·谢弗：《经济革命还是文化复兴》，高广卿、陈炜译，社会科学文献出版社 2006 年版，第 150-151 页。

领域的"文化复兴"，其理论成果是提出了一个新的以文化为中心的发展范式。在这个范式中，"文化"是指一个社会中的价值观、态度、信念和人们普遍持有的见解等主观方面，而"发展"则是指经济发展和物质福利的提高。①根据这个范式，文化在促进或阻碍进步方面有重要作用，我们需要将价值观与态度纳入经济发展政策、安排和规划以及反贫困计划之中。美国学者戴维·兰德斯在《国富国穷》（1998）中重申了韦伯的观点：如果说我们能从经济发展史学到什么，那就是文化使局面几乎完全不一样。②社会科学中的"文化范式"，或者重视文化在经济发展中作用的论述，当然也遭遇各种反对。但有三个事实，支持着"文化是重要的"看法。

第一，文化产业逐步成为国民经济的支柱产业。

20 世纪 70 年代，美国率先以发展文化产业来推动国家经济发展，通过一系列的政策推动，文化艺术与商业结合，这种营销手段为美国经济带来了巨大的收益。20 世纪 80 年代，英国政府也注意到文化艺术在促进经济发展方面的重要作用，制定了相关的文化政策，推动文化产业的发展。英国也是世界上最早将"文化产业"用语落实到政策上的国家。20 世纪 90 年代开始，文化产业在欧美等国家一路高歌猛进，并被赋予欣欣向荣的发展态势。21 世纪以来，亚洲国家也纷纷跟进，文化/创意成为全球经济中最具活力的部门之一，为发展中国家提供了一种新的高速增长的机会。2008 年，联合国推出首部《创意经济报告》，反映了文化创意经济在经济体系中重要性的提升。

21 世纪以来，文化产业成为中国的发展战略。从 2002 年党的十六大报告在党的文献中首次使用"文化产业"概念，到 2009 年国务院发布《文化产业振兴规划》，再到 2010 年中央提出推动文化产业成为国民经济支柱性产业，中国文化产业从无到有、从小到大、从自发到自觉、从局部到全局，已在不长的时间内成为国民经济支柱产业，相关数据可以在国家统计局网站查阅。在追求美好生活的伟大进程中，14 亿中国人对文化艺术娱乐的需求日益健旺，文化产业

---

①〔美〕劳伦斯·哈里森：《文化为什么重要》，见〔美〕塞缪尔·亨廷顿、〔美〕劳伦斯·哈里森主编：《文化的重要作用：价值观如何影响人类进步》，程克雄译，新华出版社 2010 年版，第 29-30 页。

②〔美〕戴维·兰德斯：《文化使局面几乎完全不一样》，见〔美〕塞缪尔·亨廷顿、〔美〕劳伦斯·哈里森主编：《文化的重要作用：价值观如何影响人类进步》，程克雄译，新华出版社 2010 年版，第 47 页。

市场必然持续扩大。

第二，经济转型升级加快，经济文化化已成全球态势。

早在 1973 年，美国社会学家贝尔就预言了一种新的社会经济结构。前工业化时期的主要经济形态是农林牧渔，这种经济形态主要是人和自然的关系。工业化时期的主要经济形态是商品的生产和销售，这种经济形态是人和机器的关系。后工业化时期，主要的经济形态是服务业，这种经济形态主要是人和人之间的关系。"后工业社会第一个、最简单的特点，是大多数劳动力不再从事农业或制造业，而是从事服务业，如贸易、金融、运输、保健、娱乐、研究、教育和管理。"[①]在后工业社会，白领人员会越来越多，蓝领产业工人会越来越少；理论知识在社会发展中日益重要，国家将把越来越多的资源投入基础研究；基础教育的覆盖面会越来越广，受大学教育者会越来越多。后工业社会是知识、教育、娱乐等——统称为"文化"——日渐重要的社会。

德国哲学家彼得·科斯洛夫斯基研究了文化在塑造后工业社会经济中的作用："后工业经济要求高度重视人的因素。随着经济观念由注重物质产品生产的量到注重服务型经济的质的转变，在经济中必然高度重视日常劳动生活如生产、业务活动、消费活动中审美和文化的向度。在微电子时代，随着劳动者素质的提高和劳动效率要求的提高，人们对企业的文化期望值也在提高。从能量消耗机器到信息处理机的过渡使知识取代了能量与物质。这一点反过来助长了劳动中智力程度提高的特征，即由符号及文化意义所决定的特征。"[②]这不是理论预期，而是经济转型升级的真实反映。

文化的重要性，不是学者的研究成果或慧眼独识，而是当代社会一系列变迁的反映。1988 年，英国社会学家弗兰克·韦伯斯特在说明传统的"阶级分析"已无法面对当代社会时，也涉及文化在当代社会的兴起。几个比较重要的现象如下。

（1）由于传统工业的衰退，职业结构发生变化。工作不断地朝向白领和以

---

① 〔美〕丹尼尔·贝尔：《后工业社会的来临：对社会预测的一项探索》，高铦、王宏周、魏章玲译，新华出版社 1997 年版，第 20 页。

② 〔德〕彼得·科斯洛夫斯基：《后现代文化：技术发展的社会文化后果》，毛怡红译，中央编译出版社 2011 年版，第 109 页。

信息为基础的方向发展，男性的、体力劳动职位的减少，超过 70%的职位都在服务部门。

（2）作为大多数人的生活水平不断提高的结果，是消费而不是生产和工作占据社会的中心位置。

（3）媒体爆炸式增长，特别是电视，当然还有电子游戏、个人电脑和电子文本。象征领域（symbolic realm）巨大扩张和符号（sign）冲击。众多电视频道 24 小时不间断播出，还有音乐、时装、设计、广告和市场营销的增加。

（4）休闲业、旅游业的发展。

（5）各种文化现象的增加以及对它们的体验增加。青年文化，因移民、旅游和全球化而出现的多元文化，在饮食、超市、街头谈话、时装和足球俱乐部等方面随处可见。

（6）各种新的社会运动和被称为生活方式或身价政治（动物权利、环境抗议、女性主义）的增加。

综合这些现象和过程，韦伯斯特认为："这些现象各不相同，但是它们一起提高了文化的重要意义。"[1]文化已经广泛渗透到社会经济之中并有效地提高了经济生活的品格与质量，也改变了社会经济的性质。韦伯斯特认为至少在西方社会，人们已经生活在一个文化的世界中，产能的提高、对生活品质的追求、"生活政治"的形成等，使得几乎所有的产业都具有意义和内容。丹尼尔·马托指出："我断言，所有行业都是文化的，是因为他们生产的产品除了功能应用同时也是有显著的社会象征的。换句话说，消费者获得和使用的产品不仅能满足需要（营养、居住、行动、娱乐），但也依据其特定的价值观和世界观产生意义。乍一看，它可能更容易'看到'比其他产业更显著的社会经济意义。然而，这样做恰恰意味着不承认用户（消费者）所发挥的作用，他们根据自己的世界观使用这些或其他对象，为了产生一些意义，而不仅仅是为了减轻饥饿或寒冷，或者是任何的以往功能性方式存在的具体需要：如娱乐或简单的享受。视听和音乐行业是显然的'文化'，因为它们在这些行业满足娱乐这样一种基本需要的事实基础上产生表征、意义、注释。"如果所有产业都是文化产业，

---

① 〔英〕弗兰克·韦伯斯特：《社会学、文化研究和学科边界》，李萍译，见陶东风主编：《文化研究读本》，南京大学出版社 2013 年版，第 143 页。

那"文化产业"这个概念也就没有意义了。马托最后承认："我相信'文化产业'一词是有问题的。没有产业是单纯内部和本身是'文化的',也谈不上谁比谁'更文化'。所有产业都可以从文化的角度进行分析,但'文化产业'一词却妨碍了我们观察和考虑这些分析的可能性。在我看来,命名和研究具体的行业分支是更富有成效的,如娱乐业、食品业、玩具业、化妆品业、汽车工业、发展行业、制药业等,以及它们之间是如何互相关联着的。正如我在这篇文章中讨论的,我相信研究任何行业从文化的角度不仅需要研究他们的产品,还需要研究在相关的广告和营销,特定背景下人们是如何使用产品及其与其他产品和产业的关联。组织方面和行业的工作流程也可以从文化的角度研究。"[1]

第三,以包括"文化"在内的整体性发展界定经济发展的目标。

从古至今,几乎没有人认真地以为财富、金钱是人生和社会的发展目标。亚里士多德就说过:"……很显然财富不是我们所追求的善,它只是有用的东西,并以他物为目的。"[2]这里的"他物",就是"善"。在资本主义茁壮生长的 18 世纪,经济学家西斯蒙第认为:"经济学的目标应当是人,而不是财富。经济学家的任务是使人人都有可能过上最佳质量的生活。"[3]但是,人类生活,特别是工业革命以来的西方生活,确实更多地处于经济持续增长所带来的物质丰裕之中,经济财富实际上最有力地塑造着人类的生活。第二次世界大战结束后,全球形成一种以追求经济增长为主要内容的发展观,它把追求经济增长作为发展的首要甚至唯一的目标,把财富、财富的增长甚至财富的增长速度看作衡量发展的基本尺度。这种发展迄今依然被相当多的国家所坚持和遵循。

但是,这种以经济效益为主导的发展实践表明,片面地追求经济增长必然使人们饱尝"有增长无发展"甚至"增长与发展负相关"的恶果。越来越多的人意识到,单纯追求经济增长的发展观有一个根本缺陷,它所关注的,只是如何实现经济的快速增长的问题,把经济增长等同于发展,发展理论被看成只是研究经济如何增长得更快的"科学",却忽视了"应当怎样发展"和"为了什

---

① Mato, D, All industries are cultural, *Cultural Studies*, 2009(1): 70-87.

②〔古希腊〕亚里士多德:《尼各马科伦理学》,苗力田译,见苗力田主编:《亚里士多德全集》第八卷,中国人民大学出版社 1992 年版,第 8 页。

③〔瑞士〕西斯蒙第:《政治经济学研究》第一卷,胡尧步、李直、李玉民译,商务印书馆 1989 年版,第 6 页。

么而发展"这类更为重要的问题，其结果是发展速度越来越快，但我们失去了
生活质量和发展的方向。20 世纪 90 年代，法国学者埃德加·莫林和安娜·布
里吉特·凯恩提出要"超越发展"，要对单纯追求经济增长的传统发展观进行
反思，他们认为"发展的目标应当从属于另一些目标"——"真正地生活，更
好地生活"。1990 年，联合国开发计划署出版的《人文发展报告》提出了"人
文发展指数"，主张社会发展应从以物为中心转向以人为中心。1995 年 3 月社
会发展问题世界首脑会议通过了《哥本哈根社会发展问题宣言》和《社会发展
问题世界首脑会议行动纲领》，提出了"社会发展以人为中心"，"社会发展
的最终目标是改善和提高全体人民的生活质量"等观点。20 世纪，越来越多的
经济学家也认识到，经济本身不应凌驾于人民的目标之上，而应是达到目标的
有用工具。阿马蒂亚·森把经济发展的目标界定为"自由"："财富的有用性
在于它允许我们做不少事情——它帮助我们实现不少实质自由。"所谓"实质
自由"，包括免受困苦——诸如饥饿、营养不良、可避免的疾病、过早死亡之
类——基本的可行能力，以及能够识字算数、享受政治参与等的自由。因此，
"经济增长本身不能理所当然地被看做就是目标。发展必须更加关注使我们生活
得更充实和拥有更多的自由。扩展我们有理由珍视的那些自由，不仅能使我们
的生活更加丰富和不受局限，而且能使我们成为更加社会化的人、实施我们自
己的选择、与我们生活在其中的世界交往并影响它"[1]。阿马蒂亚·森所谓的
"生活得更充实"，意指生活整体的充实，即不仅仅是物质生活的丰盈，也包括
精神生活的丰富；所谓"更多的自由"，是指生活可以摆脱更多的约束和控制。
所以发展就其本性而言就是自由的发展、人的发展。

应该说，这种共识在理论上标志着传统的仅仅以经济增长为重心的发展观
正在走向尽头，人类不得不对发展的价值进行新的考察和审视。这种重新考察
和审视的一个重要方向就是从满足人的生活需要的视角来认识把握发展，要求
把发展的根本价值转到满足人的生活需要上来。可以把这种以生活需要的实现
或满足为根本价值追求的发展观称为"宜生"发展观。

---

[1]〔印〕阿马蒂亚·森：《以自由看待发展》，任赜、于真译，中国人民大学出版社 2013 年版，第 10、
11 页。

第三节　西方经济学的人文转向

面对新的文化-经济关系与文化经济增长的现实，经济学没有任何理由置身局外。18世纪以来，主流经济学以"经济人假设"为前提，通过抽象的逻辑演绎推理，借助数学方法构建起经济学体系，在此后的两个世纪中将自身发展成为一门纯粹的科学。从今天的立场看，现代经济学的总体特征有如下三个方面。

首先，经济学的基本假设——"理性经济人"——强调人性自利。第一个系统建构经济学并阐述"经济人假设"的亚当·斯密把人性视为具有自利的欲望和互利的道德理性的双重本性，并认为自利的欲望在道德理性的指导下会呈现出一种互通有无、互相交易的倾向。但后来的约翰·穆勒等古典经济学家却认为经济学只研究人类以取得和消费财富最大化为目标的行为，他舍弃了现实生活中人的个性差异提炼出"经济人"概念，将"经济人"视为自身利益或效用的最大化者，自利原则和理性原则成为"经济人"行为的核心。[①]经凯恩斯等人的进一步论证，"经济人假设"成为西方主流经济学研究的重要理论支撑。"与人类行为的其他模式和其他假定比较起来，'经济人'模式和'理性行为'假定也许是一个最普遍、最有效、最成功的工具。"[②]通过将追求财富的人类行为从人类的其他社会行为中分离出来，并确立其为经济学的研究对象，经济学才成为一个独立的社会知识体系，而对这一假设的修正、补充或重新理解，则又成为主流经济学发展的动力。如加里·贝克尔倡导的"新经济学运动"把自利的含义从原初的单纯追求个人的经济利益扩展到对名誉、地位、尊重等精神方面的追求，把"利他"纳入自利的个人效用函数，并由此对婚姻、家庭、犯罪和歧视等人类行为与活动展开了理性主义的经济分析。[③]值得注意的是，

---

① 参见〔英〕约翰·穆勒：《论政治经济学的若干未定问题》，张涵译，商务印书馆2016年版。
② 张曙光：《制度、主体、行为——传统社会主义经济学反思》，中国财政经济出版社1999年版，第64页。
③ 参见〔美〕加里·S.贝克尔：《人类行为的经济分析》，王业宇、陈琪译，上海三联书店1993年版。

新古典经济学的思维方式和分析工具被推广运用到其他社会学科分支之中，并建立起一般性的理性选择分析框架。

其次，经济学所遵循的演绎推理的分析路径要求价值中立。马歇尔认为，有两条基本路径可以帮助我们理解现实世界：一是循演进的路径，二是循均衡的路径。前者指以培根为代表的经验论的、归纳的方法，后者指以勒内·笛卡儿为代表的唯理论的、演绎的方法。①尽管斯密在《国富论》中将历史归纳法与抽象演绎法并重，但此后的大卫·李嘉图主张唯理主义的方法论，抛弃了斯密的历史归纳法，极力提倡抽象演绎法。主流经济学家们普遍形成了"一种几乎不可更改的演绎推理的偏好"。②他们坚持认为，要成为一门真正而纯粹的科学，经济学必须放弃只能提供或然性知识的经验归纳推理，而需要运用思维缜密、能够提供必然性知识的逻辑演绎推理以实现对超越时空、永恒正确的法则的追寻。如纳索·西尼尔就认为，经济学就是要从这些"不证自明的公理"出发演绎推理出整个体系，演绎的前提是消除个体之间的偏好差异，将现实社会中存在的多样化的个体简化为便于处理的具有相同思维、相同情感的原子式的同质个体。真正的科学知识必须如"纯粹的""绝对的"没有被任何心理的或文化历史成分"污染"的自然科学一样，能够给出确定性答案。经济学必须摆脱那些"非科学成分"，经济学家必须抛弃自己的好恶感情、价值观念，从一个纯粹客观的立场上进行研究。③莱昂内尔·罗宾斯明确指出，经济学"在各种目的之间是中立的，经济学不能断定最终价值判断的正确性"④。通过完全理性、完全信息、单一的因果关系、对称和可重复性、经济函数连续可微、报酬递减率、最大和最小原则、偏好稳定等精致细密的假设和分析工具，经济学逐渐清除了现实经济世界里所有的不确定性因素，竭力摆脱伦理、宗教和习俗的"干扰"，使历史、文化、习俗、制度冲突等所有的"非理性"因素脱离了经济学的研究视野，从而祛除了价值导向，消灭了不同人群和不同时代的差别，得出若干具有"确定性"和"规律性"的经济模型，旨在为经济学谋得合

---

①〔英〕阿尔弗雷德·马歇尔：《经济学原理》上卷，陈良璧译，商务印书馆1981年版，第128页。

②〔美〕阿尔弗雷德·S. 艾克纳主编：《经济学为什么还不是一门科学》，苏通、康以同等译，北京大学出版社1990年版，第2页。

③〔英〕西尼尔：《政治经济学大纲》，蔡受百译，商务印书馆1977年版，第11页。

④〔英〕莱昂内尔·罗宾斯：《经济科学的性质和意义》，朱泱译，商务印书馆2000年版，第20页。

法的科学地位。

最后，经济学所崇尚的实证主义哲学极端重视数理分析。实证主义认为，科学是由经验语句组成的、具有精确定义的研究客体，是具有概念和规律的稳定体系，包含严格而永恒的、摆脱了主观的和价值因素的真理性标准，能够借助数学方式来表达，并可以在实践上加以操作和应用。斯密希望能够像牛顿力学解释物质运动的规律那样运用实证科学的方法来解释经济运动的规律。让·萨伊强调，政治经济学和物理学、天文学一样同属于实验科学。威廉姆·斯坦利·杰文斯则表示，"经济理论……表现形式类似于物理学中的静态机制，而交易法则类似于力学原理中的均衡法则。价值与财富的性质可以通过考察点滴的快乐与痛苦来加以说明，正如物理学中的静态理论是基于对点滴能量平衡的考察所得出的一样"[1]。为了追求科学性、严谨性、普遍性和简洁性，经济学走上了公理化、形式化和数学化的道路。杰文斯坚信："一切科学的经济学家皆须是数理的经济学家。其理至明，因经济学家所讨究的是经济量及其关系，但一切的量与量的关系皆属于数学的范围。"[2]于是，数学和逻辑成为组织和分析经济学知识重要的形式手段。1826年，约翰·屠能首次利用微积分和其他一些变数数学公式来表达若干经济范畴和经济学原理；1838年，奥古斯丹·古诺在《财富理论的数学原理的研究》一书中认定经济理论必然与数学方法结合；1854年，赫尔曼·戈森用数学原理建立起"戈森定律"；1874年，莱昂·瓦尔拉斯在《纯粹经济学要义》一书中首次以数学论证经济社会"一般均衡"的存在……此后，越来越多的经济学家在经济学分析中频繁地采用数学方法，开创了经济学的数学时代。1932年，罗宾斯在《论经济科学的性质和意义》中给出的经济学定义成为经济学的现代标准范式，即经济学是一门系统研究各种目的与具有多种用途的稀缺手段之间关系的人类行为的科学。根据这一定义，经济学演变为解决最优化问题，其最终目标在于用数学模型来说明现实经济世界。从此，经济学正式开始了它的公理化、数学化和形式化的历程，以至于"现代经济理论的最大特征之一就是大量地应用符号、公式、方程和其他数学概念"[3]。迄

---

① 〔美〕谢拉·C.道：《经济学方法论》，杨培雷译，上海财经大学出版社2005年版，第80页。

② 〔英〕斯坦利·杰文斯：《政治经济学理论》，郭大力译，商务印书馆1984年版，第10页。

③ 〔挪威〕哈维尔莫：《哈维尔莫选集》，沈利生译，首都经济贸易大学出版社2001年版，第15页。

今为止，诺贝尔经济学奖得主中 90%以上是因为科学、深刻、恰当地应用了数学方法而获奖，涉及的数学领域包括数理统计、随机过程、线性规划、微分方程、差分方程、最优规划、投入产出、控制论、不动点理论、拓扑论、泛函分析、微分几何、组合数学、群论、博弈论、对策论等。[①] 可见，经济学研究的方法论基础在很大程度上就是数学工具的合理应用，而经济学家们的数学背景也就决定了其学术研究成果在社会上的认知度。

主流经济学实现了经济学的科学化或准科学化（它毕竟不同于自然科学），也付出了意义和社会内容贫困化的代价，因此不断受到哲学、心理学、社会学、政治学及经济学内部的质疑。20 世纪 70 年代以后，经济学家们对经济学方法论问题展开了广泛讨论和研究，质疑主流经济学的三个特征。

第一，质疑"经济人假设"的现实性。这一假设消解了人类行为的不确定性和复杂性给经济学研究所带来的困难，使经济学理论研究公理化、逻辑化成为可能。尽管如约翰·穆勒所说，"经济人假设"只具有方法上的意义，实际上"没有一个政治经济学家会如此荒谬地认为人类事实如此，这种假设只是这门科学研究的必要方法而已"[②]。但后来的经济学确实根据这个假设，把丰富的人性简化为自利的精明算计，经济主体的意识形态、价值观念、道德情感、人生信仰等都淡出了经济分析的视野，经济理论日益脱离现实经济生活，由此自我否定了经济学作为一门社会科学存在的基础。1898 年，凡勃伦在《经济学为什么还不是一门演化（进化）的科学》中就质疑经济学的科学性：要充分认识人性，必须理解人的行为动机的复杂性；而人的行为直接依赖于他生活于其中的社会文化环境，因此需要从每个人的现实存在和他与环境的关系、制度结构、组织模式、文化和社会规范去理解。[③] 据此，马歇尔认为经济学不仅是研究财富的学问，更是一门研究"人"的学问；这个"人"不只是具有理论抽象意义的人，而且是活生生的现实的"人"。奥地利学派代表人物冯·米塞斯也

---

① 参见吴建国：《从诺贝尔奖看数学思维与方法对经济学的作用》，《统计与决策》2009 年第 14 期，第 166-167 页。

②〔英〕约翰·穆勒：《政治经济学定义及研究这门科学的哲学方法》，见程恩富、顾海良主编：《海派经济学》第 6 辑，上海财经大学出版社 2004 年版，第 138 页。

③ Veblen, T, Why is economics not an evolutionary science, *The Quarterly Journal of Economics*, 1898(4), pp.373-397.

表达了同样的观点，"经济学不研究想象中的'经济人'，而是研究作为选择主体的真实的人，通常是软弱的、愚钝的、不深思熟虑的，没有受良好教育的"①。经济学内部的自我反思表明，作为经济学的逻辑起点，"经济人假设"已经使理论经济学的范围日益缩小，以至于许多基本经济问题在这一逻辑范围内都不可能得到有效的说明，甚至不可能有效地提出。②

那么，现实的人到底是怎样的"人"？社会学家乔治·赫伯特·米德曾经提出并论证过"社会自我"（social self）的概念。米德认为，不存在完全脱离社会的孤立的"自我"，所有"自我"事实上都是"社会自我"，因为自我所由产生的过程是一个社会的过程，它意味着个体在群体内的相互作用，意味着社会过程或秩序是参与该过程或属于该秩序的个体有机体自我出现的逻辑前提和生物学前提，即是一定的经济关系和经济环境规定了经济活动中人的本性或本质而不是相反。③米德所理解的这种在个人心智中内化和融合了人的"社会性"的方法论个人主义——把人的社会性作为人类行为和决策的起点而不是终点，因此也是人类行为与决策的原因而不是结果——对经济学有重要意义。现实生活中的人的行为动机，绝不是只有经济动机；即便在经济活动中，求利也绝不是唯一的动机。从心理学、行为学等科学研究的结果来看，人的行为动机组成其实是非常复杂的，并不只有理性算计，各种非理性的情感因素如个人兴趣、爱好和自我价值的实现等，都和理性算计夹杂在一起，共同支配着人的行为。因此，经济学研究需要"了解行动中人的认识，了解人赋予行动的意义，了解人改变自身状况的原因，了解人追求改变的终极激励因素"④，不仅要构想行动的意义，还要理解人的选择的意义。奥利弗·威廉姆森在谈到新制度经济学的未来发展方向时曾经指出，需要在社会镶嵌结构（societal embeddedness）和人性（the attributes of human actors）两方面加强研究，分析习俗、道德、心理、宗教等因素的制度影响。道格拉斯·诺斯在分析制度变迁时也强调，需要将意识形态和认知结构等范畴纳入人类行为理论之中，以说明意识形态对人们

---

① Mises, L V, *Money Method and the Market Process*. Kluwer Academic Publishers, 1990, p. 24.

② 〔美〕乔治·施蒂格勒：《经济学家和说教者》，贝多广、刘泸生、郭治薇译，上海三联书店1990年版。

③ 〔美〕乔治·H·米德：《心灵、自我与社会》，赵月瑟译，上海译文出版社1992年版。

④ Mises L V, *The Ultimate Foundation of Economic Science: An Essay on Method*, Van Nostrand, 1962, p. 8.

决策和行为的影响。[①]显然，经济学家们只有将自己的研究建立在一个对人性更加全面、更加深刻的认识和假设上，只有在充分理解历史境遇、社会背景、个人经验等诸多影响因素的前提下，才有可能把握人类行为的方向。

第二，质疑经济学的价值缺失。经济学的标准方法是演绎推理，它是一种双重意义上的抽象方法。一方面，它不仅抽象掉了影响资本主义生产关系内在联系的各种外部或偶然的因素，也抽象掉了反映资本主义生产关系内在联系的本质的具体内容。另一方面，它对经济过程、经济现象只做静态的观察，所得的结论只能反映社会经济的横断面，割裂了历史与社会生活的连续性。由此双重抽象，主流经济学逐步放弃了对经济制度范围内存在的关于文化、历史、伦理因素等诸多问题的考虑和探索，日趋技术化甚至机械化。随着 19 世纪 70 年代"边际革命"的到来以及 20 世纪初马歇尔经济学对"政治"的剥离，演绎主义通过数学形式获得科学的外形，不仅完全放弃了历史与现实经验对经济学理论形成的能动作用，而且拒绝对财富以外的那些人类基本目标给予评价和关注，使其自身以一种"不健全的精明和现实"表现出不自然的"无伦理特征"。这种以"工具理性"排斥"价值理性"、以"科学逻辑"忽略人文精神的做法，也造成了经济学的狭隘化、贫困化。

其实，经济从来离不开伦理。经济学之父亚当·斯密不但有《国富论》（1776），而且还有《道德情操论》（1759），两书分别处理人性中"自利"和"利他"，即维持个体生存和种族繁衍两个面向。正是这种人性的"二重性"共同促成了人类个体目标与整体目标的内在关联，仿佛有一只"看不见的手"将个体的自利行为导向人类社会共同的善。斯密认为，市场应受某些道德价值观的约束和支配，否则将会有严重的危险。他强调了其中几种具体的品质，分别是"审慎、人性、正义、慷慨和公共利益精神"。这一取向也为早期经济学的大师们所秉承。如李嘉图、穆勒等都是把经济学看成一门与伦理道德密切相关的学科，并十分关注经济政策和经济主体行为中蕴含的伦理问题。其时的经济学并非独立的学科，所有的经济学理论都只是内容庞杂的"道德哲学"体系的一部分，虽聚焦于财富管理和财富增长，却是在伦理学、政治学、社会学等学科背景下探究经济问题，其研究关注经济活动与道德秩序的契合。所以从一开

---

①〔美〕罗纳德·哈里·科斯：《论生产的制度结构》，盛洪、陈郁等译，上海三联书店 1994 年版。

始，经济学就不是自然科学，而是以社会经济活动中的人作为研究的出发点和归宿的，而每个人都有犯错误的可能，且人对自身行为目的的否定和重新定义都是开放的；同时，利益也是包含着无限和不确定维度的高度抽象的概念，是经济行为者在对经济认识的基础上作出的选择。于是，所有人的意愿、选择总受到一个包括期望、准则、观点、文化与道德观念等各种因素在内的整体的影响。因此，作为研究人类行为的社会科学，经济学根本不可能像自然科学那样"价值中立"，它必须通过规范性分析建立价值性知识和规则性知识以提供人类的经济实践和经济学实践的评价尺度。所以，与其他人文社会科学一样，经济学的价值判断必不可少。现代机械观所导致的经济学与伦理学的二元论显然是站不住脚的。①琼·罗宾逊等早就指出，"经济学决不可能是一门完全'纯粹'的科学，而不掺杂人的价值标准，对经济问题进行观察的道德和政治观点，往往同所提出的问题甚至同所使用的分析方法那么不可分割地纠缠在一起"②。经济学研究如何配置有限的资源以达到既定的目标；伦理学则是研究哪些个人的和社会的目标是正当的，如何将其与其他各种目标区分开来。从对经济学和伦理学理论宗旨的描述中可以清晰地看到，伦理学与经济学密不可分。经济学领域是在确定目标和重点以后对手段的选择；伦理学领域则是对正确目标及由此产生的价值和规范的选择。阿马蒂亚·森认为，对自身利益的追逐只是人类许许多多动机中比较重要的动机，其他的如人性、公正、慈爱和公共精神等品质也相当重要。由于伦理考虑影响了人类经济行为中对目标的元排序，因此，将更多人文思考引入经济学对于增强主流经济学的解释和预测能力大有裨益，并能祛除主流经济学在哲学上的贫困。③可见，经济学不仅具有实证科学的知识特性，同时也具有人文科学的规范特性。驱逐价值判断，追求价值中立，不仅不可能使经济学成为一门真正的科学，反而与人类经济生活的属性相矛盾，从而在根本上否定了经济学作为社会科学存在的合法性。

第三，质疑经济学的数学化、形式化。必须肯定，数学在经济学形成与发

①〔美〕艾伦·布坎南：《伦理学、效率与市场》，廖申白、谢大京译，中国社会科学出版社1991年版，第3页。

②〔英〕琼·罗宾逊、〔英〕约翰·伊特韦尔：《现代经济学导论》，陈彪如译，商务印书馆1982年版，第5页。

③〔印〕阿马蒂亚·森：《伦理学与经济学》，王宇、王文玉译，商务印书馆2014年版。

展的过程中已经起到并将在未来继续起到越来越重要的作用。作为一种强有力的分析工具，数学确实是一种高效的推理语言，经济学家对大量经济现象进行总结并形成系统化的知识体系，其中借助数学方法进行推演和对数据进行挖掘、处理是不可或缺的重要手段。然而，作为研究量的科学，数理分析撇开了客观对象的其他一切特性，只抽出各种量、量的变化以及量之间的关系，在纯粹的、抽象的形态上加以研究，理性个体之间、理性个体与社会之间的相互冲突和制约被简单的数量调整所取代，以至于经济学的数学化并未能成功回答和解决过去遗留下来的疑问和难题，数学的优势以及对数学的大规模的运用也并不足以消解经济学学科属性上的困惑。所以同样可以肯定的是，数学本身不是目的，它是并且应当只能是一个手段。[①]纵然经济学有物品和商品运行规律的部分，但更有人的参与和决策的部分。所有有人参与和决策的部分都是难以用自然科学的方法加以量化和模拟的，因为现实社会具有高度的不稳定性和不确定性，有许多难以确定的因素存在于设计精良的模型之外。事实上，即使是物理学和自然科学，当代研究也已发生重大变化，即强调非直线性更甚于强调直线性，强调复杂性更甚于强调简单性，强调不确定性更甚于强调确定性，但主流经济学家们却依然严格遵守着其最初模仿牛顿力学所形成的规则，无视经济系统内各个组成部分之间的复杂作用关系。同时，由于缺乏物理学或天文学这类"硬科学"的实验检验标准，经济研究往往依靠统计技术替代实验室来获得数据，由实验测定转为现象统计。通过混淆社会经济现象与自然现象之间的差异，以形式逻辑静态平面的眼光去审视不断变化发展的社会经济现象，经济学自然难以真正提高人们对社会经济现象的认识和解决问题的能力。过度数学化的倾向标志着经济学以牺牲对现实经济运行的理解为代价追求数学意义上的严格和精确，逐渐丧失了其作为社会科学应有的特征，如对现存社会经济结构的批判、对人与人之间的生产关系的揭示、对社会制度的剖析、对社会经济生活的直觉性感悟等。

　　从根本上说，经济行为是人的行为、集体的行为，它内在地具有文化、社会和历史的内涵。当经济学成为一门由数学形式主义支配的"数学科学"时，它也就失去了反映人类经济行为的全部内容的能力。凯恩斯就曾明确表示，"时间和无知的黑暗力量"永远是经济体系和社会经济活动的内在的组成因素，需

---

① 王宏昌编译：《诺贝尔经济学奖金获得者讲演集》，中国社会科学出版社 1994 年版，第 65 页。

要将预期、不确定性、不完全信息等引入经济分析，而简单地"将物理学方法应用于人的行动科学的泛物理主义的方法贫乏之至"①，这一过程所处理的或许已经"不是人的行动的实际状况，而是经济学家出于工具目的而虚构出来的概念"②。诺贝尔经济学奖得主瓦西里·里昂惕夫曾经对 1972—1981 年发表于《美国经济评论》的论文进行分类分析，发现其中超过 50%的论文的数学模型没有任何经验资料，只有 30%的论文根据各种资料作了不同程度的经验分析。③针对数学在经济学领域中被滥用的现象，里昂惕夫评价说："将读者从一套似乎有理而完全是任意的假说引到精确的但却是无关的理论结论。"④可见，经济学在自身逻辑结构日趋精致、数学模型日趋复杂的同时，逐渐丧失了对现实世界的人的观照与分析，与一门研究人类行为的真正科学渐行渐远。所以，阿马蒂亚·森认为，经济行为与道德情操、经济判断与道德哲学是不可能截然分开的。从亚里士多德开始，经济学就有两种根源，即两种人类行为的目的：对财富的关注，对更深层次上的目标追求。由此产生两种方法，一种是"工程学"的方法，也就是数学、逻辑的方法，一种是伦理的方法。这两种根源或方法，本来应是平衡的。但不同的学者重视的方面有所不同。从亚里士多德到斯密，比较注重伦理问题，而威廉·配第、李嘉图等更注重工程学方面。现代经济学重点发展了工程学方面而忽略了伦理方面。如果说理性的逻辑方法和伦理的方法，都是研究经济学的有效方法，那么主流经济学家却不能像那些经典的研究专家那样始终注意两种根源和方法的平衡。对此，阿马蒂亚·森一语中的："现代经济学不自然的'无论理'（non-ethical）特征与现代经济学是作为伦理学的一个分支而发展起来的事实之间存在着矛盾。"⑤

经济学内部对"经济人假设""价值中立"的挑战与批判，以及制度经济学、行为经济学、实验经济学、演化经济学、神经经济学等新兴经济学提出的

---

① Mises L V, *Money Method and the Market Process*, Kluwer Academic Publishers, 1990, p.26.

② Mises L V, *The Ultimate Foundation of Economic Science: An Essay on Method*, Van Nostrand, 1962, p.7.

③ 程恩富、胡乐明主编：《经济学方法论——马克思、西方主流与多学科视角》，上海财经大学出版社 2002 年版，第 299 页。

④〔美〕约翰·布拉特：《经济学家是怎样滥用数学的》，见〔美〕阿尔弗雷德·S. 艾克纳主编：《经济学为什么还不是一门科学》，苏通、康以同等译，北京大学出版社 1990 年版，第 2 页。

⑤〔印〕阿马蒂亚·森：《伦理学与经济学》，王宇、王文玉译，商务印书馆 2014 年版，第 8 页。

一系列不同于主流经济学的假设与观点，具有后现代主义反理性至上、反科学主义的鲜明色彩，体现出对人的主体性、生活方式多样性的关怀。2000 年肇始于法国的"经济学改革国际运动"要求更宽泛的人类行为的定义，观照文化价值体系和制度，鼓励跨学科对话，并强调研究方法和路径上的多元化，这一运动所表现出来的开放的态度、强烈的道德责任感以及批判性的思维，明确体现了经济学的人文转向。[①]客观地说，目前还不大可能实现经济学的整体人文转向，但要求经济更加重视并恰当处理经济活动的社会嵌入、价值评判和制度反思等文化问题，却是合理的、必须的，理由有三。

第一，实践发展与理论供给之间的背离倒逼主流经济学必须走出传统的思维模式以提高自身的解释能力。如前所述，主流经济学是按照牛顿力学的思维模式建立起来的，以机械观的视角考察经济社会，遵循演绎主义进路展开分析研究，并运用严谨的数学模型精确地描述确定性世界。在这个确定性的世界中，经济主体被视为受无法饱和的欲望驱动的行为者，他们在生产中的活动必须通过市场平衡或中央控制机械地、技术地加以调节。[②]这种理性主义的思维模式在纵向上排除了时间维度的变化，架空了社会和制度背景；在横向上脱离了社会、政治、法律、伦理等因素对经济行为的影响，孤立地研究"纯"经济问题。然而现实是，大多数条件下发生的经济交易本质上都是社会的和历史的，社会实践以其自身的逻辑存在并演化着，并不因主流经济学剔除了社会、价值、制度、习俗等而自动屏蔽这些维度。这也就是波兰尼所强调的，世界上并不存在一个独立于社会、文化、制度、习俗的"经济"，"经济"总是"嵌入"在特定的社会、文化、制度、习俗环境中并打上了特定背景的烙印。[③]同样，任何一个现实的人也必定是"嵌入"在特定的社会文化和伦理道德环境中的，任何经济行为都是在一定的道德和制度约束下完成的，离开了道德与制度环境，就不可能对人的经济行为做出有效的解释。可是，在主流经济学的语境中，现实

[①] 参见贾根良：《中国经济学发展的西方主流化遭遇重大质疑》，《南开经济研究》2003 年第 2 期，第 3-12 页。

[②]〔德〕彼得·科斯洛夫斯基：《后现代文化：技术发展的社会文化后果》，毛怡红译，中央编译出版社 2011 年版，第 118 页。

[③] 参见〔英〕卡尔·波兰尼：《巨变：当代政治与经济的起源》，黄树民译，社会科学文献出版社 2013 年版，第 113、250 页。

中相互联系的社会整体被人为地割裂开来，一个个关于理论世界而非真实世界的经济模型也因此而建立起来。因为缺乏对社会、文化、制度背景的分析，经济学难以形成对社会经济问题的立体认知，在阐释实践时不免有若干局限，如难以揭示制度变迁对经济发展的影响、回避说明内生财富分配对福利改进的意义、无力阐释经济增长与危机的关联等。本质上，经济理论发展的建构基础源于人的主观需要和价值标准与客观事实的结合，问题驱动才应该是经济学发展的最根本的动力。鉴于经济学自身逻辑的冲突及其对真实世界的解释能力愈益匮乏，摆脱传统的思维模式、开创新的研究路径正是经济学对真实世界和社会进步的回应。

第二，文化情境与经济领域的相互渗透要求经济学在应对时代变迁中作出理性选择。在文化哲学与社会哲学的概念上，经济属于文化领域。作为文化的一部分，经济自然由文化准则与价值规范所规定，如生产者必然渴望在其产品中表达自己对特定价值的体验，消费者必然需要理解、把握或拒斥某种产品及其价值。随着工业导向的经济形式向服务导向的经济形式的转变，对物质财富的重视逐步转向非物质财富。服务型经济更强烈地体现为一种交往式的、情境式的、后现代的生产文化，同时，服务型经济的"产品"比工业型经济的产品具有更强的文化和象征性特征。经济中不断增强的文化情境为文化与经济之间的协同提供了新的可能。与此同时，需求与消费的模式也发生了变化。历史经验证明，当人们经历了长足的经济发展之后，价值观念会发生转变，从追求物质的充裕转变为追求精神世界的极大丰富和文化生活的深入发展。当代消费文化正在从大众消费向充满审美和文化意义要求的消费过渡。文化的观念在商品的价值评估中起着日益重要的作用，产品的号召力不再由物质的质量而是由象征/文化质量所决定。在促销、广告、产品设计、消费品的销售中，文化也成为一个经济要素。可见，文化通过向经济领域渗透而影响和改造了经济运行的各个环节。于是，物质财富含有文化要素，文化产品含有经济要素，经济与文化相互渗透，在一定程度上实现了经济、伦理和审美方面的意义理解、价值体验及自我决定的统一。此时，对产品的要求不再是以"效率"为判据，而是以"多样化"为准则。这意味着当生存竞争的压力逐渐淡出社会生活的时候，文化的品位和丰富性逐渐成为人们追求的价值目标。于是，文化与经济、社会日益融合、共生，从而改变了经济方式、社会关系和规范以及人们的生活方式。虽然有关"文化"的定义过于纷乱，但"文化"偏向于"历史的""情感的""动态的"却是毋庸置疑的。如此，传统经济学逻辑的、结构的、静态的思维方式必定越来越丧失对现实社会生活的分析和解释能力，经济学的方法论必须整合，以寻求历史与逻辑的统一，才能更好地体现经济学的社会科学属性与特征。

第三，经济学的人文转向顺应了当前科学发展的总体趋势，即向整体系统思维方式的转变。由于科学技术的负面社会效应日益显露，物质主义和工具理性主义的弊端导致西方社会的精神危机，线性思维和还原论指导下的社会科学研究所面临的各类困境也日益凸显。毕竟，仅仅满足于经济科学领域内的个别性研究，必然受制于经济科学理论思维的局限性，阻碍各学科之间的联系与整合，难以从整体上对经济生活形成综合性的把握，更难以形成对经济学前提和意义的追问和探索。于是，20世纪初发生的物理学革命以及20世纪中叶风靡全球的系统科学潮流从整体上导致了机械观思维方式的衰落和系统观思维方式的兴起。到20世纪末，人们已经普遍感受到整个科学领域乃至思维领域都在发生一场深刻的方法论变革——"系统范式"革命，它要求用相互联系和整体的观点来看待世界，把注意力集中到"整体"及"整体/要素"的关系上而不仅仅是单个"要素"。这一范式假定整体能够产生各个要素在孤立状态时所不具有的新质，且要素之间存在着复杂的非线性关系，而正是这种非线性带来了现实世界的无限多样性、丰富性、曲折性、奇异性和多变性，人类生活也因此而更为丰富并具有意义。于是，整体、演化和复杂性构成了系统科学的主要思想，并成为当前主流科学哲学中的主题，为人们认识问题和解决问题提供了一种与传统的分析范式大相径庭的全新的思路和方法，即关注各个要素之间的磋商与博弈以及在实践中的交互作用，并以整体功能的最优化作为最高目标来评价各要素及其运行方式的合理性。20世纪以来自然科学与社会科学之间开始由分化和对立转向综合和借鉴便是这种整体系统观的反映。毕竟，我们生活在一个由许多相互影响和相互依存的要素共同组成的世界里，经济只是社会整体的一个要素。任何经济体系都必须被视为一个具体的、历史的社会组织，因此，经济学必须顺应科学发展的新趋势，学说内部不同流派之间应形成对话和协作机制；同时也应从政治学、社会学、伦理学、哲学、法学和生物学的交汇处找寻真正的议题，以使自身更具主题包容性，并在多元知识体系和跨学科研究背景下更好地理解社会系统的多维性，借助现代自然科学和社会科学的分析工具来考察人类对经济财富的意义理解，从而令学科自身焕发生命力。①

经济的文化化或文化经济的形成，说到底就是经济如何更为充分地满足人类需要的问题。有两种解释：一种是流行的文化经济化，以攫取利润为唯一目的的资本，在征服了物质世界，把一切物品都商品化之后，继续向精神世界、向人的心理和情感进军，把整个文化领域都商品化，所谓文化产业就是文化的商品化、文化的工业化；另一种是基于文化的考察，即随着技术的发展、生产力的提高、人性化水平的提高，文明人类在物质需要满足之后，拥有更为丰富的文化生活，这不但需要大规模的文化产品与服务，也需要整体经济领域的"文化转型"，即以文化价值（如自由、平等、公正等）规范、引领经济发展。无论我们如何谈论文化产业，也无论文化产业会有什么创新，都摆脱不了这样一个根本性问题：它究竟是通过文化的经济化来实现经济扩张，还是通过经济的文化化来实现文化对经济的改造。如果经济领域已经在发生着文化转型，文化领域就更没有理由把经济目标置于优先地位。即使从经济学方面来看，文化产业也应该必须把社会效益放在首位。一个文化贫乏的时代，不可能是经济健康发展的时代；一个只讲经济利益的发展方式，不可能真正发展文化产业。经济不是社会发展的唯一目标，文化的发展必须以人为本。

---

① 本章第一节、第三节的主要内容由上海交通大学文化产业管理系闻嫒副教授撰写。

第十章

实现社会效益的基本条件

从"本质"上说，文化产业是否具有正面的社会效益，主要取决于文化产业所提供的产品-服务是否具有健康的内容和恰当的形式。先有好的产品-服务，然后有好的社会效益。之所以说这是一种"本质"的说法，是因为这种说法合理地假定：文化产品-服务与社会需要之间的关系是直接的、透明的，受众-消费者能够自主地选择文化产品-服务并表达自己的评价。显然，在现实文化生活中，这一假定或者说"条件"还没完全具备。真实的情形是，在文化产品-服务与受众-消费者之间，还有由各种因素导致的距离和各种类型的隔阂。文化产业社会效益的实现，取决于我们在多大程度上能够保证受众-消费者自由地接受、理解和评价文化产品-服务。本章就在这个意义上讨论这些前提，大体上包括公众能否接触到文化产品与服务、公众是否具有必要的文化标准、公众能否接受共同的价值标准这三个方面的问题。

第一节　扩大"可及性"

文化产业的社会效益是在社会性的、普遍化的消费中实现的，坚持社会效益优先，首先要确保社会的大多数公众有接触、参与、创造文化产品的权利和机会。"文化可及性"（access to culture）是指公众、接受者、消费者与文化产品-服务之间的"适合度",即产品-服务的距离、时间、内容和存在方式是否便于公众接受和分享。文化学术界经常讨论的话题之一,是我国文化产业在可及性方面有两方面的不平衡。一是城乡之间、区域之间、群体之间、个体之间仍然存在资源配置的不平衡。二是刚性的文化服务供给与公众弹性需求之间的不平衡,其表现形式是程式化、概念化的文化产品不能充分满足公众的多样需求,文化市场更多受卖方主导,且缺少受众反馈机制。

文化可及性与公民文化权利直接相关。从《世界人权宣言》到我国现行宪法,都肯定、规定了人民参与文化艺术生活的权利。国内外的相关研究一般都认为,应该也必须在更广泛的框架下理解"参与文化生活"这一概念,而不仅仅是一般意义上的文化启蒙和科学普及。"文化生活"不仅是公民参与本民族、本地区独有的传统习俗的途径,也是公民表达创意想法、追求真与美、交换思想和达成共识的途径,这是一个不断变化且日益扩展、丰富的动态过程。从常识上说,"参与文化生活"至少包括接触、享受、消费文化产品与服务的资格;定义、解释、展现、表演、运用、融合文化产品与服务的资格;转述、翻译、生产、批判和转化文化产品与服务的资格。在此三种资格中,作为文化参与的前提是能够获取文化资源、文化工具和文化信息,然后才可能自主地对文化产品和技艺进行创作、转化、分享和交易。所以,个人参与文化生活的前提在于能否接触文化,而参与文化生活的进一步则涉及自由表达和创造文化。因此,以文化权利为前提,"参与文化生活"不仅需要考虑参与行为,还需要考虑参与前的接触和参与后的创造两个层次或阶段。在这个意义上,"文化可及性"不但指物理上接触"文化"的受众范围,还应该强调参与文化的内容,以及文化的表达和创造过程。

1. 接触文化

针对可能存在的物理障碍和文化排斥两个问题,接触文化包括"可获得性"与"可接近性"两个方面,它们分别包括文化市场供给的种类和数量、获取产品与服务的成本(空间距离、交通成本、时间成本),以及文化市场在技术上或态度上的歧视、排斥现象。就"可获得性"而言,首先,文化市场所提供的产品与服务在超过一定程度时,可能出现竞争性和排他性的特点。这就需要考虑提供的数量和种类问题。由于文化产业具有多样化的种类和无穷尽的数量(因为理论上人人都可以进行艺术实践活动),所以一般来说,文化的可及性不会因数量和种类不足而产生接触障碍。其次,文化产品与服务的"可获得性"

主要侧重于公众接触文化的便利性，这就需要考虑到公众距离文化市场硬件设施（如书店、剧院等）的空间距离，以及到达这些硬件设施所需的交通成本和时间成本。在文化设施日益丰富、文化交易日益便利的当代，这些问题已越来越接近解决。从而，文化接触更加关注文化种类自身特点所导致的接触障碍。具体而言，不同的文化种类本身需要的投入成本不同，且同一种文化种类在不同的组织形式中，所需成本也有所不同。例如，阅读可以利用碎片化的时间进行，它所受地理和空间的制约因素也较少，而对于跳舞而言，它则需要一段相对完整的时间和一处较为宽敞的空间。因此，文化接触环节需要解决的物理障碍主要来自文化种类本身特点对时间和空间的要求。

就"可接近性"而言，公众对文化的接触同样存在技术上和态度上的排斥现象，主要体现在专业对非专业，或"高雅文化"对"大众文化"的排斥，这在"纯艺术"产业中尤为明显。法国学者布尔迪厄就指出："对低级的、粗俗的、平庸的、贪财的、奴性的，总之是自然的享乐的否定，如是构成了文化的神圣性，并包含着对某些人的优越性的肯定，这些人懂得满足于升华的、精致的、无关利害的、无偿的、优雅的快乐，而这些快乐从来都是禁止普通门外汉享受的。这就使得艺术和艺术消费预先倾向于满足一种使社会差别合法化的社会功能，无论人们愿不愿意，无论人们知不知道。"[1]既然公众接触到的文化本身就具有阶级性的排斥性，那么评估文化可及性的接触环节就需要关注因时间、空间，以及文化排斥所产生的障碍，并提出解决方案。

2. 参与文化

这一环节主要涉及公众通过切实参与文化，对既有文化进行运用、展示、解释、定义和分享等，它强调接受者与文化之间的"可适应性"。在公众与产品-服务的互动中，公众在文化活动中获得参与感。这种参与感属于接受者的主观心理感受，取决于公众是否能够自主地运用、展示、解释、定义和分享文化。从这一角度看，文化参与环节不过是"可接受性"的具体化、现实化，是从心理层次上对公众参与文化的感受进行评价和衡量。虽然，后者侧重于文化产品与服务的内容、过程和人员的素质给公众带来的文化体验，而前者关注文化参

---

[1]〔法〕皮埃尔·布尔迪厄：《区分：判断力的社会批判》上册，刘晖译，商务印书馆 2015 年版，第10-11 页。

与中的自主程度给公众带来的感受,但两者的落脚点都是公众与文化之间的"适合度"。适合度高,参与感也强。文化消费具有再生产的特点,关于何为文化、何为艺术、何为艺术作品,公众都可以也应当在参与文化的过程中得出自己的理解。"可适应性"既是文化服务、文化市场自我调整和修正情况的反映,也是文化及其具体形式的公认定义与公众在参与实践中形成的理解之间的关系的反映。换而言之,就是消费者通过切实参与文化而形成的对文化的理解是否能够在文化服务-市场体系中有所体现。

3. 创造文化

创造文化不仅是法律赋予每位公民的权利,也是每一个体与生俱来的能力,只是每个人拥有这一能力的程度不同。创造一种文化不是单凭少数人就可以完成的,因为它要求打破常规的文化习惯和思维,而这离不开个体和整个社会的参与。因此,创造文化不是个体性的,而是社会性的过程,需要建立相对应的规则以保证社会性。每一种具体的文化种类都有其相对的创造规则,规则的存在不可避免地对创造有所限制。但是,这些规则不是(也不应该是)一成不变的,而是随着社会经济、政治、文化和技术的演变而变化。例如,原本公认的艺术门类包括文学、戏剧、绘画、音乐、舞蹈、雕塑六类,但随着摄影技术的出现和发展,电影成为第七类艺术。再如,随着 20 世纪中后期,美国的黑人文化崛起,说唱乐逐渐发展为一种新的音乐形式。所以文化创造与文化规则之间存在动态的复杂关系,而如何平衡创造与规则之间的关系,则是文化可及性中的创造环节所必须关注的内容。

在当代文化服务-市场体系中,至少有三方面的原因在阻碍着"文化可及性"的实现。

首先,"文化资本"与接触障碍。根据布尔迪厄对"场域"的阐释,社会是由一个个不同场域(field)构成的(如宗教场域、科学场域、艺术场域等),每个场域都有其自主性,且场域中的成员凭借各种资本相互竞争,通过维护其资本的垄断性,从而巩固其在该场域内的地位。[①]文化场域内的竞争也是如此。无论是个体还是群体,都需要凭借"经济资本""社会资本""文化资本"参

---

①〔法〕皮埃尔·布迪厄、〔美〕华康德:《实践与反思:反思社会学导引》,李猛、李康译,中央编译出版社 1998 年版,第 139-156 页。

与竞争。其中，经济资本可以直接转化为金钱，或者以财产权的形式存在；社会资本是由人际关系带来的实际或潜在的资本；文化资本则包括有具体化的文化资本（如书籍、工具、机器等）、身体化的文化资本（在意识或身体上持久存在的"习性"）和制度化的文化资本（如学位证书、资格证书等）。[1]这几种形式的资本之间可以相互转换，如贵族通过展现自己精通各种文化技艺以表明所属阶层；艺术家通过参加国际大赛、获得殊荣或资格认证以彰显自己在艺术界的地位。尽管布尔迪厄强调文化资本有相对独立的自主性，且与经济资本可以相互转化，但从其大量著述来看，他还是赋予经济资本以优先性和主导性地位："实践活动即使摆脱了（狭义的）'经济'利益逻辑并转向非物质的、难以量化的赌注——见于'前资本主义'社会或资本主义社会的文化领域——给人以非功利性的外表，但实际上一直在服从一种经济逻辑。"[2]现代资本主义社会等级结构有两个竞争原则，经济资本的分配是占主导地位的原则，文化资本的分配是从属原则。这也就是说，经济资本与社会资本充分的社会成员也可以获得更多的文化资本。

显然，不是每个社会个体都具有充足的经济资本和社会资本以支持他获得文化资本。以博物馆为例，所谓免费博物馆表面上向社会所有公众开放，但它所陈列的文化内容已经筛选出与之相匹配的参观者。布尔迪厄通过一系列社会调研发现，受教育程度越高的人，参观博物馆的比例越高。对于一些中下阶层的参观者而言，他们在博物馆内的言行和状态则十分不自然，他们参观过一次，却有极小可能会再去。[3]也就是说，不同的社会个体所具备文化资本的多少决定了博物馆等文化机构是否真正向他们开放。这就是社会/文化区隔的问题，即社会个体看似对文化享有平等的接触机会，但实际上权力通过赋予部分文化以正当性，并筛选与之相匹配的文化资本，对权力进行再生产。同时，参观博物馆的行为本身也具有一定的象征作用，是个体文化资本的一种反映。美术馆、歌剧院等文化机构也同样具有这一作用。这些文化机构本身既是文化资本的

---

①〔法〕皮埃尔·布尔迪厄：《资本的形式》，见薛晓源、曹荣湘主编：《全球化与文化资本》，社会科学文献出版社 2005 年版，第 19-20 页。

②〔法〕皮埃尔·布迪厄：《实践感》，蒋梓骅译，译林出版社 2003 年版，第 193 页。

③ Bourdieu, P, Darbel, A, & Schnapper, D, *The Love of Art: European Art Museums and Their Public*, Polity Press, 1991.

来源，同时也是文化资本的体现。总之，社会个体对文化资本的获取、占有和分配是不平等的，而这在很大程度上是因为个体持有经济资本和社会资本的不同，使得能够转化为文化资本的量也不同，因此不是每个人都有平等接触"文化"的机会。文化场域的区隔承担着合法化社会阶级的区隔的功能，文化实践一方面调节了诸阶层之间的对立关系，另一方面又掩饰着社会不平等的事实。

其次，"文化领导权"与参与过程中的障碍。在文化场域中，不同文化之间存在竞争，国家之间、群体之间、个体之间的文化均是如此。根据布尔迪厄的文化资本理论，文化资本除了可以转化为经济资本外，还可以转化为社会资本和象征资本，以巩固资本所有者在竞争中的主导地位。主导地位一旦形成，竞争中的优势方便可决定什么是"文化"，以及谁可参与"文化"。在这一方面，安东尼奥·葛兰西率先提出的"文化领导权"（cultural hegemony，一译文化霸权）的观念非常重要。"领导权"是指在一定社会形态下，某一社会集团的文化、意识、思想、道德等方面占据领导地位，这一集团通过确立自己在这些方面的领导地位，从而体现至高无上的权力。也就是说，文化领导权的取得不是通过强制性手段实现，而是在经过一系列的争斗、谈判和妥协后，被统治者自愿接受一方的文化，从而达成共同认可的准则。

文化领导权在"高雅文化"和"大众文化"的二分法中体现得最为明显。"高雅/大众"这一表述本身在一定程度上传达了一部分文化对其他文化的歧视，反映了文化中的不平等。威廉斯早就指出，"事实上没有所谓的群众：有的只是把人视为群众的观察方式"[①]。何为"高雅"、何为"大众"本身就是由部分群体定义的。他们通过这一划分，将自身对文化的审美标准传递给其他群体。本来，哪些具体文化属于"高雅文化"，哪些属于"大众文化"，都是历史地变化的。例如莎士比亚戏剧起初只在欧洲贵族中小范围呈现，现在则频繁地在欧洲各大剧院上演；再如《诗经》来源于我国西周至春秋时代的民间生活，现在已成为文学经典。尽管如此，"高雅文化"的内容却反映了一定历史时期内文化竞争的结果，体现了优势方的文化审美观，是文化领导权的体现。例如，工业革命以前的欧洲社会，文化艺术的审美标准是以贵族阶级为主导的，并且至今依然对文化发展产生着影响。主导者的审美标准通过特定的文化内容向大

---

① 〔英〕雷蒙·威廉斯：《文化与社会：1780—1950》，高晓玲译，商务印书馆 2018 年版，第 430 页。

众传播，这些文化不但影响大众对文化的认识观念，也会妨碍大众对多元审美观的接受。

　　最后，"权力规训"与创造障碍。通过考察古今不同的惩罚方式，米歇尔·福柯发现，近代权力已不直接伤害人的肉体（如斩首等刑罚），而是通过持续、细致的身体改造来实现。他从中提炼出一套以"规训"为中心的权力理论。福柯的完整论述包括三点要点："首先，施加于肉体的权力不应被看作是一种所有权，而应被视为一种战略；它的支配效应不应被归因于'占有'，而应归因于调度、计谋、策略、技术、运作；人们应该从中破译出一个永远处于紧张状态和活动之中的关系网络，而不是读解出人们可能拥有的特权；它的模式应该是永恒的战斗，而不是进行某种交易的契约或对一块领土的征服。总之，这是一种被行使的而不是被占有的权力。它不是统治阶级获得的或保持的'特权'，而是其战略位置的综合效应——是由被统治者的位置所展示的、有时还加以扩大的一种效应。其次，这种权力在实施时，不仅成为强加给'无权者'的义务或禁锢；它在干预他们时也通过他们得到传播；正是在他们反抗它的控制时，它对他们施加压力。这就意味着，这些关系深入到社会深层；它们不是固定在国家与公民的关系中，也不是固定在阶级分野处，它们不仅在个人、肉体、行为举止的层面复制出一般的法律和政府的形式；尽管存在着某种连续性（它们确实通过一系列复杂机制而连接成这种连续形式），但是，既没有相似性，也没有同源性，而只有机制和模态的特殊性。最后，它们不是单义的；它们确定了无数冲撞点、不稳定中心，每一点都有可能发生冲突、斗争，甚至发生暂时的权力关系的颠倒。这些'微观权力'的颠覆并不是遵循着'要么全部，要么全不'的法则；这种颠覆不是由于国家机器被新的势力控制或原有的制度机构行使新的功能或遭到毁灭而一下子造成的；另一方面，这些局部的插曲无一会被载入史册，除非它对制约着它的整个网络产生影响。"[①]这一段引文表明，"规训"并不只是现代刑法的特征，而且是与现代工业、资本主义体制联系在一起的普遍化的权力运作过程，其典型就是体现在监狱、工厂、学校、医院等现代社会空间中的

---

　　① 〔法〕米歇尔·福柯：《规训与惩罚：监狱的诞生》，刘北成、杨远婴译，生活·读书·新知三联书店 1999 年版，第 28-29 页。

"全景敞视监狱"。

较之传统权力，现代的"规训"是一种更具弹性的技术或策略，它也表现在似乎与权力无关的知识、真理、文化之中。文化既由权力所生产也体现了权力："我们也应该完全抛弃那种传统的想象，即只有在权力关系暂不发生作用的地方知识才能存在，只有在命令、要求和利益之外知识才能发展……相反，我们应该承认，权力制造知识……权力和知识是直接相互连带的；不相应地建构一种知识领域就不可能有权力关系，不同时预设和建构权力关系就不会有任何知识。因此，对这些'权力-知识关系'的分析不应建立在'认识主体相对于权力体系是否自由'这一问题的基础上，相反，认识主体、认识对象和认识模态应该被视为权力-知识的这些基本连带关系及其历史变化的众多效应。总之，不是认识主体的活动产生某种有助于权力或反抗权力的知识体系，相反，权力-知识，贯穿权力-知识和构成权力-知识的发展变化和矛盾斗争，决定了知识的形式及其可能的领域。"[①]这一"权力-知识"论述体系是当代文化权力理论的经典范式。首先，知识是在权力的制约中形成和发展起来的，没有脱离权力关系的抽象知识；其次，权力离不开知识，不仅权力在特定的知识背景、知识结构中形成，而且知识本身就是权力；最后，权力同知识不可分，只有在权力与知识的联系中才能把握知识的实质与作用。总之，权力-知识的关系是一个持续的相互作用过程：权力的实施需要建立在获取、占有、分配和保留知识的基础上，它利用知识来实现目的；知识的形成过程就体现着权力。

按照福柯的分析，权力的形成依赖于一套相应的知识体系，它赋予了权力行使以正当性。因此，权力制造知识，同时也通过知识对个体的行为起到控制和管理作用。从这一角度看，监狱机制也是一种权力生产的知识。对监狱外的人而言，监狱传达出一种信息：遵纪守法，否则将会受到惩罚。这一信息对于全体公民的行为起到一定的约束作用。对于监狱里的囚犯而言，监狱的制度则直接地管理他们的言行。因此，通过知识在社会中的确立、传播和运用，个体的言行有了统一的参照标准。知识逐渐引导个人习惯性地按照这一标准行事，形成自我管理。在文化领域，权力一方面通过构建起专业的知识体系，对体系

---

①〔法〕米歇尔·福柯：《规训与惩罚：监狱的诞生》，刘北成、杨远婴译，生活·读书·新知三联书店1999年版，第29-30页。

内的参与者进行规训，同时排斥体系外的非专业者；另一方面，权力通过对文化机构的空间进行巧妙设计，使得参与者对自己的言行进行约束。英国学者托尼·本尼特的《博物馆的诞生：历史、理论、政治》不但在书名上仿照福柯的名作《临床医学的诞生》，而且其主题也是以福柯的理论来分析博物馆的"展示和叙述"的权力在公共空间中实施的机制和过程。该书的研究表明，19 世纪的一些文化机构，如公共博物馆与工业博览会，这些新的展览方式体现了博物馆、图书馆之类的旧机构开始向公众开放，它们既是艺术杰作展示，也是公民教育的手段，它们既传播了文化产品，也矫正、改造着公众的行动方式。这些文化机构当然不是福柯所研究的以疏远、监禁、控制为特征的精神病院或监狱，但仍然是一种权力运行的工具。在博物馆宽敞的空间中，人群围绕着组织有序的展品有序地流动，他们专心致志甚至陶醉不已。此时此地的人群言行得体，展品完好无损。在本尼特看来，这就是福柯"全景原则"的一种形式，处在展厅中的人们可以看见他人也被他人看见，参观事件融合了"景观和监控"的功能。借助于 19 世纪后半期主要博览会而制度化的空间技术和视觉技术，博物馆不但把公众身体当作改革的对象，也筛选出与公众集会相联系的公众行为方式；它不但建构了一个文化区分空间，也建构了一套文化区分实践的场所；去博物馆不但是观看与学习，也是公民学的一门课程。展览部分实现了全面监控的观念，它把人群转换为持续受到环视、自我审视、自我调控而且一直秩序井然的观众，也即一个能自我监管的社会，而社会则逐步在一种和谐的景观中得到呈现。如果说监狱的诞生回应了将惩罚从公众视野中分离开来的要求，博物馆的诞生则提供了它的补足物，博物馆将权力（即指挥和安排物品显示的权力）的展示分离开来，以不再冒骚乱的危险，博物馆也为将群众转化成合乎秩序的、理想的、自我规范的公众提供了一种机制。博物馆和监狱展示了权力的两面性，它们都在为同一目标而努力。因此，博物馆展览复合体借助专门的再现技术或专门的"看的方式"，赋予知识与权力以壮观的形式。在这里，权力不是存在于一个阶级或一个机构（国家），而是存在于视觉、汇聚和展览相关的特殊技艺的配置中，同时也存在于关于知识的学科之中。尽管娱乐场所和大众商业娱乐可能部分地摆脱了工业展览中的"官方文化"，但仍然共享某些技术和意识形态的内容要素。它们当然不是精神病院或监狱，但并非无关。文化机构的设立赋予了特定文化以正当性，但是文化机构的空间设计对参观者身体的作用，使得他们从自身开始认同这种正当性，限制了个体自主创造文化的空间。

考虑到上述三种可能妨碍"文化可及性"的因素，在更大范围、更高程度上实现文化的可及性，当然首先要加大文化供给，逐步解决资源与设施配置不均的问题，提高优秀文化产品的可接触性，使越来越多的公众接触越来越多的文化产品，并从中形成评论、估价文化产品的意愿和能力。更重要的是，要构建真正的文化公共空间，推动文化参与性的提升。这里所说的文化空间并不是实体的物理空间，而是以人为基础形成的无形文化空间，例如节日仪式、庆典等。各种"现代酸"逐渐销蚀着传统乡村的民风民俗，而工商主导的城市生活一般缺少传统性、地方性的民间文化活动，城市居民的文化生活通常以私人化、分散化的形式为主，新的传播技术甚至使个人在家庭中就可以完成文化消费。文化产业可以满足这种方式的文化参与，但付出的代价是同质化、规模化的文化挤压、侵占了具有独特性和参与性的文化，资本、技术在文化生产中的地位日显重要。在很大程度上，个体所参与或展现的文化形式、内容、审美等不再是个人的主动选择，而是在外力作用下的被动选择，缺乏个人在文化中的真正参与和体验。因此，实现当代文化的可及性，政府与社会应大力引导公共文化空间的构建，鼓励具有凝聚性和包容性的文化活动。实际上，近年来文化产业已经与传统村落的保护、特色小镇的建设、文化园区的开发、街头艺术的复兴等结合在一起，为更大范围、更高程度上的可及性提供了一定基础。现在的问题是，在社会开始驯化资本、地方性开始挑战同质化的文化环境中，还有一个公众参与文化的资质和能力的问题。这需要我们创新文化提升和艺术教育的模式，包括提升教养、优化品位、形成标准等。

当然，所谓保证文化的"可及性"是一个相对概念。无论如何，总有一些高质量的文化产品难以进入公众的消费生活之中，也并不是每个公众的文化需要都是同样的。但是就文化产业来说，确保其产品与服务无障碍地进入公众的文化生活，至少是一个目标追求。只有这样，文化产业的社会效益才能更大可能地实现。

第二节　重建"规范性"

文化的范围广泛，作为一种生活方式，"文化"与"社会"几乎同义，广义的社会规范包括经济规范、政治规范和文化规范。狭义的文化主要指人类追求真善美的各种活动及其物化成果，其中的每一种活动及其成果，都有其特定的规范性的标准，它们分别指导相关的文化行为。因此"文化规范"是指人类的文化活动，如求真的科学认知活动、求善的道德伦理活动、求美的文学艺术活动所必须遵循的程序与规则。在汉语中，"规"的原意是画圆形的工具，后被引申为标准、法则、模范、典范和风仪，既有约束、限制之意，复有模范、理想之意。如"所以恢弘至道，示人主以规范也。"①"不以规矩，不能成方圆。"②等。《现代汉语词典》把"规范"解释为约定俗成或者明文规定的标准。③由此可见，"规范"具有限制和限定人的行为的意味，对人的思想与行为具有一定的约束力。文化规范即是基于文化价值而来的对文化生产、传播、消费的规范。

中国文化特别是儒家文化自始即是一套完整的规范系统。文武周公的"礼乐"文明，孔子的"礼-仁"学说，汉代的"三纲五常"，宋明儒学的"道"学系统，都有其明确的文化规范。孔子的"中""正""时""礼"等，都是文化评论的标准和规范。《论语》中说："《诗》三百，一言以蔽之，曰：'诗无邪。'"④"无邪"就是"正"。根据这个标准，《论语》中还说："恶紫之夺朱也，恶郑声之乱雅乐也，恶利口之覆邦家者。"⑤朱色是正色，雅乐为正乐，利口者不是正人。后世儒学把所有这些正面的概念凝聚为"道"——"文以载道"之"道"。这个"道"当然有儒学的伦理道德含义，也有统治者所附加、强加的专制意识形态含义，但它也包含着可以作为一般文化标准的含义。现代学者潘光旦从春秋至六朝期间的一些重要言论中总结出"道"的几个原则："中庸而不固执一端，正常而不邪恶，有分寸而不过度，完整而不畸零，通达而不偏蔽，切实而不夸诞。中庸而不固执一端的一个原则包罗最广，可以说是一个领袖的原则，一个总原则。凡是有合于这些原则的文，就是载道之文。"⑥无

① 萧统编，李善注：《文选》下，岳麓书社 2002 年版，第 1396 页。

② 杨伯峻、杨逢彬导读注释：《孟子》，岳麓书社 2019 年版，第 137 页。

③ 中国社会科学院语言研究所词典编辑室编：《现代汉语词典》，商务印书馆 2012 年版，第 489 页。

④ 杨伯峻、杨逢彬注释，杨柳岸导读：《论语》，岳麓书社 2018 年版，第 17 页。

⑤ 杨伯峻、杨逢彬注释，杨柳岸导读：《论语》，岳麓书社 2018 年版，第 221 页。

⑥ 潘光旦：《说"文以载道"》，见潘乃穆、潘乃和编：《潘光旦文集》第 5 卷，北京大学出版社 1997 年版，第 239-240 页。

论如何理解"中庸"的具体含义，也无论如何评价以"中庸"为原则规范文化的后果，古中国有一个相对确定的、几为共识的文化规范和标准，这一点是肯定的。但19世纪中叶，中国被动地卷入全球竞争，在遭遇西方世界的一系列失败中，迅速放弃自己的文化自信而拥抱西方文化。从晚清"学战"到五四论争，学术思想界在寻求根本性突变的过程中，日益明确地建构起传统中国/近代西方的对比模式，越来越多的言论要求文化为中国的积弱和衰败负责。陈独秀指出："自西洋文明输入吾国，最初促吾人之觉悟者为学术，相形见绌，举国所知矣；其次为政治，年来政象所证明已有不克守缺抱残之势。继今以往，国人所怀疑莫决者，当为伦理问题。此而不能觉悟，则前之所谓觉悟者，非彻底之觉悟，盖犹在惝恍迷离之境。吾敢断言曰：伦理的觉悟，为吾人最后觉悟之最后觉悟。"[1]所谓"伦理的觉悟"，就是"文化觉悟"，所谓"觉悟"就是对中国传统价值的怀疑和反思。新文化运动的代表人物陈独秀、胡适、鲁迅，在思想气质及文化倾向上有很大差异，但在如何对待传统文化上，却有一个共同的态度：仅仅模仿西方的技术和政治制度是不够的，现代中国的政治、社会、经济变革的前提是思想观念文化革命，而这种革命首先需要全盘摒弃中国的过去。反传统之所以必要，在于当时的中国文化已无法应对现代挑战。对于这种文化失范，近代以来的学术思想界多有分析和研究。择其要，约有四说。

一是"文化失败"。在现代文化思想中，无论是接续儒家传统的梁漱溟等人，还是批判儒家传统的陈独秀等人，都指出中国传统文化在遭遇现代西方挑战时的失败。对中西哲学思想有深入研究的贺麟，就明确指出："中国近百年来的危机，根本上是一个文化的危机……中国近代政治军事上的国耻，也许可以说是起于鸦片战争，中国学术文化上的国耻，却早在鸦片战争之前。儒家思想之正式被中国青年们猛烈地反对，虽说是起于新文化运动，但儒家思想的消沉、僵化、无生气，失掉孔孟的真精神和应付新文化需要的无能，却早腐蚀在五四运动以前。"[2]不是新文化运动造成或加剧了中国文化的危机，而是新文化运动勇敢地面对这一危机并努力加以解决。

---

① 陈独秀：《吾人最后之觉悟》，见任建树、张统模、吴信忠编：《陈独秀著作选》第一卷，上海人民出版社1993年版，第179页。

② 贺麟：《儒家思想的新开展》，见贺麟：《文化与人生》，商务印书馆2017年版，第5页。

二是"花果飘零"说。秉持儒家信念的哲学家唐君毅，根据当时中国的现状及华人在海外的处境（如失去其原有之社会风习、文化语言，纷纷改变国籍等），断定当时的中国已丧失文化主体性、中国人已否定自我价值根源性。"……中国社会政治、中国文化与中国人之人心，已失去一凝摄自固的力量，如一园中大树之崩倒，而花果飘零，遂随风吹散；只有在他人园林之下，托荫避日，以求苟全；或墙角之旁，沾泥分润，冀得滋生。"当时的中国人在文化上已处于"奴隶"状态："一个人如不自信自守其思想与人格之有价值之处，而必待他人之认识与批准其有价值然后能自信自守其思想与人格之有价值之处，此即为奴隶的人。一民族之学术教育文化，必待他人之认识与批准其有价值之处，然后能自信自守其有价值之处，即一奴隶的民族。此理应无可疑。而据此理以看我们当前所遭遇之种种事实，则不能不中华民族为奴之征象具在，虽百口亦不能为之辩。"[1]在这种情形下，中国文化的命运，取决于我们能否肯定儒家价值观念有超越于现代西方的普遍意义，能否守先待后，灵根自植，保存中国文化中有价值的东西。

三是"游魂"说。近几十年来在研究阐释中国文化方面有很大影响的余英时认为："儒学不只是一种单纯的哲学或宗教，而是一套全面安排人间秩序的思想体系，从一个人自生至死的整个历程，到家、国、天下的构成，都在儒学的范围之内。在两千多年中，通过政治、社会、经济、教育种种制度的建立，儒学已一步步进入百姓的日常生活的每一角落。"传统儒学没有自己的制度或组织，而是以一切社会制度为托身之所。余英时指出，在近代，中国传统社会一步一步解体，儒学与现实社会之间的联系便也完全断绝了，如此则儒学已成为"游魂"，它实际上也无法通过各种制度而具体地规范社会生活。当然，"由于儒家在中国有两千多年的历史，凭藉深厚，取精用宏，它的游魂在短期内是不会散尽的"[2]。

四是"取向危机"说。张灏认为，所谓文化取向的危机，是指文化思想危机深化到某一程度以后，构成文化思想核心的宇宙观与价值观随之动摇，因此人的基本文化取向是感到失落与迷乱。中国文化取向的危机始于1895年，在五

---

[1] 唐君毅：《说中华民族之花果飘零》，三民书局2004年版，第2、34页。

[2] 余英时：《现代儒学论》，上海人民出版社1998年版，第230、243页。

四时期达到高潮。其内涵一是价值取向的危机,儒家的价值包括以礼为基础的规范伦理与以仁为基础的德性伦理,前者的核心是"三纲"论,后者的核心是《大学》中的三纲领、八条目,它们都受到西方文化的震荡、挑战和谭嗣同、梁启超等人的揭露和批判,前者基本解体,后者也已解纽。二是精神取向危机。当传统的宇宙观与价值观受到严重挑战后,一些在传统已有所安顿的生命意义成为问题,由此产生普遍性的困惑和焦虑。三是文化认同危机,即面对一个新的世界时,我们需要一个新的世界观重新为自己定位。[①]

不同的理解基于不同的观点与方法,但上述四说都指出传统的文化价值观与规范已经解体,当时的中国文化需要在西方挑战面前重建价值与规范。至少从"五四"时代开始,中国先进的文化人已自觉抛弃了传统的价值规范,"中庸"等基本上被视为"奴隶道德""专制伦理"而被批判和否定。弃旧迎新的文化改造是个长期的过程,因此文化危机、意义晦暗的问题在当时非常迫切。鲁迅是勇敢的战士,但也深深体会到生命的绝望:"有时,仿佛看见那生路就像一条灰白的长蛇,自己蜿蜒地向我奔来,我等着,等着,看看临近,但忽然便消失在黑暗里了。"[②]周作人不是感伤主义者,但也有充满沉忧隐痛的诗作:"我的梦太多了。/外面敲门的声音,/恰将我从梦中叫醒了。/你这冷酷的声音,/叫我去黑夜里游行吗?/阿,曙光在那里呢?/我的力真太小了,/我怕要在黑夜里发狂了呢!"[③]

在走向现代的文化背景下,中国文化界在解决规范危机方面做了多种努力,引进和消化西方文化/道德,发掘和转化中国传统资源,融会中西探索新中国的文化价值等。只是现代中国并不是从容建设的时代。单纯就文化而言,长期的战争与动乱、频繁的革命与运动等,都使文化建设不能成为时代主题。从20世纪末开始,我们终于进入相对富裕的时代,这在中华民族的历史上是第一次,理所当然地激活了文化复兴的热流。经济上的崛起,固然为中国文化转型、文化选择的自主地位提供了物质基础和精神自信。但中国还处于崛起的初级阶

[①] 张灏:《中国近代思想史的转型时代》,见张灏:《幽暗意识与民主传统》,新星出版社 2006 年版,第 140-146 页。

[②] 鲁迅:《伤逝》,见鲁迅:《鲁迅全集》第二卷,人民文学出版社 2005 年版,第 132 页。

[③] 周作人:《梦想者的悲哀》,见周作人:《过去的生命》,岳麓书社 1987 年版,第 25 页。

段，中国文化的强大生机还有待焕发。

中国文化的复兴逻辑地包含文化价值与规范的重建。这一过程既不是五四以来对传统的"一破再破"，也不是另一极的儒学"再中心化"，而是"文化自觉"。这一概念由费孝通率先提出，但我们这里所说的"文化自觉"，有三个含义。

首先是"文化"自觉，即文化相对经济、政治的自主性。尽管文化有政治内涵和政治效益，但文化不是政治的工具或载体；尽管文化可以成为商品并具有交换价值，但文化不是经济的工具或载体。如果我们把文化和政治、经济等并列起来，我们要强调的一点是文化也有它相对独立的领域。在实际人生中，政治、经济、文化等当然是互相联系、浑然一体的。但分析起来，这几个主要的生活领域又各有相对独立的内在属性和运作规范，追求真善美，就是文化的特殊性格和理想目标。我们不能用经济效益、政治标准来取代文化价值。说"相对独立"而不说"绝对独立"，这是因为各领域互相牵涉、相互影响。坚持文化的相对独立性，不但是维护文化尊严、实现真善美的前提，也是以文化价值为基础发挥文化各种效益的前提。

其次是"中国"文化的自觉。全球化一方面使不同国家和地区的人越来越多地分享一些基本的信念、价值、经济-贸易发展带来的好处、通信-交通带来的便利，另一方面也深刻地唤醒了非西方文明的国家民族观念，唤醒了非西方世界对于自己的文化、权力和利益的自觉。在反对西方的权力优势、维护和争取平等权利的争斗中，文化实际上成为凝聚国家、捍卫国家利益的一个领域。"文化自觉"涉及历史与现实、理论与实践等各个方面，最关键的是在认知方式上，"文化自觉"需要借助空间向度，认识中国文化与其他文化的差异。费孝通指出："文化自觉是一个艰巨的过程，只有在认识自己的文化、理解所接触到的多种文化的基础上，才有条件在这个正在形成中的多元文化的世界里确立自己的位置，然后经过自主的适应，和其他文化一起，取长补短，共同建立一个有共同认可的基本秩序和一套各种文化都能和平共处、各抒所长、联手发展的共处守则。"[①]中国文化利益的核心包括民族文化共同体的建构、文化创造

---

① 费孝通：《反思·对话·文化自觉》，见费孝通：《费孝通论文化与文化自觉》，群言出版社 2007 年版，第 190 页。

力的培育、文化软实力的辐射等等，这理所当然地也是中国文化自主性的基础。中国文化的自主性并不是本质性的已然存在，而是在全球化的压力和动力面前现代中国的自我表达和自我叙述、现代中国人的生活方式和价值理想，它存在于我们的创造之中。

最后是文化的"现代"的自觉。费孝通所说的："文化自觉只是指生活在一定文化中的人对其文化有'自知之明'，明白它的来历，形成过程，所具的特色和它发展的趋向，不带任何'文化回归'的意思。不是要'复旧'，同时也不主张'全盘西化'或'全盘他化'。自知之明是为了加强对文化转型的自主能力，取得决定适应新环境、新时代时文化选择的自主地位。"[①]这个观点对文化产业发展极其重要。中国文化是伟大的，但传统的文化也有许多局限和积弊。20世纪初的新文化运动已经作了不少揭发，其中尤以鲁迅的"吃人"为代表。我们今天的"现代"文化自觉，需要进行双重的批判。既要继承五四以来对中国文化传统的重新评价，以西方现代性，特别是启蒙计划中的具有人类共同性的价值批判中国专制政治及其文化，也要以传统为借鉴，批判西方现代的"工具理性"及其破坏性后果。通过双重批判，我们才能一方面摆脱文化虚无主义、破坏主义，依托中外文化的丰富资源，有标准、有理想地进行文化批判，另一方面使中国文化发展方向日益明晰，踏上融合中西的康庄大道，真正克服严复一个世纪前就指出的"不为无理偏执之顽固，则为逢迎变化之随波"的两种偏执。[②]同时，需要强调"创造性转化"的必要性。发掘地方遗产、弘扬传统文化，不是把曾经有过的东西重新拿出来，更不是原封不动地使用传统资源，而是要根据中国的现实需要重新解释、古为今用。所谓创造化转化，林毓生的看法是："使用多元的思想模式将一些（而非全部）中国传统中的符号、思想、价值与行为模式加以重组与/或改造（有的重组以后需要加以改造、有的只需重组、有的不需重组而需彻底改造），使经过重组与/或改造的符号、思想、价值与行为模式变成有利于变革的资源。同时在变革中得以继续保持文化的认同。（这里的说的'重组与/或改造'当然是指传统中有东西可以重组与/或改造，值

① 费孝通：《反思·对话·文化自觉》，见费孝通：《费孝通论文化与文化自觉》，群言出版社2007年版，第190页。

② 严复：《与熊纯如书》，见王栻：《严复集》第三册，中华书局1986年版，第645页。

得重组与/或改造。这种'重组与/或改造'，可以受外来文化的影响，但却不是硬把外来的东西搬过来。）"①"重组与/或改造"是创造性转化的基本要求。

以文化自觉为基础，重建文化价值规范有四个来源。

其一，基于历史与传统的内在规范。文化是累积起来的人类创造，每一代人都承接了自己的传统又在这个传统中加进自己的创造。费孝通指出："每一个时刻，每一个个人都享受着前人所积累的遗产，也在为后来者创造生存和发展的资料。人是依靠世世代代积累下来的文化生活的，文化本身离不开历代个人的创造。这些创造也就使子子孙孙能绵延不绝，使人继续存在而且不断发展。"②人以及由人所构成的社会都是可见的实体，使得这种群体生活得以持续进行的一个必备条件，是有一种看不见的力量——文化，它驱动着个人不断向其接近靠拢，使大家近乎一致，这也就是传统规范的力量。孔子之所以成为中国文化的代表，我们现在之所以仍在读孔子，就是因为孔子的教导迄今仍在规范着我们的思想与行为。一些传统的文化观念，如"尽善尽美""和而不同""文以载道""发乎情，止乎礼义"等，完全可以一种转化了的形式成为当代文化生活的指导原则。日益现代起来的中国文化，当然不宜简单地赓续传统，竞争、创新是中国文化走向全球的基本功。但是，一些传统的规范仍然应当坚持。比如传统儒家义利之辨中的"义以为上"③"见利思义"④"何必曰利"⑤等。"利"主要指个人私欲，所以义与利的关系，就是道德义务与个人利益的关系。儒家一贯认为，君子应该把"义"放在第一位，而个人利益则是第二位的。从"义以为上"出发，孔子进而提出"君子义以为质"⑥"君子喻于义"⑦等。发展文化产业，意味着以文化实现利润，故我们不能简单地重复"何必曰利"，但儒家义利观中所蕴含的逐利不能妨碍道德等观念，却是我

① 林毓生：《什么是"创造性转化"？》，见林毓生：《政治秩序与多元社会——社会思想论丛》，联经出版事业公司 1989 年版，第 388 页。

② 费孝通：《我的第二次学术生命》，见费孝通：《费孝通论文化与文化自觉》，群言出版社 2007 年版，第 134 页。

③ 杨伯峻、杨逢彬注释，杨柳岸导读：《论语》，岳麓书社 2018 年版，第 223 页。

④ 杨伯峻、杨逢彬注释，杨柳岸导读：《论语》，岳麓书社 2018 年版，第 177 页。

⑤ 杨伯峻、杨逢彬导读注释：《孟子》，岳麓书社 2019 年版，第 3 页。

⑥ 杨伯峻、杨逢彬注释，杨柳岸导读：《论语》，岳麓书社 2018 年版，第 198 页。

⑦ 杨伯峻、杨逢彬注释，杨柳岸导读：《论语》，岳麓书社 2018 年版，第 50 页。

们应当继承的。实际上，在重建文化价值规范的过程中，传统文化的一些基本原则仍然是我们主要的资源。

其二，基于政策与法律的外在规范。在伦理学上，如果一种道德要求或者命令是由道德行为者自身提出来的，是出自道德行为者自身的理性或情感，这种规范性就是内在规范性。如果一种道德要求或者命令是由道德行为者之外的主体提出来的，这种规范性就是外在的。有关文化的价值规范也是如此。古今中外，不同的国家都有其显性的和隐性的文化规范。当代中国坚持马克思主义在意识形态领域的指导地位，党的文化方针政策、文化主管部门发布的各种规章政策中与文化相关的条文等，都是不同形式的外在规范。"法律是一种我们应该遵守的规则，即使它并不能给我们增加幸福感。""其他规则来自于我们进入的机构以及我们所承担的社会角色。"①自觉地遵守这些规范，是实现文化产业社会效益的必要条件。对于文化从业者（企业与个体）来说，重要的是把这些规范由外在的、权威的转化为内在的、自觉的。进而还要把这些规范与其他的规范融合起来，逐步形成相对稳定的价值与规范。

其三，基于社会责任的企业自身规范。企业的运作不可能脱离社会，特别是当企业发展到一定程度，积累了一定的资产，拥有了一定的财富时。企业是在消耗了社会资源后才得以发展的，这些资源包括在财富积累过程中消耗的各种人力资源、能源、自然资源，也包括政府、社会提供的各类服务等。正如同一棵生长在自然中的树苗，离开土地、阳光、雨露、空气，是不会绿叶参天的，企业盈利，其实是依靠了他人，利用了社会资源的结果。这个自然界的因果关系法则可以引申为企业在社会中的生存法则。回报社会不仅是企业的责任和义务，同样也是企业不断发展的生存之道。提到社会责任，众多企业所理解的是"在把企业做强做大、争取经济利益的最大化的同时，企业主遵纪守法、善待员工、保护环境、节约资源……"之类。这当然不错，尤其是在激烈残酷的竞争环境中，企业能做到这些已实属不易，但当代中国已经有许多企业历尽创业之艰后逐步壮大，具备了承担相应的社会伦理责任的能力。这种社会伦理责任并不是强制的，甚至也不会有企业因为没有承担这一责任而受千夫所指，而是企

---

① 〔美〕劳拉·P. 哈特曼、〔美〕乔·德斯贾丁斯、苏勇等：《企业伦理学》，机械工业出版社 2011 年版，第45页。

业内在的需要。从企业的发展过程来看，早期的企业确实视盈利为目的，盈利是投资者、经营者的追求。这就是经济学所谓的"经济人假设"——人的行为动机就是满足自己的私利，工作就是为了得到经济上的报酬，从事一切市场经济行为都是为了实现自我利益的最大化。但很显然，当一方在谋求自身利益的最大化时，作为对手的另一方同样也在为相同的目的努力，这就使得双方都必须考虑到对方的利益。解决这种"利己"与"利他"的矛盾，唯一的出路就是构建公正的社会制度与良好的市场环境，而这种"善"的制度与环境并不是人为主观臆造的，而是经过无数经营者的自由意志和利己动机在市场上的相互冲突、碰撞，经过无数次博弈后逐渐形成的一种社会契约，或者说社会文化规范，在这些契约中包含了业内共同认可接受、广泛适用并且有一定约束力的有效通则，譬如等价交换、公平竞争、有效监督等。建立在社会契约基础上的市场体系或者社会秩序，保证了权利和义务的对称，保证了个人意志与公共一致的动态平衡，兼顾了个人利益和他人利益。这样的社会契约只有当每个人都把保障自己利益和自由的部分权利转让出来，形成统一的公共权利的一部分的时候，才能确保实施，也就是社会契约最终会上升到国家法律的高度，由国家强制力保障实施和监督，任何个人意志都不得凌驾于其上或享有特殊权利。所以，创建良好的社会制度和建立与维护一个公正的市场秩序，是获得社会公正的首要问题，既能把每个人的自由权利限制在合法范围之内，又能制约公共权力以防其被滥用。制定一整套公平、公正、透明的市场规则，创建有序的市场竞争机制，从而促进企业和社会的"和谐共生"。

其四，基于自觉与期望的从业者多元化规范。文化产业的基础是企业、是市场。市场经济具有强大的生命力，在促进资源有效配置、提高资源使用效率上的作用巨大，但在面对社会公平以及提供公共产品时，市场有时表现偏至，缺少公正的一面。这就需要经济学家所说的"凸性组合"——政府干预和市场调节。但政府干预有时可能存在决策失误、效率低下的情况等，理想的状况是以政府干预之长弥补市场调节之短，以市场调节之长克服政府干预之短。但既然市场与政府都有失灵的情况，那么我们就还需要社会的力量、个体的力量参与文化产业。文化产业社会效益的发挥，离不开投资者、经营者、生产者这些千千万万的"个人"。"人类有做出自由而合理选择的能力，这是人类很显著的特点。人类不只是凭直觉和条件来行动，他们会对关于如何生活做出自由的选择，他们有自己的目标。"①规范之所以是规范，在于它以某种方式成为理由，或者提供了理由，或者在其他方面与理由相关。比如，规则、权威或道德的规范性就在于这些事实：规则构成了特定的理由，合法权威所发布的指示构成了理由，道德考虑构成了有效的理由。因此，最终对规范性的说明也就是对构成了理由的事物的说明，以及对关于理由的一些困惑的说明。②通俗来说，就是"我之所以这么做是因为……"，这是人发自内心的动机，即"自觉"使然。我们所说的基于历史与传统的内在规范、基于权力与法理的外在规范、基于社会责任的企业自身规范，最终都要落实到文化从业者的规范。在正常情况下，我们可以相信，文化从业者（企业家与创作者）都有自己的文化理想和标准，他们有自觉行为与理想追求，是文化价值规范的承载者。

第三节 缓和"对立性"

文化是意义的领域，也是不同主体争夺意义的领域。当代文化研究的一个重要观点，就是认为文化是政治和意识形态斗争的场所。它所蕴含的社会政治内容不是单一的、完整的，而是多元矛盾的、相互冲突的。苏联文学理论家巴赫金认为："符号中反映的存在，不是简单的反映，而是符号的折射。意识形态符号中的对存在的这种折射是由什么决定的呢？它是由一个符号集体内不同倾向的社会意见的争论所决定的，也就是阶级斗争。阶级并不是一个符号集合体，即一个使用同一意识形态交际符号的集体。例如，不同阶级却使用同样的语言。因此在每一种意识形态符号中都交织着不同倾向的重音符号。符号是阶级斗争的舞台。意识形态符号的这种社会的多重音性是符号中非常重要的因素，其实正是由于重音符号的这种交织，符号才是活生生的、运动的，才能发展。一个符号被排除出紧张的阶级斗争，仿佛站在阶级斗争的一旁，就必然会衰微，

---

① 〔美〕劳拉·P. 哈特曼、〔美〕乔·德斯贾丁斯、苏勇等：《企业伦理学》，机械工业出版社 2011年版，第 48 页。

② 参见〔英〕约瑟夫·拉兹：《对规范性的说明：论合理性以及对理性的辩护》，见徐向东编：《实践理性》，浙江大学出版社 2011年版，第 442 页。

退化成一种寓意，成为语文学概念的客体，而不是活生生的社会意义的符号。……统治阶级总是力图赋予意识形态符号超阶级的永恒特征，扑灭它内部正在进行着的社会评价的斗争，使它成为单一的重音符号。"[①]当代文化理论一般都认为，文化产品并非产生于一个权力和意识形态的真空中，而是由一个社会体系的经济和政治结构产生的物质条件所形成并复制着这一物质条件，它通过明确表达一个自身内部连贯的意义和它所描绘的世界来帮助再现这一物质条件，建立、维护和改变权力关系及权力关系实体，成为权力与等级制度的再生产机制。巴赫金主要从马克思主义的阶级观点来分析文化领域的意义争夺战。在社会发展、经济增长、政治转型不平衡的当代，文化也深刻地打上了不同的社会结构、经济水平、政治体系的烙印，它们转而影响文化评价的视角、观点和标准。为了实现社会效益的最大化并构建客观的评价机制，必须破除文化领域的一些对立与鸿沟。

首先是民族文化。不同的民族有不同的文化，而文化产业又与政治、经济利益直接相关。从理论上说，不同民族的文化都有其不可取代的价值，都有面向全球市场的权利和条件，全球文化互动的内在动力正在于不同文化在形式与意义上的互补，但就现实来看，在全球政治经济与文化的不平等秩序下，具有"全球意义"的文化却不是全球各种文化的抽象和平均，而是经济技术发达的西方国家通过一些支配程序而展开的全球作业。在"文化领导权"的驱使之下，西方国家的文化产业以一种诱导的姿态来迫使民族文化对其认同，同时排斥民族文化对自身的认同，从而形成了一种"话语霸权"。发展中国家也因此而抵抗，甚至拒绝外来文化。民族文化植根于民族生活实践，但并非没有普遍意义，各文化之间并非互相对立、不可对话。张灏以中国文化为例指出："从行为规则去看，各个文化是很有不同之处。但若从行为规则背后所依据的基本道德原则去看，则至少高等文化之间，甚多精神相通之处。举一个很浅显的例子，儒家的五常：仁、义、礼、智、信，放在世界任何一个其他高等文化传统里，都是会受到认可的。"[②]一些传统文化之所以在现代化、全球化时代遭到破坏

①〔苏〕B. H. 沃洛希诺夫：《马克思主义与语言哲学》，见钱中文编：《周边集》，李辉凡、张捷、张杰等译，河北教育出版社 1998 年版，第 365 页。

② 张灏：《传统与现代化》，见张灏：《张灏自选集》，上海教育出版社 2002 年版，第 324 页。

乃至中断，部分原因是它不能提供与现代世界相应的价值资源与消费满足；西方文化之所以在几个世纪内所向无敌，不只是因为它与"坚船利炮"相伴而行，也因为它率先完成了现代突破，更鲜明地体现着具有共同意义的现代价值。文化既有历史的传承性也有时代的应变性，全球化浪潮的涌动，不只是因为经济扩张的需要和技术手段的可能，更不只是由于美国及少数西方大国操纵世界的野心，而是人类社会发展的内在要求。具体地说，一是人类遭遇共同的困境，面临共同的问题，二是人类逐步形成了共同的价值观，民族国家之间、区域之间、人与人之间在文化问题上有了更多的共识。差异和冲突至今仍然存在，但越来越可以理解，并可以在理解和对话中相互学习。因此，任何无视数百年来各民族文化交往、相互影响的历史，以本土化为由，实行文化专制主义，限制公民文化需求的做法，任何能以多样性为据实行文化孤立主义，抱残守缺，反对文化交往和沟通的做法，任何为了维护少数极权者的利益而抵制文化开放、文化民主的做法，都不但曲解了本土化，实际上也耽误了民族国家的发展和进步。毕生阐释中国文化的梁漱溟早就注意到："东方各国，凡能领受接纳西方化而又能运用的，方能使他的民族、国家站得住；凡来不及领受接纳西方化的即被西方化的强力所占领。"[1]就文化自身来看，种种要求返回并发掘"未受任何外来影响的""以本土话语阐述的""原汁原味"的本土文化的论说，也是一种幻觉。因为它假定文化有一个永恒不变的源头，此后的发展都由此派生。但文化史并非如此，文化是一种永恒变化更新着的创造，只要我们所说的不是"已成的"不会再变的文化"遗迹"，如青铜器，古建筑之类，而是世世代代由不同人们的创造累积而成的不断发展的本土文化，那它就必然蕴含着不同时代受着各个层面的外来影响的人们对各种文化现象的选择、保存和创造性诠释，这样的本土化，既包含着可以转化的永恒价值，也赋予共同价值以民族的、区域的、个性的形式。全球化和本土化相互作用的一个直接结果就是"全球本土化"（glocalization）现象的出现：全球化不可全然取代本土化，本土化也不可能阻挡住全球化的浪潮。这二者之间始终存在着某种可伸缩和谈判的张力：有时全球化占据主导地位，有时本土化占据主导地位，全球化时代的多样性只能是全球化和本土化相互妥协的产物。钱锺书在其持续数十年的学术研究中，从

---

[1] 梁漱溟：《东西方文化及其哲学》，商务印书馆 2000 年版，第 12 页。

不主张过分强调文化的独特性和东西方文化间的差异，而是在跨越中西壁垒与学科界限的阐释实践中实现跨文化对话。他的基本观点是"东海西海，心理攸同"。"心同理同，正缘物同理同……思辨之当然（Laws of thought），出于事物之必然（Laws of things），物格知至，斯所以百虑一致、殊途同归耳……心之同然，本乎理之当然，而理之当然，本乎物之必然，亦即合乎物之本然也。"①中西文化有相同之"义理"，因此可以相互理解、共同生存。不同语言文化之间当然有各种差异，但这并不意味着在差异之外，人类各民族就没有任何共同之处，没有相互沟通和理解的可能。相信东西方文化"心理攸同"，也并不等于忽视文化之间必然存在的差异，而只是反对把文化截然对立，把文化差异夸大到极端，尤其反对像黑格尔那样，在把东西方文化截然对立的同时，为欧洲中心主义偏见提供理论的依据。这一观点，也是我们处理不同民族文化间性的原则。

其次，在马克思主义传统中，"阶级"是区分文化的最重要的依据。马克思、恩格斯在提出并阐释意识形态时，主要就是阶级斗争的视角。列宁进而明确提出"两种文化"论。其说以为，在阶级社会里，不存在超阶级的"统一的民族文化"，每一个民族中都存在着两种不同的文化。"每个民族文化，都有一些民主主义的和社会主义的即使是不发达的文化成分，因为每个民族都有被剥削劳动群众，他们的生活条件必然会产生民主主义的和社会主义的意识形态。但是每个民族也都有资产阶级的文化（大多数还是黑帮的和教权派的），而且这不仅表现为一些'成分'，而表现为占统治地位的文化。因此，笼统说的'民族文化'就是地主、神父、资产阶级的文化。"②列宁认为，在两种民族文化互相对立、斗争的时代，"大谈"超阶级的"民族文化"这个"空话"，就是反对揭露和阐明阶级鸿沟，把阶级鸿沟掩盖起来。列宁的"两种文化"论并不意味着处于同一民族里的不同阶级的文化，没有相同的民族特点。以"阶级"论文化，则不同阶级的文化，就是表达、维护其阶级的利益和意志的工具，马克思称为"意识形态"。20 世纪文化理论极大地发挥了"意识形态"的批判功

---

① 钱锺书：《管锥编》第一册，中华书局 1979 年版，第 50 页。

② 〔俄〕列宁：《关于民族问题的批评意见》，见中共中央马克思恩格斯列宁斯大林著作编译局编：《列宁选集》第二卷，人民出版社 1995 年版，第 336 页。

能并将之理解为意义和价值借以生成的一种社会-政治维度,但这一概念在文化研究实践中发生了很大调整和变化。一个重要趋势是,使用这一概念的学者们都认识到,将意识形态简化为阶级利益,似乎社会生活中唯一重要的就是阶级统治或经济剥削,这就遗漏了诸如性别、种族和其他意识形态控制形式。但实际上,性别和种族等领域的压迫在当代社会中也是相当重要的,尽管它们确实是与阶级和经济的压迫内在地交织在一起。因此,意识形态的概念应当扩展,使之能够涵盖那些使得占统治地位的性别和种族得以合法化的理论、观念、文本和再现等。这就是说,文化研究中的意识形态批判,不但包括对资产阶级、资本主义的意识形态进行批判,还涉及,甚至更多地关系到对男性至上主义、鄙视同性恋者的异性恋主义、西方中心主义和种族主义的批判。在此意识形态内涵扩展的过程中,文化作为一种特殊的意识形态,同时吸收了多种多样的话语、理论、叙述策略、图像结构和效果,这些东西很少整合成一种单纯而连贯的意识形态立场,其间充满对抗、分歧和斗争。所以,文化研究中的意识形态批判,既要充分关注文本内部的矛盾、有争议性的边缘性因素以及内在的缄默,又不能把文本仅仅视为意识形态,也有其认知的、乌托邦的契机。

民族、阶级之外的多种形式的"身份文化"或曰"认同的文化"。身份或认同,也即"我是谁"的问题,有一个长长的历史。从语源上说,认同包括两组且潜在地相互对立的含义:它标示着对单个个体或群体而言独一无二的东西;它也界定了对于一个群体和组成该群体的个人而言具有的共同性的东西,它意味着这些人所共享的共同性。在当代社会,认同三重性(社会性别、种族和阶级)也正是三种政治议题。越来越多的经验表明,在我们生活的这个时代,个人认同的寻找及个人命运定向的私人体验行为,都可以转化为一种主要的颠覆性政治力量。越来越多的理论认为:当前的一切斗争,都围绕着一个问题,即我们是谁?诸如谁说话?谁有权对文化发表意见?谁的声音被边缘化了?谁的(哪种形式的)愉悦得到支持?谁的(哪种形式的)愉悦被认为是毫无意义的、腐朽的甚至危险的?等,这些都被认为具有确定的政治含义。20世纪60年代的西方社会的"学生运动"已经对不同领域和层次的统治权力——性别、种族、大学的等级结构、殖民统治、美国在越南的帝国主义、工作异化和日常生活中的压制性组织等等提出挑战,到20世纪70年代,此一"运动"很快分裂为包括女权主义、黑人解放、男女同性恋、和平与环境组织等"新社会运动",各种社会主体均有其自身利益并自觉地为其利益而战。20世纪80年代以来，"新社会运动"已远离一般社会、政治、经济问题而转向关注文化和个人身份的斗争，各种边缘化的群体都以之来言说他们立场的特殊性，并强调他们与其他团体及个人的差异，"认同的政治"越来越接近政治主题。"针对文化的全球化，人们竭力抗争，以保护和提升民族的认同性；针对那些被迫接受的现代国家的认同性（常常是帝国主义的产物），个人和群体就从宗教、族群和地域等方面来构建认同性，以反对以往的国民认同性；针对所有的集体认同性，其他的个体就试图打造其自身的认同性。"①认同政治的重要形式是性别政治（gender politics）。在女性主义看来，性别、主体性等都是在社会历史中形成的，有关身份的本质主义是一种神话。现代性假设了一种作为人类构成要素的普遍本质，并将在社会历史和文化传统中形成的男性特征和活动（理性、生产、权力意志等）推崇为人类的本质，男性成为典范，而女性则成为附属。尤其是大写的"人"（man）字直接掩盖了男女之别，支持了男性对女性的统治。女性主义要追问："妇女"是如何在不同的对话过程中被建构为一个范畴的？性别差异如何在社会关系中造成了特定的差别？依附关系如何通过这样一种差别被建构起来？它的目标是通过斗争，反抗那些使"妇女"范畴在其中被置于依附地位的多种多样的形式，创造有效的妇女平等条件。为此，女性写作尝试使用新的词语、新的拼写、新的语法结构、新的意象和比喻，以及一些"文字游戏"（word play），旨在超越父权语言的成规，揭示被传统经验研究掩盖了的性别问题，关注传统经验证明中女性"经验的缺失"。但是，"认同/身份文化"也存在着过分强调差异性、对立性、忽略共同性、互补性的问题，在严重的情况下，它一方面无视个体尊严、侵犯个人权利，另一方面又撕裂社会、瓦解共同体，成为社会内部和全球社会中日益强化的冲突之源。

最后，对于分析社会效益来说更为重要的区分，是围绕着"高雅文化"与"通俗（大众）文化"进行的区分。在传统的认识中，似乎"高雅文化"（通常又与"民族古典文化"等同）的社会效益都是好的，而"通俗（大众）文化"则是需要加以关注的"问题文化"，所谓"高雅文化"是与技术、商业、工业

---

① 〔美〕道格拉斯·凯尔纳：《媒体文化：介于现代与后现代之间的文化研究、认同性与政治》，丁宁译，商务印书馆2004年版，第438-439页。

和获利性相对立的文化，它不但是"伟大传统""经典作品"，同时也是一种文化等级制，是权力的一种形式。对于 20 世纪 60 年代的激进学生来说，"高雅文化者也，不就是经过整理的对先前犯上作乱事件的记录：成功的创新者的历史，站住了脚，经久不衰，终于进入圣殿的丑闻集吗"[①]？在雅各布·布克哈特所向往的古希腊和文艺复兴时期的意大利，艺术之外的世界是否是一片光明繁荣？当代法国社会学家埃德加·莫兰对此有所质疑："在大众文化之前存在的是什么？荷尔德林、诺瓦利斯（Novalis）、兰波在他们生前受到过承认吗？难道资产阶级的故步自封、傲慢的中庸状态过去没有统治过文学和艺术吗？在大型报刊的经纪人、电影的制片人、电台的行政官僚之前难道没有院士们、资历深厚的知名人士、高贵的文学沙龙等主宰文化？往昔的'高等文化'厌恶对观念和形式进行革命性改造的东西。那时创造者殚精竭力地创作但不期求人们接受他们的作品。在产业文化之前也不曾有过文化的黄金时代。"[②]莫兰认为古典时代并非什么文化盛世，人类历史上根本就没有什么黄金时代。文化产业并不是文化的黄金时代，但它确实极大提高了文化生产力，造成了文化产品和服务的极大丰富。因此，以传统文化来批判文化产业，固然有其内在的合理性，却并不公正。

我们需要看到的是，大众文化或商业文化或文化产业，也有严肃的生产者。美国也是全球最知名的恐怖小说作家斯蒂芬·金，一生最爱是"恐怖"，还在中学阶段，就开始写恐怖小说。1974 年出版的《魔女嘉莉》，仅平装本版权就卖了 40 万美元，其中一半为他个人所得。此书一鸣惊人，此书开创了"社会恐怖小说"这一文化类型，斯蒂芬·金成为美国最重要的畅销书作家之一。到 1982 年，他已写出十本畅销书，1985 年之后，年富力强的斯蒂芬·金曾在 15 个月内连续出版四部新作，其中《它》达 1138 页，且照样售出百万余册。1988 年，他有四部小说同时登上畅销书排行榜。与此同时，几乎每一本小说都被搬上银幕。有人统计，1990 年秋，斯蒂芬·金同时有一部小说在电视上播出，两部小说在电影院放映，另一部正在拍摄中。这是文化产业系统中"小说还在写，电

---

① 〔美〕莫里斯·迪克斯坦：《伊甸园之门：六十年代的美国文化》，方晓光译，上海外语教育出版社 1985 年版，第 3 页。

② 〔法〕埃德加·莫兰：《时代精神》，陈一壮译，北京大学出版社 2011 年版，第 50 页。

影就说好会开拍"的生产模式的典型。也正因此，他在 32 岁时，就成为全球作家中首屈一指的亿万富翁。

然而，成功了的斯蒂芬·金所享受的并不只是成功的喜悦。有一些人，包括他认为值得尊敬、应该重视的人，一些有影响力的书评人，总是在"畅销"与"垃圾"之间画等号。当斯蒂芬·金获得市场上的成功之后，他无法在文学界、文化界获得自我肯定。直到 1986 年，他早已家财万贯、名利双收，但代表美国文学主流的"美国国家图书基金会"一直没有把他当回事。他也有苦闷，不但酗酒，而且吸食古柯碱。在《尸体》中被公认为斯蒂芬·金化身的叙事者戈登说得清楚：

> 许多书评人说我写的东西都是狗屎，我也觉得他们说得没错……我的故事太像童话故事了，显得荒诞不经。……我想知道我所做的这一切是否真有任何意义？一个人能以写杜撰的小说致富，这是个什么样的世界？①

1986 年，斯蒂芬·金公开宣布放弃恐怖小说，转向科幻、奇幻小说的创作，但无论是他的粉丝还是与之相关的影视产业，都不会容忍他的转向。斯蒂芬·金既无可退，只好用更严肃的态度继续其"恐怖之路"，多些"凡夫俗子"的"人性人情"，少些"特异功能"或"血腥暴力"。与此同时，斯蒂芬·金一直在与人辩论：大众小说并非垃圾的代名词，只有好坏之分，没有严肃与通俗之别。不过，他的辩护除了加剧严肃/通俗的对垒之外，并没有使原来就认为他的作品是"垃圾"的人改变认识。2003 年，美国国家图书基金会宣布：斯蒂芬·金获得 2003 年全国图书奖的"终身成就奖"。但获奖的理由是他的小说"继承了美国文学注重情节和气氛的伟大传统，体现出人类灵魂深处的种种美丽的和悲惨的道德真相"。而且，即便如此，美国文学界也还是为此分裂为两大阵营。长期在大学宣讲"西方正典"的哈罗德·布鲁姆，知名的老作家雪莉·赫札德等，都公开指责斯蒂芬·金"根本不是好作家"，其"廉价惊险小说"没有什么文

---

① 傅月庵：《他先是喜欢写作，然后赚到了钱（代序）——略谈斯蒂芬·金的创作生涯》，见〔美〕斯蒂芬·金：《肖申克的救赎》，施寄青、赵永芬、齐若兰译，人民文学出版社 2016 年版，第 5 页。

学价值、美学成就，读者也不会从中得到什么满足和启迪。[①]

　　文学界、舆论界在文学与非文学之间的严格区分或许有其偏见，问题在于，斯蒂芬·金本人也长期没有自信。他总是忘不了他中学时期，校长对他的一顿训斥："我真搞不懂，斯蒂芬，你明明有才华，却为什么老爱写这些垃圾东西，白白糟蹋天分呢？"[②]

　　应当说，不同民族、不同阶级、不同性别、不同层次的文化之间，确实有差异。但第一，这些差异不是绝对的，而是相对的，它们的形成取决于多种多样的因素。当代文化研究深受后现代主义的影响。正如史蒂文·康纳所说，普遍强调差异恰好消除了差异，"它对自称能够揭示的文化差异和多元进行命名，因而也关闭了那一世界"[③]。如果所有的研究都强调差异，差异的追求本身岂不就恰好变成普遍性而消除了差异？第二，不同文化之间的交流互鉴、相互激荡也是一直存在。以差异最为明显的民族文化为例，中国学者张隆溪就指出："人类各民族文化本来就既有相同之处，也有不同程度的差别……要对不同文化有比较全面而接近真实的理解，就既要看到同中之异，也要看到异中之同。不过我们也须注意，从黑格尔到德里达，甚至从更早时期以来，在西方可以说就有一个相当深厚的传统观念，即把东方和中国视为西方文化的对立面，视为西方的他者。在德里达的解构论具有很大影响的当前，对差异的强调更形成一种普遍的文化氛围，成为许多人讨论问题的前提，甚至是预设的结论。差异成为文化相对主义的旗号，在文化研究中成为多数人遵从的理论范式（paradigm），对西方学者影响极大。""就西方当代的情形而言，一方面固然有宣扬保存文化差异的多元文化主义，另一方面也有宣称在冷战后，文化冲突将是未来世界最大危险的危言耸听的论调。这就可以使我们意识到，对差异的强调本身并不一定带来文化上更为宽容的态度。事实上，种族主义、狭隘民族主义等排他性的思想主张，也从来是以差异为起点的。在这种情形下，努力消除文化对立的

---

① 傅月庵：《他先是喜欢写作，然后赚到了钱（代序）——略谈斯蒂芬·金的创作生涯》，见〔美〕斯蒂芬·金：《肖申克的救赎》，施寄青、赵永芬、齐若兰译，人民文学出版社 2016 年版，第 8-9 页。

② 傅月庵：《他先是喜欢写作，然后赚到了钱（代序）——略谈斯蒂芬·金的创作生涯》，见〔美〕斯蒂芬·金：《肖申克的救赎》，施寄青、赵永芬、齐若兰译，人民文学出版社 2016 年版，第 1-2 页。

③〔美〕史蒂文·康纳：《后现代主义文化：当代理论导引》，严忠志译，商务印书馆 2002 年版，第 16 页。

偏见，认识不同文化，尤其是东西方不同文化可能有共同性，有可以互相沟通的观念价值，就更有特别的、也许不仅止于学术的意义。"①

　　保证文化的可及性，说明文化产品要送达公众生活之中；重建文化的规范性，说明文化生产要有规矩；破除文化领域的种种对立，说明文化具有普遍性。因此我们能够就文化产业的社会效益发言，在此基础上，我们才谈得上如何实现文化产业的社会效益问题。

　　① 张隆溪：《文化对立批判：论德里达及其影响》，见张隆溪：《中西文化研究十论》，复旦大学出版社 2005 年版，第 65、66-67 页。

第十一章

文化从业者的精神素养

文化产业是一个集合概念。相较而言，直接影响文化产品（这里的产品包括服务）价值内涵和社会效益的，是从业者（包括管理者与辅助者），特别是承担内容生产的作家、艺术家。中国美学家朱光潜有云："悠悠的过去只是一片漆黑的天空，我们所以还能认识出来这漆黑的天空者，全赖思想家和艺术家所散布的几点星光。朋友，让我们珍重这几点星光！让我们也努力散布几点星光去照耀那和过去一般漆黑的未来！"[①]历史的星空漆黑如墨，人类的心灵暗昧不清，是先贤们创造的文化在叙述历史、表现理想、修饰人性。鲁迅亦有类似的观点和主张："文艺是国民精神所发的火光，同时也是引导国民精神的前途的灯火。"[②]这里所说的是艺术家，是那些创作了伟大杰作的艺术家。在文化产业时代，再现屈原、曹雪芹式文学家，再现约翰·塞巴斯蒂安·巴赫和凡·高式的艺术家，可能性不大，但这绝不意味着我们就不能再向当代的文化从业者提出人格、道义、社会责任方面的期待。文化产业的社会效益，必须落实到文化从业者的创造行为之中。

任何一个社会，都会生产出与其整体利益相适应的文化艺术，都会对它的文化人提出理想性的希望和规范性的要求。本章拟就其主要方面作一探索。

---

① 朱光潜：《谈美》，见朱光潜：《朱光潜全集》第二卷，安徽教育出版社 1987 年版，第 13 页。

② 鲁迅：《论睁了眼看》，见鲁迅：《鲁迅全集》第一卷，人民文学出版社 2005 年版，第 254 页。

第一节　从人品到文品

我们这里所说的"人"包括所有参与文化生产的人员，主要是指那些从事文化内容生产并在很大程度上影响着、决定着文化产品品质的那些从业者。强调文化从业者在塑造社会品质、转移社会风气方面的重要性，主要有四个方面的理由。

其一，文化从业者的品质，很大程度上决定着文化产品的品质。

照中国传统看来，文人的品德与其作品是"内"与"外"的关系。《毛诗序》上说："情动于中而形于言，言之不足，故嗟叹之，嗟叹之不足，故永歌之，永歌之不足，不知手之舞之，足之蹈之也。"①这就是说，诗以及其他文艺源于人的感情，有什么样的感情，就有什么样的文艺作品。文艺是人的思想感情的表现。所以较之经济活动、政治活动，文艺与个体品质有更内在的关联。这就是"诗言志""歌以咏志""言为心声""文如其人"等理论观点的由来。"子曰：'君子进德修业。忠信所以进德也，修辞立其诚，所以居业也。'"②这就是说，在"进德"与"修辞"之间，前者是根本，所以首先要"进德修业"，然后才是"修辞立其诚"。"修辞"是为了"立诚"，"立诚"是"修辞"好坏的标准。所以"言""辞"以及一切"文"，都是传达内在思想感情和道德品质的，思想感情、道德品质的差异，必影响言辞的表现，形成言辞的优劣。反过来，从一个人的"言""辞"，也可以判断一个人的感情与品德。《周易·系辞下》有云："将叛者其辞惭，中心疑者其辞枝，吉人之辞寡。躁人之辞多，诬善之人其辞游，失其守者其辞屈。"③要有好的言辞，须有好的品德。这种将言辞的建立与品德修养联系在一起的观点，成为中国文化中人品与文品相统一的传统思想。

"修辞立其诚"是中国文化对文化从业者的基本要求。《乐记》有云："德者，性之端也；乐者，德之华也。金石丝竹，乐之器也。诗，言其志也；歌，咏其声也；舞，动其容也：三者本于心，然后乐气从之。是故情深而文明，气

---

① 毛亨传，郑玄笺，陆德明音义，孔祥军点校：《毛诗传笺》，中华书局 2018 年版，第 1 页。
② 周振甫译注：《周易译注》，中华书局 1991 年版，第 5 页。
③ 周振甫译注：《周易译注》，中华书局 1991 年版，第 274 页。

盛而化神，和顺积中，而英华发外：唯乐不可以为伪。"①创作者的精神状态直接决定着音乐的成败。一个理想的音乐家第一要"情深"，第二要"气盛"，第三要"和顺积中"，最后归结为"无伪"。这可以与传统文化理论结合起来看。"情深"是指创作者的深厚感情，"登山则情满于山"。"气盛"，可以追溯到孟子的"养气"。"和顺积中"去除物欲私利和个体，具有爱物利人的情操。"无伪"是真诚老实。与"修辞立其诚"相应的是"言为心声""唯乐不可以为伪"，清人叶燮因此认为：

> 其心如日月，其诗如日月之光。随其光之所至，即日月见焉。故每诗以人见，人又以诗见。②

在中外文化思想中，"真"都是一个基本品质。一是客观的"真实"。这一点比较好理解。如马克思在谈到英国的查尔斯·狄更斯、威廉·梅克比斯·萨克雷等批判现实主义小说家时说："现代英国的一批杰出的小说家，他们在自己卓越的、描写生动的书籍中向世界揭示的政治和社会真理，比一切职业政客、政论家和道德家加在一起所揭示的还要多。"③19世纪的批判现实主义文学真实地再现了当时的社会生活。二是主观的"真诚"。这一点，庄子早就说得明白："真者，精诚之至也。不精不诚，不能动人。故强哭者，虽悲不哀；强怒者，虽严不威；强亲者，虽笑不和。真悲无声而哀，真怒未发而威，真亲未笑而和。真在内者，神动于外，是所以贵真也。"④这种主观上的真诚，在中国传统中被称为"赤子之心""童心"，从孟子到龚自珍，历史文人多有论述。1955年1月26日，翻译家傅雷在给其子傅聪的信中说："赤子之心这句话，我也一直记住的。赤子便是不知道孤独的。赤子孤独了，会创造一个世界，创造许多心灵的朋友！永远保持赤子之心，到老也不会落伍，永远能够与普天下的赤子之心相接相契相抱！你那位朋友说得不错，艺术表现的动人，一定是从心灵的纯洁来的！不是纯洁到像明镜一般，怎能体会到前人的心灵？怎能打动

---

① 吉联抗译注：《乐记》，人民音乐出版社1982年版，第29-30页。

② 叶燮：《原诗》，人民文学出版社1979年版，第52页。

③ 马克思：《英国资产阶级》，见《马克思恩格斯全集》第十卷，人民出版社1962年版，第686页。

④ 庄子：《庄子》，北方文艺出版社2019年版，第217-218页。

听众的心灵？"①傅聪实践了这一点。据李春光说，傅聪有一次独奏会，听众很热情，他几次返场加演，最后弹了一首肖邦夜曲，一首非常深情的曲子，弹得很精彩。大家拼命鼓掌，他就是不肯再加演。后来我问他：为什么不再弹一首呢？他说：不行，我的眼泪已经快要掉到琴上了。李春光因此认为，傅聪弹琴，不是用手指头在键盘上扒拉，他是用心在弹琴，把内心的热情倾吐出来。这就是一个艺术家最重要的品质：诚实。好的艺术，好的音乐，一定是从心底自然地流出来、涌出来的。②

我们上面所说的是古典文艺家或音乐艺术家，属于人中之杰。文化产业需要生产大量产品与服务，当然不可能要求每位从业者都能够这样呕心沥血、倾情奉献。但"高山仰止，景行行止，虽不能至，然心向往之"，却是所有文化从业者应当也可以怀抱的心态。

其二，文化从业者作为社会卓越人才，对其所处时代的社会品质、社会风气具有引领性、塑造性的作用。

现代社会的大多数公民都享有较好的教育，但实际从事文化工作特别是文化内容生产的，始终只是其中的少数人，他们是社会卓越人才和价值体现者。按照儒家传统，具有良好道德修养的社会卓越人才就是君子。君子之所以为君子，不但在其个人品德，也在其对整个社会的示范作用。《周易》就已指出，君子的"言""辞"对于德业有重大影响。《周易·系辞上》："君子居其室，出其言善，则千里之外应之。""居其室，出其言不善，则千里之外违之。"③君子的"言""辞"有直接的社会效果。这种效果，孔子用"风"和"草"来比喻：

> 季康子问政于孔子曰："如杀无道，以就有道，何如？"孔子对曰："子为政，焉用杀？子欲善而民善矣。君子之德风，人小之德草，草上之风，必偃。"④

---

① 傅敏编：《傅雷家书》，江苏文艺出版社 2013 年版，第 104 页。

② 李春光：《关于傅聪的一些情况》（李春光 2005 年 9 月据录音记录整理）。

③ 周振甫译注：《周易译注》，中华书局 1991 年版，第 258 页。

④ 杨伯峻译注：《论语译注》，中华书局 2006 年版，第 145 页。

这就是说，君子的德行好比风，普通人的德行则像草。风吹在草上，草一定顺着风的方向倒。因此一个社会或国家的道德水准很大程度上不是取决于普通民众，而是取决于君子。君子的德行好，道德水准高，那么民众自然而然就会受到影响而提高德行。由此也可以推论，在道德风气方面，少数人的作用是巨大的。黄宗羲记东林士子"一堂师友，冷风热血，洗涤乾坤……"正是这些东林士子，以其"风声雨声读书声声声入耳，家事国事天下事事事关心"的人间情怀和济世热忱，塑造了中国知识人的精神世界。把这个问题说得最清楚的，是晚清的曾国藩。在《原才》一文中，曾国藩认为，只有"贤且智者"的出现，才能使当时世风日下的形势得以扭转。他有一段名言：

> 风俗之厚薄奚自乎？自乎一二人之心之所向而已。民之生，庸弱者，戢戢皆是也。有一二贤且智者，则众人君之而受命焉，尤智者，所君尤众焉。此一二人者之心向义，则众人与之赴义；一二人者之心向利，则众人与之赴利。众之所趋，势之所归，虽有大力，莫之敢逆。故曰："挠万物者，莫疾乎风。"风俗之于人心也，始乎微，而终乎不可御者也。[①]

只要有几个人做榜样，也能改造一代人的风气和习俗。这种言论似乎过于理想化，但君子的重要性，是中国文化的一个传统。晚清重臣张之洞亦云："善俗之道，以士为先；致用之方，以学为本。"[②]现代学者缪钺先生，将此放在中国历史的大格局中予以阐释：

> 中国二三千年之史册中，暴主奸臣、宵小奸佞、妄人大盗、妖妇淫姬固历代多有，然惟赖时生一二内圣外王之名贤，或功在当时，或泽及后世，足以荡秽涤污，拨乱反正，拯民族于失坠，为历史增辉光。譬如皎日一出，阴霾尽散。不然，乾坤之道，几乎息矣。
>
> 苟有大儒出，以一二人之心之所向，鼓舞天下，蒸为习尚，未尝不可以转移世运。观于六朝之柔靡，可变为唐代之雄壮；五季之

---

① 曾国藩：《原才》，见曾国藩：《曾国藩全集》（修订版）第十四册，岳麓书社 2012 年版，第 137-138 页。

② 张之洞：《创建广雅书院折》，见陈山榜编：《张之洞教育文存》，人民教育出版社 2008 年版，第 50 页。

浊暗，可转为北宋之清明：知天下事未有不可为者，惟视有无肯为之者耳。[①]

社会生活的净化、道德风气的形成、榜样的示范作用、优秀分子的带动作用，这几个方面是怎样强调也不过分的。中国如此，西方也是这样。傅雷先生在给傅聪的信中说过："一百三十年前的法国文坛、报界、出版界，早已腐败得出乎我们意想之外；但法国学术至今尚未完全死亡，至今还有一些认真严肃的学者在钻研：这岂不证明便是在恶劣的形势之下，有骨头，有勇气，能坚持的人，仍旧能撑持下来吗？"[②]写这封信的时候，傅雷正在翻译巴尔扎克的《幻灭》，这部小说所描写的正是巴黎文化界的腐败。至少在巴尔扎克的笔下，青年诗人吕西安所供职的报纸，既与真实报告、客观评论无关，也绝无对正义的追求，更无文化价值的关切，其唯一的兴趣，就是市场利益，而且不择手段。一面是清贫寂寞的纯文学生涯，一面是胡编乱造、财源滚滚的职业记者，吕西安放弃了诗歌与理想，走进颠倒黑白、造谣撒谎的新闻界，参与投机取巧，行凶作恶，一度如鱼得水，成为文痞，最后在党派纷争、文坛倾轧中身败名裂。当巴尔扎克精准地、深刻地写出巴黎的腐败时，他所表达的正是对这一现状的抗议。也正是因为有像巴尔扎克、雨果这样的境界高远、精神卓越的伟大作家，法国文学才没有彻底堕落下去。在不太严格的意义上，巴尔扎克的《幻灭》是第一部媒体-文化产业批判的鸿篇巨制。

其三，任何文化产品都有其客观的社会影响，文化生产是十分严肃的事情。

人类曾经长期处于文化稀缺状态，读书识字曾经是极少数人的特权。对于传统社会的大多数人来说，接受文化产品就是接受教育。在这种情况下，文人下笔须十分谨慎。如颜之推就说过："学为文章，先谋亲友；得其评论者，然后出手。慎勿师心自任，取笑旁人也。自古执笔为文者，何可胜言？然至于宏丽精华，不过数十篇耳。但使不失体裁，辞意可观，遂称才士。要须动俗盖世，亦俟河之清乎？"[③]唐代文学家柳宗元的一段话可为代表："故吾每为文

①　缪钺：《顾亭林先生诞生三百二十年纪念》，见缪钺：《缪钺全集》第一卷上，河北教育出版社 2004 年版，第 452、454 页。

②　傅敏编：《傅雷家书》，江苏文艺出版社 2013 年版，第 392 页。

③　颜之推：《颜氏家训·文章篇》，见郭绍虞主编，王文生副主编：《中国历代文论选》第一册，上海古籍出版社 1979 年版，第 351 页。

章，未尝敢以轻心掉之，惧其剽而不留也；未尝敢以怠心易之，惧其弛而不严也；未尝敢以昏气出之，惧其昧没而杂也；未尝敢以矜气作之，惧其偃塞而骄也。"①古典作品多与文字有关，故其影响所及，限于断文识字之人，范围有一定局限性，而现代文化商品已经与日常生活紧密相关，且在新技术的使用方面，渗透性很强，如此则这些产品的社会影响可以非常之大，从业者就更不能掉以轻心。

以虚拟现实产品 VR 游戏为例，其一大特性就是沉浸性。早期的电子游戏，诸如俄罗斯方块或是贪吃蛇的小游戏，形式简单，也没有剧情贯穿和炫酷的界面设计，但这并不妨碍游戏玩家沉迷其中，追求不断的升级直至游戏结束。对于电子游戏的创作者而言，如何让玩家沉浸于游戏中是设计和开发游戏的首要目标。无论使用什么科技创造，无论设计什么样的游戏界面或是升级闯关模式，其目的都只有一个，就是让游戏玩家尽可能地沉浸其中。沉浸即是临场感，使用者感到作为使用者存在于虚拟环境中的真实感受，虚拟现实的最高境界就是能提供给使用者一个真实的虚拟环境，使用者在其生理和心理的角度上，对虚拟环境难以分辨真假，如同在现实世界中的感觉。一款产品如果真的使玩家沉浸于其中，那当然是设计的成功，但问题的另一面是，这种沉浸性也完全可能带来对现实的疏离。这一方面是视觉上的生理疏离，VR 游戏虽然构建了一个无限趋近于真实的艺术世界，但是本质还是在视觉上和现实社会有落差，这会引起一定的生理不适。另一方面是情感上的疏离，从一个营造出的"完美世界"中抽离出来，会给艺术品观摩者带来一定程度上的情绪失落，而过度沉迷 VR 游戏的观摩者还会出现认知上的失调，分不清现实与虚拟的界限。这显然不是也不应该是从业者所愿意看到的。

其四，强调文化人的文化自觉，也是针对古代文人在品行方面的缺陷而言。

我们说文化从业者具有引领文化思潮、转移社会风气的责任和能力，并不是说，他们就一定是品德高尚的君子。南朝时期的颜之推，就已注意到当时一些著名文人无行的问题：

---

① 柳宗元：《答韦中立论师道书》，见郭绍虞主编，王文生副主编：《中国历代文论选》第二册，上海古籍出版社 1979 年版，第 144 页。

　　夫文章者，原出五经：诏命策檄，生于《书》者也；序述论议，生于《易》者也；歌咏赋颂，生于《诗》者也；祭祀哀诔，生于《礼》者也；书奏箴铭，生于《春秋》者也。朝廷宪章，军旅誓诰，敷显仁义，发明功德，牧民建国，施用多途。至于陶冶性灵，从容讽谏，入其滋味，亦乐事也，行有余力，则可习之。然而自古文人，多陷轻薄：屈原露才扬己，显暴君过；宋玉体貌容冶，见遇俳优；东方曼倩滑稽不雅；司马长卿窃赀无操；王褒过章《僮约》；扬雄德败《美新》；李陵降辱夷虏，刘歆反复莽世；傅毅党附权门；班固盗窃父史；赵元叔抗竦过度，冯敬通浮华摈压；马季长佞媚获诮；蔡伯喈同恶受诛，吴质诋诃乡里，曹植悖慢犯法，杜笃乞假无厌，路粹隘狭已甚；陈琳实号粗疏；繁钦性无检格；刘桢屈强输作，王粲率躁见嫌；孔融、祢衡诞傲致殒；杨修、丁廙扇动取毙；阮籍无礼败俗，嵇康凌物凶终；傅玄忿斗免官，孙楚矜夸凌上；陆机犯顺覆险，潘岳干没取危；颜延年负气摧黜；谢灵运空疏乱纪；王元长凶贼自贻，谢玄晖悔慢见及。凡此诸人，皆其翘秀者，不能悉纪，大较如此。……自昔天子而有才华者，唯汉武、魏太祖、文帝、明帝、宋孝武帝，皆负世议，非懿德之君也。自子游、子夏、荀况、孟轲、枚乘、贾谊、苏武、张衡、左思之俦，有盛名而免过患者，时复闻之，但其损败居多耳。每尝思之，原其所积文章之体，标举兴会，发引性灵，使人矜伐，故忽于持操，果于进取。今世文士，此患弥切，一事惬当，一句清巧，神厉九霄，志凌千载，自吟自赏，不觉更有傍人。加以砂砾所伤，惨于矛戟；讽刺之祸，速乎风尘。深宜防虑，以保元吉。[①]

　　紧接其后的刘勰，也注意到这个问题。在《文心雕龙》的《程器》中，刘勰循曹丕"观古今文人，类不护细行，鲜皆能以名节自立"[②]一句而来，历数司马相如、扬雄以来文人的各种"瑕累"，但他同时认为，像管仲、吴起以来

　　① 颜之推：《颜氏家训·文章篇》，见郭绍虞主编，王文生副主编：《中国历代文论选》第一册，上海古籍出版社1979年版，第350-351页。

　　② 曹丕：《与吴质书》，见郭绍虞主编，王文生副主编：《中国历代文论选》第一册，上海古籍出版社1979年版，第165页。

的著名将相也"疵咎实多"。但古往今来，人们都习惯于说"文人无行"，而不会说"武人无行"，这是为什么呢？刘勰的分析如下：

> 盖人禀五材，修短殊用，自非上哲，难以求备。然将相以位隆特达，文士以职卑多诮，此江河所以腾涌，涓流所以寸折者也。[①]

人禀赋五种材质德行，但在多少上各有不同，若不是上等圣哲聪明的人，就难以要求他们周全完备。然而将帅宰相因为他们的地位崇高，所以名声就特别显达，文人因为他们的职位卑微，所以经常遭到讥诮，这正像大江大河之所以波涛腾涌，小沟小水之所以波涛曲折一样。"文既有之，武亦宜然"，"岂曰文士，必其玷欤！"任何人才都各有其长短，但世俗心理敬畏那些位高权重的"将相"，却习惯于对手无寸铁的文人缺少宽容。刘勰此论是为那些受到批评的文人说话，同时也包含着对权力等级和世俗心理的批判。当然，刘勰并不因此就认为文人可以放松对自己的要求。他认为，就文士自身而言，他应该"贵器用而兼文采"，即品德和文采并重，有文有质；就舆论和批评来说，要承认任何人都是有瑕疵的这一事实，对文士，对任何人才都不能求全责备。刘勰还非常难得地对历代对文人的不平待遇而鸣不平，他理想的文士不仅要有高尚的道德品质，还要通晓国家的军政大事："是以君子藏器，待时而动，发挥事业，固宜蓄素以弸中，散采以彪外，梗楠其质，豫章其干，摛文必在纬军国，负重必在任栋梁，穷则独善以垂文，达则奉时以骋绩，若此文人，应梓材之士矣。"[②]这对一般的文士来说，显然是很难做到的。但作为一种文化理想，我们又必须这样期待。所谓取法于上，仅得为中，取法于中，故为其下。

第二节 文化情怀种种

在当代生活中频频提及的"文化情怀"，是一个包容甚广而又不易确定的概念，大体包括了价值观、思想境界、人生观等方面。孟子在说到君子时说：

---

① 刘勰，范文澜注：《文心雕龙注》上，人民文学出版社1958年版，第719-720页。

② 刘勰，范文澜注：《文心雕龙注》上，人民文学出版社1958年版，第719-720页。

"先立乎其大者，则其小者不能夺也。"①孟子所说的"大"，指的是立场、信念和眼界，是决定一个人成为什么人的根本价值观。结合中外文化来看，"立乎其大"至少在四个方面进行。

其一是人道的关怀。

学习传统、赓续传统、光大传统，不但是现代文化的使命担当，也是现代文化创新发展的必由之路。在中国这样一个文化大国、遗产大国，文化产业，几乎有取之不尽、用之不竭的故事与灵感、风格与符号。一个猪八戒，给现代人带来多少惊喜？2006 年，原《重庆晚报》记者朱明跃创建了一个靠卖创意为生的交易平台"猪八戒网"，后来其逐步发展为一站式知识工作者共享平台，2012 年获"国家级文化产业基地"称号。遍及全国的文化旅游目的地，有多少不是先人的遗留？中国故事还成全球各地的创意资源。由托尼·班克罗夫特、巴里·库克联合导演、迪士尼公司制作的动画电影《花木兰》1998 年 6 月 19 日在美国上映后，创造了全球票房 3 亿美元的经济效益。

然而，在弘扬传统、开发古典的过程中，有一个继承什么的传统问题，有一个以什么标准使用遗产的问题。在文化遗产中，《红楼梦》《三国演义》《水浒传》《西游记》可能是最受文化企业青睐的了。把这四种小说并称"四大古典小说"或"四大名著"，是现代的说法，而胡适在其中发挥了很大的作用。在打倒孔家店、提倡白话文的新文化运动中，胡适致力于发掘中国传统的白话传统。"四大名著"是文学的经典，在文学史上具有重要价值。文化企业在开发利用时，要以批判的眼光来选择，要弘扬其中对于推动社会发展有利的部分，也要警惕其中存在的历史局限性的部分。

《三国演义》叙写的是三国纷争时代的军事战役和政治斗争。这是英雄打天下的故事，是争夺最高权力的故事，但也存在着暴力、阴谋和杀戮。"滚滚长江东逝水，浪花淘尽英雄。"中原逐鹿，为英雄用武提供了广阔空间的三国时代，却不是普通民众安宁幸福的时代。大地血腥，民生凋敝，连一代英雄曹操也发出"白骨露于野，千里无鸡鸣"的感叹。当后人向往三国时期英雄辈出时，又有多少人能体会到草民百姓的悲苦无告？英雄们惯常使用火攻和水攻两法克敌制胜。关羽水淹七军："樊城周围白浪滔天，水势益甚，城垣渐渐浸塌……

---

① 杨伯峻、杨逢彬注译：《孟子》，岳麓书社 2000 年版，第 202 页。

曹军众将无不丧胆。"①但此时樊城的普通居民却遭受了大难，不但无数的百姓，包括那无数的士卒、小校，也只能"尔曹身与名俱灭"。英雄们在纵横捭阖、运筹千里的同时，少不了阴谋诡计、阴险狡诈。董卓被杀之后，他的四个旧将李傕、郭汜、张济、樊稠准备上表请罪，谋士贾诩却说："诸君若弃军单行，则一亭长能缚君矣。不若诱集陕人，并本部军马，杀入长安，与董卓报仇。事济，奉朝廷以正天下；如其不胜，走亦未迟。"②李傕等人深以为然，于是西攻长安，杀死王允，劫持皇帝，所到之处烧杀抢劫，放火决水，无所不用其极，得逞于一时。贾诩确是"算无遗策"，但其后果却是战端再启，祸国殃民。魏蜀吴三国之间，几乎每天都在相互盘算，任何一方面有什么动作，便"早有细作"报入另外两方。在小说中，三国之间如果有一天不再有战事，那争斗和算计就发生在国家内部，同样导致人头落地，血流成河。作为历史描写，这是真实的；作为文学作品，这是卓越的。乱世英雄起四方，有枪便是草头王。"一鞭在手矜天下，万众归心吻地皮。"这是英雄们的生命寄托。现代读者也许可能欣赏某一英雄，但不会希望自己遭遇这一"英雄辈出"的时代，因为那也是人命如草的时代。

《水浒传》描写的是好汉们杀富济贫的江湖世界。在这个世界，好汉们济贫义举当然不少，鲁智深便是其代表。但在通篇回荡的铲除人间不平的呐喊声中，也存在恣意杀戮的现象。在反抗不公的社会秩序时践踏社会道德规范、采取残酷手段就不能得到谅解了。武松血溅鸳鸯楼，连张都监府的家人和丫环也一并杀死。李逵江州劫法场时，他"抢两把板斧，一昧地砍将来……只顾砍人……不问军官百姓，杀得尸横遍野，血流成渠……百姓撞着的，都被他翻筋斗，都砍下江里去"③，晁盖叫他"休只管伤人！"李逵"那里来听叫唤，一斧一个，排头儿砍将去。"习惯成自然，李逵杀人成性，视杀人为"快活"。攻城夺地之外，为了把好汉们"逼上梁山"，也制造了惨剧。先使卢俊义、秦明家破人亡，然后逼其上山；为逼朱仝上山，李逵砍死年仅 4 岁的小衙内。文学史家夏志清指出："官府的不义不公，激发了个人的英雄主义的反抗；而众好汉结成的群体却

① 罗贯中：《三国演义》，译林出版社 2019 年版，第 428 页。

② 罗贯中：《三国演义》，译林出版社 2019 年版，第 50 页。

③ 施耐庵：《水浒传》，译林出版社 2019 年版，第 368 页。

又损害了这种英雄主义，它制造了比腐败官府更为可怕的邪恶与恐怖统治。一个秘密团体在求生存争发展的奋斗中往往会走向它声言要追求的反面。"①总之，好汉们确实在除暴，但也存在没有安良的情况。尤其令人寒心的是，好汉们对女性基本上没有尊重和爱护。因偷情而被英雄所杀的潘金莲、阎婆惜和潘巧云，不会赢得作者的同情。"好汉"之一扈三娘武艺高强且美丽动人，当其全家因梁山与祝家庄的斗争而被杀光时，读者看不到她的悲痛；当宋江做主将她嫁给好色之徒"矮脚虎"王英时，人们也看不到她的半点为难。好汉们一扫儿女情长的威武神勇确实令人兴奋，但他们在好勇嗜杀、尽情报复的同时，很少关注普通人，特别是女性的痛苦。嫉恶如仇固为好汉本色，但同样也加剧了社会的悲剧。尽管《水浒传》所表达的"逼上梁山"的主题，在当时存在不公不义的人类社会，永远有其合理性，但在如何对待生命、对待人这一根本问题上，《水浒传》没有超越传统。"手提三尺龙泉剑，不斩奸邪誓不休。"这是人类的永恒渴望。历史上从来不缺少英雄，但奸邪似乎从未绝迹。这不是因为龙泉剑不力，而是因为公平社会和清平世界不能仅仅靠龙泉剑来建立。

我们并不感到沮丧的是，这一传统到了《红楼梦》得到了改变。曹雪芹以悲悯的眼光俯视个体生命的卑微与无奈，尤其是对女性充满了理解和尊重，把几千年来"男尊女卑"不正当的男女地位颠倒过来。在潦倒的晚年，作者常常怀念年少时结识的几位女子，颂扬她们才貌出众，不可多得，万万不可因为自己的没有出息，碌碌无闻而湮没了她们，所以要为"闺阁昭传"，为这些德才出众的女性立传。"金紫万千谁治国，裙钗一二可齐家"和传统思想中的男性中心论相反，"女儿是水做的骨肉，男人是泥做的骨肉"的名言，充分表达了贾宝玉，也就是作者对女性的尊重与肯定。大观园中的女子，不但美丽聪明，而且是有思想、有感情、有意志、有独自个性的人。作者对她们的命运寄寓了深切的同情，并以其精细的雕塑力，创造出许多个性鲜明、优美动人的女性形象。对于用生命来维护自己的爱情和尊严的林黛玉，有着火一般热情而被生生扑灭了的晴雯，不惜用生命来证明自己清白的尤三姐，作者都充满了强烈的同情和赞美。《红楼梦》的所有人物，凡是同一辈分者，男的一律不如女的。女性在这里第一次作为完整意义上的人的形象出现，贾宝玉佩服探春的精明强干，欣赏湘云的豪爽清朗，

---

① 〔美〕夏志清：《中国古典小说史论》，胡益民等译，江西人民出版社 2001 年版，第 95 页。

同情迎春的怯弱不幸，喜欢宝钗的雍容端庄，与林黛玉更是情投意合、心心相印。在这些贵族小姐外，贾宝玉对身边的丫环们，也是尊重、同情，他平等对待她们，为她们哭笑喜忧。通过贾宝玉，中国文化的生命的价值、生活的权利被呈现出来。基于这种深刻宽广的人文情感，曹雪芹在常人看不到悲剧处体会出悲剧。小说既是女性的悲歌和赞歌，也是对普通人的悲歌和赞歌。

在《红楼梦》中，不但女子都走向悲剧命运，"千红一哭，万艳同悲"，而且作者由此得出"到头一梦，万境归空"的虚无主义。这种宿命论虽然有着深刻的历史文化意义和社会批判精神，但毕竟可能导向对此生价值的否定，因此《红楼梦》也有它的局限。这样说起来，《西游记》可能是最少受消极影响的了。这部幻想成分浓厚的神魔小说表达了当时中国文化稀缺的三个品质。第一，破除迷信。几乎是破天荒地，《西游记》揭开了所有凛然神圣、正大光明的面纱下的荒唐和无耻。至高无上的天宫充满了欺诈、虚伪，西天净土有贪污腐化、营私舞弊，佛祖的弟子阿傩、迦叶二尊者会向长途跋涉的清贫行脚僧索取"人事"……天上人间，哪里还有正义和公道？鲁迅判断："中国的文化，都是侍奉主子的文化，是用很多的人的痛苦换来的。"①独孙悟空不侍奉主子，他眼里只有是非善恶，而无等级权威，所以能勇敢地挑战一切"主子"，追求正义和公道。第二，勇于斗争。天下地下，只要有权力、有等级，就可能有腐败、有残暴，也就可能有反抗、有抑制。但古中国文化向来推崇逆来顺受，独有孙悟空藐视一切天上地下的权威、权力，天不怕地不怕，一闹龙王，二闹地狱，三闹天宫，和佛祖打赌，与龙王开打。敢作敢为，这是古中国主流文化生产不出来的性格和能力。第三，人道关怀。孙悟空也多次大打出手，但千钧棒下，死的都是牛魔王、蜘蛛精、白骨精等害人之妖。小说中特别有价值的是，即使像孙悟空这样有原则、有爱憎的正义人物，也被安排了一个强有力的约束，以确保其金箍棒下没有冤魂，这就是唐僧的紧箍咒。时刻以"慈悲为怀"的唐僧代表着以人为本、以生命为本的价值观，这在崇尚英雄、追求成功的文化中是极为罕见的。因为有了唐僧，孙悟空的战无不胜才具有道义上的合理性。我们遗憾的是，只有这一个唐僧，而这一个唐僧，还被某些斗士斥为迂腐、无用，并遭受羞辱。因为旧中国的人道价值长期隐没不彰，所以鲁迅才非常痛切地说：

---

① 鲁迅：《老调子已经唱完》，见鲁迅：《鲁迅全集》第七卷，人民文学出版社 2005 年版，第 326 页。

"我向来是不惮以最坏的恶意，来推测中国人的，然而我还不料，也不信会下劣凶残到这地步。"[1]

以生命尊严、人道关怀来评论四部古典小说，结论有优有劣。人道关怀的根本，就是对人间、对个体生命、对生活的爱。1956 年，批评家黄秋耘就希望：我们的作家，"不应该在现实生活面前，在人民的困难和痛苦面前心安理得地保持缄默的。如果一个艺术家没有勇气去积极地参与解决人民生活中关键性的问题，没有勇气去正视现实生活中的困难和痛苦，他还算是什么艺术家呢？"[2] 日本动画家宫崎骏的作品之所以动人，就在于他的作品虽然有对美好未来的追求，却无时无刻不透露着对人类悲惨命运的思索，表现了深厚的人道主义精神。类似这样一些人文常识，我们今天读来依然感到亲切。

其二是高远的境界。

所谓高远，首先是指对个人一己之上、之外的目标、利益、价值的追求。文化从业者要注重个人修养，但这种修养并非为了个人，而是为了更好地服务于社会。黄宗羲提出"一时之性情"与"万古之性情"的区分："诗以道性情，夫人而能言之。然自古以来，诗之美者多矣，而知性者何其少也。盖有一时之性情，有万古之性情。夫吴歈越唱，怨女逐臣，触景感物，言乎其所不得不言，此一时之性情也。孔子删之以合乎兴、观、群、怨、思无邪之旨，此万古之性情也。吾人诵法孔子，苟其言诗，亦必当以孔子之性情为性情，如徒逐于怨女逐臣，逮其天机之自露，则一偏一曲，其为性情亦末矣。"[3] 黄认为，两种性情不是正负之分，而是价值大小之分。表达个体的喜怒哀乐，固然是文化人的一种权利，但一个有追求的文化人，必然要以"万古之性情"，以众人之性情为性情。类似的观点，明末清初文学家归庄也有很好的阐释："太史公言：'《诗》三百篇，大抵皆圣贤发愤之作。'韩昌黎言：'愁思之声要妙，穷苦之言易好。'欧阳公亦云：'诗穷而后工。'故自古诗人之传者，率多逐臣骚客，不遇于世之士。吾以为一身之遭逢，其小者也，盖亦视国家之运焉。诗家前称七子，后

---

① 鲁迅：《纪念刘和珍君》，见鲁迅：《鲁迅全集》第三卷，人民文学出版社 2005 年版，第 291 页。

② 参见黄秋耘：《不要在人民的疾苦面前闭上眼睛》，见吴琪编：《黄秋耘集》，广东人民出版社 2018 年版，第 69 页。

③ 黄宗羲：《马雪航诗序》，见郭绍虞主编，王文生副主编：《中国历代文论选》第三册，上海古籍出版社 1980 年版，第 267 页。

称杜陵，后世无其伦比。使七子不当建安之多难，杜陵不遭天宝以后之乱，盗贼群起，攘窃割据，宗社颠危，民生涂炭，即有慨于中，未必能寄托深远，感动人心，使读者流连不已如此也。然则士虽才，必小不幸而身处厄穷，大不幸而际危乱之世，然后其诗乃工也。"①归庄以为，愁愤哀怨有宽狭宏细之别，遭遇幸与不幸也有大小巨弱之异。囿于一身一时困踬抑挫，其感浅近，寄兴轻微，而与国家民族休戚相关，悲愤与共，其感深遂挚厚，意义壮伟高远。尽管两种心境起兴发意，皆可能写出工妙之诗，但唯有后者，才能交汇成时代和社会的强音宏响。

这一点，不能局限于文化人的自我修养。韩愈在《原道》一文中说："传曰：古之欲明明德于天下者，先治其国；欲治其国者，先齐其家；欲齐其家者，先修其身；欲修其身者，先正其心；欲正其心者，先诚其意。然则古之所谓正心诚意者，将以有为也。今也欲治其心，而外天下国家，灭其天常，子焉而不父其父，臣焉而不君其君，民焉而不事其事。"陈寅恪先生阐释这段时说："原道此节为吾国文化史中最有关系之文字，盖天竺佛教传入中国时，而吾国文化史已达甚高之程度，故必须改造，以薪适合吾民族、政治、社会传统之特性，六朝僧徒'格义'之学，即是此种努力之表现，儒家书中具有系统易被利用者，则为小戴记之中庸，梁武帝已作尝试矣。然中庸一篇虽可利用，以沟通儒释心性抽象之差异，而于政治社会具体上华夏、天竺两种学说之冲突，尚不能求得一调和贯彻，自成体系之论点。退之首先发见小戴记中大学一篇，阐明其说，抽象之心性与具体之政治社会组织可以融会无碍，即尽量谈心说性，兼能济世安民，虽相反而实相成，天竺为体，华夏为用，退之于此以奠定后来宋代新儒学之基础，退之固是不世出之人杰，若不受新禅宗之影响，恐也不克臻至此。"②韩愈的意思是说，修养身心（治其心）不能把"天下国家"置之度外。陈寅恪的解释则进一步说明，这也正是儒家文化不同于佛教之处。

---

① 归庄：《吴余常诗稿序》，见郭绍虞主编，王文生副主编：《中国历代文论选》第三册，上海古籍出版社 1980 年版，第 294-295 页。

② 陈寅恪：《论韩愈》，见陈寅恪：《陈寅恪文集之二 金明馆丛稿初编》，上海古籍出版社 1980 年版，第 287-288 页。关于陈寅恪对韩愈的论述，黄云眉先生曾从史实上有所驳议，参见其《读陈寅恪先生论韩愈》一文，载《文史哲》1955 年第 8 期，第 23-36 页。

所谓高远，也是对超越世俗功利、建立文化主体性的追求。宋代诗人黄庭坚认为："东坡道人在黄州时作，语意高妙，似非吃烟火食人语。非胸中有万卷书，笔下无一点尘俗气，孰能至此。"[①]古中国这方面的论述极多。山水画论对此作了许多精彩论述，其中最有代表性的是郭熙提出的"林泉之心"。

> 看山水亦有体：以林泉之心临之，则价高；以矫饰之目临之，则价低。[②]

所谓"价高""价低"，就是山水的审美价值。什么是这种"林泉之心"呢？郭熙回答说："世人只知吾落笔作画，都不知画非易事。庄子说画史解衣磅礴，此真得画家之法。人须养得胸中宽快，意思悦适，如所谓易直子谅，油然之心生，则人之笑啼情状，物之尖斜偃侧，自然布列于心中，不觉见之于笔下。"[③]"胸中宽快"即是庄子所说的"虚静"，心中旁涉，心无黏滞。"林泉之心"的第一步要求"空"诸世俗，静诸杂念，这样方可接纳自然物象。但这个"空"静并非枯木死灰，而是充满生机和情感。"易直子谅，油然之心生"一句原出《乐记》。《礼记正义》解释云："易谓和易，直谓正直，子谓子爱，谅谓诚信。"徐复观解释说："郭熙在这里主要是说明精神由得到净化而生发出一种在纯洁中的生机，生意；易、直、谅，都是精神的纯洁；'子'是爱，爱即是精神中所涵的生机、生意。因为有此一生机、生意，才能把进入到自己精神或心灵中的对象，将其有情化，而与自己的精神融为一体，精神由此而得到解放。"[④]从而"林泉之心"可以将观审的物象人情化、精神化，主体在欣赏山水时已经完成了人格、心境的转换。在理想的意义上，文人看待世界是另一种方式：

> 寂寞无可奈何之境，最宜入想，亟宜着笔。所谓天际真人，非鹿鹿尘埃泥滓中人所可与言也。[⑤]

---

①　黄庭坚：《跋东坡乐府》，见北京大学哲学系美学类教研室编：《中国美学史资料选编》下，中华书局 1985 年版，第 43 页。

②　郭思编，杨伯编著：《林泉高致》，中华书局 2010 年版，第 15 页。

③　郭思编，杨伯编著：《林泉高致》，中华书局 2010 年版，第 81 页。

④　徐复观：《中国艺术精神》，春风文艺出版社 1987 年版，第 289 页。

⑤　恽寿平：《南田画跋》，《石涛书谱校注　南田画跋》，中华书局 2013 年版，第 199 页。

> 今之论画，必曰士气。所谓士气者，乃士林中能作隶家画品，全在用神气生动为法，不求物趣，以得天趣为高。观其曰写而不曰描者，欲脱画工院气故尔。①

> 人之所有而我无之，驱一俗字而已。人之所无而我有之，藏一雅字而已。②

不用说，这是古代文人才有的胜境。但是，文化从业者与世俗功利保持必要的距离，潜心于创作，则仍然是需要的。现代作家孙犁说过："……真正想成为一个艺术家，必须保持一种单纯的心，所谓'赤子之心'。有这种心就是诗人，把这种心丢了，就是妄人，说谎话的人。保持这种心地，可以听到天籁地籁的声音。《红楼梦》上说人的心像明镜一样。文章是寂寞之道，你既然搞这个，你就得甘于寂寞，你要感觉名利老是在那里诱惑你，就写不出艺术品。"③同理，艺术家如果老是感受着名利的诱惑，也不可能创造出任何好的文化产品。这里需要特别指出的是，文化产业不同于传统文化，其有经济利益的追求。具体到文化产品，经济利益就是要与公众的需要联系在一起。

所谓高远，第三个含义是对超越职业技能的完整人格的追求。不但是艺术作品，就是普通的文化产品，如果想要征服市场、赢得受众，也要以个性化、独创性为追求的理想。严格地说，没有创造性，就不是文化产品。对文化从业者来说，创作能力是进入文化产业的基本要求。究竟什么是创作能力，可以说出许多。清代批评家叶燮，对此有一个很好的概括。他说："我谓作诗者，亦必先有诗之基焉。诗之基，其人之胸襟是也。有胸襟，然后能载其性情、智慧、聪明、才辨以出，随遇发生，随生即盛。"④有了胸襟，还要有才、胆、识、力四种能力。凡人无才则心思不出，无胆则笔墨畏缩，无识则不能取舍，无力则不能自成一家。才、胆、识、力四大要素是互为关联的。

---

① 高濂撰，李嘉言点校：《燕闲清赏笺》，浙江人民美术出版社 2019 年版，第 77 页。

② 恽向：《玉几山房画外录》，见俞剑华编：《中国画论类编》下册，人民美术出版社 2016 年版，第 768 页。

③ 孙犁：《文学和生活的路——同〈文艺报〉记者的谈话》，见孙犁：《孙犁全集》第 5 卷，人民文学出版社 2004 年版，第 242 页。

④ 叶燮：《原诗》，人民文学出版社 1979 年版，第 17 页。

　　大约才、识、胆、力，四者交相为济。苟一有所歉，则不可登作者之坛。四者无缓急，而要在先之以识，使无识，则三者俱无所托。无识而有胆，则为妄、为卤（鲁）莽、为无知，其言背理、叛道，蔑如也。无识而有才，虽议论纵横，思致挥霍，而是非淆乱，黑白颠倒，才反为累矣。无识而有力，则坚僻、妄诞之辞，足以误人而惑世，为害甚烈。若在骚坛，均为风雅之罪人。惟有识，则能知所从、知所奋、知所决，而后才与胆力，皆确然有以自信；举世非之，举世誉之，而不为其所摇。安有随人之是非以为是非者哉？其胸中之愉快自足，宁独在诗文一道已也？[①]

其三是职业的敬畏。

文化是一个严肃的领域，它表达了人类社会的理想，也发挥了团结社会的重要作用。文化工作是一种职业，但这种职业召唤着一种特殊的敬畏之心。这就要求我们严肃地对待文化一切。在中国古代，有"敬惜字纸"的说法，也就是敬重文化的传统。清韶公《燕京旧俗志》记载："污践字纸，即系污蔑孔圣，罪恶极重，倘敢不惜字纸，几乎与不敬神佛，不孝父母同科罪。"[②]这就把对文化的敬重，与敬神敬佛、孝敬父母并列起来。晚清印光法师有这样的诗：

　　师严道尊，人伦表率，道德学问，是效是则。
　　养我蒙正，教我嘉谟，不敬其师，何能受益。
　　……
　　字为至宝，远胜金珠，人由字智，否则愚痴。
　　世若无字，一事莫成，人与禽兽，所异唯名。[③]

　　印光法师还批评一种现代现象："近世欧风东渐，不但普通人不知敬惜书籍字纸，即使读书儒士，亦不恭敬书籍，及与字纸。或置书于坐榻，或以书作枕头；或大怒而掷书于地，或抽解而犹看诗书。不但大小便后，概不洗手，即夜与妇宿，晨起读书，亦不洗手。每每以字纸揩拭器物，犹以敬惜为名而焚化

---

① 叶燮：《原诗》，人民文学出版社 1979 年版，第 29 页。

② 吴从先，闫荣霞评注：《小窗自纪：精装典藏本》，万卷出版公司 2015 年版，第 91 页。

③ 释印光：《印光法师文钞全集》第四册，团结出版社 2013 年版，第 1910-1912 页。

之。故致普通人无所取法。而垃圾里、茅厕中，街头巷尾，无处不是字纸遍地。舟车行人，每以报纸铺坐处；出外妇女，率用报纸包鞋袜。种种亵渎，不堪枚举。以故天灾人祸，相继降作，皆由亵渎天地间之至宝所致。不知此字纸中，皆有天地日月之字，圣贤经书之文。以此种至极尊贵之物，视同粪土，能不折福寿而现受其殃，贻子孙以愚劣之报乎！"①

在文化产品过剩、大量文字几成垃圾的当代，再来说"敬惜字纸"不啻是天方夜谭。但是，其中的精神仍然是需要继承的。既然公众敬惜字纸、尊重文化，那么对文化从业者来说，也就要对自己的产品有严格的要求，不能草率，不能马虎，不能以能出版、能上台、能卖出去为目标。正像工业化根本性地提高了生产力，创造了巨大的物质财富一样，文化产业也根本性地提高了文化生产力并创造了巨量的文化产品。如果说在此之前，文化产品和服务的供应长期处于供不应求的状态，那么，产业化的文化生产方式则提供了相对过剩的文化商品，文化"过剩"带来了文化贬值。早在19世纪，法国思想家托克维尔在考察美国时就敏锐地发现："在只有富人才能戴得起表的时代，表几乎珍贵得了不起。现在，表已经不再是什么稀罕物，而是每个人几乎都有。因此，民主制度并没有只使人的精神专注于实用工艺，它还使手艺人们快速地大量制造不够完美的制品，而消费者也满足于这样的制品。"他同时认为，在民主社会中，"人们不再追求伟大，而只注意优美和悦目，主要看外表而不重实质了。在贵族制度下，产生了很多幅伟大的绘画；而在民主国家，则出现了大量的平凡绘画。在前者，建造了一些青铜像，而在后者，则塑造了一些石膏像"②。民主社会艺术的趋势是艺术家的作品变得越来越多，但是每件艺术品的价值却大大降低了。当民主社会促成了文化产业之后，这个进程加快了。经验告诉我们：只有一张图片时，这一张图片顶得上千言万语。与此相反，有一千张图片时，尤其这一千张图片相同时，它们几乎一文不值。在文化稀缺的漫长岁月中，人们对文化产品只嫌其少，不嫌其多，文化产业极大地提升了文化生产力。到21世纪，文化市场几乎面临饱和，供大于求已经成为现实。虽然优秀的产品永远是市场上的稀缺品，但大量产品低水平重复，缺少原创性和唯一性，开始出现有产品

---

① 印光法师：《普劝敬惜字纸及尊敬经书说》，见《印光法师文钞续编》下，灵岩山寺弘化社1991年版。
② 〔法〕托克维尔：《论美国的民主》下卷，董果良译，商务印书馆2013年版，第623、625页。

无市场的现象。人们自然也就视之为无价值甚至不屑一顾。这与文化产业有关，却不能完全归结于文化产业。同时，平庸之作多而秀异之作少，成功占领市场的艺术家沾沾自喜而拒绝市场的天才们孤独艰难，这是文化史的普遍现象。这同样与文化产业有关，却不能完全归结于文化产业。但这一现象确实表明：文化产品与服务并不是越多越好，重要的还是是否高质、是否完美。剧作家何冀平在内地创作了《天下第一楼》等多部话剧，1989 年移居香港。到港后家人问她写《天下第一楼》用了多长时间，她回答是三年，对方听后说：在香港你这样会饿死。①这个轶事的含义是，部分文化企业通常不以追求高质完美为目的，它要的是快速提供消费者需要的产品，而市场对从业者的报酬也是根据量来计算的。这当然是文化产品过剩、贬值的原因之一。如果我们要求文化从业者像其他劳动者那样，定时定量地完成任务，那肯定收获不了优秀作品。不能要求所有的文化从业者都来"十年磨一剑"，但如果我们确实是在追求社会效益，那么控制自己的写作速度，追求产品的高质量，仍然是必要的。好莱坞电影《阿凡达》、日本宫崎骏的动漫作品，都体现了十年磨一剑的精神。

其四是平衡两种效益的艺术。

孔子最赞赏颜回，不是因为他的智力与成绩，而是因为他的境界与德性，特别是他的安贫乐道："一箪食，一瓢饮，在陋巷，人不堪其忧，回也不改其乐。"②这就是中国文化中著名的"孔颜乐处"，它塑造了中国文化人的生活态度，至今也仍然为我们所景仰。安贫乐道当然是圣人至少是君子才能拥有的品格和境界，但对于现代公民来说，"乐道"固然可以提倡，"安贫"却不具有普遍性。更重要的是，文化产业不同于古典文艺的重要区别在于，它有利益的追求。我们固然要追求社会效益，但也不能无视经济效益，不讲经济效益的文化，够不上文化产业。因此，这就有一个如何平衡价值观念与利益动机的关系问题。抽象地说，文化从业者当然要有文化情怀和道德理想，但既然我们所生产的文化是供社会公众消费的产品，当然就必须同时追求经济效益。问题在于，文化从业者如何处理经济效益与社会效益的关系。

以画家毕加索为例。他当然是 20 世纪最具艺术创造性的画家之一，同时也

---

① 张永明：《何冀平：梦里不知身是客》，《中国文艺评论》2018 年第 3 期，第 114 页。

② 杨伯峻译注：《论语译注》，中华书局 2006 年版，第 65 页。

获得了市场上的最大成功。有"立体画派的保护神"之称的丹尼尔·亨利·卡恩韦勒记得："很久以前，毕加索告诉我'我希望拥有大量钱财，像穷人那样生活'，这正是秘密所在——毕加索想像穷人那样生活，一直像穷人那样生活，但不必为明天担心。这是他真正的意思——免于金钱之忧。"①既要保持创作自由，又想拥有财富。这是无数艺术家与文化人的理想，毕加索之所以成功，在于他能够将这两种身份相对分开。毕加索需要的是画商成为自己事业的助推器，而不是使自己沦落为其赚钱工具。正是这种清醒的意识，使得毕加索在各个阶段既主动寻求稳定的画商，又能在与其进行商业交往中占据主动地位。当然，这种主动地位是以其优秀的作品和画商的前瞻性判断为共同的基础。毕加索从不屈从于画商的商业销售压力和审美趣味，并精通商业谈判，这就致使当他作为艺术家与画商发生矛盾时，他会毫不犹豫地另寻他人。正如毕加索有双重身份一样，画商也有双重身份，一种是鉴赏家，另一种是商人。鉴赏家的身份决定了画商会代理毕加索什么样风格的作品，而商人的身份则是决定了要从作品谋求利润。一方面是对艺术的真诚，另一方面是对商业成功的渴望。对于艺术的真诚，能够使得毕加索无论在困顿还是富足的境况下都会坚持对艺术永无止境的探索，也能够使得画商将保护艺术家和弘扬艺术视为一种无上的荣耀，从而将其作为第一目的，而不是纯粹为了盈利；对于商业成功的渴望，在毕加索方面不但可以获得体面的生活，也是对其艺术确认的另一种形式，而这一点对于画商来说则是对其鉴赏力、艺术家保护人的地位以及商业水准等方面的直接肯定形式。这也就是卡恩韦勒一再强调的要将商业上的成功变为道义上的成功。当然，这种共赢是有一个更为基本的前提存在，那就是艺术家必须创作出杰出的作品。②

这也是当代美国恐怖小说作家斯蒂芬·金的原则。他的惊险小说拥有巨大的经济效益，却也一直受到严肃文学界的批评。值得我们注意的是，金自己也仍然是严肃的：

---

① 王华栋：《毕加索的成功：艺术坚守+商业渴望——由毕加索的早期市场演变谈起》，《中国文化报》2017 年 5 月 20 日，第 8 版。

② 王华栋：《毕加索的成功：艺术坚守+商业渴望——由毕加索的早期市场演变谈起》，《中国文化报》2017 年 5 月 20 日，第 8 版。

我依然喜欢好故事，爱听好故事，也爱讲好故事。你也许知道（或在乎），也许不知道（或不在乎），我出版这本和下面两本书，赚了大钱。如果你在乎，那你也应该知道，在"写"（Writing）这件事上，我并没有得到一文钱。正如其他自发性的事情一样，写作本身是超乎金钱之外的。钱当然是好的，不过在创作时，你最好不要太去想钱。这种想，只会让创作过程便秘而已。①

对利益的追求不妨碍对文化价值、对社会效益的追求，这就是把市场动机置于文化理想与社会关切之下，在"大我"视界中的实现"小我"的目的。

第三节　守规矩与修德性

人品与文品，主观修养与客观产品，有关联而不等同。在利益原则、交换逻辑渗透到文化领域的今天，要求文化产业从业者都成为道德君子既不可能，也无必要。上面所说的文化素养、品德、境界等更多的是一种期待、一个理想。古人有云："立身之道，与文章异，立身先须谨重，文章且须放荡。"②"放荡"即不受束缚之意，这句话是说文章与立身判然两途。法国作家爱弥尔·左拉认为："作家写得不好，就是罪大恶极。文学中'罪恶'一词别无意义。……一个写得好的词句也就是一种德行。"③这就是说，作家的"罪恶"，主要不在其人，而在其作。如果我们承认文化工作者的社会责任是提供优秀产品，那么对其人的要求，就不在首位。"艺术与生活的差异甚至对立（它事实上常常被这些理论家作为前提而非结论），为艺术（包括叙述）免除了道德上的任务。"④

在此，我们面临一个中外文化史中一再出现的矛盾：我们有理由对文化从

① 傅月庵：《他先是喜欢写作，然后赚到了钱（代序）——略谈斯蒂芬·金的创作生涯》，见〔美〕斯蒂芬·金：《肖申克的救赎》，施寄青、赵永芬、齐若兰译，人民文学出版社 2016 年版，第 10 页。

② 严可均辑，冯瑞生审定：《全梁文》，商务印书馆 1999 年版，第 113 页。

③〔法〕左拉：《淫秽文学》，引自朱光潜：《文艺心理学》，见朱光潜：《朱光潜全集》第一卷，安徽教育出版社 1987 年版，第 302-303 页。

④〔美〕A. 麦金太尔：《德性之后》，龚群、戴扬毅译，中国社会科学出版社 1995 年版，第 286 页。

业者提出较高的品质和道德的期待，因为他们所从事的是"照料心灵"的工作；但我们又必须更宽容地对待文化从业者以保持其相对自由的心态和行为方式。充分理解这一矛盾，对文化从业者的文化素养的讨论和实践，就不能仅仅停留在传统规范、社会约束、政治需要等外部"要求"和"期待"的层次，而更应当内化为从业者的精神品性、人格气象和道德理想。

西方伦理思想的演变，给我们提供了一种线索。通行的规范伦理，其目的主要是提供有关行为规范的基本原则以作为我们日常生活中面临道德问题时的行为指导。据此，道德责任经常表现为"要如何如何"或"理应如何如何"，功利主义（后果论）和义务论则是规范伦理学的两个最著名的学说。但以阿拉斯戴尔·麦金太尔等为代表的一些哲学家认为，现代伦理即规范伦理注定是失败的。首先，规范伦理是根据现代科学的知识论或认识论模式而推导出来的，这种模式又基于"事实-价值的两分"（the dichotomy of fact and value）定式。科学主义者们坚信，一切有关文化价值或意义的见解都不可能成为"科学的知识"，最多只能是人类心理、情感和意愿的集中表达。比如英国哲学家 A. J. 艾耶尔就认为："……当我说某一类型的行为是对的或错的时，我并不是作出任何事实的陈述，甚至不是作出关于我自己的心灵状态的陈述。我只是表达某些道德情操。"[①]当包括伦理学在内的传统人文学实质上被逐出了"科学知识"领域之后，现代伦理学为了重新获得知识合法性，便越来越明显地偏向所谓普遍合理性或普遍规范化的伦理理路。规范伦理就是伦理的科学化、知识化，它实际上是被科学主义逼出来的。其次，规范伦理由于过分倚重甚至屈从现代政治和法律的单向公共化理解，因而导致对现代社会和现代人道德伦理生活世界的简单程序——规则主义一致性的片面理解，忽略了人类道德伦理生活和行为实践过程中的复杂多样性和特殊性。再次，"规范伦理学"也像现代政治哲学和法学那样，误解了现代社会和现代人的"公共性"，把"公共性"混同为"公共理性"，随之也误解了所谓公共伦理和规范伦理的价值意义。事实上，正如汉娜·阿伦特在其《人的条件》一书中指出的，古希腊的公共性概念的真正意义，并非现代人所理解的"普遍性""广泛性""可公共分享性"，而在于独具个性的卓越成就和超出常态的优异、优雅、优秀、高尚、尊贵和富有尊严的

---

① 〔英〕A. J. 艾耶尔：《语言、真理与逻辑》，尹大贻译，上海译文出版社1981年版，第122页。

超拔品质，进而以此作为引领整个城邦国家和公民去追寻卓越和高尚的价值典范。现代人以"公共理性"为基础的"公共性"观念是科学理性主义、市场经济的普遍有效和开放共享。总之，正如查尔斯·泰勒所说的："现代道德哲学倾向于聚焦'做什么是正确的'而非'善是什么'，并由此聚焦于界定'义务的内容'而非'善的生活的本质'……我们必须在我们日常的概念体系中，为'善的概念的至上性'留有空间或（毋宁说是）发现已存在的空间——无论善可能是什么，它都塑造和开启了我们的道德世界，并因而揭示或确立了我们作为道德主体的身份。"①

对文化从业者来说，规范伦理的缺陷更为突出。一是标准太低。在理想的意义上，文化产品的意义和价值，主要不在规范与约束，而在于通过感染、陶冶等方式敦风化俗、嘉言懿行，促进生活的美化和人性的完善。如此，文化从业者仅仅遵循、符合一般意义上的伦理规范是不够的，他们必须履行其社会角色所应承担的义务，我们也要求他们应有更高的思想境界、内在的善和美德，由这样的人所创造的产品才具有引领性、示范性。当然，在现实文化领域，有些人根本不重视自我修养，极少数人连一般社会规范都未能严格遵守，那是另一回事。至少在理论上、在预期上，"文化人""艺术家""知识分子"总是要比其他行业的从业者要高尚一些、优美一些。二是偏于形式。文化产品要有一定的独特性和创新性，就要保证文化从业者有比较充分的自由，有一定的随心所欲不逾矩的环境与心态。一些有创造性的人才，特别是艺术人才，经常是一些不守规矩的"天才""边缘人""颓废者"等。三是未能充分观照伦理规范与文化创造之间的矛盾性、冲突性。文化在社会生活中的效果，经常性突破陈规旧俗，而任何规范性的伦理，都有束缚个性、限制创造的保守性，所以文化生产总是在破除常规、反抗世俗中进行的。因此，规范性道德可以维持一个合格的文化从业者，但不能塑造一个理想的文化从业者，当然也不可能真正解决文化从业者的责任问题。

尽管麦金太尔等人没有专门针对文化从业者，但他们看到了规范伦理的不足和危机，并因此认为，我们要在外在化、碎片化的规范道德之上，重新寻找另外的伦理、道德标准，重新建构出以"真"与"诚"为道德本体基础的有"德

①〔澳〕阿比编：《查尔斯·泰勒》，韩升译，复旦大学出版社2013年版，第101-103页。

性的生活"。这就是通过回归"德性伦理"（the ethic of virtue，一译"美德伦理"）来重建共同文化。"德性伦理"指作为道德行为主体的个人在与其独特的社会身份直接相关的道德行为领域或方面所达成的道德卓越或者优异的道德成就，其目标是探讨一个人成为好人的标准和途径。德性是具体的，在每一时代都存在着属于这个时代的德性，虽然每部伦理学史都可以罗列出一长串的德目表，但其中任何一项德目都不是普遍适用于一切时代的德性。麦金太尔把西方历史上的德性观区分为三类：德性是一种能使个人负起他或她的社会角色的品质（荷马）；德性是一种使个人能够接近实现人的特有目的的品质，不论这目的是自然的或是超自然的（亚里士多德、《新约》和托马斯·阿奎那）；德性是一种在获得尘世的和天堂的成功方面功用性的品质（本杰明·富兰克林）。经过仔细比较分析之后，麦金太尔提出了一种基本上是亚里士多德式的概念："德性是一种获得性人类品质，这种德性的拥有和践行，使我们能够获得实践的内在利益，缺乏这种德性，就无从获得这些利益。"[1]麦金太尔对德性的论述有三个阶段：把德性看作是获得实践的内在利益的必需品质；把德性看作是有益于整体生活的善的品质；把德性与对人而言的善的追求相联系。这也就是"德性伦理"的三个要素或特征。

一是德性的"实践性"（及与此相关的"内在性"）。首先，德性是在实践中"获得"的。个体在实践中形成的行为习惯内化为内心信念，这就是德性。其次，拥有与践行这种"德性"，能够获得"内在利益"。实践即是内在利益的获得，利益的"内在"是指利益内在于某一类型的实践之中。因此，"实践"的意思是："通过任何一种连贯的、复杂的、有着社会稳定性的人类协作活动方式，在力图达到那些卓越的标准——这些标准既适合于某种特定的活动方式，也对这种活动方式具有部分的决定性——的过程中，这种活动方式的内在利益就可获得，其结果是，与这种活动和追求不可分离的，为实现卓越的人的力量，以及人的目的和利益观念都系统地扩展了。"[2]比如一个几岁的小孩，没有要学棋艺的欲望，但对几乎没有机会得到的糖果却有强烈的欲望。因此父母就会以下赢之后可以得到糖果为诱饵，使这个孩子下棋而且想下赢。只要这孩子下

---

① 〔美〕A. 麦金太尔：《德性之后》，龚群、戴扬毅译，中国社会科学出版社 1995 年版，第 241 页。

② 〔美〕A. 麦金太尔：《德性之后》，龚群、戴扬毅译，中国社会科学出版社 1995 年版，第 237 页。

棋的充足理由仅仅是糖果，并且假如他能成功地行骗的话，那么就没有理由不行骗。但我们有理由希望，总有一天，在那些为下棋所特有的利益中，这孩子将发现一种新的理由，如果是这样，那现在下棋的理由就不仅是要在一个特殊机会中去赢，而且要在棋赛的任何方面力图表现卓越。这就是说，下棋可能获得两种利益，一是依系于这类下棋和其他社会环境的机遇的外在的偶然性的利益，如孩子的糖果，成人的权势、地位和财富等，这些利益的获得绝不是仅仅从事某种实践，比如孩子要获得糖果，并不一定要通过下棋。二是那些内在于下棋的实践的利益。即除了下棋或其他特定类型的游戏，这种利益是不可能通过其他途径获得的。在这里，过程与结果是内在关联的。麦金太尔解释说："我们称这种利益是内在的，理由有二：第一……因为我们只有依据下棋或其他某种特定类型的游戏，借助于这些游戏的例子才可说明这些利益……第二是因为只有靠参加那种特定实践的经验才可识别和认识到这些利益。因此，那些缺乏相关经验的人是无能判断这些实践的内在利益的。"[①]

二是德性的"整体性"。"技能"是那些只在某些场合或特定类型的活动中使人获得成功的内在品性，而德性则体现在一个人的生活整体之中。"除非有一个目的（telos），一个借助构成整体生活的善（good），即把一个人的生活看成是一个统一体的善，而超越了实践的有限利益的目的，否则就将是这两种情形：某种破坏性的专横将侵犯道德生活；我们将不能够适当地说明某些德性的背景条件。这两种问题由于第三种问题而更为严重：至少有一种为传统所认识到的德性，它除了依据个人生活的整体，根本不能得到说明——这就是完善的或坚贞的德性。"[②]强调德性的整体性，所欲回应的是现代生活中个人生活的分裂。从 18世纪末的席勒到 19 世纪马克思的"异化"，再到"碎片化"是现代性的个人生活的基本特征和几乎无可挽回的命运，复杂的社会结构与社会分工把所有个体分成不同的职业角色，不同的职业伦理因此而兴起。由此带来的后果，是自我的被分割，是不同职业伦理的冲突。作为生活整体的道德要求的德性几乎没有存在的空间。因此，重提德性，就是克服现代生活的对抗、分裂、无意义和无力感。

三是德性的"传统性"。个体承载传统，我们对德性的追求，是在特定的

---

①〔美〕A. 麦金太尔：《德性之后》，龚群、戴扬毅译，中国社会科学出版社 1995 年版，第 238-239 页。

②〔美〕A. 麦金太尔：《德性之后》，龚群、戴扬毅译，中国社会科学出版社 1995 年版，第 256 页。

背景和范围内被传统、被环境、被他人所引导的。"德性伦理"的善的概念只有在一种持续存在的社会传统之中才可得到阐释和拥有。它不但与个体的道德人格和道德目的有着根本性关联，同时也与个体所处的特殊伦理共同体及其文化传统和道德谱系有着历史的文化关联。"自我不得不在社会共同体中和通过它的成员资格发现它的道德身份，如家庭、邻居、城邦、部族等共同体，但并不意味着，自我必须接受这些形式的共同体的特殊性的道德限度。但没有这些道德特殊性作为开端，就决不可能从任何地方开始；而对善和普遍性的寻求就出自于这种特殊性的向前的运动……摆脱特殊性进入完全普遍性的准则的领域，并认为这种普遍性准则是人本身所有的观念，不论在 18 世纪的康德哲学的形式中，或在某些现代分析道德哲学的描述中，都是一种错觉，并且是一种有着痛苦后果的错觉。"[1]德性伦理及其呈现方式总是"地方的"、特殊的，历史的或语境的，而不是普遍的、非历史的。道德总是存在于传统之中，传统的维持就是德性的维持，只有践行德性，才能赓续传统。因此德性既建构传统又被传统建构。德性伦理与规范伦理是两种不同的伦理观。德性伦理认为"德性"是人之为人的一种规定，道德完善是人自身的完善过程，是无限地接近于人的理念、成为真正人的无止境的过程。这是一种"至善伦理"：它直接指向至善。即成为一个好人，是没有止境的。不但亚里士多德，儒家伦理也是一种美德伦理。此即《大学》所说的"大学之道，……在止于至善"。这里的"至善"就是一种无止境的善。规范伦理则是一种"底线伦理"，即作为一个社会的人，必须遵循一定的规范性要求。由此而来的道德生活与个体的内在关联越来越少，而越来越多由外在的规则与行为规范主导。以伦理学的关键词"应该"为例。在德性伦理中，"应该"是表示一种行为或品质对于人的内在目的的实现具有价值，你最好拥有这种品质；规范伦理中的"应该"实为"必须"的意思，就是康德说的职责、律令。这样，从德性论看来，规范伦理提出的规范根本称不上什么道德性。一个人履行了义务，只是做了他必须做的事，没有什么值得称赞。一个真正的好人、有德性的人不仅要完成自己的职责义务，还要追求更高的境界和更完善的事功，比如助人为乐、舍己为人，那才是一个善人、好人应有的道德，才符合人之为人的目的——成为一个优秀的人、一个君子。把道德

---

① 〔美〕A. 麦金太尔：《德性之后》，龚群、戴扬毅译，中国社会科学出版社 1995 年版，第 279 页。

期待仅限于底线，正表明现代社会的道德宽容和道德中心主义的解体。从规范伦理看来，德性伦理是抽象的、空洞的理想主义。因为只有"义务"之内的事才是可以公共讨论的，公共伦理仅限于此范围，而超义务的行为尽管也是道德的，但那不是公共舆论所应该置喙的。当一种道德理论把一个私人自由选择范围的超义务作为道德义务来要求的时候，恰恰表明了这种道德要求的外在性。当君子不是个人自己的自由选择，而是出于某种外在伦理要求的时候，这种君子和道德学就可能是虚伪的。规范伦理注意划分"义务"／"超义务"的界限，后者完全归于个人私德领域。做不做圣人君子那是一个人自己的选择，社会不要求每一个人成为圣人君子，只要求他作为一个公民完成自己的职责。

从德性伦理向规范伦理的转变过程，也就是从古代伦理向现代伦理的转变过程。当德性伦理所产生和依赖的共同体文化解体之后，麦金太尔认为，转变的原因是一种"个人主义和官僚主义"占支配地位的"现代文化"置换了"对人的生活作整体的叙述性理解"的思维方式，"一种具有内在利益的实践概念""被移到生活的边缘"。传统的道德共同体分裂后，个体的生活也丧失了整体性，社会与个体都处于碎片化状态，德性在调节个人生活与人际关系中的作用日益式微，而不同的价值规范又经常性地处于冲突之中。麦金太尔对现代普遍理性主义规范伦理的激进批评，既是一种反现代主义的理论主张，也确实是对现代伦理文化和道德生活的诊断。

对文化从业者来说，德性伦理具有特别重要的意义。其一，德性伦理的实践性，重在行为者的内在善和美德。现代道德生活的最大危机，在于外在的规范日益完整细密，但内在的自觉修养匮乏。我们确实看到，确有极少数文化从业者立身不正、品行低下，有的甚至还有越轨与违法的行为。如果说规范伦理主要通过"说理""明理"而使行为符合道德准则，那么德性伦理主要试图通过"修身"与完善达到理想的道德境界。德性伦理的实现过程，是道德、伦理的主体化、个性化过程，是将外在的伦理要求内化为个体自身的道德品性、道德素质的过程。如果我们允许文化从业者特别是艺术家有一定的突破世俗伦理和人情之常的特权，那么这并不是允许他们"不讲道德"，而是要求他们追求内在的善，追求更好的自我，表现更高的美德。文化从业者的责任是为社会生产、分配文化产品，这些产品必须内含一定的道德倾向和伦理价值。因此仅外在的规范即便实现了它的目的，也不能保证文化从业者能有较高的品质并将其表现在其作品中。文化从业者的伦理必须同时关注行为体而不只是行为，而德性伦理就是出自个体德性的伦理，即以个体的德性为自因的伦理。

其二，德性伦理追求"内在利益"，与文化从业者的追求内在相关。如果没有这些德性，实践内在的利益就与我们无缘。文化从业者的伦理正表现在这一方面。麦金太尔以中世纪晚期到 18 世纪的肖像画实践为例，这一时期，一些肖像画家能够获得很多利益，如名声、财富、社会身份，有的甚至成为权力的尺度和法庭上有影响的人物，这些都属于肖像画实践的"外在利益"。其内在利益则在于两个方面，首先是作品的卓越，这既是画家工作的卓越，又是每一肖像本身的卓越。在朝着或超越其模式和种类多样的卓越的进步过程中，其发展的相续事件都有其目的和意义。当然这一进步是曲折的而不是直线的。正是在维持进步和对问题的创造性反应中，肖像画实践又有内在的第二种利益，即艺术家所发现的生活的利益。对某人而言，也许作为艺术家的生活并不持续他的一生，可就大的方面来看或至少就他生活的某个时期而言，他是个画家。"对这些内在利益的判断，至少要有某种能力，这种能力或者是作为一个画家才有的，或者是有系统地学习肖像画家所必须学的东西的意愿的人才可获得的。"① 简单地说，肖像画的实践，对于画家来说，一是卓越作品（至少是参与了通向卓越作品的进程），即有艺术上的成就；二是生活意义，即实现了作为（至少在某个时期）一个画家的好生活。外在利益与内在利益的区分在于：

> ……外在利益的东西的特征：当我们获得这些利益时，它们总是某种个人的财产和占用物，它们的特性决定了某人得到的更多，就意味着其他人得到的更少。这有时是必然，像权力和名声，有时是偶然环境使然，像金钱。因此，外在利益本质上是竞争的对象，在竞争中，既有胜利者，也有失败者。内在利益也确实是竞争优胜的结果，但它们的特性是他们的实现有益于参加实践的整个群体。所以，当英国画家脱尔诺在海景绘画上有了突破，或当 W. G. 格雷以相当新颖的方式发展了板球艺术，他们的成就都充实了整个相关的整体。②

---

① 〔美〕A. 麦金太尔：《德性之后》，龚群、戴扬毅译，中国社会科学出版社 1995 年版，第 240 页。
② 〔美〕A. 麦金太尔：《德性之后》，龚群、戴扬毅译，中国社会科学出版社 1995 年版，第 241 页。

这方面的例子很多。18 世纪英国历史学家爱德华·吉本在写完其巨著《罗马帝国衰亡史》后，回忆说："一七六四年十月十五日，在罗马，当我坐在朱庇特神堂遗址上默想的时候，天神庙里赤脚的修道士们正在歌唱晚祷曲，我心里开始萌发撰写这个城市衰落和败亡的念头。"[①]23 年后，这本巨著完成了。

> 这是一七八七年六月二十七日那一天，或者该说是那天夜晚，十一点至十二点之间，我在花园中一座凉亭里，写完了最后一页的最后几行。放下手中的笔，我在一条两边植满刺槐的林荫小路上来回走了几趟，从那小路上可以望见田野、湖水和群山。空气很温和，天色是澄彻的，一轮银月投影在水中，整个宇宙悄然无声。我不想掩盖当初因为恢复自由行动，以及因为也许著作成名而发生的欢悦情绪。可是我的自豪感不久就暗淡下来了，另有一种严肃的忧郁感布满在我心头，因为我想到，我同一个事事听我作主的老伙伴永远分手了，又想到我的这历史著作日后不管能存在多久，此书作者的生命必然是很短促而且休咎难卜的。[②]

吉本的得意之情与忧郁心态，就是写作《罗马帝国衰亡史》的内在利益，这种利益只有在书写实践中才能获得，也只有经过这一实践的吉本，才能体验这种利益。对文化从业者来说，能够在劳动一生之后拥有这种心情，应当说是最大回报。

其三，德性伦理注重传统性。传统之为传统，不仅因为它是过去的，而且因为它是规范的。我们不但无法摆脱传统，而且还在持续地生产传统。我们的文化产品，既是中华文化传统的当代表现，也在规划着、塑造着未来的文化。从根本上说，人是叙事的动物。最能讲叙事的，当然是作家、艺术家以及一切文化从业者。我们进入人类社会，就是带着一个或多个被委以的角色——进入那些指派我们的角色。所以如果我们能回答"在哪个故事或哪些故事里，我能发现我自己的一部分"这个问题，我就能够回答"我要做什么"这个问题。麦金太尔指出：

---

① 〔英〕爱德华·吉本：《吉本自传》，戴子钦译，上海译文出版社 2013 年版，第 113 页。
② 〔英〕爱德华·吉本：《吉本自传》，戴子钦译，上海译文出版社 2013 年版，第 154 页。

　　正是通过听许多这样的故事——邪恶的后母，丢失的小孩，善良但被错误引导的国王，养育孪生兄弟的狼，最年轻的兄弟们没有得到遗产但却在这个世界上获得了成功，年纪大的兄长们在放荡的生活中浪费了他们的遗产，离乡背井和猪生活在一块——儿童领会到或没有领会到一个孩子是什么，一个父亲或母亲是什么，而这一切都是这个戏剧中的那些角色，儿童们就降生在这种戏剧中；而这一切也就是这个世界的这些方面，儿童们就处在这个世界中。受虐待的儿童的故事，忧虑的口吃者，这在他们的行为中就如在他们的言词中一样，而你都把这些故事默记在心。因此，除了通过作为最初的戏剧资源的那些故事，我们无从理解包括我们自己的社会在内的任何社会。①

　　这是叙事的社会效益，也是文化从业者的"传统"定位：我们从此前的叙事中获得做人做事的准则，也通过我们的叙事向下一代讲述做人做事的准则。各种各样的文化叙事，把古今与未来联系起来。

　　必须指出的是，美德观念有其理想性和抽象性，日常生活仍然不可缺少规范伦理。事实上，德性伦理也脱离不了道德规范的阐释和应用，比如为了具体表明什么是一个好人，德性伦理同样必须拟定一些具体的行为规则和行为范例。德性伦理的最大优势正在于提供了道德动机的一个恰当说明，它表明道德的根本动力在于善良意志。美德是个体的能动品质，具有内在性和自律性，即自己引发一个行为、事件的能力。美德就是力量，行为是美德的外化。一个人有什么样的美德，就会选择和实践什么样的规范，不同的道德规范及其选择和实践过程体现着不同的道德品质。因此，我们应该深度阐发优良品德的规范基础，把美德教育与人格培养落实在具体的规范意识、规范实践上。事实上，规范也是德性的表现。要赋予规范伦理以内在灵魂，溯源规范背后的道德良知，使其不再仅仅是一种外在的需要遵守的规范，而且是每一个道德主体内在的自律意识。也就是说，要寓美德教育于规范传授、思考、认识和实践中，同时为践履道德规范找到内在的驱动力，即健全的人格和良

---

① 〔美〕A. 麦金太尔：《德性之后》，龚群、戴扬毅译，中国社会科学出版社 1995 年版，第 273 页。

好的动机。通过一种交互加强作用，使德性伦理与规范伦理形成一种紧密结合、互补互利的关系。

但是，这在道德上，是底线，也是高位；在文化上，更是底线，更是高位。在这里，美国批评家桑塔格的一句话，值得文化产业从业者时刻牢记：

> 如果没有利他主义，就不可能有真正的文化。①

①〔美〕苏珊·桑塔格：《后记：三十年后……》，见〔美〕苏珊·桑塔格：《反对阐释》，程巍译，上海译文出版社 2003 年版，第 357 页。

第十二章

文化企业的社会担当

文化企业以文化、创意和人力资本等无形资源为主要投入要素，生产文化产品，提供文化服务，并通过这些产品和服务获取经济效益。作为文化产业微观实践者，文化企业是最重要的市场主体，它是文化产业社会责任的主要承担者和具体实践者。文化企业不但要承担一般意义上的企业责任，而且应该承担必要的文化责任。从理论上说，获得良好的经济效益是社会效益最大化的基础，只有拥有一定的市场基础和受众数量，文化产品的社会效益才会发挥得更加广泛；同时，良好的社会效益是进一步提升经济效益的条件，只有那些具有一定文化内涵的产品才会被社会大众所欢迎。如果文化企业为了追逐经济效益而过分地迎合某些大众庸俗的心理需求，不仅对于社会无益，对自身的发展也是不利的。那么文化企业的社会责任究竟有什么特殊性？这就是本章的主题。

第一节　应尽的文化责任

现代文明的物质基础是工业体系，支撑这一体系并使之活跃起来的主导力量是企业。[1]随着机器在现代工业社会占据了主导地位，为利润而投资的行为变得日益普遍，企业因此成为社会经济的主体。与古典企业相比，现代企业实

---

① 〔美〕凡勃伦：《企业论》，蔡受百译，商务印书馆 2012 年版，第 3 页。

现了所有权与经营权的分离，这种现代企业制度以公司法人制度为代表，以股份有限公司为主要形式。企业制度不断发展完善，成为社会进步、经济增长和技术创新的重要动力，成为社会化大生产和市场经济的必然选择。尽管这种制度仍存在劳资矛盾、利益关系的不均衡以及内部人控制等弊端，但作为现代市场经济的重要组成部分，现代企业制度也在逐渐走向成熟，最终走向现代企业制度的完整建立。

企业是构成工业社会的细胞，它具有社会属性和社会功能。所有的企业都面临企业利益追求和社会责任之间的矛盾。早期的理论或"旧理念"认为，企业要按照所有者或股东的期望管理公司事务，在遵守社会基本规则即法律和道德规范的前提下创造尽可能多的利润。只要尽可能高效地使用资源来生产社会需要的产品和服务，并以消费者愿意支付的价格销售给他们，企业的社会责任就算完成。古典经济学家斯密认为，市场主体的活动本身就是实现社会责任的活动。"各个人都不断地努力为他自己所能支配的资本找到最有利的用途。固然，他所考虑的不是社会的利益，而是他自身的利益，但是他对自身利益的研究自然会或者毋宁说必然会引导他选定最有利于社会的用途。""所以，由于每个个人都努力把他的资本尽可能用来支持国内产业，都努力管理国内产业，使其生产物的价值能达到最高程度，他就必然竭力使社会的年收入尽量增大起来。确实，他通常既不打算促进公共的利益，也不知道他自己是在什么程度上促进那种利益。由于宁愿投资国内产业而不支持国外产业，他只是盘算他自己的安全；由于他管理产业的方式目的在于使其生产物的价值能达到最大程度，他所盘算的只是他自己的利益。在这种场合，像在其他许多场合一样，他受着一只看不见的手的指导，去尽力达到一个并非他本意想要达到的目的。也并不是因为事非出于本意，就对社会有害。他追求自己的利益，往往使他能比在真正出于本意的情况下更有效地促进社会的利益。"[1]根据这一生动描述，我们之所以有丰盛的晚餐，不是因为屠夫、啤酒制造者和面包师的善良，而是因为他们想要追求自己的利益。有人追求私利，有人得到服务，这就是"看不见的手"的作用。所以永远不要和屠夫、啤酒制造商和面包师说我们需要什么，只需要告诉他们：只有这样做他们才有利可图。这一观点为后来的新古典经济学

---

① 〔英〕亚当·斯密：《国富论》下卷，王亚南、郭大力译，商务印书馆 2014 年版，第 28、30 页。

所秉承。比如美国经济学家米尔顿·弗里德曼就认为："企业仅具有一种而且只有一种社会责任——在法律和规章制度许可的范围之内，利用它的资源和从事旨在于增加它的利润的活动。……公司领导人接受除了尽可能为自己的股东牟利以外的社会责任是一种风尚，而很少有风尚能比这一风尚更能如此彻底地损害我们自由社会的基础。这基本上是一个颠覆性的说法。假使企业家除了为其股东赚取最大的利润以外，确实具有社会的责任，他们又怎么知道责任如何呢？毛遂自荐的私人能决定社会利益如何吗？他们能否决定为了既定的社会利益加在他们自己或他们的股东身上的负担究竟多大才是合适的？"[①]总之，古典、新古典经济学相信，充分的、完全的市场竞争可以解决一切问题（包括社会问题），因为竞争是以一人之"自利"之心对抗另一人"自利"之心的最有效机制。公司经理是股东的代理人，因此，公司经理的决策应代表股东的利益，对社会只负有"有效生产产品和服务"的经济责任，关注社会问题不是企业的责任，而是政府和非营利组织的任务。企业目标第一是确保自己的生存，第二是利润最大化。古典经济学不是不顾及社会责任，而是认为市场经济内在地符合社会利益，企业的经济效益也就是企业的社会责任。

对"看不见的手"的乐观信念在逻辑上和实践中都遭遇矛盾。随着企业规模的不断扩大并引发了日益严重的社会问题，企业与社会的关系问题，逐步显现出来，成为管理学、社会学甚至政治学的重要课题。1923 年，英国学者欧利文·谢尔顿提出了"公司社会责任"的概念，把企业社会责任与企业经营者满足产业内外各种人类需要的责任联系起来。1953 年，有"企业社会责任之父"之称的霍华德·鲍恩开创了企业社会责任的研究领域，提出企业及其经营者要承担社会责任的观点："商人有义务按照社会所期望的目标和价值，来制定政策、进行决策或采取某些行动。"[②]树立企业社会责任观念的矛盾在于：一方面要缓和企业内在具有的利润最大化的动机，另一方面也要避免因社会责任而使得企业本该履行的经济责任被过度地转移到社会目标中。

---

① Friedman, M, The social responsibilities is to increase its profits, *New York Times Magazine*, September 13, 1970.

② 郑若娟：《西方企业社会责任理论研究进展——基于概念演进的视角》，《国外社会科学》2006 年第 2 期，第 34-39 页。

一般认为，关于企业社会责任，有两种理解或两个阶段。20世纪中叶以后，随着经济的持续发展和企业规模的持续扩张，企业带来了社会问题如环境不断恶化、劳资冲突等日益凸显，出现了企业社会责任新的理念与实践，即将企业的发展战略与社会目标联系在一起，企业社会责任由义务（"为行善而行善"）转向战略（"为赚钱而行善"）。[①] 1979年美国经济学家阿奇·卡罗尔提出，企业社会责任应包括四个层次的内容：第一层次为经济责任，即企业要确保股东的利益，追求利益最大化。第二层次为法律责任，即企业的生产经营活动要符合法律规定和市场游戏规则，在追求利润最大化的同时要遵纪守法。第三层次为伦理道德责任，指企业要遵守商业道德，公平、公正地展开竞争，避免恶性竞争。第四层次为慈善责任，即企业要为社会、教育、娱乐和文化活动等做一些慈善工作，为慈善事业捐献财物，用企业的财富造福社会。20世纪80年代，企业社会责任运动开始兴起，这是一个包括环保、劳工和人权等的广泛内容的社会运动，其关注点既有产品质量，也有环境、职业健康和劳动保障等。与此同时，一些与绿色和平、环保、社会责任和人权等相关的非政府组织以及舆论也在呼吁社会责任与贸易挂钩。基于日益增大的压力和自身发展需要的双重考虑，欧美跨国公司纷纷制定对社会作出必要承诺的责任守则（包括社会责任），或通过环境、职业健康、社会责任认证应对不同利益团体的需要。鉴于这类跨国公司制定的生产守则有明显的商业目的，且其实施状况无法得到社会的监督，所以在劳工组织、人权组织等非营利组织的推动下，"生产守则运动"由跨国公司自我约束的"内部生产守则"逐步转变为社会约束的"外部生产守则"。到2000年，全球共有246个生产守则，其中除118个是由跨国公司自己制定的外，其余皆是由商贸协会或多边组织或国际机构制定的所谓"社会约束"的生产守则。2002年2月在纽约世界经济峰会上，36位首席执行官呼吁公司履行其社会责任。其理论根据是，公司社会责任并非多此一举，而是核心业务运作至关重要的一部分。

至此，所谓企业社会责任不是指企业的慈善行为，不是企业家的道德责任，而是指企业在实现利润最大化的同时，兼顾企业职工、消费者、社会公众及国

---

① 〔澳〕班纳吉：《企业社会责任：好的、坏的和丑陋的》，肖红军、许英杰译，经济管理出版社2014年版，第10页。

家的利益，履行保护环境、消除污染等社会责任，即企业须将其经营目标与社会目标统一起来。按照较为普遍的"基础责任"和"自愿责任"的区分，企业社会责任可以是个同心圆：最核心的是包括产品、工作和经济增长的基本经济责任，中间是包括注重环境保护和雇佣关系、追求安全和公平的对社会价值的维护，外延则是为改善社会环境而采取的更多行动。也可以是一个金字塔：从低到高排列着经济责任、法律责任、伦理责任以及慈善责任，它们分别代表盈利、守法、行事合乎伦理以及成为一个好的企业公民。这些划分和顺序奠定了企业社会责任的基础，但也留下一个逃脱社会责任的借口：企业社会责任只有盈利之后才会出现。防止这一借口的解释是这些责任应该同时实现，好的企业应该在获取利益的同时做到守法、有道德，从业者应成为社会所需要的企业公民。①

把伦理与道德议题纳入企业社会责任，表明企业社会责任不只是一个规则系统，也是一个文化系统。古希腊的柏拉图和亚里士多德、《旧约》中的《十诫》、中国的儒家，都提出过相同相似相通的商业-经济伦理，现代很多知名企业也都有其伦理守则。企业伦理内化于企业管理者和企业员工的思想观念和行为实践中，外化于企业的管理实践、企业文化、企业活动之中。英国经济学家彼得·汉斯兰提出"道德的企业精神"（ethical entrepreneurship）的概念：把企业家的道德基因移植到他们的企业中，使企业本身就是道德的，以至于企业不需要对照规章制度就可以自由自发地以道德的方式做生意。如果说政府是看得见的手，市场是看不见的手，那么道德就是第二只"看不见的手"。把汉斯兰的论述简化一下，这其实就是企业社会责任"内化"和企业的"伦理自觉"。进入这一境界的企业，按汉斯兰的说法，就是"善良的企业"——"'善良的企业'既不是个矛盾的概念，也不是白日梦，而是每天数以百万计的人在其中工作的现实。"在"善良的企业"中，利益和道德并不冲突，责任同时也可能是机会。如果找到一种成功的商业模式，企业完全可以让包括股东、消费者、员工等在内的每一个利益相关者都获得回报。建设"善良的企业"是完善市场机制的一种努力。善良的企业、好的市场可以把道德、精神、关系、机制这一

---

① 侯丽敏：《道德与利润的平衡——企业社会责任价值创造研究》，华东理工大学出版社 2013 年版，第 17-19 页。

切都综合起来，让企业和企业家通过做对的事情来赚钱，最终把利益动机与社会责任统一起来。①

这种对企业社会责任"内化""自觉"的期待，蕴含着对市场机制、政府监管的某种不满足。问题在于伦理能够约束市场、道德能够规范企业吗？这个问题可能要永远争论下去。可以肯定的是，在企业社会责任问题上，没有伦理准则不行，仅仅有伦理准则也不可靠。迄今为止，企业社会责任主要还是一种道德责任而非法律责任。因为主要是道德责任，所以有不少企业的社会责任处于严重缺失的状态，但又不能因此而对企业社会责任进行严格的法律约束，所以如何确保企业实现其社会责任，是一个需要重视的问题。

20世纪末以来，"企业社会责任"的概念也为中国所接受。一些学术机构、非政府组织以及在华国际组织开始对社会责任进行系统的介绍和广泛的研究、讨论。越来越多的企业认识到，企业落实社会责任，实现企业经济责任、社会责任和环境责任的动态平衡，对企业是有利的。一些有重大影响的企业开始公布企业社会责任报告（包括以企业公民报告、可持续发展报告等名称发布的报告）；一些行业协会纷纷发布社会责任指南、报告等。政府部门也开始关注企业社会责任建设工作。2018年修正通过的《中华人民共和国公司法》第五条规定：公司从事经营活动，必须遵守法律、行政法规，遵守社会公德、商业道德，诚实守信，接受政府和社会公众的监督，承担社会责任。公司的合法权益受法律保护，不受侵犯。正在成长中的企业面临着双重任务：一方面是像其他企业一样去突破原有的经济管理体制，充分发挥市场主体的积极性，建立独立的经济体制，提高企业的经济效益；另一方面，也要主动地去承担社会责任，实现经济效益和社会效益的有效结合。企业社会责任包含文化责任。这有三个层次。

首先，社会责任包括文化责任。这一是因为企业不是机器也不是动物，而是由具体的人来运行的组织，即使企业员工不是道德人，却是具有接受道德评价的道德身份，其生产、经营、管理行为无不具有道德的内涵。二是因为企业社会责任的目的是维护社会道德价值，比如公正、诚信等，所以即使是销售产品这一似乎是纯经济的行为，也具有营造一种符合文化伦理的社会氛围的性质。

① 田晓玲：《英国剑桥大学商业变革中心主任彼得·汉斯兰：道德可以给企业带来利润》，《文汇报》2013年6月24日，第13版。

三是因为企业承担社会责任，需要文化上的积累与指导，拥有一定文化内涵的企业及其经营者会更加积极主动地承担社会责任。总之，企业社会责任这个概念本身，就具有文化的意义和要求。离开了特定的文化传统与环境，我们甚至无法讲清社会责任的内容。

其次，"企业社会责任"包括对人的价值的关注，对环境、消费者、社会的贡献等，本身就是文化性的责任。对人的价值、对社会的贡献等，不同文化有不同的理解。企业雇的员工是一个人。只有保持对人的尊重，才可能真正把人的才能释放出来；只有把社会责任内化于全体员工的行动之中，企业社会责任才会真正落实到每一个人身上。合格的企业应致力于"创造一个更符合人性的工作环境并且取代一些纯粹机械性的生产环节"。[1]实践已经一再表明，那些有责任心的企业，其经营发展可以取得事半功倍的效果。在竞争环境下，那些确实生存下来的企业，需要依靠员工们持续不断的贡献，来保持企业的成就和取得进一步的成功。根据管理心理学家埃德加·沙因（一译埃德加·施恩）的说法，劳动者除去与企业签订正式的劳动合同之外，还会形成自己的"心理契约"，即"个人将有所奉献与组织欲望有所获取之间，以及组织将针对个人期望收获而有所提供的一种配合。"[2]这是存在于组织和成员之间的一系列无形、内隐、不能书面化的期望，是在组织中各层级间、各成员间任何时候都广泛存在的没有正式书面规定的心理期望。"心理契约"是内隐的，不受法律保护，但有激励效果。它虽然不是一种有形的契约，但它确实又发挥着一种有形契约的影响。如果劳动者感觉到企业勇于承担责任，尊重自己的人格和权利，就容易形成关系型的"契约"，劳动者对企业的信任感、归属感和忠诚度将大大增强。在"有责任"回报企业的心理动机的支配下，劳动者会自发努力工作。在关系型心理契约下，劳动者将更重视与企业的长期合作关系，更愿意与企业长期共同发展，不过分看重短期物质利益，从而对自己的行为加以约束和规范。

最后，企业的经济目标本来就蕴含着文化效果。19世纪下半叶以后，在"边

---

① 〔德〕魏尔汉：《企业家的经济作用和社会责任》，雷立柏等译，华东师范大学出版社2011年版，第156页。

② 〔美〕E·H·施恩：《职业的有效管理》，仇海清译，生活·读书·新知三联书店1992年版，第120页。

际革命"的支持下，西方经济学主张"价值中立"，以"经济财富与人的幸福感正相关"为假设，把"发展"作为主题，一方面使经济学成为研究财富增长、研究发展的学问而无视财富分配问题，另一方面又追求与物理学和数学相媲美的精确的经济学使经济理论演变为过度简化的数学模型。物极必反。1999 年，经济学家阿马蒂亚·森出版《以自由看待发展》一书，摆脱狭隘的经济发展观，阐释经济发展的本性是自由的增长，说明公平如何能减少贫困促进成长，而人的"实质自由"是发展的重要手段和最终目标。该书不但以重建经济学的伦理内涵为目的，而且深入探索了具有操作性的分配正义理论，作者因此被称为"穷人的经济学家""经济学良心的肩负者"。2014 年，同样是鉴于全球范围内收入与财富不平等以及这种不平等世袭化的趋势，法国学者托马斯·皮凯蒂在《21世纪的资本论》一书中以大数据为依据，得出 r>g 的公式，即资本利润的收入总是大于国民经济总收入的结论。他以此说明社会财富总是集中在少数人手中的原因，提出经济学研究应以财富分配为中心议题。阿马蒂亚·森与皮凯蒂都以经济发展与收入不平等的关系，也即两极分化为主题，吸取伦理学、社会学、心理学、哲学和其他科学的研究成果，重视历史和制度在经济发展中的重要性，质疑传统经济学"无人身""理性经济人"的前提，把公平正义的道德标准引进经济学，把经济学研究与人类面临的一系列重大问题联系起来。在这样的背景下，企业的社会责任当然也需更加重视公平正义等政治、道德责任，当然也需要更加重视文化责任。

第二节　应有的专业自觉

由于文化企业与一般企业在价值生产方式、投入要素、产品内容等方面存在差异，其对社会的影响与一般企业存在很大区别。文化企业的社会责任涉及公众的精神世界塑造和社会整体的价值观取向，更多地体现在价值观的引导作用上。因此，除了要承担一般企业共同需要承担的社会责任外，文化企业还应承担特殊的文化责任，即其所提供的产品与服务应当有助于社会建设与文化建设。

第一，目标自觉，生产符合社会需要的文化产品。

文化企业之所以是文化企业，就在于它是社会中生产和提供文化产品与服务的主要部门，它的全部追求是为社会生产合格的文化产品。所谓"合格"，有两层含义：一是为社会所认可、所期待、所欢迎的；二是具有文化价值，即具有真善美品质的产品。文化经济学家戴维·思罗斯比指出："一件艺术品的真正价值在于它具有内在的审美价值、艺术价值或者更宽泛意义上的文化价值。这样一种文化价值的人文主义观点强调的是文化物品的普遍性、超越性、客观性与无条件性。"[①]文化商品消费的目的在于让消费主体通过体验、感知、想象等途径来构筑一个属于自己的意义世界。只有内容丰富、风格独创、制作完美的产品，才能受到公众喜爱，也才能占据市场并带来源源不断的经济利益。所以文化企业的目标必然是文化的，它必须以维护其产品的文化价值为标尺。

之所以重点提出文化产品的价值问题，是因为文化企业有追求市场效益的经济责任，也是因为在市场竞争的环境下，文化企业作为一个理性的市场主体，容易受到经济利益的诱惑而忽略文化价值和社会责任。一面是享乐主义的消费行为，一面是缺乏自我约束和价值规范的"经济人"推崇的功利主义、拜金主义，两相配合，部分文化企业在生产文化产品时往往只关注它能否获取高额利润而缺乏文化自觉和价值追求。在实际过程中，存在不少为迎合市场和大众的各种需求而生产的文化产品，当经济利润与社会责任产生冲突时，部分企业往往会选择牺牲社会责任。因此，对于企业而言，要避免急功近利的心态，不能为了迎合市场而降低自身的文化品位与艺术追求。这就需要文化企业的经营者和管理者具有较高的社会理想和人文情怀，对是非好坏、真假美丑有自己的判断力和取舍标准。

首先要维护产品的文化品质。文化产品不像其他物质产品那样有可以量化的标准，一般而言，生产企业对此也是了解的。但问题是，市场导向使得某些企业更倾向于消极地满足消费者的需要，而部分消费者在物质上刚刚脱贫，在文化生活上尚未启蒙。这样，这些生产者与消费者共同创造了这样一种文化市场，即英国学者迈克·费瑟斯通说的："高雅文化与大众文化之间层次分明的

---

① 〔澳〕戴维·思罗斯比：《经济学与文化》，王志标、张峥嵘译，中国人民大学出版社 2011 年版，第 28-29 页。

差异消弥了；人们沉溺于折中主义与符码混合之繁杂风格之中；赝品、东拼西凑的大杂烩、反讽、戏谑充斥于市，对文化表面的'无深度'感到欢欣鼓舞。"①虽然说文化产业的很大一部分产出是通俗文化，但如果让通俗等于低俗、庸俗甚至恶俗，那么它们可能满足了市场，却扭曲了文化价值观，蒙蔽了年轻一代。与此相应的另一方面，是原来的"高雅"艺术在商业利益的驱使下也部分媚俗，成为并不健康健全的文化市场的俘虏。当我们热情地宣讲文化产业的发展成果时，也应当警觉于文化产品的品格和质量的下降，并把这种警觉传递给文化企业，催化文化企业的文化自觉，使其承担起文化和社会责任，维护基本的文明规范，尽量过滤所有可能导致品质下降的各种因素，提升内涵与品质。

其次是保护版权和倡导创造。文化是人类独创性的精神劳动成果，它本身即是创造性的，这也是文化产品的核心形态，这种创造性的精神生产是进行进一步物化生产的基础。机械复制打开了文化产业发展的新时代，可复制的文化产品从根本上说就涉及版权保护问题。因此，文化产业也常常被称为版权产业。法兰克福学派对文化生产标准化和模式化的分析批判，并不意味着这就只是重复抄袭或低水平模仿。相反，拥有一批自主产权的产品，是文化企业的标志和命脉，只有那些具有精神创造性和艺术造诣的文化产品才能获得长盛不衰的生命力。因此，文化产品在内容上要具有原创力，这是文化创作的源泉。然而，目前文化市场中一些侵权盗版行为，打击了文化创作的热情，更重要的是盗版产品质量参差不齐，严重影响了文化产品的社会效益发挥。因此，一方面，文化企业在生产文化产品时要注重原创性；另一方面，为了鼓励原创、提高文化从业者的创作热情，就要重视版权保护，自觉按照相关的版权保护制度和版权法律行事。

最后是传承民族和地方的优秀传统。中国文化产业兴起于全球化进程之中，文化产品对内是弘扬中华传统的载体，对外是传播中华文化的媒介。我们不能无视的是，一些企业过度地开发和挪用文化遗产，使遗产成为企业获取经济利益的招牌，空有民族文化之形式却不见真正的民族文化的精髓。一些产品只是借用传统的一些符号和元素，丧失了传统的内容。一些产品戏拟、扭曲、

---

① 〔英〕迈克·费瑟斯通：《消费文化与后现代主义》，刘精明译，译林出版社2000年版，第11页。

误解传统文化，把一些优秀传统变成戏谑、嘲弄的对象。造成这一现象的原因之一，是以商品化、娱乐化的态度对待传统遗产。约瑟夫·奈认为，流行文化是"软实力"的资源，这是因为美国流行文化再现了美国的现实生活和精神状态，并对他国产生吸引力。反之，如果没有这些内涵和功能，流行文化就不可能是"软实力"的资源。①也有中国学者比较传统文化与流行文化并对后者的"软实力"表示怀疑："传统文化往往具有较强的认同，会成为一个团体无须明言的行为规范。这种认同不是靠内部人的定义，而是因外部环境才会得到凸现。传统文化正因为拥有这种特征，一般会与条文制度形成互补性体系。它被他者所模仿的难度越大，其价值就越高。与此相反，流行文化不具备传统文化的这种行为规范特征，它很大程度上是一种生活方式的选择，比较容易被模仿，甚至可以通过契约性交换获得。""美国向世界输出的文化，一般来说是流行文化。这种文化是 19 世纪末以来伴随美国的大量生产模式和'品牌商品'的开发。寡头垄断企业利用新兴媒体使人类社会'普遍消费者化'的结果。第二次世界大战后，在跨国企业的推动下，'大众消费社会'式的美国生活模式在世界范围内得到传播。然而，在该过程中得到传播的仅仅是美国当代（或某一时期）的生活模式，并非其传统文化。显然，流行文化不具备长期效果，只会影响一些特定阶层的特定消费者，更不会成为一个社会或一个团体的行为规范。因此，对约瑟夫·奈所谓的软实力文化源泉，我们需要有一个更加明确的概念，美国当代的流行文化并不是美国软实力的源泉。"②这种论点虽然过于斩钉截铁，但有助我们认识流行文化在作为"软实力"资源方面的局限性。在回答中国如何建设文化"软实力"的问题时，众多论者都提出要大力发展文化产业，这当然没有错，但还应当对文化产业进行更细致的规定。只要我们还认可"文化是为社会创造意义的一整套价值观和实践的总和"的定义，流行文化就不能满足于娱乐、消遣游戏，而必须有内容、有意义、有品位，有自觉的家国情怀和规范意义。当然，参与"软实力"建设，是中国文化产业的一个重要使命，却不

---

① 参见单世联：《"软实力"论述中的流行文化——兼论"软实力"的中国话语》，《上海财经大学学报》2014 年第 6 期，第 12-20 页。

② 王京滨：《中日软实力比较》，见门洪华主编：《中国：软实力方略》，浙江人民出版社 2007 年版，第 172 页。

是唯一使命。也就是说，一些流行文化产品虽然不能作为软实力的资源，但它们能够满足文化市场的需要、丰富公民文化生活，所以仍有存在的价值和必要。但如果要讲文化软实力，则必须对流行文化有若干内容和风格的更高要求，或赓续中国传统，或再现中国现实，或表达当代价值观念，或体现中国道德规范，总之要有对中华精神、中华品质的传承。

第二，生态自觉，承担文化生产的环境责任。

与传统的农业、工业生产方式对比而言，文化产业版权产业、智慧产业是环境友好型产业。但这只是理论上的说法。在现实的产业发展中，浪费资源、污染环境、破坏生态的行为和现象并不少见。文化旅游景点建设威胁环境的承载力，影视产品的大场面、大制作牺牲了制作基地的生态环境。一些产品展现在受众面前的是精品力作，但其生产方式却仍是粗犷的，其对生态环境、历史古迹、文化遗产的破坏已经造成无法弥补的损失。必须看到，我国部分文化企业目前仍然处于粗放式的数量扩张阶段，更多是以经济数据而不是生态效益、环境贡献为评估指标体系的基础。在这种情况下，负责任的文化企业应当从"大而全"转向"小而美"，抛弃经济至上的思维方式和工具理性的认知态度，不是一味地追求轰轰烈烈的发展，而是需要深入到文化系统之中，对文化资源进行精细化开发和挖掘，促进人与自然的协调发展。

文化企业的环境责任，不限于自然环境，也涉及文化环境、社会环境。2009年，一部影片出品方首次向媒体承认，存在虚假票房宣传的问题。从此，电影行业伪造票房的内幕逐渐被揭开，一些高票房电影皆被质疑造假，使得电影行业内票房数据丧失公信力，引发了社会对电影行业信任危机。尤其严重的是，制片方、发行方、院线方和影院四个直接的利益主体都不同程度地参与了虚假票房：制作方、发行方炒作宣传，制造噱头，意在吸引观众，增加排片；院线方和影院虚假宣传自身放映实力，意在吸引优质片源和观众；影院造假意在减少上缴税费，获得更多收入。在一部电影票房造假的背后，是多个企业丧失诚信，说谎造假。这不但败坏了影片与企业的形象和公信力，也破坏了我国的电影生态和文化生态。电影行业亟须整治造假问题，肃清风气，重整行业纪律。2017年3月正式施行的《中华人民共和国电影产业促进法》第三十四条规定："电影发行企业、电影院等应当如实统计电影销售收入，提供真实准确的统计数据，不得采取制造虚假交易、虚报瞒报销售收入等不正当手段，欺骗、误导观众，扰乱电影市场秩序。"

第三，效果自觉，保持与文化市场的密切互动。

一般物质产品进入到消费与使用阶段时，它的意义就已完成。例如，食物被人们食用时就解决了饿的问题，水被人们饮用时就解决了渴的问题。然而，文化产品只有在被人们消费时，它的意义生产才宣告完成。古人用"余音绕梁，三日不绝"形象地表达了文化产品对人的精神世界的持续影响，一个人关于文化的积累甚至会影响他的一生。从这个意义上说，文化产品要比一般的产品更加注重消费者的体验，不能认为只要把文化产品成功地推向市场获得了利润就算完成了任务。以蔚然兴起的网络文化为例，其中不但有色情、诈骗与网络欺凌等风险，还有引诱青少年"游戏成瘾"的问题，近年来一直有成瘾者造成个人、家庭、社会、教育、工作或其他重要方面的损害的案例。2018 年 6 月 18 日，世界卫生组织（WHO）发布了新版《国际疾病分类（预先预览版）》，将游戏障碍添加到关于成瘾性疾患的章节中。这不但反映了成瘾性疾患的严重性和普遍性，也提醒网络文化企业以及所有文化企业有责任观察其产品的市场反应，充分评估产品后果，与消费者建立良好的互动反馈机制，形成一个关于生产与消费的有机循环过程。

首先，文化企业在生产过程中就要正视消费者的主动性和能动性。很多文化企业遭遇经济效益和社会效益的失败，最根本的原因就在于没有把消费者当作真正的人看待。它们普遍陷入一个将大众文化等同于群氓文化的误区，即认为受众是一群毫无分辨力的消费者，他们机械、被动、麻木不仁。[①]事实证明，那些把文化消费者当作傻瓜的文化企业面临的只有市场的失败。数字传播技术广泛介入文化生产以来，自媒体时代已经到来，消费者不仅被动地接受文化产品，还会利用自身的能动性向市场、向企业提出自己的要求，参与了文化产品的再生产过程。这不仅要求文化从业者自身在生产过程中要成为理性主体，更要把文化消费者当作理性的主体看待。把消费者考虑进来，就是把文化产品的社会效益考虑进来。任何不考虑消费者的生产，都不可能实现文化企业的文化责任。

其次，文化企业应充分尊重但绝不一味迎合消费者的文化需要。消费者会

---

① 〔英〕约翰·斯道雷：《文化理论与大众文化导论》第五版，常江译，北京大学出版社 2010 年版，第10 页。

在市场中对自己的需要进行表达，文化企业在生产过程中面临着两种选择：一是正确审视消费者的理性需要，关注并提升产品质量；二是一味迎合消费者的低俗需要，不考虑产品质量。文化企业要尊重市场需要，但要理性判断哪些是有助于提升和丰富消费者精神世界的正确需要，哪些是消费者低俗的欲望表达。例如，色情产品固然能够满足消费者的欲望，获得丰厚的经济利润，但这种满足是以牺牲高质量的文化品格为代价的，其后果只能是造成消费者精神世界的空虚。相反，那些在历史长河里涤荡下来的优秀的人类文明与智慧的结晶，这个时代所需要的正直、善良、诚信等做人的基本素养，都应该在文化产品里有所体现。文化企业应该自觉地引领文化发展的正确方向，矫正那些已经遭到扭曲的人生观与价值观。

最后，文化企业应与消费者保持良好的互动关系，建立和完善市场信息反馈机制。认识到消费者并非机械被动地存在，就要充分重视消费者在体验文化产品后的感受与反应，对自己产品的后果做出有效评估。文化企业对消费者意见的重视会进一步激发消费者参与并改进文化产品的热情，从而能够延长文化产品的生命周期，为企业发展的正确目标指明方向。对此，文化企业应该综合多种指标对其产品的市场反应做出评估，而不仅仅以利润为单一指标。文化产品的利润可能与质量不成正比，例如一部卖座的电影获得了可观的票房收入，但它往往是通过市场营销、宣传与推广达到的效果，其电影制作水平与市场口碑却不见得很好。这种靠外在包装的文化产品虽然短期内获得丰厚利润，却不利于企业的长期发展。因此，文化企业在将产品推向市场时，要密切关注市场反应，利用各种手段收集消费者反馈的信息，进一步提升产品质量。

第四，企业自觉，充实与扩展企业文化。

成熟的企业都有自己的企业文化，企业文化是指存在于公司当中的一系列价值观、规范、仪式、正式规则以及有形的人为事物等。文化企业的企业文化，应当有区别于非文化企业的企业文化。充分论述这一点，比较困难。笔者的看法是，非文化企业如果短时间达不到实质性的企业文化，可以暂时满足于表象性的"企业文化"，但仍需朝实质性的"企业文化"迈进，而文化企业则应实践实质性的"企业文化"。这里我们以美国管理心理学家埃德加·沙因的论述为中心，进行一些分析。

20世纪80年代，鉴于日本企业竞争能力的快速提高，管理学界提出了"组织文化"或"企业文化"的概念并进行了大量研究。一般认为，"组织（企业）文化"包括十项内容：①团体规范：工作团体中形成的隐含的标准和价值观。②信奉的价值观：团体宣称要设法实现的一系列公开声明的原则和价值观。③正式的哲学：指导团体在面对股东、员工、顾客和其他利益相关者时采用的广泛的政策和意识形态原则。④游戏规则：组织中运行的隐含的未写明的规则。如一个新成员必须学会这种规则才能被接受。⑤气氛：团体通过物理布局和组织成员与彼此、顾客或其他局外人互动的方式所传递给人的感觉。⑥嵌入式技能：团体成员在完成任务时所表现出来的特殊胜任能力，无须凭借书面表达就可以使某些事物代代相传的能力。⑦思维习惯、心智模式和语言范式：一种共享的认知框架。⑧共享意义：团体成员在彼此互动中自然形成的理解。⑨"原始的隐喻"或整合的象征：团体用以描绘自己的方式，可能被意识到也可能不会，但它们已深深嵌入到建筑、办公室布局和其他人工饰物中，它们所反映的是成员的情绪和审美反应，而不是他们的认知与评价。⑩正式礼仪和庆典：团体庆祝关键事件的方式，反映成员们的重要价值观或重要的阶段。如晋升、重要项目结项，等等。全球很多企业都把这十点作为"企业文化"建设的中心。

但在沙因看来，所有这些虽然与文化有关或反映了文化，但它们还不是组织文化或企业文化。有关企业文化的真正问题是：既然有了规范、价值观、行为模式、礼仪、传统等概念，为什么还需要"文化"？因为"文化"这个词增加了一些关键性要素。哪些因素呢？沙因的回答如下。

结构稳定性：当我们说文化时，不仅指共享，还含有稳定的意思。"文化"界定了这个团体，一旦获得团体的认同，文化就成了主要的稳定力量，且不会轻易消失。即使组织中的某些成员离开了，文化还会存在。

深度：文化是一个组织中最深的部分，通常不易被觉察。由这点出发，上述十个要素都是文化的表现形式而不是文化的真正含义。

广度：文化一经创立，它就涵盖了组织的所有功能。当我们说到一个组织的文化，其实就是在说这个组织的所有运转。

建模或整合：文化将所有元素建模或整合到一个更大的、由各种不同的更深层要素组合而成的范式或"完形"之中。这种建模或整合源自人类尽可能将自己所处环境改造得合乎情理并井然有序的要求。杂乱无序或不合情理令我们感到焦虑，所以我们通过形成更一致且可预测的观点对"事情是怎样的及事情应当是怎样的"进行统一，来尽量减少这种焦虑。[①]

　　根据"文化"概念所增加的这些因素，沙因将组织文化定义为："在解决它的外部适应和内部整合问题的过程中，基于团体习得的共享的基本假设的一套模式，这套模式运行良好，非常有效，因此，它被作为对相关问题的正确的认识、思维和情感方式授予新来者。"[②]这种定义下的组织文化有三个层次。

　　（1）外显的人工饰物：团体中的可视产品、（从着装、处事、情绪表达方式以组织传奇和故事中体现出的）团体风格、发表的价值观明细表、可以观察到的礼仪和庆典等。

　　（2）信奉的信念、价值观、规则和行为规范：团体成员日常行为的指导原则，不但清晰而且环环相扣，被用于指导员工处理某些关键性情境和培训新员工，服务于团体的规范性和道德功能。一组信念和价值观若变成具体的思想体系或组织哲学，就能作为处理不可控或困难事件的不确定性的指导方法。

　　（3）基本深层假设：组织文化的核心或精华是早已在人们头脑中生根的不被意识到的假设、价值、信仰、规范等，由于它们大部分处于一种无意识的层次，所以很难被观察到。然而，正是由于它们的存在，我们才得以理解每一个具体组织事件为什么会以特定的形式发生。这些基本隐性假设存在于人们的自然属性、人际关系与活动、现实与事实之中，可以分为六个维度：①现实和真理的本质：界定自然领域和社会领域中什么是真实的、什么不是真实的、什么是事实、真理最终如何被确定、真理是否可以被揭示或发现的共享假设。②时间的本质：界定团体内基本概念、如何定义和测量时间、有多少种时间以及文化中时间的重要性的共享假设。③空间的本质：关于空间和空间分配、空间是如何分配的、一个人周围象征意义、空间在界定亲密程度或隐私关系中所扮演角色的共享假设。④人性的本质：界定什么是人、什么样的人性被视为内在或根本的共享假设。人性是善的、恶的还是中立的？人性是完美的还是不完美的？⑤人类活动的本质：界定人性是根据上述现实和人性本质的假设，所从事与环境相

---

　　①〔美〕埃德加·沙因：《组织文化与领导力——如何以最有效的方式认识和打造组织》，马红宇、王斌等译，中国人民大学出版社 2011 年版，第 11 页。

　　②〔美〕埃德加·沙因：《组织文化与领导力——如何以最有效的方式认识和打造组织》，马红宇、王斌等译，中国人民大学出版社 2011 年版，第 13 页。

关的正确的事情是什么的共享假设。在一个人生活的基本目标中，什么是恰当的主动性或被动性？组织与环境的关系是怎样的？⑥人类关系的本质：界定个人为了分配权力和爱采取哪些合适的方式建立联系的共享假设。生活是竞争还是合作的？是个人主义、团体协作还是公有的？权威最终是基于传统传承、道德一致性、法律还是领导魅力？如何解决冲突以及如何决策的基本假设是什么？①

从组织的外部表征和可见行为，到组织信奉的价值观，再到更深层次的共享假设，这样一种组织文化是一套非常复杂的系统。只有真正成熟的企业才可能具有这样的文化系统。之所以要详细地介绍沙因的组织文化理论，是要说明只有这样理解企业文化，我们才能把握企业文化之于文化企业的必要性和重要性。

其一，文化企业是生产文化产品或符号性产品的企业，要生产蕴含文化价值而又为社会所需要的合格产品，企业的所有员工都应当具有必要的文化自觉、文化能力和文化贡献，而这只有通过企业文化的培训和陶冶才能实现，企业担负着重塑员工、提高员工、使员工成为合格的文化从业者的职责。社会学家欧文·戈夫曼认为："一个机构的文化价值观念在很大程度上决定着参与者对许多事务的感受；同时，也维持着一种表面的框架，而不管潜藏在这表面背后的是否真情实意。"②因此，文化企业的企业文化，就要比一般企业的企业文化更为深刻、广泛，更具规范性和人文性。具体地讲，就是要使每个员工，或者至少是关键岗、核心岗的员工，不但有合乎时代需要与社会期望的价值观与行为规范，还要对现实与真理的本质、对历史文化、对人性与人类活动有一套完整的认知与体验。对一般企业，特别是还处在成长中的企业来说，可能还难以企及沙因所说的企业文化中"基本深层假设"，但对文化企业来说，却是必须努力追求的。文化企业应该致力于构建一种能够让人言行自由并且理性交往的文化空间，打破人与人之间这种原子化的孤立状态。企业文化空间并非封闭式的、只面向企业内部的，而是以开放的姿态辐射整个社会，让社会大众都能够

① 〔美〕埃德加·沙因：《组织文化与领导力——如何以最有效的方式认识和打造组织》，马红宇、王斌等译，中国人民大学出版社2011年版，第100页。
② 〔美〕欧文·戈夫曼：《日常生活中的自我呈现》，冯钢译，北京大学出版社2008年版，第206页。

充分享有和利用这种文化空间。最明显的例子莫过于实体书店。面临着网购和电子书的市场挤压，很多实体书店逐渐改变了传统的市场定位，即从单纯地卖书转变成服务社会的公共文化空间。除了为读者提供良好的阅读环境和阅读体验外，一些书店还举办各种类型的讲座、沙龙、读书会等活动，免费向社会公众开放，实现了参与者之间的自由交流，形成了一种小型的公共空间。这样的公共文化空间不仅能够为周围社区服务，更是整个城市的文明窗口，提升了整个城市的人文素养和精神风貌。

其二，文化企业的文化责任，不仅表现在它所生产的合格产品上，也表现在它作为一个整体对社会文化的责任上。良好的企业文化就是文化企业的另一个产品，它的存在时间、影响范围可能超过一个具体的产品。然而，有部分企业仅仅把企业文化当作刺激员工劳动、提升员工工作效率的催化剂，员工完全被当作劳动机器和赚钱工具，完全以企业经营效益为目的的企业正在误入歧途。例如，一度受到企业界推崇的"狼性文化"或曰"军队文化"在壮大企业实力、提升企业效益方面起了很大作用，但以"狼性文化"为代表的富士康员工的多次跳楼事件，使得我们追问：究竟何种企业文化才是我们真正需要的？如果企业对员工尚且缺乏责任和关怀，那还如何谈得上对社会的责任？要想改变这一现状，仅仅靠政府与社会是不够的，更多的需要企业的自觉意识。

其三，文化企业是知识分子、艺术家、工程师和数字劳工等的集合体。按照批判理论的观点，标准化的生产方式导致企业产品的同一化。法国思想家埃德加·莫兰提出并回答了这样一个问题："按照所有工业运营的和劳动的工业分工（划分为影片的导演、编剧、剪辑师和甚至还有关于滑稽对白的专家）的规则制作电影的好莱坞、这个为谋取利润以工业生产方式制造电影如同人们制造汽车或洗衣机的庞大机器，是怎么能够时而生产出非凡的杰作的？回答是：任何影片都应该是个性化的，都应该具有它的独创性，因此机械地遵行其规范的生产需要有它的对立面——创造性。"[①]在西方文化产业系统中，生产的合理化组织（技术的、商业的、政治的）凌驾于艺术创造之上，技术-官僚管理体制的集中化使创作失去个性，这是不容否定的事实。必须看到的是，文化生产毕竟不同于物质生产，文化市场总是期待着个性和新颖性。所以，文化产业存

---

① 〔法〕埃德加·莫兰：《时代精神》，陈一壮译，北京大学出版社 2011 年版，第 12-13 页。

在着两组对立：官僚管理体制/艺术创造，标准化/个性化。莫兰认为，在人类"想象的结构"中，这两组对立其实并无矛盾。

> 存在着人类精神的主导模式，它们指导着梦想，特别是具有神话的或浪漫的主题的被合理化了的梦想。艺术创作的规则、惯例、样式提供了作品的外部结构，而情景模式和角色模式提供了作品的内部结构。结构分析向我们表明：人们可以把神话化归为数学结构。而任何固定的结构可以与工业的标准结合起来。文化产业以它的方式向我们示范着这一点：把重大的想象的主题标准化，再将这些原型制成铸模。于是人们在实践中可以根据某些已被意识到的和被合理化的精神模式以流水作业的方式生产感伤的小说。因此心灵的东西也可以被罐装出厂。但条件是这些流水线生产的产品必须是个性化的。
>
> 存在着实现个性化的标准技术，它们主要在于改变不同元件的组装，如同利用儿童组合装配玩具——麦卡诺（meccano）的标准构件人们可以获得极其多样的形体。①

流水线作业也具有个性化。一个合格的文化企业，必须具有一种能够调和个性与标准化的企业文化。这就使得对员工的尊重在文化企业中具有特别重要的意义。企业文化归根结底是对人性的尊重，员工不只是一种劳动工具，而是能够在劳动中获得尊严和快乐的人。员工并非原子化的、单向度的人，而是充满个性的独特个体。好的企业文化能够让员工最大限度地享受工作带来的尊严和乐趣，并且在这种工作中构造自身的独特性。只有使员工实现自我，企业才能有充满个性和差异的产品。

第五，使命自觉，设置超越经济的社会目标。

文化企业作为一个经济生产部门，与其他企业一样都有追求利润最大化的经济目的，这是其生产和发展的必然选择。19世纪的社会学家涂尔干早就指出："经济功能本身并不是目的，而只是实现目的的手段；它们只是社会生活的一个器官，而社会生活首先是各项事业和谐一致的共同体，特别是当心智和意志结合起来，为共同的目标努力工作的时候。假如社会不能给人们带来一丝内心的

---

① 〔法〕埃德加·莫兰：《时代精神》，陈一壮译，北京大学出版社2011年版，第19-20页。

与相互交往的和平，那么社会也就没有存在的理由了。假如工业为了实现其生产目的，必须破坏和平、引发战争的话，那么它就没有什么价值可言了。而且，即使仅就经济利益而言，高产量也并非意味着一切。价值也得有规定性。最根本的事情不仅仅在于量的生产，也在于有规律的物质流动，使充分的物质能为劳动力所用。"[①]在社会生活中，经济有其相对独立的地位，经济学有其相对独立的对象和方法，但这绝不意味着经济目的就是唯一目标或终极目标，经济利益以及以经济利益为主要追求的企业，都应服从于更大的社会利益。

文化企业要有超越经济的社会目标，是基于文化在社会生活中的重要性提出的。文化领域是意义的领域，它通过艺术与仪式，以想象的表达方法诠释世界的意义，尤其是展示那些从生存困境中产生的、人人都无法回避的所谓"不可理喻性问题"，诸如悲剧与死亡，在这种同生存哲学反复遭遇的过程中，人开始意识到凌驾于一切之上的根本性问题——歌德称之为"原本现象"。[②]经济、技术都在日新月异，只有文化艺术，从古到今有高度的连续性，它始终关注、展现着人类社会的一些基本问题，诸如生命的价值、生活的意义、幸福、痛苦、恐怖和死亡等。在物质生活丰饶富裕、社会结构日益复杂、技术变化持续加速的当代，这些古老的议题不但没有消失，反而面临严峻挑战。文化产业必须参与对这些问题的回答。

文化企业要有超越经济的社会目标，也是基于当代社会文化变化提出的。其中之一是"后物质主义价值观"的形成。根据美国政治学家罗纳德·英格尔哈特20世纪70年代的研究，西方社会正在经历着从"物质主义价值观"向"后物质主义价值观"转变的价值观的革命，前者强调经济和人身安全的价值取向，后者注重自我表现、生活质量胜过经济和人身安全。如果说物质主义以解决基本生存问题、提高安全感为首要目标，后物质主义则更注重归属感、自我表现和生活质量。后物质主义价值观努力从追求物质需求的桎梏中解脱出来，反映了人的更高追求。在1997年《现代化与后现代化》一书中，英格尔哈特的调查

---

①〔法〕埃米尔·涂尔干：《职业伦理与公民道德》，渠敬东、付德根译，上海人民出版社2001年版，第17页。

②〔美〕丹尼尔·贝尔：《资本主义文化矛盾》，赵一凡、蒲隆、任晓晋译，生活·读书·新知三联书店1989年版，第30页。

范围已扩大到大批的非西方国家，涉及世界上 70%的人口，证明这样的价值观念的转变不仅发生在发达的西方国家，只要有同样的社会经济条件，那么这样的变化也会发生在其他国家，所以这是一个普遍趋势。[①]"后物质主义"不是非物质主义，而是在物质丰饶的基础上对物质的超越。

文化在中国社会中的重要地位的突显，文化产业在中国的兴起和繁荣，都表明在四十多年改革开放和经济持续调整增长的基础上，我们也正趋向一种后物质主义价值观。在整个社会都在转向"后物质主义价值观"的时代，文化企业不可能自外于这个趋势之后，也需要为企业设置具体的超越经济的社会目标。其具体内容，可以参考加拿大学者 D. 保罗·谢弗的有关从"经济时代"向"文化时代"转型的一些说法。与英格尔哈特价值观革命的观点相响应，谢弗所说的"经济时代"的世界观，是人们在所有生活领域的需求和愿望可以得到最大效率的实现，而其做法则是把经济学和经济作为社会的中心，作为主导思想来推动个人、机构、城市、地区、国家和国际发展。这种从经济上认识事物和世界的世界观，为世界上绝大多数机构、国家和政府毫无保留、毫不犹豫地接受并落实为发展实践，在取得巨大进步和难以估量的物质利益的同时，带来环境恶化、资源短缺、贫富差距拉大、社会关系和社团精神的毁灭等严重危机。这就需要，事实上也已经开始转向"文化时代"。文化时代的特征包括以下几点。

整体化转变——"经济时代"专注于社会生活中经济和经济学这一"部分"，有大量证据表明，人们的注意力正转向"整体"及"整体/部分"的关系上。

环境保护运动——过去 30 年环境保护运动取得很大成绩，但环境危机的解决需要价值观、世界观、生活方式的改变，需要从"机械的世界和宇宙观"转向"有机的世界和宇宙观"。

人类需求的新认识——正视"富裕中的精神贫困"，人们认识到人的需求是非常广泛的，包括呼吸、团结、创造、生育、吃饭、工作、爱、信仰、归属感和互动等，这些需求涉及社会、科学、政治、艺术、教育、技术、环境、商业和健康等方面，而满足这些需求则构成文化发展的主要内容。

对生活质量的追求——尽管收入、权力、物质和大量享受艺术、教育和娱乐的机会是决定生活质量的重要因素，但同样重要的还有健康、自由、安全、

---

① 〔美〕罗纳德·英格尔哈特：《发达工业社会的文化转型》，张秀玲译，社会科学文献出版社 2013 年版。

独立等。

为平等而斗争——国与国之间，国内不同的阶层、族群、性别之间，都在为平等而斗争。正是在文化领域，为平等而进行的斗争最容易得到理解和支持，因为每种文化都有自己的价值观、尊严和重要性。

认同的必要性——没有共性就没有认同，没有不同也没有认同，认同的形成等于走在相同与不同之间一根拉紧的绳子上。殖民主义、帝国主义以及权力全球化、集中化、标准化和一致化使越来越多的人在失去他们的认同，由此引发的是种族隔离、民族中心主义、排外主义、民族主义和种族主义等消极认同。认同是文化的根本属性和首要主题，发展民族文化涉及价值观、习俗、生活方式能否得以保留和共享的问题。

对创造力的重视——因为要解决人类面临的各种问题，创造力已经成为人类的诉求之一，而人类的创造力突出表现在艺术、科学和人文研究领域，表现在社团、地区、国家和国际发展领域，表现在人们追求更多幸福方面。

文化的影响力兴起——文化在世界范围内成为一个关键力量，越来越多的人、机构和国家把注意转向文化，大多数国家和政府在参与各种文化事务，联合国教科文组织致力于文化研究并为文化可持续发展制定一个系统的和有效的方案，文化术语被广泛使用，有关文化的书籍、文章、报告和文件广泛传播，世界各地教育机构都在组织文化研究，对文化进行全面认识（具有团结的积极作用、因文化差异而导致的分裂作用）。[1]

我们认为，"文化时代"的这些特征完全可以作为文化企业在设置发展目标时的重要参考，重要的不是面面俱到，而是从中形成新的公司理念。利润最大化和充满活力是"经济时代"的公司理念，"文化时代"则要求公司在发挥其经济、工业、金融、商业以及企业功能的同时，还应当发挥服务于人、社会和环境的职能。

显然，谢弗所说的"文化时代"，与英格尔哈特的"后物质主义价值观"有高度的重合，意指这个时代的所有基本问题都属于文化问题。他们所分析和研究的是包括整个经济体系的转型问题。对文化企业而言，当然就更有现实针对性。

---

[1]〔加〕D. 保罗·谢弗：《经济革命还是文化复兴》，高广卿、陈炜译，社会科学文献出版社 2006 年版，第 225—270 页。

第三节　国有企业的愿景

社会效益是所有文化企业必须优先考虑的选择。无论是国有还是民营，是大型企业还是小微企业，都应当追求以文化人、以文育人的目标，都应当受到国家法律、政治制度、文化传统和社会伦理的约束，都应当以生产合格的文化产品、提供优质的文化服务为企业目标。在这个意义上，所有文化企业的发展方向和基本定位都是服务社会、传承文化的"社会性企业"，国有、民营、混合所有制的文化企业，都要承担这一责任。在现行的文化体制中，我们有"做强做优做大国有资本和国有企业"的政策性要求，因此需要重点论述国有文化企业的高位责任。总的来说，国有文化企业应更自觉、更严格地承担社会责任、维护公平正义、弥补市场失灵。

然而，有一部分国有文化企业，在承担国家责任方面表现不好。2015 年 3 月 26 日，原国家体改委副主任邵秉仁在博鳌论坛的发言，语惊四座。他指出国有企业应该起到公共服务的作用，而不是与民争利，更不是官商结合、政企不分，这样不仅要掏空国家，而且要滋生大量腐败。他还指出，很多国企以低效率为代价盲目扩张，与民争利，官商结合，滋生了很多腐败，国企改革应该从反腐败入手，打破既得利益藩篱。①应当说，这里所说的国企，也包括国有文化企业。邵秉仁所指出的这些现象，在某些国有文化企业中也存在。正视这一现状，从正面说，国有文化企业至少应当承担下列几方面的文化责任。

第一，弘扬中国传统，创造民族文化风格。

"传统"云云，因"传"才能"统"。"人事有代谢，往来成古今。"传统在每一代人所创造的历史效果中不断地形成而又不断地发展，所以文化传统不是传统文化。庞朴指出："我们所谓文化传统一般指民族的、支配千百万人的这样一种观念和力量，那样一个习惯势力或者说那样一个惯性，它是人们在日常生活当中所遵循的那么一种模式，人们遵照它而行动，但是又不能意识到

---

① 《邵秉仁：第二批巡视的央企没一家干净的》，凤凰财经，https://finance.ifeng.com/a/20150326/13585939_0.shtml，2015 年 3 月 26 日。

它的存在的这样一种精神力量。"而"传统文化是指具体的文化，或者是物质的或者是精神的。你看秦始皇陵里，有一大堆兵马俑，这是一种传统的文化，就是过去遗留下来的东西。因此传统文化是一个死的，而文化传统是在你的观念里边在你的行动当中支配着你的观念和行动的那个活的东西"。①传统既非过去的已成之物，则多样性就不是一种已经定型的东西；传统既非在我们之上、之外的非时间的抽象存在，则多样性就不是我们继承的遗产而有待于我们今天的创造。现代诠释学的主要代表汉斯·加达默尔一再强调，传统并不只是我们继承得来的一宗现成之物，而是我们自己把它生产出来的，因为我们理解着传统的进展并且参与在传统的进展之中，从而也就靠我们自己进一步地规定了传统。所以"每一时代都必须按照它自己的方式来理解历史流传下来的本文，因为这本文是属于整个传统的一部分，而每一时代则是对这整个传统有一种实际的兴趣，并试图在这传统中理解自身……因此，理解就不只是一种复制的行为，而始终是一种创造性的行为"②。真正的、活着的传统与每一代人的理解和行动关联在一起，并由每一代人在特定时空中对它的理解、诠释、创新而构成。每一代人都对传统和历史产生具体的作用，并在特定时空中有效地、富有意义地影响着、改变着传统。所以重要的不是守卫遗产、保护古物，不是充满感伤的怀旧，如此至多只能维护传统文化而不能赓续文化传统，重要的是要充分认识今天所负有的一种过去所承担不了的使命和义务，这就是创造出过去所没有的东西，使传统带着今人的贡献、按照今人所规定的新的维度走向未来。只有立足于现实并着眼于未来，我们才能真正立足于传统之内并延续传统，文化也因此才具有无限广阔的多样性和真正独特的自主性。

保护、传承五千年的文化遗产，是当代文化的重要使命。每一个文化企业都有责任，但一般来说，国有文化企业的责任更大。国家赋予国有文化企业的责任之一，是保护、传承、开发文化遗产。古今相续，文化企业经常以开发传统文化的方式进行生产。拘泥于传统没有创造，无视传统而自由创造，很可能是破坏传统。当代文化创造过程中"古风"追求、产业化开发中的仿古建筑等

---

① 庞朴：《蓟门散思》，上海文艺出版社 1996 年版，第 304-305 页。

② 〔德〕汉斯-格奥尔格·加达默尔：《真理与方法——哲学诠释学的基本特征》上卷，洪汉鼎译，上海译文出版社 1992 年版，第 380 页。

等，在理想的意义上虽可在有限的范围内营造一定的传统气氛，唤醒今人对传统文化的体认和记忆，但其本身只是无生命的抄袭，与现实的中国生活并无内在联系，实际游离于当代文化之外。至于若干低劣粗糙的古文化遗产开发，反而造成对古文化遗产的灾难性破坏。政治哲学家阿伦特指出：

> 由于娱乐工业造出来的玩意儿瞬间就被消费所吞噬，它的庞大胃口就不停地需要新商品来满足。在此困境下，大众媒体从业者为了找到合适的素材，就要搜肠刮肚地劫掠过去和现在的全部文化。而且他们不会把这些素材按其本来的样子拿出来，为了具有娱乐效果，他们必须对之加以改变，使之变得易于消费。
>
> ……当书籍或绘画经大量复制被廉价抛向市场并获得巨大销量的时候，这些东西的内在品质并未受影响。但是当这些东西本身被改头换面一番，如在改写、压缩、摘录，为迎合复制或电影改编的需要而删减之后，它们的本质就大大受影响了。这些改变并不意味着文化传播到了大众，反而是文化为了迎合娱乐的口味被破坏了。其结果不是文化的解体而是衰败，那些积极推动它的人不是流行音乐界（Tin pan Alley）的创作者而是一类特殊的知识分子，他们的阅读和信息量相当广泛，其唯一的本领就是组织、传播和改编文化对象，以便说服大众相信《哈姆莱特》既可以像《窈窕淑女》那样有趣，也可以同样有教育意义。许多过去的伟大作家曾经历了千百年被遗忘、被忽视的命运都幸存了下来，但他们能否从这个让他们不得不开口说话的娱乐性版本中幸存，仍然很难说。①

传统不可再生，遗产必须保护。但保护什么、如何保护却需要有一个伦理尺度。2015年7月5日，联合国教科文组织世界遗产委员会决定将"日本明治工业革命遗址"列入《世界遗产名录》。这一遗址以江户幕府末期至明治时期的重工业设施为中心，由横跨8县的23处设施组成，其中有使用数万名韩中等国强征劳工的煤矿，也有"旧官营八幡制铁所""三菱重工业长崎造船所"等劫掠中国煤和铁资源、为战争制造武器的工厂，还有松下村塾这样培养战争狂

---

① 〔美〕汉娜·阿伦特：《过去与未来之间》，王寅丽、张立立译，译林出版社2011年版，第192页。

人的学塾。以这些覆满邻国人民血泪和冤魂的罪恶之一为"非欧洲地区最早实现工业化"的光荣遗产，理所当然地引起多方争议。中国、韩国都公开反对把这些遗址列入《世界遗产名录》。[1]虽然这些遗址上的企业在日本工业发展中占有重要地位，但它们又与战争中的暴行联系在一起，所以不符合联合国教科文组织和《保护世界文化和自然遗产公约》促进和平的宗旨和精神。其实，日本也不是不明白，它在申报过程中将申遗设施的历史限定在1910年之前，以此回避殖民朝鲜半岛、发动对华战争的负面历史。这就说明，对文化遗产的认定和保护，不能只考虑其经济/历史，还是要把政治/伦理价值置于优先地位。

保护文化遗产，创造民族文化风格，是所有文化企业的责任，但国有文化企业又是其中的主力。之所以这样说，原因只有一条，那就是，国有企业必须承担传承弘扬国家文化传统的责任。

第二，生产典范产品，代表国家文化水平。

相对民营的中、小、微文化企业，国有文化企业享有更多的政府支持。支撑这种支持的合理性的理由，是国有文化企业在承担着生产示范产品的国家责任。

国有文化企业不能简单地以市场标准为生产标准。作为国家文化的生产机构，应当有生产内涵民族精神和代表国家水准的高质量产品的抱负。以美国为例，美国文化体制并不像人们所认为的那样仅仅依靠市场，美国文化并不像人们所认为的那样被抛弃到美国人所说的"放任"的资本主义经济的"看不见的手"里。我们甚至可以肯定地说事情正好相反：艺术在美国并不比在别处更多地被当作商品，或者其他任何一种类似商品的东西，而是在公益的逻辑基础上，设想出了一个庞大的体系来保护艺术。基本上，"文化例外"是被理解为艺术应该与市场分开的一种事实，但矛盾的是，"文化例外"在美国与在欧洲都是一样的事实。确实，娱乐产业的经济实力和文化帝国主义在很大程度上向外国人掩盖了"文化例外"这一因素。但是，将美国文化体制归结为娱乐产业是错误的。很大程度上，舞蹈、歌剧、古典音乐、有影响力的戏剧、造型艺术，以及今天的爵士乐和少部分的电影、出版和流行音乐是存在于市场经济之外的——这

---

① 参见朱佳妮、崔文毅：《外交部：中方反对日本"明治申遗"》，《中国文化报》2015年5月15日，第1版。

与欧洲国家相同。这是至关重要的一点。[1]

中国是全球大国，现在正在走向全球强国。无论是大是强，都不仅仅是体量上的、数字上的，还应当是品质上的、质量上的。19世纪末，在德意志冉冉上升、西方各国竞争激烈的背景下，韦伯讨论了"什么是大国"的问题。其论有两个重要观点。第一，什么是大国？经济上的崛起不等于国家的崛起。"世界权力归根结底就意味着决定未来世界文化品质的权力，如果这种权力不经过斗争就在俄国官员的规则和英语'社会'的惯例之间——大概还带有少许拉丁民族的理智——被瓜分，那么未来的几代人，特别是我们自己的后代，就不会认为这应当归咎于丹麦人、瑞士人、荷兰人或者挪威人。他们会认为这要归咎于我们，而这是完全正确的，因为我们是个权力国家，因而与那些'小'民族相比，能够在这个历史问题上发挥重要的平衡作用。"[2]大国之所以为大国，在于它承担着塑造世界文化的责任。经济上再富裕，物质上再丰富，也只能是"小"国家。对于像德国这样的大国来说，政治、文化是第一位的。因此第二，韦伯认为经济政策有其政治后果，其目标并非无可争议地是扩大生产、发展经济，它必须从属于民族利益的政治和文化价值。把经济视为民族伦理与历史发展的一部分是德国经济历史学派的基本主张，属于这一传统的韦伯反对当时德国流行的用社会政策取代政治、用经济权力取代法律关系、用文化史经济史取代政治史的做法，坚持"政治至上"，坚持认为德国的经济政策，只能是德国的政策，坚持认为德国经济学家所使用的价值标准，只能是德国的标准。对此，韦伯专家沃尔夫冈·施路赫特概括地指出："虽然韦伯提到在经济上抬头的阶级，一般都会提出参与政治领导的权力要求，而经济上没落的阶级会丧失这些权利，虽然特别在'社会阶层根本改组'的时候，民族利益只是经济利益之反映，而且在极端的例子中，支配阶级的经济利益实与民族利益相互一致，但是，如果我们就此把经济与政治完全混同在一起，将会是个天真的幻想。因为在经济的、受到阶级制约的利益与民族政策（nationalpolitisch）的利益之间，并不

---

[1] 〔法〕弗雷德里克·马特尔：《论美国的文化——在本土与全球之间双向运行的文化体制》，周莽译，商务印书馆2013年版，第436页。

[2] 〔德〕马克斯·韦伯：《两种法则之间》，见〔德〕马克斯·韦伯，〔英〕彼得·拉斯曼、〔英〕罗纳德·斯佩尔斯编：《韦伯政治著作选》，阎克文译，东方出版社2009年版，第63页。

一定保持着和谐的关系。正如易北河东岸大地主的例子显示，一个支配阶级短期的经济利益和整个民族在长期政治的利益之间陷入了一个基本的矛盾。经济权力与'领导民族的使命'并不必然一致，因为政治需要一个对价值取向的教育，任何'经济的动机'都无法取代它。"①20 世纪 90 年代的韦伯是一个以民族国家权力利益为终极价值的民族主义者，一个主张向海外扩张、做欧洲乃至世界强国的帝国主义者。他以达尔文主义的语言表达着德意志的特殊使命："当我们超越我们这一代人的墓地而思考时，激动我们的问题并不是未来的人类如何丰衣足食，而是他们将成为什么样的人，正是这个问题才是政治经济学全部工作的基石。我们所渴求的并不是培养丰衣足食之人，而是要培养我们认为构成了我们人性之伟大与高贵的那些素质。""我们的后来人冀望我们承担的历史责任，主要不是我们留给了他们什么样的经济组织，而是我们在世界上为他们征服了多大的行动自由空间。说到底，经济发展的过程同样是权力的斗争，因此，经济政策必须为之服务的最终决定性利益就是民族权力的利益。"②在永恒的民族斗争之中，民族生存和强大才是目的，经济的发展只是手段。

不能简单接受韦伯的观点，因为他对德国的批评与期待有着强烈的民族主义成分。但此论确实提出了"大国"崛起的关键性要素，这就是既要有经济发展、物质财富，又要有超越这些的政治抱负和文化成就。当代中国也涌动着大国崛起、中华复兴的热浪。从古至今，中国历来是一个大国，数千年的辉煌令中国自豪，一百多年的耻辱令中国奋起，中国有资源、有理由做世界大国，这就需要既有中国特色又具全球感召力的文化。国有文化企业的重要使命，就是承担起这一责任，生产优秀文化产业，参与全球文化竞争。这里有两个要点。一是要有大国之风。清人汪琬说过："昌明博大，盛世之文也；烦促破碎，衰世之文也；颠倒悖谬，乱世之文也。"③在中华民族走向伟大复兴的今天，国有文化企业应当具有恢宏博大的精神境界和庄敬自重的文化风格，必须摆脱小

---

① 〔德〕施路赫特：《理性与官僚化：对韦伯之研究与诠释》，顾忠华译，广西师范大学出版社 2004年版，第 96-97 页。

② 〔德〕马克斯·韦伯：《民族国家与经济政策》，见〔德〕马克斯·韦伯，〔英〕彼得·拉斯曼、〔英〕罗纳德·斯佩尔斯编：《韦伯政治著作选》，阎克文译，东方出版社 2009 年版，第 12-14 页。

③ 王运熙、顾易生主编，邬国平、王镇远：《中国文学批评通史——清代卷》，上海古籍出版社 1996年版，第 363 页。

富即安、财大气粗、不能批评的陋习。二是要有全球影响。电影《战狼 2》是近年来较为成功的作品。猫眼票房数据显示，截止到 2022 年 8 月，《战狼2》累计票房已达 56.95 亿元人民币，中国影史票房最高纪录持续被刷新。另外 Box Office Mojo 票房数据显示的全球票房排名，它也跻身全球电影票房总排行榜TOP100。但是，《战狼 2》海外票房仅 100 多万美元，折合人民币 667 万左右，海外票房仅占总票房 0.13%。这说明，即使是中国票房最好的电影，全球影响也有限。国有文化企业有必要总结类似的经验，分析其原因，形成一套走向世界的文化战略。

第三，讲好中国故事，提升国家软实力。

为什么要讲故事？从文化上说，人在本质上就是一个讲故事的动物。离开故事，没有人类生活，也没有人类文化。所谓中国文化，所谓中国价值观，就是体现在无数的中国故事之中。创造故事的是中国人民，讲述中国故事的主要是文化生产企业。

从古至今，中国文化都有不同于其他文化的独特风貌与内涵，同时又与时俱进，形成不同的历史阶段。"周虽旧邦，其命维新"，从文武周公、孔子到当代，中国文化始终抱有"苟日新，又日新，日日新"的创造精神，而且事实上也在吸收新质、转化传统，但无论怎样"新"，中国文化植根于远古，还是中国文化。这一演变的过程就是中国文化吐故纳新的过程，一些核心的价值观念仍然一脉相承，而一些失去了生命力的价值、规范和属性也因此解体。中国文化的优势在于有一套宏观理想，西方文化的竞争优势在于其完善的文化生产体系，可以通过文化产品将其意识形态和文化理想向全球传播。文化权力在很大程度上通过文化产业的规模和竞争力来评估。要强化中国在全球舞台的角色分量和参与权利，关键是我们要拿出文化产品来。从近代以来中西文化交往的实践来看，观念、理论之争固然重要，而没有一大批拥有自主知识产权、体现中国文化精神和风格的文化产品，中国文化就无所依傍，无法落实。文化之"理"要与文化之"力"相配合，才能走向世界。所以我们要认清竞争的基本原则和内在机制，通过一大批优秀的文化产品，把中国丰富的、独特的、珍贵的文化资源加以开发与再造，使之与各种不同的文化接触、冲突、嫁接直至融合，并转化为全球共享的文化。

文化企业是文化产业微观层面的实践者，是最重要的市场主体，提高文化产业社会效益的使命需要具体落实在文化企业身上。市场经济条件下产生的现代企业制度是成功的企业管理制度，为了促进文化产业社会效益与经济效益的最佳结合，借鉴一般企业管理中的现代企业制度建立符合文化企业发展特点和规律的现代文化企业制度是一条重要途径。现代企业制度所包含的企业伦理和社会责任可以为文化企业赋予更多的文化责任内涵。文化企业需要通过发展目标、生产内容、生产方式、企业文化、消费者反映等途径完善企业管理制度，坚持伦理追求和责任担当。在推动建立和完善现代文化企业制度的背景下，文化企业只有在政府、社会、市场和公民的共同介入和协助下才能真正在文化产业发展的大潮中作出理性选择，并担负起应有的文化责任。只有这样，文化产业社会效益最大化地发挥才有现实的可能。

第十三章

文化管理的"文化性"

坚持文化管理体制的改革创新，解放和发展文化生产力，是文化产业发展繁荣的根本动力。一般地说，文化体制改革的内容，主要包括培育社会主义核心价值体系、理顺文化宏观管理体系、优化文化微观运营体系、完善现代文化市场体系、构建现代公共文化服务体系、拓展传统文化传承和对外传播体系等方面。文化管理方式的改革，也是文化体制改革的一个方面。从文化产业的角度看，最重要也是最基本的管理是意识形态管理与文化市场管理，而这两类管理在很大程度上体现在各种性质的文化政策之中。因此，为了建立一套完整的适合我国国情和社会主义文化发展需要的管理方式，就必须从意识形态管理、文化市场管理和文化政策上进一步深化改革。

第一节　意识形态与文化规律

文化是社会生活的重要组成部分，文化管理是社会管理的一部分。现代以来，伴随着文化价值的分化和效益多样性的展开，文化一方面具有相对独立的属性和价值，另一方面又与社会的各组成部分共生互动，因此具有多种效益。不同价值、不同效益之间的矛盾和冲突构成现代文化基本特征，也推动现代文化管理方式的逐步建构。就整体趋势而言，这是一个从传统社会相对简单生硬的管理方式，向合理区分、动态弹性、社会化与法治化兼具的更为复杂的管理方式的转化。这种转变，既是文化相对独立、文化日益繁荣的反映，也是社会管理日趋细密和系统化的结果。

以改革开放和党的十八大为界，当代中国的文化管理可以分为三个阶段。这三个阶段可以概括为政治主导阶段、经济中心阶段、社会建设阶段。1949 年中华人民共和国成立后，党和政府以革命时期领导文化工作的经验为基础，借鉴苏联文化管理体制，建立了一套以马克思主义为指导、权力高度集中的文化管理制度，其核心理念是文艺为政治服务。改革开放以来，在"以经济建设为中心"的新的政治路线之下，党和政府部分地放松了对社会文化生活的控制，文化生活日益繁荣，文化市场初步形成，直至文化产业由萌芽而兴盛。党的十八大以来，党和政府高度重视社会发展和社会建设，强调文化的社会效益，文化管理的社会维度趋于明显。如此简要的概括，只是就不同时期的重心而言，它并不意味着经济中心阶段不讲政治，社会建设阶段不重经济。因此，以政治、经济和社会为重心的三种文化管理方式，只是一种"理想型"的建构。尤其是第三阶段、第三种管理方式还在型构之中。但尽管如此，这三个阶段、三个时期的划分仍然具有分析性功能，因为它也恰好与文化的政治效益、经济效益、社会效益的历史展开相符合。

这就是说，管理方式的改革固然与政治改革、经济改革相应，但它又不只是政治、经济改革的消极回应，也与文化发展的内在趋势相应。从传统向现代转化，基本上是从政治、宗教主导的社会文化向多元分化的社会文化转向。中国早在 19 世纪末就开始了近现代化进程，但现代化阻力很大，困难重重。1949 年中华人民共和国成立后，我们逐步建立了新的政治、经济与文化制度，文化基本上被纳入国家主导的计划体制。文化生产和传播机构既要宣传党和国家的思想路线和方针政策，也要承担着提供公共文化物品和服务的责任。当"以经济建设为中心"的治国路线确立后，文化管理方式转向对文化经济效益的关注，文化产业的理念和实践加剧了文化的经济转向，其成就和教训都值得总结。党的十八大以来，我国在巨大的经济成就基础上，着力进行社会建设，以期解决各种社会问题，文化的社会效益也就得到重视。我们已经拥有以政治主导、经济中心、社会建设为主题的管理方式。仅就管理方式自身而言，政治主导时代重在政治，经济中心时代重在经济，而社会主义文化强国的建设则需要全面把握文化的社会效益。这就是说，每一种管理方式都自有其贡献，都还没有穷尽其潜力。文化的政治效益应当为社会主义民主政治服务；文化的经济效益应当是以文化参与经济、引领经济；文化的社会效益应当有矫正价值观、滋养人文精神、克服社会惰性、重振民族精神的功能。据此，从而，我们追求的过程，也是各个维度自我修复、调适的过程。文化管理下一步的目标，是在全面深化改革包括政治改革、经济改革和社会改革的背景下，以文化价值为基础，坚持把社会效益放在首位、社会效益和经济效益相统一，实现文化价值（真善美）的充分自觉和文化效益（社会、经济、政治和生态）的全面展开。

我国文化产业是中国共产党领导的中国特色社会主义文化产业，中国共产党是坚持以马克思主义为指导的政党，马克思主义是我们党领导全国各项事业的指导思想。因此，文化管理方式的改革，首先一条，是正确处理好文化与政治，文化产业发展与意识形态之间的关系。

当我们说文化是一种意识形态时，强调的是文化产业与政治权力、经济利益、思想导向等的关系。马克思在其成熟期的第一部著作《德意志意识形态》中，提出了意识形态是"虚假的观念体系"、意识形态是统治阶级特有的信仰系统、意识形态由"真实的生活过程"所决定的等基本观点。以历史唯物主义为立场和出发点，马克思对德意志以及整个资产阶级和资本主义社会的意识形态进行了深入批判。《德意志意识形态》之后，马克思主义一方面是批判资产阶级、资本主义意识形态，另一方面是建设无产阶级、社会主义意识形态。综合起来说，马克思主义意识形态理论有三种形式，第一种是批判性概念，意识形态是虚假的或错误的观念，它与真理性的科学认识相对立并为统治阶级服务。第二种是分析性的概念，在《〈政治经济学批判〉序言》中，马克思把社会分为经济基础与上层建筑两大部分，上层建筑又包括意识形态，意识形态与物质生活的生产方式相适应并受其制约甚至决定。这一观点是唯物史观的核心。第三种是中性化的概念，列宁第一次赋予了意识形态以肯定的意义，其核心观点是意识形态有阶级性，现代世界有无产阶级和资产阶级两种意识形态。"社会主义是无产阶级斗争的思想体系，它服从思想体系的发生、发展和巩固的一般条件，就是说，社会主义以人类知识的一切材料为基础，以科学的高度发展为先决条件，要求科学的工作等等，等等。社会主义是由思想家输送到在资本主义关系的基础上自发地发展起来的无产阶级的阶级斗争中去的。"①马克思主义是无产阶级的意识形态，是社会主义意识形态的旗帜和灵魂。

如何把握"意识形态"与文化艺术的关系，是马克思主义文化理论的中心问题之一。英国学者约翰·斯道雷指出："意识形态是通俗文化研究中的一个重要概念……如文化一样，意识形态有很多富有争议的含义。在诸多文化分析中，意识形态的概念与文化本身，尤其是通俗文化，可以相互替换使用，这一事实常常使理解意识形态的概念复杂化。然而，尽管意识形态已经被用于表示与文化和通俗文化相同的领域，但这些术语并非完全是同义词。"②在马克思主义思想史上，意识形态与文化艺术的关系主要有两个方面。

其一，意识形态是否只是经济基础的反映？在集中表达唯物史观的经典文章《〈政治经济学批判〉序言》中，马克思分别用"适应"、"制约"和"决定"三个概念来描述经济基础与文化等上层建筑的关系，表明在经济基础-上层建筑的隐喻性模式中，"决定"只是一种情况，而"或快或慢"的判断也暗示出经济基础与上层建筑的不一致性。马克思从未对文化采取简单的还原主义、生产主义的分析，在关于高级社会形态中的复杂性和多样性的本质属性的论述中，马克思采取了一种更细致、更灵活的分析方法，在其中，上层建筑因素在社会生活的生产和再生产中，发挥着一种积极的塑造作用。综观马克思主义的经典论述，无论是马克思所说的"物质生产的发展例如同艺术生产的不平衡关系"，还是恩格斯所说的"经济上落后的国家在哲学上仍然能够演奏第一小提琴"，他们不但意识到，也在大量具体研究中，对经济基础与上层建筑，特别是文学艺术等意识形态的关系持一种更复杂的态度。英国学者希·萨·柏拉威尔检索了马克思的论著，认为在马克思后来的文章和札记中，"上层建筑"一词用于法律体系、社会和政治观点以及"凌驾于已建立的、起主导作用的生产方式之上的新的经济的、商业的、工业的和经济的方法"。马克思"以后谈到

---

① 〔俄〕列宁：《给"俄国社会民主工党北方协会"的信》，见中共中央马克思恩格斯列宁斯大林著作编译局编译：《列宁全集》第六卷，人民出版社1986年版，第351-352页。

② 〔英〕约翰·斯道雷：《文化理论与通俗文化导论》第二版，杨竹山、郭发勇、周辉译，南京大学出版社2001年版，第2页。

文学和艺术时却从来没有再用过'上层建筑'这个词"。①作为一个终生热爱文学艺术的鉴赏家，马克思当然明白，文化艺术属于恩格斯所说的"那些更高地悬浮于空中的意识形态的领域"②。因此，它与政治、法律等上层建筑是有相当的不同的。即使我们把意识形态理解为上层建筑，也更应当注意文化艺术等意识形态与政治、法律等上层建筑的差异，具体地说，就是注意意识形态与经济基础之间更不确定、更为曲折的关系。

其二，文化艺术是否都是意识形态？在文化理论的意义上，"意识形态"所涉及的是意义和价值借以生成的社会-政治维度，它揭示了各种知识、观念等与权力、利益的关系。文化艺术当然也与权力、利益相关，但又不能仅仅归结为权力和利益。文化艺术是"意识形态"可能的表现"形式"之一，而非意识形态本身。意识形态，只是文化艺术可能表达的政治思想倾向，是构成艺术特殊性质的元素之一，而非文化艺术的本身。卢卡契认为："马克思主义关于历史发展的基本思想认为，人类通过劳动从动物变成人。主观的创造作用因而表现在——通过劳动，其性质、可能性、发展程度当然取决于客观的自然和社会的情况——创造了自己，把自己变成了人。""人类的精神活动在它的每一个领域中都具有一定的相对独立性。这种情况在艺术和文学中尤其如此。每一个这种活动的领域、每一部门——通过创造着的主观——都在自己发展着，它们与自己的先前的创造物直接相联系，虽对之进行了批判和论战，但总是向前发展。""具体地分析起来，每一种发展都有它特殊的性质；不能把在两个发展过程中看到的平行和相似的现象作为普遍公式到处机械地加以套用；各个领域的发展——在总的社会发展规律范围之内——都有它自己的特殊性质、特殊规律，这些道理是不言而喻的。"③文化艺术具有意识形态属性，但文化艺术不等同于意识形态。

党的二十大报告指出："意识形态工作是为国家立心、为民族立魂的工作。

---

①〔英〕希·萨·柏拉威尔：《马克思和世界文学》，梅绍武、苏绍亨、傅惟慈、董乐山译，生活·读书·新知三联书店1980年版，第404页。

②〔德〕恩格斯：《恩格斯致康·施米特（10月27日）》，见中共中央马克思恩格斯列宁斯大林著作编译局：《马克思恩格斯选集》第四卷，人民出版社1995年版，第703页。

③〔匈〕卢卡契：《马克思、恩格斯美学论文集引言（1945年）》，严宝瑜译，见中国社会科学院外国文学研究所外国文学研究资料丛刊编辑委员会编：《卢卡契文学论文集》一，中国社会科学出版社1980年版，第276-278页。

牢牢掌握党对意识形态工作领导权，全面落实意识形态工作责任制，巩固壮大奋进新时代的主流思想舆论。"同时提出："繁荣发展文化事业和文化产业。……坚持把社会效益放在首位、社会效益和经济效益相统一，深化文化体制改革，完善文化经济政策。"①这就是在坚持党的领导和正确的意识形态导向的总要求中，更多地包含广泛的社会效益，更多地尊重文化艺术的特殊规律。

第一，意识形态既有政治性，也有人民性。一段时期内，我国文化工作的指导思想是毛泽东《在延安文艺座谈会上的讲话》中所讲的文艺从属于政治的观点。"文化大革命"结束以后，党中央总结过去的经验教训，做了一定的调整。1980 年 1 月，邓小平在中央召集的干部会议上对此有进一步说明："我们坚持'双百'方针和'三不主义'，不继续提文艺从属于政治这样的口号，因为这个口号容易成为对文艺横加干涉的理论根据，长期的实践证明它对文艺的发展利少害多。但是，这当然不是说文艺可以脱离政治。文艺是不可能脱离政治的。任何进步的、革命的文艺工作者都不能不考虑作品的社会影响，不能不考虑人民的利益、国家的利益、党的利益。培养社会主义新人就是政治。"②1980年 2 月 21 日，周扬在剧本创作座谈会上的讲话中说："我们提文艺要为人民服务、为社会主义服务，这不比单提为政治服务更适合、更广阔吗？社会主义的涵义不只包括政治，还包括经济和文化。第四次文代会提出，我们的文艺要培养社会主义新人，促进社会主义社会的进一步完善和发展，提高人民的精神境界，满足人民日益增长的文化需要，这不就是文艺为人民服务、为社会主义服务的主要内容吗？"③1980 年 7 月 26 日，《人民日报》发表了《文艺为人民服务、为社会主义服务》的社论，把我国新时期文艺事业发展的方向正式表述为"为人民服务、为社会主义服务"。

这一根本立场，至今也没有改变。2014 年 10 月 15 日，习近平同志在文艺

---

① 《习近平：高举中国特色社会主义伟大旗帜　为全面建设社会主义现代化国家而团结奋斗——在中国共产党第二十次全国代表大会上的报告》，共产党员网，https://www.12371.cn/2022/10/25/ARTI1666705047474465.shtml，2022 年 10 月 16 日。

② 邓小平：《目前的形势和任务》，见邓小平：《邓小平文选》第二卷，人民出版社 1994 年版，第 255-256 页。

③ 周扬：《解放思想　真实地表现我们的时代》，见顾骧选编：《周扬近作》，作家出版社 1985 年版，第 181-182 页。

工作座谈会上指出："文艺事业是党和人民的重要事业，文艺战线是党和人民的重要战线。"①党的政治要求与人民的利益是统一的，意味着文化的政治规范与文化的社会效益也是统一的。

第二，意识形态既有公开性，也有隐秘性。在有关意识形态的理论研究和实践探索的过程中，恩格斯的一段话，似没应得到必要的重视和阐释。恩格斯说："意识形态是由所谓的思想家通过意识、但是通过虚假的意识完成的过程。推动他的真正动力始终是他所不知道的，否则这就不是意识形态的过程了。因此，他想象出虚假的或表面的动力。因为这是思维过程，所以它的内容和形式都是他从纯粹的思维中——不是从他自己的思维中，就是从他的先辈的思维中引出的。他只和思想材料打交道，他毫不迟疑地认为这种材料是由思维产生的，而不去进一步研究这些材料的较远的、不从属于思维的根源。而且他认为这是不言而喻的，因为在他看来，一切行动既然都以思维为中介，最终似乎都以思维为基础。"②一些思想家没有看到其思想的真正动力，误以为他的思想只是他自己和前人思维的产物，这就是意识形态。恩格斯在这里是在批判的意义上使用意识形态这个概念的，但即使是统治阶级的意识形态，也不是有意识的说谎，也不是简单的欺骗，因为统治阶级的这些思想家自己也不知道推动其思维的真正力量，即社会存在和社会实践。我们坚持马克思主义在意识形态领域的指导地位，但恩格斯在此对意识形态的特点深刻论述，对于我们把握意识形态的隐秘性，也极为重要。

文化作为一种意识形态，也有其隐秘性，即意识形态内容不是赤裸裸地、标语口号式地喊出来的，而是内在于形象、符号、叙事之中。这一点恩格斯晚年书信中多有论及。总结我国意识形态管理的成绩、经验和教训，关键是如何处理意识形态、政治要求与文化的特殊规律、产业属性的关系。这里有四段重要论述。

列宁强调："无可争论，写作事业最不能作机械划一，强求一律，少数服从多数。无可争论，在这个事业中，绝对必须保证有个人创造性和个人爱好的

---

① 《习近平：在文艺工作座谈会上的讲话》，中国共产党新闻网，http://cpc.people.com.cn/n/2015/1015/c64094-27699249.html，2015 年 10 月 15 日。

② 〔德〕恩格斯：《恩格斯致弗·梅林（7 月 14 日）》，见中共中央马克思恩格斯列宁斯大林著作编译局编：《马克思恩格斯选集》第四卷，人民出版社 1995 年版，第 726 页。

广阔天地，有思想和幻想、形式和内容的广阔天地。"①

毛泽东指出："政治并不等于艺术。一般的宇宙观也并不等于艺术创作和艺术批评的方法。""缺乏艺术性的艺术品，无论政治上怎样进步，也是没有力量的。"②

邓小平指出："党对文艺工作的领导，不是发号施令，不是要求文学艺术从属于临时的、具体的、直接的政治任务，而是根据文学艺术的特征和发展规律，帮助文艺工作者获得条件来不断繁荣文学艺术事业，提高文学艺术水平，创作出无愧于我们伟大人民、伟大时代的优秀的文学艺术作品和表演艺术成果。……文艺这种复杂的精神劳动，非常需要文艺家发挥个人的创造精神。写什么和怎样写，只能由文艺家在艺术实践中去探索和逐步求得解决。在这方面，不要横加干涉。"③

习近平提到："加强和改进党对文艺工作的领导，要把握住两条：一是要紧紧依靠广大文艺工作者，二是要尊重和遵循文艺规律。"④

这就是我国文化管理方式的两个基本点：党和政府必须在政治上领导文化，同时这种领导又必须关照文化的特殊性，保障基本的艺术性、自由创造性。中国文化产业兴起于党的政治路线从"以阶级斗争为纲"转向"以经济建设为中心"之后，但这绝不意味着，中国文化产业可以摆脱政治权力的监管和意识形态的制约。无论是"坚持马克思主义在意识形态领域的指导地位"还是"坚持正确舆论导向"，无论是"坚持社会主义先进文化前进方向"还是"坚持把社会效益放在首位"，文化产业，特别是其中的内容产业，都有其鲜明的政治规范和意识形态要求。表现在文化产业政策上，就是监管性政策较多。宋建武等人对这些政策法规进行了统计性研究，在我国文化产业政策法规中，"纯支持性的政策法规与兼有支持和管制或支持和禁止的政策法规总计达到 50.8%；

① 〔俄〕列宁：《党的组织和党的出版物》，见中共中央马克思恩格斯列宁斯大林著作编译局编：《列宁选集》第一卷，人民出版社 1995 年版，第 648 页。

② 毛泽东：《在延安文艺座谈会上的讲话（一九四二年五月）》，见毛泽东：《毛泽东选集》第三卷，人民出版社 1991 年版，第 869-870 页。

③ 邓小平：《在中国文学艺术工作者第四次代表大会上的祝词》，见邓小平：《邓小平文选》第二卷，人民出版社 1994 年版，第 213 页。

④ 《习近平：在文艺工作座谈会上的讲话》，中国共产党新闻网，http://cpc.people.com.cn/n/2015/1015/c64094-27699249.html，2015 年 10 月 15 日。

当然，纯管制性的政策法规也相对较多，约为 46.1%，多是对细分行业许可制度、企业设立和经营程序、内容审查和规范、文化遗产保护的制度化规定和管理，这体现了文化产业的特殊性以及相应的文化产业政策法规的管理原则。除此之外，3.1%的政策法规是纯禁止性的，这些禁止性的政策法规全部为内容管理，主要是文化部和新闻出版总署针对新闻出版、演艺、声讯以及娱乐场所等制定的政策法规，多为部门文件"①。

目前，我国的文化产业，低端产业、外围产业发展较快，而高端产业、核心产业不理想。文化产业的平台建设、渠道建设成绩很大，但内容生产、意义生产还不够。中国文化产品已经走到国外，但得到国外消费者普遍认同的主要是以传统文化为生产要素的文化产品，而反映当代中国文化实力、文化思想、文化观念的文化产品得到的国际市场认同还不够。如何在内容生产、意义生产方面突进一步，既需要党和政府的引领，也需要党和政府之外的各种创造活力的进一步释放。从理论上说，"文化产业政策法规必须平衡文化产业的双重属性，……需要对不同的文化产业、文化产品以及同一文化产业的不同产业环节进行分类管理，坚持社会效益优先，统一文化产业的社会效益和经济效益"②。在新时代，要坚持以马克思列宁主义、毛泽东思想、邓小平理论、"三个代表"重要思想、科学发展观、习近平新时代中国特色社会主义思想为指导，发展文化产业，使之落实到为人民服务、以人民为中心上来。同时，充分尊重文化的特殊性，用更弹性、更潜移默化的方式，将强制变成说服，将限制变成自觉。如此才能充分实现文化的意识形态管理的社会效益。

第二节　政府管理与市场竞争

政府的行政权力是否应该对文化领域进行宏观调控，历来存在很大争议。

---

① 张晓明、胡惠林、章建刚主编：《2010 年中国文化产业发展报告》，社会科学文献出版社 2010 年版，第 72 页。

② 张晓明、胡惠林、章建刚主编：《2010 年中国文化产业发展报告》，社会科学文献出版社 2010 年版，第 65 页。

在经济学领域，20世纪末出现的新自由主义主张将国家控制的市场力量解放出来，它成为当时主导的意识形态话语。在此背景下，出现了杰里米·里夫金所说的"文化资本主义"。这是指在资本主义社会，符号和象征具有重大的经济意义，文化商品和文化服务的生产和流通成了当今资本主义的核心，文化已经融入资本主义，文化公用领地已经被资本圈占了。[①]这就是文化产业的发展过于重视经济效益而忽视社会效益的主要原因，文化产业过多地被当作经济增长的手段和赢利的工具，而其社会效益、其应有的熏陶和教化等则被忽略。与新自由主义相对的是凯恩斯主义，它主张振兴经济活动，用公共投资确保社会福祉，为所有人提供福利。这种强势的政府干预虽能解决一些社会问题，但由于它压抑了市场力量，使社会发展缺乏活力，同时也造成了资金和管理的浪费。这就是说，作为国家宏观调控的两个极端，新自由主义和凯恩斯主义，都无法有效解决经济问题，也无法解决更为复杂多样的文化问题。

一般来说，政府监管是为了保护公共利益而对私有财产权作出种种例外和限制性规定，所有的产业都或多或少地处于政府的监管之下。这一点，我们理解起来很容易，但在以私有财产为基础的西方社会，政府有什么理由监管产业，却不是一个自明的问题。美国学者威廉·W.费舍尔认为，政府监管主要原因有五。其一，如果不监管，具有市场控制力的企业会利用其地位赚取不应有的超额利润。所谓"市场控制力"（market power）是指：在一个既定的市场中，购买者或销售者对货物或服务的交易价格实施有效控制的能力。在充分竞争的市场中，任何一个销售者或购买者都不具有这种能力；在垄断的情形下，只有一家企业控制着不可取代的商品和服务。具有市场控制力的个人或公司会利用其优势地位谋取巨额利润，从经济上看，这是无效率的；从社会上看，这是不可取的。政府应当采取各种策略，要求企业不得为竞争对手的运行设置障碍，以为充分的竞争创造条件。其二，某些行业虽然属于私有的，但会影响公共利益，因此应当受到监管。其三，政府担心一些企业会实施各种有害的"歧视"行为。比如在电信领域，政府就担心电信公司会对客户收取互不相同的接入费用。与"歧视"相对的是"平等"，从平等的理念来看，在某些领域，如果人们获取某种重要的商品或服务权利的机会不平等，很可能会产生特别严重的问

---

① 〔英〕吉姆·麦圭根：《重新思考文化政策》，何道宽译，中国人民大学出版社2010年版，第6页。

题。其四，人们也担心，如果市场参与者具有不对称的"谈判能力"，那么弱势者的利益将受到损害。这里所说的"谈判能力"不同于上面所说的"市场控制力"，而主要是指获取信息和处理信息的不对称性。其五，这是一种可以称为"家长作风"（paternalism）的理由。就某些商品和服务来说，立法者相信消费者更清楚哪些东西更符合消费者的长远利益。一般消费者常常不知道什么好什么坏，因此政府必须为其利益着想而限制其自由。①

那么，政府应当像对待天然气产业那样管理音乐和电影产业吗？费舍尔的回答是肯定的。相对于上述五个原因，文化产业也存在市场控制力的集中的现象，如美国的音乐与电影产业掌握在几个"巨头"手中。娱乐产业与公共利益有关。这一点，只要统计一下美国人看电视和听音乐的时间就可以证明。电影产业也存在一些歧视现象，如价格歧视政策——先以高价在影院放映，再以较低价格在音像店租售，最后以更低价在电视台播放。至于娱乐产业中的信息不对称，更是容易被发现。歌曲表演者和歌曲作者一般都缺少商业信息与商业头脑，在与唱片公司谈判时，多数艺人在技巧和经验方面都处于下风。新技术确实促进了"符号民主"，增强了消费者参与身在其中的文化氛围构建的积极性，但消费者参与到电影和音乐的创作过程中的情况还很少。所以，传统环境下促使政府加强产业监管的五个原因在娱乐产业中已经存在。②

娱乐产业属于文化产业还是与文化产业部分重叠，还需要讨论。总体而言，娱乐产业的消费者更多，经济导向更为显著，所以不能把费舍尔上述观点简单地套用到中国文化产业中。不过，政府监管文化市场，却是我国文化产业管理的主要方式之一，而监管的主要方式则是文化政策的制定、发布和执行。中国特色社会主义进入新时代，对文化产业提出高质量发展的要求，提出了坚持把社会效益放在首位、社会效益和经济效益相统一的要求，政府的文化管理方式也要通过深化改革而更加完善。

第一，政策调控手段由单纯的行政干预转向以市场调节为主。

---

① 〔美〕威廉·W. 费舍尔：《说话算数——技术、法律以及娱乐的未来》，李旭译，上海三联书店2008年版，第162-165页。

② 〔美〕威廉·W. 费舍尔：《说话算数——技术、法律以及娱乐的未来》，李旭译，上海三联书店2008年版，第165-168页。

行政干预与市场调节是促进文化产业发展的两个主要政策调控手段，它们的运用一般通过政府与市场的相互关系来实现。政府的使命和目的是创造和维持一个文化市场安全运行的环境，而市场的使命和目的是在政府创造和维持的制度环境下发挥有效配置资源的作用。

政策调控手段由单纯的行政干预转向以市场调节为主，更好发挥政府作用，是做大文化企业、升级文化产业价值链的内在要求。全球化背景下的文化产业价值链由跨国文化企业所主导，我国经过数十年的文化体制改革，涌现了一批大型文化企业（包括国有和民营），但具有国际影响力和国际知名的大型文化企业还不是很多。我国文化产业的强势发展，部分地打破了原有的条块分割、地区封锁、城乡分离的文化市场格局，使得价格机制、竞争机制在文化市场发展中正发挥着越来越重要的作用。这在很大程度上是得益于政府主导、体制改革、政策松绑等行政手段。而如果单纯依靠行政手段推动发展，在获得短期效果的同时也可能加剧资源配置错位。比如，某些地方政府过分干预文化产业，将强化行业性和区域性壁垒，阻碍文化资源的流动，致使市场分割和重复建设，使文化企业难以享受统一文化大市场的规模经济效应。

中国地大物博，不同地区的文化生态、市场环境和经济社会发展水平有很大差异，文化产业区域不平衡问题仍然突出。某些地方政府将财政负担转嫁给当地居民，而且催生大量文化娱乐场所空置浪费的现象。往往会导致资源利用的低效率，不利于生产要素的自由流动，从而使得原本具有集群优势的大城市或重点文化产业集群带没能达到帕累托最优，而丧失掉带动落后地区共同发展的机会。倘若地方政府的文化政策可以关注如何破除地方格局，促进区域内的资金、人才等生产要素自由流动，这样可有利于发挥市场在资源配置中的决定性作用，形成我国的文化产业合理分工体系，则更有利于文化产品和服务"走出去"。文化产业的集聚往往就是世界范围内城市分工体系或者城市内部的产业分工体系由市场决定聚集而成。各地政府可以因地制宜，制定符合自身比较优势的政策以引导文化产业集聚自然形成。这样，在政府的引领下，通过发挥市场在资源配置中的决定性作用，不仅有利于提高我国文化企业的集约化和规模化程度，也有利于提高文化产业在城市中的就业吸纳能力，提升文化产品满足国内外市场需求的竞争力，从而提升我国文化软实力。各城市间通过协调机制和市场作用形成区域内的层级分工体系，这样既可避免区域内各城市的地方规划雷同和重复，也有助于发挥地区和企业的竞争优势。

第二，政策支持方式由单纯的财政补贴转向重视普及艺术教育。

财政补贴与普及艺术教育均是推动文化产业发展的两种政策支持方式，二者具有时效不同的政策效果。财政补贴是我国各级政府普遍采用的政策，主要有税费优惠、补贴和财政专项资金等方式。它在短期内具有推动文化产业增长的功效，但在长期内显著影响文化产业发展的是教育。普及艺术教育既是弥补一个地区竞争优势先天不足的决定因素，也是提升人文素质、扩大文化需求的有效方法。

政策支持方式由单纯的财政补贴转向重视普及艺术教育是推动文化产业可持续发展的内在要求。艺术教育在开发人的智力与创造力方面有重要作用，这是其他科学教育无法替代的。接受教育和享受文化是我们国家宪法赋予每位公民的权利。然而，在一些地区，艺术教育还相对落后，硬件上文体设施匮乏，软件上专业师资不足。艺术教育的薄弱进一步拉大城乡文化消费差距，地方政府和教育主管部门要加大对艺术教育的投入力度，也应改变发展理念。文化消费是由艺术欣赏和文化品位的习惯所致，它需要长期的艺术教育熏陶而成。我国文化产业政策的支持应将单纯的财政补贴的支持模式拓展为重视普及全国艺术教育，从而带动全国文化消费和文化产业可持续发展。

普及艺术教育有助于为文化产业发展提供充足人力资源及提高社会文化参与度，而文化产业从业人员占比与社会文化参与度均是判断文化产业社会影响的重要指标。根据配第-克拉克定律通过劳动力指标分析产业结构演变规律的思想：只有社会从业人员中文化产业从业人员占比有了明显提升，才有可能实现文化产业成为国民经济支柱产业的目标。这个目标已经实现，但我们也要看到，我国文化产业从业人员的素质、能力还需要提高。一些文化企业拿不出高质量的产品，原因就在于它没有高质量的员工；一些明星艺人曝出丑闻，也与其个人文化修养低劣有关。目前一个重要的问题是，鉴于数字技术在文化生产与传播中的巨大能量，一些文化企业在招聘员工时往往过于看重其技术能力，甚至以为"电脑熟"就行，而忽视了文化知识、艺术修养、美学品位方面的要求。

人才是文化生产力最根本的要素之一，吸纳高端艺术人才和提升文化人员普遍素质对于文化产业质量和文化产业创新具有决定性作用。文化产业的从业者不能只是有较高学历、有一技之长、有某种天赋，更重要的是要有持续的文化参与并从中获得深广的文化积累。现实情况是，并非所有文化产业从业者都有丰富的精神文化活动，其中一些人只是把工作当作"谋生"，把文化产品当作一般产品，缺少对文化艺术的深沉热爱、倾心投入。所以文化政策还应当具有促进文化产业从业人员持续提升自己的效果，而文化产业从业人员也应当有带动整个社会、促进公民参与文化的自觉，普及艺术教育恰是实现这一目的的重要举措。文化参与程度直接关系到文化产业的活力，文化参与不仅给人以认同感、归属感和共同价值观，而且文化参与程度也是人民享受文化便利程度和文化消费习惯的体现。文化参与率的提升不仅发挥社会效益，也可带动文化产业发挥经济效益。

第三，政策关注重点由消除城乡二元结构转向兼顾消除城市新二元结构。

文化产业投资驱动模式通常带来两种隐患：一是过快投资往往伴随文化资源过度消耗和生态环境恶化等不可逆的严重后果，二是文化投资过快不仅会造成实体资源闲置，也会阻碍消费结构升级。一些地方开展的轰轰烈烈的文化固定资产投资活动，除在当时带动 GDP 增长外，并未提供与居民文化需求相匹配的丰富文化内容，由于缺乏后期消费动力，往往使得文化消费增长难以持续。文化消费驱动会以满足人们的物质文化需要为目的，同时这种驱动方式减少低水平的重复投资，与具有地方根植性的文化消费习惯相匹配，从而推动各地提供具有地方特色且深受大众欢迎的文化商品和服务。同时，形成的良好文化氛围也有助于累积成改善人力资源状况和增强自主文化创新能力的文化资本。

新时代的文化产业驱动模式由投资驱动转向消费驱动，扩大文化内需内在要求政策关注重点不仅在于消除城乡二元结构，也需兼顾消除城市内的新二元结构。必须看到，城乡二元结构是导致我国农村文化消费呈现"积蓄增长负相关效应"的主要原因在于：其一，从宏观经济看，中国的城市化推进生产，一定程度上没有同步推进消费，总体上我国的消费率较低。其二，中国城市化和城镇化进程吸引了大量农民工进城，造成大部分农村的空心化和"留守人群"。农村在流失青壮年劳动力的同时，也在失去消费文化娱乐的主力群体，从而使得农村呈现出文化、娱乐、教育消费支出并未随着家庭人均纯收入增加而相应增长的局面。其三，我国乡村文化消费需求增长滞后于全国经济增长，也滞后于乡村收入和总消费的增长；收入水平提高是文化消费增加的前提和基础，虽然农村收入增速较快，但还是主要用于改善物质生活条件。只有将农民收入水平持续提高到一定水平，才能从根本上提高其文化娱乐消费支出。

长期以来城乡分割所造成的城乡差距也在城市内部造成了户籍人口和非户籍人口的差距，形成了城市内部新的"二元社会"分割（或称"新二元结构"）。从城市常住居民结构看，城镇文化娱乐消费驱动作用的抑制主要基于另外两个原因：其一，城镇家庭文化消费主力人群的结构变化，使得新的文化需求尚未被完全满足、新的文化消费模式尚未被完全识别；其二，大多城镇家庭同时面临着较高房价、较大教育投资和必要医疗保障等社会现实，对文化消费产生了相对程度的挤压效应。从移入城市的外来人口看，农村劳动力和进城农民工的收入增长速度低，既不利于缩小城乡收入差距，也不利于缩小城市内部有无本地户籍的人口间的收入差距。高收入者边际消费倾向较低，因此，收入差距的扩大不利于增加消费。如果将消费分成若干项来看，外来移民与城市居民相比，其在吃、穿方面的消费虽然也较低，但更明显的差别出现在家庭设备、健康医疗和文化教育这些方面。随着收入水平的提高，农民工对能不能安居乐业的预期还会影响他们对耐用消费品的消费。这一状况在全面脱贫后有很大改观，近年来我们的文化消费，特别是文化旅游业强劲增长。但城乡差异、地区差异仍然存在，文化消费也仍然存在着不充分、不平衡的问题。

新型城镇化是未来我国最重要的城乡社会运动，伴随着户籍制度改革，城乡人口大规模变迁，不仅将从根本上改变我国城乡二元对立的社会结构，而且也将从根本上改变我国文化消费结构，进而推进文化产业结构的空间秩序再造。文化产业政策关注转向同时消除城乡二元结构和城市新二元结构，将从根本上改变农村文化消费"积蓄增长负相关效应"，为新时代文化产业内涵式发展提供支持保障。

第四，政策实施方式由单一的"自上而下"转向融合社区文化治理。

中国特色社会主义新时代，不仅是指经济新时代，也包括文化强国新时代、社会治理新时代。这种新时代背景，内在要求文化产业政策实施方式由单一的"自上而下"转向融合社区文化治理。融合社区文化治理是提升民众文化参与度、发挥文化产业社会功能及提升国家文化治理能力的重要方式。

注重融入社区文化治理、带动全民文化参与是国外发达国家或者发达城市不断更新、保持活力的主要经验和模式。例如，美国已有超过 90 个城市将文化作为区域复兴的主要战略。这些城市普遍将规划聚焦在大规模文化机构和文化园区的建设上，以直接带动经济发展，如纽约市布鲁克林音乐学院（Brooklyn Academy of Music，BAM）投入 5 亿 6 千万美元开发 Fort Greene 文化园区。30年前，为重振马萨诸塞州北亚当斯经济，一间 19 世纪废弃的工厂被改造成综合性艺术博物馆，即麻省现代艺术博物馆（Massachusetts Museum of Contemporary Art，Mass MoCA），总面积为 52.5 万平方英尺（约 4.9 万平方米）。作为地标性艺术馆，麻省现代艺术博物馆每年为北亚当斯带来的经济效益超过 2 千万美元，并提供了 600 余个岗位，2005 年的游客访问量达到了 16.2 万人。同时，麻省现代艺术博物馆也规避了"绅士化"（gentrification）现象[1]的出现，使得居民对该社区的生活质量更为满意。这种带动社区整体治理提升的文化建设投资成为学者们普遍关注和提倡的一种实践案例。[2]这是十年前的情况，具体数据当然会有变化，但它背后的道理迄今仍然是成立的。我国的工业化和经济社会发展已经进入了一个新的历史阶段。地方政府的文化规划也需要由以往注重规模、财政资助重点项目等方式转向关注社会影响，通过提升民众文化参与度、吸纳更多居民就业和聚焦当地文化需求来切实惠及每位普通民众。[3]

单一的"自上而下"的政策实践证明，各类"政策"发挥了不可缺少的重要的作用，但也有其局限性。从现象上看，至少就有两点。一是手段有限，可能管不了。据统计，截至 2023 年 6 月，我国网民规模达 10.79 亿人，互联网普及率达 76.4%。[4]网民在接受、消费着巨量的网络文化产品。仅网络文化一项，就有这么多的人、这么大的市场，政府管不过来。二是效果有限，可能管不住。

---

① 绅士化（gentrification），又译为中产阶层化，是社会发展中的一个可能现象，指一个旧社区从原本聚集低收入人士，到重建后地价及租金上升，引致较高收入人士迁入并取代原有低收入者，也导致已有低收入者搬离原社区。

② 参见 Markusen, A, King, D, The artistic dividend: The arts' hidden contributions to regional development, in *Project on Regional and Industrial Economics*, Humphrey Institute of Public Affairs, 2003. Grodach, C. Beyond bilbao: Rethinking flagship cultural development and planning in three California communities, *Journal of Planning Education and Research*, 2010(3), pp.353-366.

③ 有关我国文化政策转向部分，由上海交通大学文化产业管理系王婧副教授完成。参见王婧：《论新时代我国文化产业政策转向》，《探求》2018 年第 5 期，第 72-79 页。

④ 中国互联网络信息中心：《第 52 次中国互联网络发展状况统计报告》，https://www.cnnic.cn/n4/2023/0828/c88-10829.html，2023 年 8 月 28 日。

近十多年来，"真人秀"成为电视上最受欢迎的节目。2013年，《爸爸去哪儿》《我是歌手》《中国好声音》等节目的成功诱发了电视真人秀的"井喷"，各大电视台纷纷试水或引进真人秀节目，不同类型、不同模式的真人秀节目达到百余档，其中有不少是没有什么文化内容和积极社会效益的节目。在国家新闻出版广电总局多次出台相关政策对综艺节目进行规范限制后，真人秀依然热度不减，继续发力，《极限挑战》《奔跑吧兄弟》等节目在口碑和收视方面成绩骄人，而《国家宝藏》《朗读者》《见字如面》等一大批文化类真人秀获得极高口碑。真人秀的播映平台又继续拓展至互联网，《奇葩说》《中国有嘻哈》等为真人秀的制作者们打开了全新的平台空间。这类情况表明，在巨量人口参与文化生活的背景下，政府管理不是全能的。

我们认为，政府应当调控、监管文化产业，但如何调控、监管，则需要深入探索。结合中国文化产业发展的经验来看，重点是如下几点。

首先，简政放权，适度调控。现代文化企业制度以政企分开为原则，但这不意味着政府就完全放手，而是在权责明确的基础上为文化产业提供一个宽松健康的发展环境。政府应该审时度势地认清文化产业的发展现状，为其制定合理正确的政策指导，引导文化企业在发展方向上走向正轨，而不是事无巨细地包揽一切。21世纪以来，电影产业取得了很大成绩，这与电影改革不断突破原有体制束缚、简政放权有直接关系。特别是党的十八大以来，电影主管部门陆续取消了"一般题材电影剧本审查""电影制片单位以外的单位独立从事电影摄制业务审批"等10项行政审批。这些审批是2002年2月1日起施行的《电影管理条例》中设立的。当时为了防止电影片中载有禁止的内容，对准备投拍的电影剧本进行事前审查。但在2017年的行政审批改革中，明确为一般题材电影无须再提交电影剧本，只需提交大纲备案，20个工作日内即可对社会进行公示并投拍；涉及国家安全、外交、民族、宗教、军事等重大题材的，仍需提交剧本进行审查。这样既解放了生产力，又维护了电影产业的社会效益和政治正确，还节约了管理成本。在总结改革经验后，《中华人民共和国电影产业促进法》2017年3月1日开始实施。这部法律贯彻"法无禁止即可为"的原则，除已明确取消的10项行政审批以外，还实质上取消了"电影制片单位设立、变更、终止"审批。依据2002年之前的管理办法，必须先经国务院广播电影电视行政部门审批同意"设立电影制片单位"并取得《摄制电影许可证》（"长期证"），才能到工商部门“设立”电影制片单位，从事电影摄制业务。这就为电影制片行业设置了准入门槛。《电影管理条例》也规定了制片单位以外的单位可以申领《摄制电影许可证（单片）》（“单片证”）并拍摄电影，这实际上是在当时的历史条件下开辟改革的新路径。2006 年《电影剧本（梗概）备案、电影片管理规定》进一步放宽了电影剧本（梗概）备案的条件，并将部分审查权限下放到省级。经过多年改革，“设立制片单位审批”名义上虽然得以保留，但其实质已接近取消。2014 年将该审批下放到省级；2016 年，国务院广播电影电视行政部门同意取消该项审批，并明确在 2017 年《中华人民共和国电影产业促进法》实施后彻底取消。[①]

其次，政策倾斜，扶持企业。文化企业多数是小微企业，往往在经营中面临困境，尤其是那些传统文化表现形式，例如戏剧、歌剧、美术等，市场需求少，经济效益自然受到限制。这些企业因微小，因此更加关注经济效益。如不能得到政府的扶持和补贴，它们或可能以低俗占领市场，或经营困难而走向衰落。这就需要政府来提供相关的补助来弥补企业经营的不足。近十多年来，各地政府都发布了大量经济扶持政策，并对小微文化企业给予特别支持。下一步应当转向“精准扶持”，就是对那些确具成长性的企业，对那些确有提升潜质的文化项目、文化产品，进行重点支持。

最后，借助技术，重在服务。这方面的基本原则和要求，中国政府早就明确提出，但在文化产业中如何由管理而服务，还有不足。现代政府进行文化管理的重要方式之一，是“版权法”，即保护歌曲作者、表演者和制片人的权利，在对其创作进行复制、改编、发行或表演等领域禁止出现竞争，从而使他们能够向消费者和被许可人收取相应的费用。版权人由此获得的利益是对其创作的一种激励。但 20 世纪末以来，一系列技术革新动摇版权制度的有效性。数字复制与存储技术的发展与普及，压缩技术的进步及互联网的强大沟通能力，使得版权人及其权利受让人越来越难以实现版权法赋予他们的权利。在这种情况下，政府对生产者给予了更多的法律保护，包括有权阻止规避加密保护技术及其他自设防控技术的行为。这一策略增强了生产者防止其作品被非法复制以及保护

---

① 《电影审查逐渐放宽 2016 我国电影票房已居世界第二》，人民网，http://politics.people.com.cn/n1/2017/0326/c1001-29169407.html，2017 年 3 月 26 日。

其盈利渠道的能力，但因此也在一定程度上制约了传统的"合理使用"权，提高了交易成本。

美国学者费舍尔提出以政府管理下的奖励体系来代替"版权+加密"的保护模式。其工作机制是，作者创作的歌曲或电影被他人聆听或观看，作者如欲取得相应的报酬，首先应将作品向版权局注册登记，注册过程中，会给作品取一个独一无二的文件名，以便用来跟踪作品数字化版本的传播。政府可以通过向有关设备和服务征税的方式获得充足的收入，以此来补偿注册者将其作品公之于众的贡献。借助美国和欧洲版权集体管理组织以及电视收视率服务行业的做法，政府机关可以对每首歌曲或每部电影的消费次数作出估计，以此为据，定期向注册者分配相应的税收收益份额。一旦这个体系得以实施，我们就要修改版权法，放宽目前对非授权复制、发行、改编和表演所作的种种限制。音乐和电影就能被免费合法地获取。按照费舍尔的说法，这一体系的优点在于："消费者能够花更少的钱获得更多的娱乐产品；艺人能够获得公平合理的补偿；会涌现出更多的大众可知的艺人——进而丰富大众可得的作品种类；音乐人将减少对唱片公司的依赖性，制片人将降低对电影公司的依赖性；消费者和艺人将有更大的修改和传播音视频品的自由；尽管消费电子设备和宽带接入服务的价格会因征税而升高，但是对它们的需求也将增加，从而能够使这些商品或服务的提供者受益；此外，诉讼及其他交易成本的急剧下降也将使社会整体受益。"[1]

这种奖励体系是否真的能够解决当前版权问题的困境，还有待实践检验。重要的是，费舍尔这里提出了一种服务型管理版权的思路。版权所涉多为刚性的法律法规，版权管理亦可转向服务型，说明在文化产业管理的各个环节，都有很大服务空间。但只有在真正认识到管理就是服务，现代政府是服务型政府的前提下，管理服务化才能提上日程。由于文化产业属于广义的服务产业，所以文化产业管理有责任、有可能在"服务型管理"上先行一步，成为其他产业管理改革的榜样。

---

① 〔美〕威廉·W. 费舍尔：《说话算数——技术、法律以及娱乐的未来》，李旭译，上海三联书店 2008 年版，第 184-185 页。

第三节　文化法治与现代治理

马克思主义者葛兰西早就指出："在我看来，关于伦理国家、文化国家，可以提到的最合理和具体的一点就是：每个国家都是伦理国家，因为它们重要的职能就是把广大国民的道德文化提高到一定的水平，与生产力的发展要求相适应，从而也与统治阶级的利益相适应。"[①]国家的作用包括提高民众的道德文化水平。在道德上的领导权也就是"文化领导权"。就是在这个意义上，"国家具有教育和塑造的作用，其目的在于创造更高级的新文明，使'文明'和广大群众的道德风范适应经济生产设备的继续发展，从而发展出实实在在的新人类"[②]。迄今为止，政府在文化上的责任，主要是制定必要的文化政策。西方传统的"艺术政策"（arts policy）以19世纪马修·阿诺德的理论为基础，以推动弘扬优秀艺术且符合道德主流的文化生产的发展。有三种干预手段：①公开支持。多以政府补贴的形式，扶植优秀文化，树立文化典范。②审查。对于政府认为对其不利的、有害的、敏感性的，或不便出现于公共空间的内容，进行压制，限制此类舆论。③打压。这三种干预手段互有联系，它们的共同使用便能推动产生国家/政府所期望的社会效益的文化产品，其中审查与打压都是限制性的，使用起来必须有清晰的政策界限。

公权力介入文化，既要能够代表并保护公民文化权益，又要符合文化生产、传播与消费的特点，慎用生硬的行政管制，特别是粗糙的审查制度。美国批评家约翰·加德纳认为，审查制度的幽灵，是"一件危险的东西"，根植于人类乐于说教的倾向，该倾向经常忽视这一事实，即无论在文学批评理论界还是整个人类社会，价值体系都是多元并相互竞争的。加德纳警告说："说教主义必然将道德问题简单化，结果与道德擦肩而过。"批评家还必须避免树立行为典

---

① 〔意〕安东尼奥·葛兰西：《狱中札记》，曹雷雨、姜丽、张跣译，中国社会科学出版社2000年版，第214页。

② 〔意〕安东尼奥·葛兰西：《狱中札记》，曹雷雨、姜丽、张跣译，中国社会科学出版社2000年版，第198页。

范及规范道德可接受性的标准，因为这样做必然会导致审查制度在文本上的不公正性。"我不愿意呼吁将最糟糕的艺术清除出去，因为强制下的道德是愚人的道德。"[1]这里特别要指出的是，查禁作为政府管理的最后手段，是必要的，但须慎用。这一点，中国古人早已明白。剧作家洪昇在《长生殿》第一出说过："感金石，回天地。昭日月，垂青史。看臣忠子孝，总由情至。先圣不曾删《郑》《卫》，吾侪取义翻宫、徵。借太真外传谱新词，情而已。"[2]乾隆元年（1736年），江西巡抚俞兆岳请禁淫戏，乾隆言之曰："先王因人情而制礼，未有拂人性以发令者。忠孝节义，固足以兴发人之善心；而媟亵之词，亦足以动人心之公愤。此郑、卫之风夫子所以存而不删也。若能不行抑勒，而令人皆喜忠孝节义之戏，而不观淫秽之龊，此亦移风易俗之一端也。汝试姑行之。"[3]乾隆明白，徒禁不能止，有效地管理文化，还应当有更积极的手段。

以政策方式表现出来的政府介入与积极干预，能为文化产业发展提供良好的政策环境，但如果单纯以政策"增量"的方式推动文化产业发展，就可能迫使文化产业遵循权力意志的逻辑而不是文化价值和市场的逻辑。曾经的一段时期内，不少地方"群情涌动"，以"开展运动"的方式发展文化产业，一哄而上，有条件上，没有条件也在上，简单地、粗放地追求规模和总量，数量过剩，质量不足，失去了文化产业应有的创造意义、丰富生活、改造人性、和谐社会的价值和功能。本来，国家文化产业政策历来重视社会效益，反对片面追求经济效益。但一些地方政府，特别是地方政府的主要领导，却更多是基于"政绩"的动机发展文化产业，文化产业就被片面地理解为文化经济化、文化金钱化。至于国家政策一再强调的"社会效益"，却并未得到真正重视。如此，文化价值、文化伦理、文化品格等文化产业理应具有的质素也就被无情地摧毁。

单纯以政策"增量"的方式推动文化产业发展具有时间性、任务性的内在不足。其一，政策容易发生变化。党中央、国务院有其一贯的立场和长远的视野，其路线、方针不会轻易变动，但一些部门及地方政府，可能出现朝令夕改、人存政举、人去政改的现象。其二，政策容易流于空文。一种情况是，一个很

---

① Gardner, J, *On Moral Fiction*. Basic, 1978, p. 137, 106.

② 洪昇：《长生殿》，浙江古籍出版社 2016 年，第 1 页。

③ 周汝昌：《红楼梦新证》，华艺出版社 1998 年版，第 550 页。

好的政策，却没有得到认真的执行；另一种情况是，一些部门或地方政府的政策本身就缺少严肃性和合理性，就更不会被认真执行。其三，政策容易部门化。政策有其制定和发布的主体，这个主体通常是中央和地方的行政主管部门，它们各有其发展思路、办事规程，其所制定和发布的政策，也有部门化的特点。由此会产生"条块分割"的现象，某些地方行政主管部门很可能会为了部门利益而"不顾大局"——也确实存在一些部门借"发展文化产业"之名而为部门"私欲"披上合理外套的事实。这样政策管理就会被曲解为行政管理，最终可能沦为部门利益的保护性措施。其四，一些政策自身就有其片面性。比如一些禁令，虽有其合理的出发点，但其核心要求，或者难以落实，或者落实后限制了文化产业发展。

要从根本上解决单纯以政策"增量"的方式推动文化产业发展的问题，必须合理合法地界定政府与市场的关系，摆脱以"政治"化方式规训文化产业发展的方法，转而走向"法治"，"转变政府职能，优化政府职责体系和组织结构，推进机构、职能、权限、程序、责任法定化，提高行政效率和公信力"[①]。同时要正确处理经济与文化的关系，要以社会共同体的利益，以满足人民美好生活需要为文化产业的根本目的。在过去的十多年中，文化产业政策确实发挥了巨大作用，在今后一个时期，政策也仍然是发展文化产业的重要推动力量，文化市场期待中国文化政策体系日益完善、日益理性。这就是说，"政策"在推动文化产业发展之后，就应当考虑一定程度上放开。过分地依赖政策，很可能妨碍法治文化的建设。文化产业管理是现代社会管理的一部分，最终必然走向法治化。

通常情况下，法治相对人治。管理都是由具体人负责的。这就可能出现两种情况。一种情况是领导者有必要的政治思想水平和高度的责任心，对文化也并不外行，因此可以很好或比较好地进行文化管理工作。另一种情况是，领导者有官僚主义倾向，政治、文化水平都不很高，且未全力尽责，这样的人当然不能胜任管理岗位。后一种领导虽然少，却不是没有。即使一些称职的领导，

---

① 《习近平：高举中国特色社会主义伟大旗帜 为全面建设社会主义现代化国家而团结奋斗——在中国共产党第二十次全国代表大会上的报告》，共产党员网，https://www.12371.cn/2022/10/25/ARTI16667050474745.shtml，2022 年 10 月 16 日。

也可能有各种各样的不足。人非圣贤，出现少数不称职的领导并不奇怪，这就对我们的管理方式提出挑战：如何用体制、机构、政策和法律的力量，来约束那些并非优秀文化领导者可能带来的不良后果？

曾经的一段时期内，我国文化领域的法律仅有《中华人民共和国文物保护法》《中华人民共和国著作权法》《中华人民共和国非物质文化遗产法》等少数几部。文化法律的数量不足，大量的管理性规定散见于众多的行政法规、部门规章和内部文件之中，稳定性、透明性不够，相互之间还容易出现不协调的现象。这就使得文化产品的生产者和文化服务的提供者难以得到稳定、可靠的法律保护，有时甚至无所适从，束缚了文化生产力的发展。近年来，党中央提出了包括"全面依法治国"在内的"四个全面"的战略布局，文化领域立法明显加速，制定和颁布了《中华人民共和国公共文化服务保障法》《中华人民共和国网络安全法》《中华人民共和国电影产业促进法》《中华人民共和国公共图书馆法》等法律。建立健全更加完备的文化法律制度，提高文化领域的治理能力和治理水平，使保障人民群众文化权益、促进中国特色社会主义文化产业繁荣发展的必由之路有法可依。当代文化市场中存在盗版侵权、演员偷税漏税现象。仅仅靠打压管制的手段是不够的，法律是不以人的意志为转移的，只有成熟的法律体系建设才能有效地改变这一现状。

以电影市场为例，电影市场出现过票房造假的现象，这一现象反映了我国电影产业发展面临的内忧外患。我国电影产业面临来自美国、日本、韩国等国家优质影片的竞争压力，要想方设法提高影片质量以吸引观众、占领市场份额。但实际情况却是电影行业困于票房造假等自毁发展，专业水准、制作技术等发展缓慢，劣质影片频出，社会公众对电影行业有不少负面评价。在《中华人民共和国电影产业促进法》颁布之前，因为无法可依，票房造假的法律责任并不明确，一定程度上宽容了造假行为的发生，在当时票房造假几成行业公开秘密的情况下，被查实并处罚的案例却寥寥无几，不良之风没有得到及时遏止和治理。这导致了"破窗效应"的发生。"破窗效应"原属于犯罪学理论，该理论认为在某个环境中如果一扇破碎的窗户没有被及时修复，就会对周围环境形成一种暗示：该区域处于不良状态。在这种暗示之下，更多的人会被诱使打破窗户，甚至是实施更严重的犯罪行为，从而导致破窗周围的环境不断恶化。第一次票房造假行为在我国电影业打破了一扇窗户，没有得到及时的管理与修复，从而使得这种状态不断扩散与恶化，造成行业内普遍的、大规模的造假行为。2017 年 3 月正式施行的《中华人民共和国电影产业促进法》第三十四条规定：电影发行企业、电影院等应当如实统计电影销售收入，提供真实准确的统计数据，不得采取制造虚假交易、虚报瞒报销售收入等不正当手段，欺骗、误导观众，扰乱电影市场秩序。第五十一条还具体规定：电影发行企业、电影院等有制造虚假交易、虚报瞒报销售收入等行为，扰乱电影市场秩序的，由县级以上人民政府电影主管部门责令改正，没收违法所得，处五万元以上五十万元以下的罚款；违法所得五十万元以上的，处违法所得一倍以上五倍以下的罚款。情节严重的，责令停业整顿；情节特别严重的，由原发证机关吊销许可证。这就从法律层面对票房造假行为提出禁止与惩罚措施，为解决票房造假及类似问题提供了法律依据。当然，相对于电影行业高达千万乃至上亿的资金往来，五十万封顶的处罚威慑力有限。这有待于法律制度的进一步完善。[①]

我国文化管理正处于从政策管理向法治管理转变，或政策管理与法治管理并存的过程之中。以网络文化为例，这是一个包括网络视频、网络文学、网络音乐、微电影、网络演出、网络动漫、网络直播等的新的文化形态与经济业态，它摆脱了所有传统媒介文化的有限性，扩展了文化存在与传播的空间，为大规模的公众创作、享有文化产品和服务带来可能。当然，网络文化因其高度的商品化、产业化和逐利化，始终有部分产品明显存在粗制滥造、抄袭模仿、鱼龙混杂、"三俗"突出等问题，作品数量与质量失衡、市场供应与市场需求失衡、商业利益与文化价值失衡。所以党和政府从一开始就注重对网络文化的管理。党的十九大报告提出，要"加强互联网内容建设，建立网络综合治理体系，营造清朗的网络空间"。具体包括制定法律、法规与政策性文件颁布和专项整治等方面。

制定法律：自 1994 年接入互联网，中国逐步形成了覆盖网络安全、网络知识产权、个人信息、电子商务、网络内容管理等领域的互联网法律体系。如从 2015 年起，就通过《中华人民共和国网络安全法》《中华人民共和国电影产业促进法》等法律。

法规和政策性文件颁布：出台《最高人民法院、最高人民检察院关于办理

---

① 关于电影票房造假的分析，由上海交通大学文化产业管理专业 2018 届毕业生程茜同学撰写。

侵犯公民个人信息刑事案件适用法律若干问题的解释》，修订《互联网等信息网络传播视听节目管理办法》《互联网视听节目服务管理规定》《互联网上网服务营业场所管理条例》《互联网文化管理暂行规定》，制定《网络出版服务管理规定》《互联网新闻信息服务管理规定》《互联网广告管理办法》，发布《互联网直播服务管理规定》《关于加强网络文学作品版权管理的通知》《互联网论坛社区服务管理规定》等。

专项整治：例如，2017 年 12 月，中共中央宣传部等八家单位联合印发《关于严格规范网络游戏市场管理的意见》，对网络游戏违法违规行为和不良内容进行集中整治。《意见》明确指出："各相关部门要迅速开展全面排查，重点排查用户数量多、社会影响大的网络游戏产品，对价值导向严重偏差、含有暴力色情等法律法规禁止内容的，坚决予以查处；对内容格调低俗、存在打擦边球行为的，坚决予以整改；对未经许可、擅自上网运营的，坚决予以取缔；对来自境外、含有我国法律法规禁止内容的，坚决予以阻断。所有网络游戏企业都要认真进行自查自纠，自觉抵制和清除不良内容。"①

制定法律、法规与政策性文件颁布、专项整治在净化网络文化方面取得了明显成效，但这并不意味网络文化就此完全净化。原因之一，就是现实的文化管理体制机制与市场发展还不完全匹配，相关法律法规还不够健全，方式手段还不够完善，因此现有的纠错惩戒还不足以形成足够的震慑。以"文化管理体制机制与市场发展还不完全匹配"为例，现有的网络文化立法主要以法规、规章和规范性文件为主，一定程度上与互联网"一点接入、全网覆盖"的特征不相匹配。文化和旅游部、国家广播电视总局、工业和信息化部、网络安全和信息化委员会都是网络文艺监管主体，它们在各自管辖领域作出规定，可能会忽视不同网络文艺形态的共同点，也可能导致政策法规内容交叉重叠、标准多样，或者对同类业务做出不同内容的管理要求。这些就是"相关法律法规还不够健全"，还需要制定高位阶、统筹全局的专门网络文化基本法，进一步明确网络文化治理的基本原则、总体要求和清晰标准，统筹网络文艺各领域管理办法。至于"方式手段还不够完善"，则需要进一步厘清网络文艺监管主体和治理边

① 《中宣部等部委联合开展针对网络游戏违法违规行为和不良内容的集中专项行动》，中华人民共和国中央人民政府网，https://www.gov.cn/xinwen/2017-12/28/content_5251284.htm，2017 年 12 月 28 日。

界，确立统一标准，减少交叉重叠，提高行政管理人员能力。[1]

还可以进一步申论。所谓"方式手段还不够完善"，应当不只是上面说到的这些。广义上的"方式手段"还包括法治之外的各种社会文化的方式和手段。现代社会是法治社会。在坚定不移地推进文化立法、依法治文化的进程中，我们也要看到，文化领域很多问题不是法律问题，社会效益尤其涉及生产者、传播者与消费者的知识水平、审美趣味、人文素养、创意能力等主观方面。康有为就指出："夫人之一身，一日之中，一生以内，动作云为，饮食居处，其涉于法律之中者几何？盖甚少也。而一举一动，一话一言，一谈一笑，一起一居，一饮一食，一坐一卧，一游一眺，一男一女，无一刻不在道德礼义之中。盖在法律之中者一，而在道德之中者万也。则试问法律之治要乎，抑德礼之治要乎？以此比之，则法律之治与德礼之治，有万与一之比也。"[2]在社会文化生活中，徒法不足以自行。中华传统的"德治"仍有继承和发扬的必要。孟子说得好："徒善不足以为政，徒法不能以自行。"[3]法律是成文的道德，道德是内心的法律，德治与法治是相互配合的，道德的教化作用与法律的约束作用缺一不可。文化产业领域的德治，主要包括三个方面，践行社会主义核心价值观，弘扬中华传统美德，培育社会公德、职业道德和个人品德。

而且，推进全面依法治国，本身就需要我们建设一种社会性的法治文化。文化立法当然需要进一步加强，但另一方面，文化领域仍然存在着有法不依、执法不严、违法不究、徇私枉法的现象，一些知名的艺人的违法行为还有消极的示范性，致使法律不能有效实施。余英时基于中国文化传统的经验认为："只要社会上有领导人物，人民便必然会要求他们在道德上和知识上具备一定程度的修养。在这个意义上，儒家的修身论通过现代的转化与曲折也未尝不能继续在'公领域'中有其重要的贡献。传统儒家'有治人、无治法'的观念固然已失时效，但'徒法不足以自行'终究是一条经得起历史考验的原则。制度离不开人的运作，越是高度发展的制度便越需要高品质的人去执行。"[4]文化产业

---

[1] 这一段有关网络文化治理的情况，是依据王琳琳《完善网络文艺治理体系 营造清朗网络发展空间》一文写成的，谨向作者致谢。原文载《中国社会科学报》2017年12月1日，第6版。

[2] 康有为：《康有为全集》第十集，中国人民大学出版社2007年版，第321页。

[3] 方勇译注：《孟子》，中华书局2010年版，第128页。

[4] 余英时：《现代儒学论》，上海人民出版社2010年版，第39页。

界也迫切需要法治文化。1999 年 1 月 2 日以来，中央电视台推出法制节目《今日说法》，通过对日常生活中发生的案件进行事实报道、法律分析，在亿万观众中普及了法律，提高了观众的社会道德意识和法律意识。这既是法制节目，也是文化作品。它的成功表明，我们一方面要推进文化及文化产业领域的法治化，另一方面文化与文化产业也应当通过大量优秀产品培育公民的法治意识，通过双重努力来推进文化治理体系和治理能力的现代化。

管理是现代社会得以正常运作的必要前提。非常遗憾的是，虽然中国传统社会也有极为丰富的管理实践，但规范意义上的管理学却来自西方。改革开放以来，中国引进西方管理学，使之有效地参与了中国的现代化建设。但我们必须根据中国的现实需要对西方管理学进行改造，主要原因有两个。其一，西方的管理学一般来说主要是工商企业管理和政府行政管理，文化管理是 20 世纪才有的新兴领域，所以说西方的文化管理并无充分的资源可供我们吸收。另外，古中国虽无"文化管理"这一概念，但从西周的制礼作乐开始，历朝历代实际上都有自己的文化管理经验。汉代的采诗、北宋的画院、清代的图书编纂，也都是卓有成效的管理实践。我们需要从中提炼出一套中国文化管理学。其二，文化管理针对的是中国文化，这当然也是西方所不可能提供的。在这个问题上，我们既要自信，也要自谦，因为中国现代文化还在建设中，我们要在当代实践的基础上，继承、弘扬五千年古代文化、一百年革命文化和社会主义先进文化的三大传统，走向民族文化的伟大复兴。这是一个我们正在努力奋斗以期实现的文化梦。中国的文化建设还没有完成，与之相应的良善的文化管理方式也还需要一个漫长的探索过程。中国文化复兴之日，也就是中国文化管理方式完善之时。

第十四章

实现社会效益的关键在"社会"

任何有关文化产业发展的研究和讨论，都会涉及政治、市场的不同作用及其关系；追求文化产业的社会效益，当然也离不开健全的市场体制和合理的政府管理。但当"政府-市场"受到如此突出的重视时，"社会"似乎缺席了，仿佛演《哈姆莱特》却没有丹麦王子。近年来，文化产业管理中多有"治理"（governance）一说。作为一种新的公共管理的方法，"治理"不只强调政府-市场的协调与合作，更重要的是寻求政府、社会与市场三者之间的合作和互动，以期通过调动各种力量和资源达到公共事务的"善治"。简单说，"治理"就是各利益相关方对公共事务的"共同治理"，其前提就是社会的参与。实际上，文化首先是，也主要是一种社会现象和社会过程，文化产业的各种效益是在社会整体中实现的，建立社会的文化选择机制，是实现文化产业社会效益的基本保障。

第一节　社会赖文化而凝聚

文化与社会生活共生共荣。广义的文化概念与社会的概念重叠。狭义的文化则是社会生活的一部分。所谓"社会生活"，则是以一定社会关系为纽带，由经济、政治、文化、心理、环境诸因素综合作用而形成的一系列复杂的、多层次的整体性现象和过程，大体可分为物质生活、精神生活、组织生活三大领域，其中的精神生活也就是狭义的文化。区分文化的广狭二义，是为了把握文化-社会关系的两种形态。

广义的文化与社会同义，文化与社会生活之间，不是一种"关系"，而是一个实体的不同说法。20世纪初，流亡国外的康有为在观察研究了华侨在国外的生活状况后，指出提高改善日常生活的必要性："方今吾国人被凌于外国由国弱，亦略由吾同胞团力不热、文明不高、义心不动所致。"为提高文明程度，康有为还有三点建议。一是改进卫生："一、望于唐人街多行打扫至洁，以街道最易动目也，一过即见之……一、望衣服、鞋帽加以整洁。西人不知我情，以此定人高下。若衣服不洁，必为鄙贱。一、须、发、手、面皆须洗剃洁净。西人极讲求此事。若须、发松长，面、手污垢，必为憎恶。一、多洗身。宜吾人自设洗身馆，同人每人日浴，少亦须两日一浴。闻西人以吾中国不洗身，甚为恶之。一、洁净室屋及饮食起居。西人下等者，室亦甚洁，故多恶吾人，致不齿。今南洋各等德国舱不许答（搭）中国人因此。"①二是同胞合群。在外国的中国人互为轸域，日事仇争，但亲一乡一邑，而视异宅异姓异房为仇敌，以同种内争为乐事，以兄弟相杀为业。"不只兄弟阋墙，外御其侮，但令白人冷笑，更以为无教之民、野蛮之状，更足以羞同种而为贱辱矣。夫西人以为治野蛮者不用平等待之，此犹吾等日食鸡、鱼，何能平等乎？同胞之受人困辱，不比人数（类），亦由此故。"三是组织文化活动：多开文明之会。"凡读书、阅报、讲求时事、讲求新法、激励义心，皆赖同群，浅以成浅，深益见深，必当令吾同胞日有益于光明，庶几进者益进。凡国之强否，皆视国人文明程度之高下。优胜劣败，自然之理。"②改进卫生、协和群体、组织文化等，既是生活的改进，也是文化的转型。康有为所论针对的是尚未进入富裕生活的一般华侨，今天的中国已经进入追求美好生活的新时代，但上述三方面仍然是当代中国社会生活之所必需。这里所说的文化，并非专业艺术或专业文化，而是社会生活的一部分。

---

① 康有为：《致李福基刘章轩等书》，见方志钦主编，蔡惠尧助编：《康梁与保皇会》，天津古籍出版社1997年版，第47-48页。

② 康有为：《致李福基刘章轩等书》，见方志钦主编，蔡惠尧助编：《康梁与保皇会》，天津古籍出版社1997年版，第48页。

狭义的文化是社会的组成部分，它与社会的其他组成部分深入互动且共同塑造整体的社会生活。比如文化产业与文化经济的兴起，意味着文化与社会生活中的经济部分更内在结合在一起。但这种产业或经济仍然受到社会生活整体的制约。美国学者阿伦·斯科特将文化的社会解释总结为四个要点。①在实践和政治生活条件下，我们能够确定的艺术和科学规划的可行主题是什么？②艺术的或科学的工作总是在它们发生的背景中被塑造。在此塑造过程中最重大的一个变量就是文化生产中的劳动分工。③基于交流的目的，艺术和科学都有其内在的规范、方法、语言等，因而如果从业者与观众联系在一起，他们就不得不共同经历某种程度上的社会化过程。④艺术和科学的消费群体（即市场）对艺术科学生产者构思和呈现他们的最终作品起着一定的作用，在文化生产受到中介（如代理商、编辑或画廊老板）影响的地方，更是如此。这四点强调的是，文化经济不过是人类文化生产的另一种方式，现代文化经济产品与其社会生产条件有着确定无疑的关系。①

当然，讨论文化与社会的关系，仅仅说广义的文化与社会同义、狭义的文化是社会的一部分，只是一个初步的认识。进一步地探索，我们可以说，社会建立在文化之上。这是什么意思呢？

威廉斯在定义文化时，重点研究了文化的社会意义。他认为："'社会性'的定义强调文化乃是一种特定的生活方式，表达了特定意义与价值；这不仅体现在艺术与知识中，更存在于习俗和日常行为里。在这个意义上，文化分析的使命就是要把特定的生活方式中蕴含的意义和价值弄清楚。"②特定的生活方式之所以重要，原因即在于它有特定的意义和价值系统；一种生活方式之所以不同于其他生活方式，原因在于它有不同的意义和价值系统。所谓文化就是指特定的意义和价值系统。英国学者斯道雷就此阐释说：

> 然而，文化作为一种指意系统绝不可能被简化为"某种特定的生活方式"；文化更多的是对特定生活方式基础的形塑与聚合。并非所

---

① 〔美〕阿伦·斯科特：《文化经济：地理分布与创造性领域》，曹荣湘译，见薛晓源、曹荣湘主编：《全球化与文化资本》，社会科学文献出版社2005年版，第173页。

② 〔英〕约翰·斯道雷：《文化理论与大众文化导论》第五版，常江译，北京大学出版社2010年版，第105页。

有"够得上"被称为文化的东西都能够化约为指意系统，但是应当指出的是，在社会的意义上，我们应当"在一切社会活动形式的核心基础上"对文化加以理解。对于生活来说，仅有指意系统是远远不够的；但事实是，"如果有人认为即使把指意系统从社会实践的中心移除出去，仍然不会妨碍我们对社会系统进行深入讨论的话，那就大错特错了，因为整个社会都是建立在指意系统的基础之上的。"①

这是一个非常重要的解释。威廉斯并不是简单地说文化就是"整体/特殊的生活方式"，而是说文化是"整体/特殊的生活方式"意义指称系统。这一观点，后来又由霍尔作了发挥和延伸。综合他们的论述，我们可以说，在广义上，一个社会中的文化，就是该社会生产、传播与消费意义的过程与实践；文化产业就是生产符号性产品的产业，而符号之为符号在其有所指，即有其意义，从而文化产业也就是生产意义的产业。

"社会以文化为基础"，这句话的意思是，社会由文化所构成：意义-价值系统是社会的凝聚力，也是一个社会区别于另一个社会的主要标志。社会-文化都是稳定的、连续的整体，也是冲突、变化的过程。相对而言，文化比社会更久远：社会在兴衰嬗变，但每一个社会的创造性力量和创新性成果，则结晶为这个社会的文化-遗产。这里我们主要以现代中国学者的一些观点为线索予以分析。

首先是梁启超提出的一套看法。梁的"文化"概念来自新康德主义。"我们拿价值有无做标准，看来宇宙间事物，可以把他们划然分为两系，一是自然系，二是文化系。自然系是因果则所支配的领土，文化系是自由意志所支配的领土。"②文化与非文化，以有无价值为断，价值是人类基于自由意志的选择，是"应该如此"的东西。梁以"价值"释文化，而其"价值"的根本又是"自由意志"（"心力"），因此并非人的所有活动都是文化，比如生理上的受动、心理上无意识的模仿等等就不属于文化。"就全社会活动而论，也有

---

① 〔英〕约翰·斯道雷：《文化理论与大众文化导论》第五版，常江译，北京大学出版社 2010 年版，第 105-106 页。

② 梁启超：《什么是文化》，见葛懋春、蒋俊编选：《梁启超哲学思想论文选》，北京大学出版社 1984 年版，第 393 页。

属于这类的。例如社会在某种状态之下，人口当然会增值，在某种状态之下，当然会斗争或战争，乃至在某种状态之下，当然发生某种特殊阶级，这都是拿因果法则推算得出来的。换一句话说，这是生物进化的通则，并非人类所独有，所以不能归入文化范围内。"①人类之所以是文化的动物，在于其能创造且能有意识地模仿。"创造者，人类以自己的自由意志选定一个自己所想要到达的地位，便用自己的'心能'闯进那地位去。"②自由意志既是人的特征也是文化的特征。强调自由意志，实即强调文化的特殊性。人的"自由意志怎样的发动和发动方向如何，不惟旁人猜不着，乃至连他自己今天也猜不着明天怎么样，这一秒钟也猜不着后一秒钟怎么样。他是绝对不受任何因果律之束缚限制，时时刻刻可以为不断的发动，便时时刻刻可以为不断的创造"③。人类凭借自己的创造而独立于自然，开拓出文化的领域。文化与创造有关，这不难理解。那么，梁何以要在"创造"之外提出"模仿"的概念来解释文化呢？"'模仿是复性的创造，有模仿才有共业'。'复'有两义，一是个体的复集，二是时间的复现。假如人类没有这两种性能，那么，虽然有很大的创造，也只是限于一时，连业也不能保持，或者限于一人，只能造成'别业'，如何会有文化呢？"④创造是瞬间的行为，在此之前，创造者不能不受其环境的影响，因此任何创造都不能绝对地不含有模仿的成分；创造之后，一方面创造者经常在心理上复现其创造性成果，使创造的成果更为丰富，另一方面这些创造性的成果感染、影响到他人，这些人吸收了这些成果，使之成为"心能"的一将。这两种都是有意识的模仿。这种模仿行为是经过自由意志选择的，因此其本质与创造同类。创造是开发，模仿是积累，缺一不可。"人类有创造、模仿两种'心能'，都是本着他的自由意志，不断的自动互发，因此'开拓'其所欲得之价值，而'积厚'其所已得之价值。随开随积，随积随开，于是文化系统以成。

---

① 梁启超：《什么是文化》，见葛懋春、蒋俊编选：《梁启超哲学思想论文选》，北京大学出版社 1984 年版，第 394 页。

② 梁启超：《什么是文化》，见葛懋春、蒋俊编选：《梁启超哲学思想论文选》，北京大学出版社 1984 年版，第 394 页。

③ 梁启超：《什么是文化》，见葛懋春、蒋俊编选：《梁启超哲学思想论文选》，北京大学出版社 1984 年版，第 394 页。

④ 梁启超：《什么是文化》，见葛懋春、蒋俊编选：《梁启超哲学思想论文选》，北京大学出版社 1984 年版，第 395 页。

所以说：'文化者，人类心能所开积出来之有价值的共业也。'"①人类的创造心、模仿心及其表现出来的活动就是"文化种"；这种活动的结晶就是"文化果"，文化种与文化果共同构成文化。

梁启超之后，哲学家张东荪也有类似的看法。在《思想与社会》一书中，张东荪认为："文化之流愈长的，其表面上那一部分愈成为化石，变为硬壳而死去。但其内部必尚有一些余留，沉淀下去，这沉留一部分变为无形的影响力依然在暗中支持着这个文化的生命。"②张东荪这里所使用的"沉淀""沉留"两个概念，与梁启超的"茶精日积日多"十分相近，都指出文化是人类创造物的结晶。用"沉淀""沉留"来描述文化的积累也许不太准确，因为这似乎是说文化自身"沉淀""沉留"下来了。实际上，文化是经过社会生活过滤后沉留下来的遗产，过滤就是选择，就是取舍。杜甫诗云："王杨卢骆当时体，轻薄为文哂未休。尔曹身与名俱灭，不废江河万古流。"人生代代无穷已，持续不断的社会生活就像滔滔江河一样，荡涤了污泥浊水，留下优秀之作。后人披沙拣金并在此基础上继续创造。

20世纪末，社会学家费孝通明确地从社会学的角度讨论文化问题，其说与梁、张非常接近：

> 我们在社会上生活的过程中，同别人打交道时真正接触和发生作用，实际上不是个人因素，而是社会性的因素，文化性的因素。这些因素是超越了人的生物性的个体存在的。人可以死，可是人所处的这个人文世界却是长存的。人文世界的延续过程不但比我们个人的寿命要长，而且它的意义也更大。一个人从进入这个世界到离开这个世界，最长不过百年。在这段时间里边，我们从前人那里继承过来已经创造的文化成果，在这个基础上又做了一些事，为人文世界增添了一点东西。这点东西会留在这个世界上，不管好事还是坏事，抹不掉，也改不了。③

---

① 梁启超：《什么是文化》，见葛懋春、蒋俊编选：《梁启超哲学思想论文选》，北京大学出版社1984年版，第396页。

② 张东荪：《思想与社会》，辽宁教育出版社1998年版，第175页。

③ 费孝通：《中国文化与新世纪的社会学人类学——费孝通、李亦园对话录》，见费孝通，刘豪兴编：《文化的生与死》，上海人民出版社2013年版，第196页。

费孝通后来又说："从'个人和群体'的角度理解文化，'文化'就是在'社会'这种群体形式下，把历史上众多个体的、有限的生命的经验积累起来，变成一种社会共有的精神、思想、知识财富，又以各种方式保存在今天一个个活着的个体的生活、思想、态度、行为中，成为一种超越个体的东西。"①

文化是人类创造的积累和沉淀，这一大浪淘沙般的筛选过程，也就是社会进化、社会进步的过程。这种与社会同义的广义的文化，当然也包括经济活动的方式、成果和财富。在这个问题上，韦伯的论述历来比较重要。韦伯拒绝简单的经济决定论而着力探索文化与经济及其他社会活动之间的各种可能的关系，这集中表现在他对宗教伦理与资本主义精神关系的研究之中。他之所以从宗教伦理的角度讨论资本主义，主要是方法论上的考虑："我们如果妄图巨细靡遗地阐明此等交互依存的关系，无疑如操舟于无涯大海，必将迷航。此处，我们所能做的仅只于：尝试揭露出对各自宗教之实践伦理产生最深刻影响的各个社会阶层（soziale Schichten）之生活样式中的指导性要素。"②韦伯并不是一个文化论者或"唯心论"者，他高度尊重马克思提炼的经济/技术的解释方法，也从未认为近代资本主义纯粹是新教伦理的产物，其理论意图既不是要反驳马克思的唯物史观，也不是要论证"新教伦理"是资本主义的唯一起因，而是要表明新教伦理对资本主义的发展有重要影响——而且这只是一种尝试性的假说。"没有任何经济伦理是全然由宗教所决定。……不过，由宗教所规范出来的生活样式，也是经济的决定性要因之一——注意，只是其中之一。当然，在宗教规范下的生活样式本身也深受在地理、政治、社会与民族界限中运作的经济政治诸因素的影响。"③就宗教与资本主义精神的联系而言，关键是经济伦理，也即资本主义得以发展的文化-心理条件。通过与世界其他各大宗教的比较研究，韦伯认为，服从上帝意志的"新教伦理"所导致的人的生活行为的纪律化和条理化，与"资本主义精神"，亦即不停地从经济活动中获得更多利润，

---

① 费孝通：《试谈扩展社会学的传统界限》，见费孝通，刘豪兴编：《文化的生与死》，上海人民出版社 2013 年版，第 503 页。

② 〔德〕韦伯：《比较宗教学导论——世界诸宗教之经济伦理》，见〔德〕韦伯：《中国的宗教；宗教与世界》，康乐、简美惠译，广西师范大学出版社 2004 年版，第 463 页。

③ 〔德〕韦伯：《比较宗教学导论——世界诸宗教之经济伦理》，见〔德〕韦伯：《中国的宗教；宗教与世界》，康乐、简美惠译，广西师范大学出版社 2004 年版，第 463 页。

而不是沉迷于安逸或自我放纵，这两者之间具有一种"选择性亲和力"；资本主义精神的远祖，就是16、17世纪清教教会与教派的"新教伦理"。这个结论具有更广泛的理论意义，这就是韦伯所说的："直接支配人类行为的是物质上与精神上的利益，而不是理念。但是由'理念'所创造出来的'世界图像'，常如铁道上的转辙器，决定了轨道的方向，在这轨道上，利益的动力推动着人类的行为。"[①]经济提供动力，文化提供方向；经济向前发展，文化铺设轨道，现代经济同样需要其文化条件和价值观的支持和规范。这就是说，经济与文化各有相对独立性，不能简单地由经济推出文化；同时又相互关联，不能简单地就经济谈经济。这就是人类行为，也即社会生活的逻辑。在这里，文化与经济相互作用，构成社会生活和整体。

那么，宗教-文化能够规范、导引甚至约束经济吗？古代也许是这样，但现代则不是。马克思的资本主义批判就集中在这一点。20世纪的学者卡尔·波兰尼有更形象的概念"脱嵌"。此说以为，经济原不是自主体、独立体，虽然从新石器时代起，市场制度就相当常见，但它从来没有扮演过超出经济生活的附带现象的角色。直到19世纪之前，经济都"嵌入"在人类社会的整体之中，从属于政治、宗教和社会关系，它与宗教、军事和种种社会关系相互嵌入。只是在19世纪，市场主导宗教、政治和社会生活，经济活动才被孤立出来并归结于通过交换来获得利益和利润这样一种独特的动机，这是人类历史上独一无二的转折点。波兰尼称为"巨变"，其后果可能是灾难性的。"倘若容许市场机制成为人类之命运、自然环境甚至购买力大小之唯一的主导者，它就会摧毁这个社会。所谓'劳动力'这种商品，并不能任意加以堆积，或无限制使用，或甚至不加使用，而不致影响到个人——后者乃是这种特殊商品的真正拥有人。在处理一个人的劳动力时，这个制度也同时处置了这个'人'之生理的、心理的及道德的本质。若将文化制度的保护罩从人类身上剥下，他们就会在社会裸露的影响下消失；他们会沦落为罪恶、是非颠倒、犯罪及饥荒等社会动乱的牺牲者而死亡。自然被还原到其基本元素，街坊及风景被污损，河川被污染，军事安全受到威胁，生产食物及原料的动力被摧毁。最后，只受市场调节的购买

---

①〔德〕韦伯：《比较宗教学导论——世界诸宗教之经济伦理》，见〔德〕韦伯：《中国的宗教；宗教与世界》，康乐、简美惠译，广西师范大学出版社2004年版，第477页。

力也会周期性地消灭一些企业。这是因为过多或过少的货币，对商业而言，就像水旱灾对原始社会一样会造成极大的灾害。对市场经济而言，劳动力、土地及货币的市场无疑都是绝对必要的。但是没有一个社会能忍受这种纯然虚拟之制度的影响——即使是最短的时刻——除非人的本性与自然的本性一如商业机构一样得到保障以对抗撒旦之磨坊的破坏。"①但社会并不是消极的，它也在积蓄地抵抗这一市场吞噬一切的过程。从道德上说，把自然和人类当作物品且其价格完全由市场决定，这种想法亵渎了数百年来统治着社会的一些基本原则：自然与生命有其神圣的一面。从国家在经济活动中的作用来看，无论如何尊重市场经济的规律，国家也必须持续地调整货币和信用的供给，提供失业救济，教育和培训工人，影响人口流动以管理不断变化的雇佣需求，在农村维持粮食的持续生产，在城市管理土地使用，等等。基于这两个原因，经济"脱嵌"于社会的冲动不可避免地遭到相反方向的抵制，诸社会无不在完全市场调节的悬崖边上退缩。这似乎是一个辩证的过程：经济增长会带来周期性失业，各种保护措施也就应运而生。因此，19世纪以来的社会历史是"双重运动"结果：市场组织在真实商品方面的扩张伴随着它在虚拟方面受到限制；在市场组织向全球扩张的同时社会在奋起保护自己。一个是资本的扩张运动，另一个是社会的自我保护运动。资本的全球化，市场的全球化，形成了全球资本主义体系。与之相对应或者说平行的，是社会的扩张。社会运动最突出的表现形式是"社会主义运动"，但是也有不带"主义"的各种社会运动。

这是两种论述，韦伯说的是文化对经济的导引，波兰尼说的是社会对市场的抵抗。在社会与文化同一的意义上，他们所说的是一个过程的不同阶段：前者是和谐的，后者是分裂的。其实，和谐中也有矛盾，分裂之后还在追求嵌入。所以，波兰尼与韦伯是一致的。由此思路下来，文化产业作为文化与经济的融合，在理论上是与社会整体利益一致的。之所以要强调社会效益优先，只能说文化产业可能误入歧途：不是文化与经济的融合，而是由文化而经济，这就脱离了社会生活的整体。如果说由文化而经济就脱离了社会生活整体，则是因为

---

① 〔英〕卡尔·波兰尼：《巨变：当代政治与经济的起源》，黄树民译，社会科学文献出版社2013年版，第152-153页。

经济"脱嵌",或用马克思的概念说是"异化"。所以,强调文化产业的社会效益,也就是坚持文化价值的基础性地位,以文化捍卫社会并与"脱嵌""异化"了的经济相对峙,最终在理想的意义上把经济"再嵌入"社会,实现社会效益和经济效益的统一。

第二节　社会过滤四程序

人类的创造物极为丰富多样,不是所有文化产品都能留下来,不是所有的人类活动都积累为后世的遗产。文化产品在历史中的积累或消失,就是社会的过滤,就是历史的筛选,就是人民的选择。评价、衡量文化产业的社会效益不能从社会权力、文化权威出发,也不能以市场作为最后标准,我们应以社会生活的主体,即广大人民为最高标准,他们的生活实践以及由此而来的文化评价、文化传播和文化传承,是实现文化产业社会效益的最终外交部。

我们强调社会生活对文化的过滤与选择,很大程度上是相对于政府行为而言。文化领域出现的强大的娱乐化潮流,不但导致文化生产中的粗制滥造,也冲击着严肃的价值观和社会伦理规范。有鉴于此,有关管理部门持续推出各种各样的限娱令。政府之所为,本身并无不合理之处,但我们看到的仍然是,政府三令五申,但娱乐化依然盛行。这至少表明,在文化领域,政府也有失灵之时。一个运转良好的社会文化机制能够有效促进文化产业的健康发展。现代文化企业制度的建立使得政府从"办文化"向"管文化"转变,这意味着政府要重视社会组织,吸引社会力量和社会资本参与文化产业是保障文化产业发展活力的关键。社会对文化产业的参与主要通过对文化产品的赞助、行业协会的保障、非政府机构的监督等进行,目前这些形式成为很多国家的常态,并激发了社会共建文化的热情。我们需要动员社会的力量,发挥社会生活的过滤器的作用,达到和实现文化产品社会效益的标准和理想。说到底,文化产业追求社会效益的最大化是为社会服务的,自然也离不开社会的参与。

威廉斯用"感觉结构"(the structure of feeling)这一概念来说明,文化的功效存在于人们活动中最细微也最难触摸到的部分。基于感觉结构的文化有三个层次,这三个层次分别是活文化、被记录下来的文化和选择性传统文化。①"活文化",只有生活在那个时代的人能够理解,"被记录下来的文化"是有选择地保存下的文化,而"选择性传统文化"是联结前二者的中介,意味着一种选择的机制。例如,没有人能够读完 19 世纪的全部小说,按照受教育程度的高低阅读量也不尽相同,文学教育机构拟出一份书单供人们阅读以了解那个时期的文化,拟定过程中遵循的原则就是一种选择的机制。选择机制的存在使得后世的人们无法完全了解当时的社会生活和文化风貌,但因选择机制确立的标准,留存下的文化总体上能够揭示当时的活文化,标准符合社会主流价值观,选择机制形成了一种对原有文化产品的过滤。在此过程中,有各种因素和力量介入。其中最主要的是公众消费的选择和诠释、文化氛围的标准与约束、文教机构的选择与评论、社会组织的选择与规范。

第一,公众消费的选择和诠释。

文化产品的意义不能抽象地存在,它必须蕴含在符号/文本之中。所以,文化生产有两个阶段:第一阶段是文化产业生产的文本/形象,这是可以传播的、具有物质性的产品;第二阶段,受众接受、消费文本/形象而生产出意义。文化产业的产品与服务不同于任何一种文化形态的特征在于,它的受众是最广大的公众,如果说受众的多寡绝不是判断传统文化作品价值的唯一标准,那么,能否拥有广大的受众、能否实现经济利益的最大化至少是判断文化产业成功与否的关键。因此,各种文化生产机构均需获得关于公众的习惯、趣味和取向的知识,以确定通过何种节目或文本策略,将目标指向特定受众并吸引更大范围的受众。文化企业肯定希望能够扩大市场,但正如多米尼克·斯特里纳蒂问的:"倘若文化工业非常强大,那为什么人们发现,确定下一盒最流行的录音带或者下一部最轰动的电影出现在哪里,会如此困难?"②困难在于,受众-消费者有自己的判断和选择,而我们又处于一个充满创造性、差异性的世界。英国伯明翰文化研究的重要成果之一是:"我们打破了'受众'被动无差别的概念。在传统媒介研究中,受众总是以受影响的形象出现,一直是广播组织以及广告机构调查的需要。我们用一个更活泛、主动的受众概念代替了这些过于简单的观

---

① 〔英〕雷蒙德·威廉斯:《漫长的革命》,倪伟译,上海人民出版社 2013 年版,第 57-58 页。

② 〔英〕多米尼克·斯特里纳蒂:《通俗文化理论导论》,阎嘉译,商务印书馆 2001 年版,第 88 页。

念。在这种概念中，读解媒介信息如何被编码、编了码的文本的重要性和不同的受众的解码之间的关系都是活泛的。"①文化不是经制作成为让我们消费的东西，而是接受者在丰富多样的消费活动中创造出来的。文化文本的意义，既非内在于文本，亦非内在于生产过程，而是"在使用中生产"出来的。这里有多种可能。其一，受众或消费在意义再生产上有主动性、创造性，但这并不是说在每一个具体的消费实践都是主动的、创造性的。被动性接受的现象普遍存在于文化消费之中，消费者甚至可以"主动地"选择"被动的"接受。其二，文化产业也经常预期着甚至规划着消费者的"抵制"。指出受众接受过程中的"抵制"行为，绝不意味着文本的意义一定就是消费者主动生产出来的。其三，受众并不完全被文本所欺骗，但这也并不等于说他们在"抵制"。"接合论"的根本意义，是强调文本意义的具体生产过程，而不是说受众一定就是主动的、抵制的。这里的核心是斯道雷所说的"各种各样的意义"。

> 生产文化——"在使用中生产"——可以使人屈从或者抵制对世界的支配性理解。但这并不是说文化消费始终是授权性的、抵制性的。否认文化消费的被动性，并不是否认文化消费有时是被动的；否认文化产业所生产的商品的消费者并非文化盲从者，并不是否认文化产业力图操控，但是它否认日常生活的文化仅仅是一幅堕落的商业和意识形态操控的景观，是为了牟取利润和取得社会控制而被自上而下地强加的。②

这就是说，文化产品的社会效益是文本的意义与受众的再生产共同创造出来的。以古中国著名的《金瓶梅》为例，近代以来就多有论者以为，它是否为淫书，取决于我们如何读它。近代小说家吴沃尧认为："《金瓶梅》、《肉蒲团》，此著名之淫书也，然其实皆惩淫之作……顾世人每每指为淫书，官府且从而禁之，亦可见善读书者之难其人矣。推是意也，吾敢谓今之译本侦探小说，皆诲盗之书。夫侦探小说，明明为惩盗之书也，顾何以谓之诲盗？夫仁者见之谓之仁，智者见之谓之智。若《金瓶梅》、《肉蒲团》，淫者见之谓之淫；侦

---

① Hall, S, Hobson, D, Lowe, A, et al., *Culture, Media, Language*, Hutchinson and Co. Ltd., 1980, p.117.

② 〔英〕约翰·斯道雷：《文化研究：一种学术实践的政治/作为政治的一种学术实践》，见〔英〕约翰·斯道雷：《斯道雷：记忆与欲望的耦合——英国文化研究中的文化与权力》，徐德林译，广西师范大学出版社2007年版，第111页。

探小说，则盗者见之谓之盗耳。"①著名诗僧苏曼殊，对此也有亲切体会："《金瓶梅》之声价，当不下于《水浒》、《红楼》，此论小说者所评为淫书之祖宗者也。余昔读之，尽数卷，犹觉毫无趣味，心窃惑之。后乃改其法，认为一种社会之书以读之，始知盛名之下，必无虚也。凡读淫书者，莫不全副精神，贯注于写淫之处，此外则随手披阅，不大留意，此殆读者之普通性矣。至于《金瓶梅》，吾固不能谓为非淫书，然其奥妙，绝非在写淫之笔。盖此书的是描写下等妇人社会之书也。试观书中之人物，一启口，则下等妇人之言论也；一举足，则下等妇人之行动也。虽装束模仿上流，其下等如故也；供给拟于贵族，其下等如故也。若作者之宗旨在于写淫，又何必取此粗贱之材料哉？"②这就是说。《金瓶梅》是不是淫书，其社会效果究竟是什么，与读者如何阅读关系很大。

　　古中国有此论，西方近代以来也多有同调。意大利文艺复兴是西方世界走向"现代"的第一步。复兴的主题，用瑞士文化史家布克哈特的观点说，就是自然的发现和人的发现。"在中世纪，人类意识的两方面——向内的探索与向外的认知——都常常掩盖在一张纱幔下，处于睡梦或半睡半醒的状态。这张纱幔是由信仰、幻象和孩子气的偏见编织成的，穿过这层纱幔看去，世界和历史都覆盖上了奇怪的色调。人们仅仅把自己看作一个种族，一个民族，一个政党，一个家庭中或一个组织中的一员——仅通过一般的分类来认识自己。这层纱幔最先在意大利化为乌有；人们得以客观地对待和考虑这个国家和这个世界的万事万物。与此同时，人们也给予了主观方面同等的重视；人成为一种精神上的个体，并以这样的方式认识自己。"③当时的三位诗人彼特拉克、薄伽丘和但丁，都以其卓越之作表现了神性之外的"人性"。薄伽丘的《十日谈》和但丁的《神曲》其实是"人曲"。在《十日谈》的一百个故事中，薄伽丘着力叙述了教会的腐败、僧侣的虚伪、平民的智慧、爱情的美好，其中多有性爱故事，当然引起了"卫道者"的责难。作者为此有专门说明："我的故事和一切事物

　　① 吴沃尧：《杂说》，见徐中玉主编：《中国近代文学大系·第1集·第2卷·文学理论集》，上海书店1995年版，第265-266页。
　　② 饮冰、曼殊：《小说丛话》，见王运熙主编，邬国平、黄霖编著：《中国文论选·近代卷》下册，江苏文艺出版社1996年版，第311-312页。
　　③〔瑞士〕雅各布·布克哈特：《意大利文艺复兴时期的文化》，何新译，商务印书馆1979年版，第125页。

一样，可以有益也可以有害，完全取决于听故事的人。""心地龌龊的人听到什么话都往坏处去想，心地光明的人即使听到不太正派的话也不会受到感染……有什么书籍、语言、文字比《圣经》更神圣、庄重、严肃的呢？可是某些别有用心的人歪曲了《圣经》的内容，害得他们自己以及别人的灵魂万劫不复。"①

第二，文化氛围的标准与约束。

受众-消费者有自己的判断和选择，但受众-消费者生活在特定的社会生活与文化时尚之中，他们不可能不受到流行的趣味和标准的影响。这里也许用得着马克思的一句话："人们自己创造自己的历史，但是他们并不是随心所欲地创造，并不是在他们自己选定的条件下创造，而是在直接碰到的、既定的、从过去承继下来的条件下创造。"②同理，我们也可以说，消费者自主地选择自己的消费，但他并不是随心所欲地、在自己选定的条件下消费，而是在直接碰到的、既定的、从过去承继下来的条件下消费，其中最重要的就是文化潮流、流行趣味，个体消费很大程度是对时尚、潮流的模仿。

这里，我们要回到一个被遗忘已久的理论成果。近代法国思想的主流是强调理性、秩序和权威的笛卡尔主义，而主流的社会学家涂尔干也认为，基本的社会事实不是模仿，而是外在于人、强加于人的东西，其立场是反个人主义的，其理论传统一直影响到后来的法国结构主义和后结构主义。但是，与涂尔干同时期的另一个社会学家加布里埃尔·塔尔德却受到浪漫主义以来"自发性"思想的启发，坚持社会学应在承认个体价值与地位的基础上，研究个体与个体、心与心之间的相互影响与模仿是如何形成基本的社会事实的。1903 年 12 月，在与涂尔干的论战时，塔尔德明确说："我们之间的辩论是唯名论和经院哲学唯实论的论战。我是唯名论者。所有的行为都只能是个体的行为和个体的互动。其余的说法只能是形而上的实体，那就是神秘主义。"③使社会成为可能的是模仿，"社会即是模仿"。模仿是社会的纽带，使得社会成为可能。在此基础上，塔尔德认为，古代社会模仿形式是"风俗"，现代社会的模仿形式则是

①〔意〕薄伽丘：《十日谈》，王永年译，人民文学出版社 1994 年版，第 543 页。
②〔德〕马克思：《路易·波拿巴的雾月十八日》，见中共中央马克思恩格斯列宁斯大林著作编译局编：《马克思恩格斯选集》第一卷，人民出版社 1958 年版，第 585 页。
③〔法〕加布里埃尔·塔尔德，〔美〕特里·N·克拉克编：《传播与社会影响》，何道宽译，中国人民大学出版社 2005 年版，第 114 页。

"时尚"。这一点，又得到德国社会学家格奥尔格·西美尔的响应。在《时尚的哲学》中，西美尔认为是"时尚"而非高雅趣味，才是塑造共同体的重要力量。

"模仿"当然有消极被动的一面，这是文化批判理论所一再指出的。但是，作为个体的受众并不只是文本的消极接受者，当然也不可能是"他人"的消极模仿者。如果说现代性的政治信念和社会制度具有不同程度的普遍性的话，那么文化领域，则是被现代性的普遍规范所放逐了的差异、特殊、个别的自由空间。在具有标准性的产业化时代，这种常有对抗性的差异性实践经常表现为文化生活中的特殊社会空间、另类价值理念、异见亚文化等等。从伏尔泰、杰弗逊、约翰·密尔到以赛亚·伯林，他们不同程度地意识到这一点，自由主义的理想是：给我们认为是荒谬的东西以存在的权利，宽容的、人道的世界不是"真理"战胜谬误的世界，而是给谬误与真理同台表演权利的世界。错误的存在并不是为了衬托正确，错误也不是真理的前奏，不是一旦真理到来便消失，错误的东西与正确的东西具有同等的存在权利。如果错误的东西都有存在理由，在文化领域，我们当然不能轻易地以"落后""野蛮""反动"为由取消任何一种文化的存在权利。由于全球化时代的政治和经济一体化，保护差异和多样性的使命更多由文化来承担，毕竟只是在这个领域，强权、金钱的横行需要某些中介转化为"软权力"，"多数人的暴政"不可能直接取消少数个体的权利。文化产业诚然不是为个性服务的，但个体在接受和消费时，仍然可以部分地创造着异质性。个体在文化消费中的权力，"产生于这样一个事实，即意义在文化经济中的流通与财富在财经经济中的流通并不相同。意义更难拥有（因此不让别人拥有），它们更难控制，因为意义和快感的生产与文化商品的生产或其他商品的生产并不相同，在文化经济中，消费者的作用并不作为线性经济交易的终点而存在。意义和快感在文化经济中流通而不真正区别生产者和消费者"。"文化经济的商品，我们称之为'文本'，并不是意义和快感的容器和传送带，而是意义和快感的促发者。意义/快感的生产最终是消费者的责任，只能按消费者的利益履行；这并不是谈物质生产者/销售者不想生产和销售意义和快感——他们想要生产，但失败的比例相当大。"[①]英国文化研究与法兰克福学派批判

---

① 〔美〕约翰·费斯克：《大众经济》，见罗钢、刘象愚主编：《文化研究读本》，中国社会科学出版社 2000 年版，第 364 页。

理论的重大区别之一在于，前者把消费看作是积极主动的生产过程，而后者则视之为被动和受控，如果说它们各自抓住了文化消费的两个特点，那么我们于此恰恰看到了产品的同一性与个体的选择性的冲突，正是由于这一冲突的存在，文化产业才不可能如其所愿地把消费者塑成顺从一致的同一人格。

第三，文教机构的选择与评论。

接受、诠释、消费文化需要一定的知识和条件。比如审美需要一种"眼光"。根据马克思的分析，这种眼光源于社会实践："只是由于人的本质客观地展开的丰富性，主体的、人的感性的丰富性，如有音乐感的耳朵、能感受形式美的眼睛，总之，那些能成为人的享受的感觉，即确证自己是人的本质力量的感觉，才一部分发展起来，一部分产生出来。"[①]法国社会学家布尔迪厄以其丰富的调查数据指出：

> "眼光"是由教育再生产出来的一种历史产物。今天被规定为合法的艺术认识方式，即审美配置，也是历史的产物，审美配置作为一种能力，它不仅从作品本身并且为作品本身，从作品的形式而非功能来考察被指定要如此领会的艺术作品，也就是合法的艺术作品，而且考察世界上的所有事物……"纯粹的"目光是一种历史的创造，这种创造与一个艺术生产场的出现有关，这个艺术生产场是自主的，也就是说，无论在其产品的生产还是消费中，它都能推行自己固有的规则。[②]

教育是文化之母。从小学到大学，现代人的文化趣味和标准在很大程度上是由教育机构培养的。其一，各级学校都在传授文化知识，学生们从老师和教材中获得文化史、文化作品的知识，也接受了教师和教材中体现的文化标准。精心挑选古往今来的文化作品，教师要求学生研读、背诵，学校定期举行各类文化知识比赛，考试大纲规定了必须熟练背诵的文学作品，艺术史教材上列举了各个时期的代表作，多种多样的"经典"选本……无论我们多么想客观全面

---

① 〔德〕马克思，中共中央马克思恩格斯列宁斯大林著作编译局编译：《1844年经济学哲学手稿》，人民出版社2018年版，第84页。

② 〔法〕皮埃尔·布尔迪厄：《区分：判断力的社会批判》上册，刘晖译，商务印书馆2015年版，第4-5页。

地了解历史，无论我们接触多少文化产品，也仍然无法完全掌握全部文化遗产。我们对古往今来文化产品的了解、感知和接受，很大程度上来自学校教育。以唐诗为例，全唐现存诗 48 000 多首，作家 2200 余人。数量如此之多，就需要选择。自唐以来，各类选本数量繁多，一般人之所以知道唐诗，并且能够背诵其中的几首，并不是读过《李太白集》或《杜工部集》，更不是读了曹雪芹祖父编的《全唐诗》，而是受了孙洙（蘅塘退士）编选的《唐诗三百首》的影响。其二，教育系统具有权威性。教材是由相关领域的权威编写的，教师则是经过长期的教育才获得教师资格的，学校、教材、教师都代表着文化领域的"权威"，它按照特定时期的文化标准对文化产品进行筛选，反复进行"经典"的确认。所谓文化教育，很大程度上就是一些作家、产品的"经典化"过程。应当指出的是，尽管教师、教材都有其时代的、政治的、民族的"文化偏见"，但不同的教师、教材也总有共通和共识，因此形成代代相传的"文化传统"。其三，教育机构对文化进行选择和传播，其中既有文化传承的动机，也有意识形态的约束，还有商业目的。但文化艺术的基本价值真善美，文化艺术的一些基本规范，如内容健康、情感健康、风格独特、语言丰富等都还是受历代教育机构所认可的，所以总体上说，"经典"作品都具有良好的社会效益，能够给受教者带来知识、修养和道德。受教者在经过长期的熏陶之后，也形成了自己的趣味和标准，是一种能够影响后来者认知的机制。

第四，社会组织的选择与规范。

文化是一种意识形态。每个时代都有占有主导地位的意识形态，都有其提倡的、允许的、批评的和禁止的文化内容和风格。文明人类的绝大多数意识形态，都重视文化艺术，都要求文化发挥积极的社会作用。文化是个体的生活与创造。每个人都可以有自己的文化生活，文化产业也离不开个体的创意与自由的表达，文化消费更与个体的日常生活密切相关，追求真善美是文明人类的普遍理想。文化产业是为市场生产文化商品的产业，市场逻辑对其产品有特定的要求和规范。但是，文化的生产、传播与消费都属于关系复杂的庞大的社会体系，无论是政府权力、市场还是个体，都不能完全解决文化的社会效益问题。在这种情况下，社会组织就十分必要。

社会组织是介于政府与企业、社会利益群体之间的"社团、行业组织和社会中介组织"的总称，具有社会服务、沟通、公证、监督、市场调节等功能。

就其与政府的关系而言，它包括行政部门的服务性单位、行政主管部门与民间资金相结合组成的单位、自治性的民间组织三类。就其与市场的关系而言，可分为市场类与非市场类中介组织两类，市场类中介组织一般是指那些介于政府与企业之间、商品生产者与经营者之间、个人与单位之间，为市场主体提供信息咨询、培训、经纪、法律等各种服务的机构或组织，如电影、电视、广播、报刊等传递经济信息的新闻媒介机构。非市场类中介组织是社会性、公益性的组织，其主要作用是提供公共服务，平衡社会利益冲突。文化类或与文化相关的社会组织，不但指官方或准官方的文学艺术联合会、作家协会、基金会、联谊会、促进会等，而且指各类文化传播媒介、俱乐部、读书会、影/歌迷会等，它们都以不同的方式在文化领域承担着延伸政府服务、增强社会自律、完善市场体制的社会化职能。

就文化产业的社会效益来讲，社会组织的选择和规范特别重要。因为文化产业主要是生产、传播与消费意义的产业，有一定主观性、感觉性，甚至是模糊性，一般情况下，其是与非、好与坏之间没有确定的、可测量的边界。只有众多的社会组织的介入和博弈，才可能形成一个比较宽松而又自律的筛选机制。"社会"议程的设置是改革开放的成果之一，文化产业内在地要求经济效益，因此，应该鼓励文化领域的各种社会组织，形成自我规范、自我管理的制度、习惯和准则。在此过程中，有两点应特别注意。一是文化生产的关键是创作内容，任何优秀文化创作都必须以一定的自由为基础，所以在制定文化产品社会责任制度时应该坚持适度原则，警惕过分强调社会责任以致于给文化生产带来的束缚。二是不同类型的文化产品，以不同时间、空间形态存在的文化产品，其可能对社会产生的影响也不尽相同，为了保证一些核心的文化产品在社会中起到更加积极的作用，同时促进另一些形态的文化产品在不对社会产生负面影响的范围内更快更好地发展，应在设立统一下线的基础上尽快建立文化产品社会责任承担的分类、分级制度。这个工作应当主要由文化产业的社会组织来做。

无论哪一种选择和过滤机制，都不同程度地具有自觉性与非自觉性统一的特征。自觉性是非常清晰的，个体对真善美的向往，时尚的转变，教育机构的社会使命感，社会组织的自我约束等，都有不同程度的自觉性。另一方面，社会生活的文化选择又具有非自觉、无意识的特点。比如文化传统就不是我们自觉的理性的选择。传统之为传统，不但是古典的，也是规范的，是我们文化选择的强大背景。一首诗、一篇文、一部小说、圣贤豪杰的言行、日常生活所遵守的方式等，都是传统。传统规范不是外在的，而是经过千百年的教化和传承，已经内化为我们的心态和情感模式。威廉斯的"生活方式""情感结构"，鲁思·本尼迪克特的"文化模式"，弗洛姆的"社会性格"，布尔迪厄的"习性"等，都是承袭传统而来又存在于现实生活之中、既无法明言又稳定持久的心理性、精神性存在。对此，心理学家卡尔·荣格用"集体无意识"来说明其起源。"集体无意识"的内容主要是各种原型，这是心理活动的基本模式，源于人类远古社会生活的遗迹，是人们在社会生活中重复了亿万次的那些典型经验的积淀和浓缩。众多原型中，最重要的是人格面具、阿尼玛和阿尼姆斯、阴影、自性。"人格面具"意味着人们的表现会顺应社会主流价值观；"阿尼玛"和"阿尼姆斯"是人们性格中对应异性的一面；"阴影"使得人们倾向于展现动物性，包括人"恶"的一面；"自性"表明人先天有一种走向完整的倾向，这是统一、组织和秩序的原型，它将其他原型平衡起来，决定了人应对生活的方式。就"自性"对诸多原型的统一来看，人的潜意识是希望实现完满的，也在逐渐向"善"发展。据此，如果人们都存有对发展的渴望、对完满的追求，那么关于文化的选择，人们也是以发展为目的的选择，这可以解释为什么当人们丧失话语权时，一些珍贵的、优秀的文化作品能够得以保留。

当我们论说文化与社会的同一性时，强调的是文化的社会本性；当我们说社会过滤文化时，其实说的是社会的文明演化。

第三节　以人民为中心

文化领域没有绝对标准，有关真善美的判断永远都充满争论。所以无论是其中哪一种选择机制，都不保证一定能够作出好的选择。个体可能选择低俗，流行的风气可能浮夸，教育机构可能误判，社会组织可能有其利益考虑甚至偏见。优化这些选择机制，最关键的是坚持以人民为中心，建立开放的文化空间，保证多样选择和多元竞争。

第一，尊重公民个人选择，维护公民文化权益。

文化选择和文化参与、文化消费一样是一项公民权利，在这个过程中要实现从被动性的接受到主动性的塑造的转变。既然消费也是一种生产，那么作为消费者的个体，也就在参与并影响着文化产品的生产和传播。面对丰富多样、良莠不齐的文化产品，消费者应主动选择那些具有社会责任的文化产品，自觉抵制那些漠视社会责任的文化产品。一个通俗的说法是，有什么样的观众，就有什么样的演员。公民个体、消费者对文化产品社会效益的要求，就是对文化从业者的约束。如果消费者没有较高尚的接受心理，也会一定程度上影响文化从业者的责任感。在网络技术的支持下，受众-消费者已经直接参与到文化生产和传播之中，其文化习惯、消费心理以前所未的规模和深度左右着文化生产。没有公民个体的参与，文化产业的社会效益无法谈起。

主动参与文化生活，积极建构风清气正的文化环境，是作为一个文化公民应该承担的责任。只有给公民以文化选择的自由，他才能真实地进行文化选择。保障公民的文化权利，是法治建设、社会建设的重要内容。仅从个体来看，有两个要点。

一是思想自由。文化以自由为前提，这个自由除了一般所说的自由的特性外，主要是指没有偏见的无私性、公正性。政治思想家阿伦特特别指出这一点："对真理的无私追求有着漫长的历史；其源头在典型性上先于我们所有的理论传统和科学传统，也先于我们的哲学传统和政治思想传统。我想可以把它追溯到荷马选择不仅歌颂特洛伊人的事迹，而且同样歌颂亚该亚人事迹的那一刻。荷马之赞颂赫克托耳，那个被击败的敌人的荣耀事迹，丝毫不亚于他对阿喀琉斯，他本族英雄的荣耀事迹的赞颂。这在荷马之前是从来没有过的；没有其他文明，无论它有多么辉煌，能以同样的眼光来审视朋友和敌人，看待成功和失败。"[①]文化的创造力源于社会生活，文化的选择权在社会公众，生生不息的社会生活是文化的源头活水。没有哪个人或哪一群人能够非常肯定什么样的文化产品值得后世传承，即使是被当时视为禁书的《金瓶梅》也并非一无是处。因此，文化上的自由也与社会强制相对立。所谓社会强制主要是指"多数的暴政"。法国思想家在观察美国文化时，率先注意到多数人的权力问题。"思想是一种看

---

①〔美〕汉娜·阿伦特：《真理与政治》，见〔美〕汉娜·阿伦特：《过去与未来之间》，王寅丽、张立立译，译林出版社 2011 年版，第 245-246 页。

不见摸不到的力量，它敢于轻视一切暴政。在我们今天的欧洲，一些最专制的君主，也阻止不了某些敌视他们的权威的思想在国内和甚至在宫内秘密传播。美国就没有这种现象。在美国，只要多数还没有最后形成统一意见，讨论就得继续下去；但是，一旦多数做出不可更改的决定，所有的人便默不作声了，不管是决定的支持者，还是决定的反对者，现在都合在一起，表现拥护决定。"①当社会以"多数"的名义限制少数、个别的思想和创造性表达时，文化生活中的主动性、探索性可能会被扼杀，在时代精神中承认差异，在共同信念中保留个体，在统一政策中宽容自由，会更有利于文化的繁荣，更有利于多样社会效益的实现。社会生活本是实践的，涉及社会政治活动和经济活动诸多领域，我们为社会生活提供秩序，剩下的事情还要交付生活本身，相信公众，相信社会。

二是培养品位。把一些文化产品的"三俗"归之于受众-消费者是不对的，但这些产品的生产商确实以为只有这样才能满足公众需要。康德提出的"趣味的二律背反"，也即"趣味"是一种"非概念性的主观的普遍性"，趣味是主观的，不是逻辑的与概念的，但却具有一种普遍性，当我们做出一个审美判断的时候，我们是希望他人承认，预设着一个集体的、社会的存在。当康德阐发作为一种共通感的"趣味"的时候，其意图在于将共同体的团结建立在个人最为真切、最为内在的兴趣之上。据法国学者奥利维耶·阿苏利的研究，文艺复兴时期，人们将审美品位视作能力，这一能力至少有两方面的特征，一是让人们以评判和欣赏的方式去欣赏事物、举止、言语、作品甚至是人，二是人们需要被他人欣赏。"品位"则指欣赏的能力，欣赏一是指审视、衡量、判断、评价和分析，二是指喜欢、爱慕、享受和从中汲取乐趣。②品位从文艺复兴时期有了好坏之别，发轫于贵族宫廷的品位游戏最早是"有闲阶级"的话语游戏，直至审美自由的空间被打开，审美以其特有的方式影响着社会政治、经济和文化。好品位从诞生之时就与人文价值的崛起紧密相连，事实上，好品位是有纪律性的，它被用来避免情绪泛滥、克制过度激情、对抗自我放纵、抵制节欲松懈。审美品位提供了一种适应社会规则的行为模范，品位问题涉及整个社会文明的前途和命运。

---

① 〔法〕托克维尔：《论美国的民主》上卷，董果良译，商务印书馆 1988 年版，第 292 页。

② 〔法〕奥利维耶·阿苏利：《审美资本主义：品味的工业化》，黄琰译，华东师范大学出版社 2013 年版，第 13 页。

　　提升公民的文化境界是发挥社会生活过滤器作用的基础性前提，这种提升不是统一公众的趣味，不是在人们的意识观上强加一种标准，而是社会的每一个成员自觉追求和统一。政府与专家应当充分相信公民的理性和自觉，为文化产业的成长提供自由的土壤。

　　第二，营造文化公共领域，明晰社会文化期待。

　　文化既是社会生活中一个相对独立的领域，也是社会公众自由表达的一个公共领域（public sphere）。按照德国哲学家哈贝马斯的说法："所谓'公共领域'，我们首先意指我们的社会生活中的一个领域，在这个领域中，像公共意见这样的事物能够形成。公共领域原则上向所有公民开放。公共领域的一部分由各种对话构成，在这些对话中，作为私人的人们来到一起，形成了公众。那时，他们既不是作为商业或专业人士来处理私人行为，也不是作为合法团体接受国家官僚机构的法律规章的规约。当他们在非强制的情况下处理普遍利益问题时，公民们作为一个群体来行动；因此，这种行动具有这样的保障，即他们可以自由地集合和组合，可以自由地表达和公开他们的意见。当这个公众达到较大规模时，这种交往需要一定的传播和影响的手段；今天，报纸和期刊、广播和电视就是这种公共领域的媒介。当公共讨论涉及与国家活动相关的问题时，我们称之为政治的公共领域（以之区别于例如文学的公共领域）。"①哈贝马斯有关公共领域的研究意义重大，对我们来说，重要的是区分"政治的"和"文学的"的公共领域，也就是说，"公共领域"不只是一个政治概念，也是一个文化概念。

　　按哈贝马斯的研究，西方"公共领域"的母体就是文学公共领域。17世纪的"公众"（le public）主要是指文学的接受者、消费者和作为批评者的读者、观众和听众，把他们组合在一起的是共同的"普遍利益"——文学艺术，而作为城市制度网络产物沙龙、咖啡馆等则是早期的公共场所。在对文学艺术的共同关注、品评与批评的过程中，一个介于贵族社会和市民阶级知识分子之间的有教养的中间阶层开始形成，并在18世纪后开始介入公共话题。到18世纪，出版者承担了向市场发行作品的义务，艺术和文化批评杂志、道德周刊等成为机制化的艺术批评的工具，新的杂志和咖啡馆生活的内在联系十分密切。所有

---

①〔德〕尤尔根·哈贝马斯：《公共领域》，汪晖译，见汪晖、陈燕谷主编：《文化与公共性》，生活·读书·新知三联书店1998年版，第125页。

这些，使公众讨论不再局限于沙龙、咖啡馆和社交的狭小圈子而进入一个以媒体为中介的更广大的世界。在这个领域中，也没有精深专业的知识门槛，没有不可怀疑的"最高权威"的最后裁断，有的是平等讨论、自由表达。相对于17、18世纪的西方，当代中国可能构建的公共领域前所未有地扩大了。从报章杂志的评论，到各种公开场合的发言，再到微博、微信等新媒体平台上的言论等，都可能是一个公共领域。这些领域能够使得文化去企业化、去部门化，能够把原子化的个体联结起来而又保持个体的独特性，使每个个体都成为文化的生产主体并可望通过对话、交往的过程中形成公共舆论，影响政府决策和市场调节，影响未来文化的发展。我们现在就文化产业社会效益而言，公共领域的意义在于明晰社会对文化的期待，使文化产业的社会效益能在更大范围内、更高程度上成为社会共识。

这个问题为什么重要？文化产业是与后工业文明、消费社会、多元社会联系相伴相生的文化形态。这个时代的特点在于，传统的标准、绝对的价值已趋于瓦解，盛行的是多元主义、相对主义，对文化的认知与判断被等同于个体趣味、流行时尚。1987年，文化研究的代表人物之一约翰·费克特指出："与现代主义相比，后现代主义终于准备好（或即将准备好）完成人类社会价值标准的转换过程。这一过程与神经官能征无关，它摈弃了道德、宗教和金钱的价值，对所有大写的'标准'嗤之以鼻，转而在小写的'标准'的指导下在前人存留的文化遗产中充实自我……我们需坚信，即使价值多元主义时代已经来临，人们的生活方式存在优劣之分；而对所有事物不加辨析、一视同仁，则必然导致生活方向的迷失。"①确实，在丰富过剩、多元丰饶的文化生活中，消费者已经难以去伪存真，评优论劣，我们在理论上都在讲社会效益，但究竟什么是社会效益？我们可以通过公共领域的对话、争锋，构建一套不断生产中的、更具包容性的标准、共识，帮助生产者、供应商和受众-消费者在真善美、假丑恶之间作出选择。

以商品化、市场化为主要特征的文化产业兴起之初，通俗化、娱乐化成为文化生产与消费的重要取向，一些相对严肃、高雅、纯粹的文化产品受到挤压；

---

① 〔英〕约翰·斯道雷：《文化理论与大众文化导论》第五版，常江译，北京大学出版社2010年版，第253页。

营销手段、市场份额、流量数据等成为文化商品的重要评估标准，认真的、坦率的批评相对缺失。早在 20 世纪九十年代，就有人文学者将此现象总结为人文精神的"失落"，即审美追求的缺失，意义关怀的缺失。此论在指摘种种"精神失落""精神危机""精神滑坡""精神侏儒"等现象的同时，有意无意地把社会生活中的拜金主义、文化上的庸俗化与市场经济转型联系起来，由此形成了精神/物质、人文/功利的论述结构。这当然引出另外一些不同意见，有人认为，市场经济、物质主义都不是"人文精神"的对立面，更不应是指责的对象。如果在否定市场体制、物质功利的意义上提倡"人文精神"，很可能是在妨碍世俗生活的改善和社会经济的转型。正如文化思想领域的种种论争一样，有关"人文精神"的讨论最终也没有达成什么共识，但影响深远。尽管当时有关"人文精神"的讨论有很大分歧，但肯定"人文精神"、肯定"人文精神"在当代文化中的重要性，却是一个共识。近三十年来，"人文精神"实际上成了当代文化批评的标准之一，在维护文化产业社会效益方面发挥了重要作用。

这个问题还应当引申。物质化、世俗化的财富追求，可能一定程度上妨碍了人文精神的发扬，但作为公民的普遍追求，它不但毫无疑问地具有历史和道义的合法性合理性，而且也毫无疑问地激活了审美、超功利等"精神"追求。没有这一前提，文化产业的兴起也就谈不上，所以我们确实没有必要把功利与人文、世俗与诗意对立起来。严格地讲，人文精神只是文化产业的一种品格、一种追求，我们没有理由一定要把人文精神价值绝对地置于文化产业的其他效益之上。文化是一种权力，拥有人文精神和审美品位，也是一种权力。布尔迪厄在《区分：判断力的社会批判》一书中反复论证，高雅的审美趣味也是一种是社会权力，审美趣味的差异与社会等级的差异是对应的。比如在法国，就存在着资产阶级审美的非功利与工人阶级文化的"必需性"（the necessary）之间的对立，前者的美学品位集中在纯粹的艺术世界，并且对缺乏品位的后者操弄"符号暴力"。统治阶级就是这样通过以风格化的形式来否定功能和内容，通过类似于圣餐变体论的自我神化，使自己将肤浅快感提升为纯粹快感，从而在文化实践和日常实践中获得了一种特权，一种摆脱任何低级趣味可能性的绝对自由。形式与功能的对立对应着自由趣味与必然趣味之间的对立。前者通过对后者的排斥将自身合法化，并将隐含的阶级对立转化成为一种被工人阶级或被支配阶级认同的文化趣味的区隔，这样，文化的区隔便具有将社会阶级的区分加以合法化的功能，它一方面调节了诸阶层之间的对立关系，另一方面又掩饰着社会不平等的事实。所以，审美品位能够为社会等级的区分提供一种合法性。① "人文精神"可以解释一些问题，但也只是一种价值、一个视角，要全面实现文化产业的社会效益，还需要经济、社会、文化体制与权力结构等多方面的改革。

第三，广泛开展文化批评，激活社会文化意识。

评估文化产业的社会效益，不能只有政府权力，不能只有专家意见，也不能只有市场效益，还应当有社会性的文化批评。东北"二人转"曾经刮过低俗商演之风，现在也有少数低俗网游动漫，这些文化产品都由市场作为推手并部分地实现了市场经济效益。显然，仅利用市场的"有形之手"是无法解决其根本问题的，政府的管理也很难深入细密到具体产品，这就需要通过广泛的文化批评来净化社会文化环境。非常遗憾的是，我们现在似乎有很多的文化批评，但细读之下，真正有批评精神、坦率的批评文章并不多见，更多的"文化批评"实际上是推荐、营销等软广告，是同行间的捧场和关照，这无疑妨碍着文化产业社会效益的实现。

19世纪英国批评家阿诺德有过一句名言：文学乃是对人生的批评。其实所有的文化形式和文化产品，都是对人生的批评。文化批评则是"批评之批评"，即对文化产品中对人生的批评进行"再批评"。文化批评既是一种文化界内部的"行业批评"，又是社会舆论集中表达的场所，表达了来自社会各界的声音。理论上说，每一个公民都可以事实上也在进行着文化批评，尽管其中的大多数没有以文本的方式存在。徐贲的观点较为可取："文化批评者综合运用专门学科（哲学、政治学、社会学、文学理论、人类学等等）的理论概念和分析方法来研究他们在不同文化形态中查察的有关人们实际生存的种种问题……因此也可以说，文化批评关注的对象甚至不是文化本身，而是文化问题。" "在对普通人日常生活及其社会环境的关切上，中国的文化讨论和西方的文化研究是一致的，它们是两种不同传统但社会作用相似的文化批评。"② 文化评论是对于

---

① 参见单世联：《文化大转型：批判与解释——西方文化产业理论研究》中，中国社会出版社 2017 年版，第 768-777 页。

② 徐贲：《文化批评往何处去——八十年代末后的中国文化讨论》，吉林出版集团有限责任公司 2011 年版，第 5 页。

文本及社会文化现象做出反思性、批判性研究的实践。按钱永祥的说法，文化批评是一种"批判性的、以重建为旨的事业，代表重新经营道德资源与论述理据，借以在新局面与新问题考验之下，维持现代性所许诺的进步可能"①。文化批评是文化发展、思想进步不可或缺的一股推动性力量。古今中外，凡是文化繁荣的时代必定是文化批评活跃的时代，文化批评就像催化剂，加速了学术理论和创作实践之间的化学反应，去伪存真、指摘流弊，推动了文化与社会的一步步发展。春秋战国时期，百家争鸣，其中一些便是文化批评。唐逸指出："在中国传统中并不缺乏批评阙疑的精神，这也是理性精神的一种流露。比如孔子的言论便常常富有阙疑求证的精神。'知之为知之，不知为不知，是知也。''以是观之，人谓子产不仁，吾不信也。''多闻阙疑，慎言其余，则寡尤；多见阙殆，慎行其余，则寡悔。''君子于其所不知，盖阙如也。''盖有不知而作之者，我无是也。'……老子不仅对仁义礼智抱批评态度，而且对他的看家本领——道，也持阙疑的观点，故谓道之为物惟恍惟惚，莫之命而常自然，不知其名，强字之曰道。老子从不以体道自居而自称捉到了道的本质。这种批评阙疑的精神，较之任何现代伟大科学家，亦不逊色……荀子论天，论性，论名，皆富有批评精神。《管子》称：'人皆欲知，而莫索其所以知。其所知，彼也；其所以知，此也。不修之此，焉能知彼。'实为对认知主客关系的有益讨论。"②以这种阙疑求证的理性精神，孔孟老庄等各大学派的奠基者对社会变革的现实发表不同的看法，提出各种方案，宣传自己的主张，使批评精神得到了充分的发挥。尤其难得的是，他们对当时的文化现象提出了若干评论，有自由意识和创造精神，使春秋战国时期的文化空前繁荣。千载之后，梁启超还对此景仰不已："战国：孔北老南，对垒互峙；九流十家，继轨并作。如春雷一声，万绿齐苗于广野；如火山乍裂，热石竞飞于天外。壮哉盛哉！非特我中华学界之大观，抑亦世界学史之伟迹也。"③

文化批评不是一个专业，也不是权威意见，而是公民基于一定文化理想和

---

① 钱永祥：《纵欲与虚无之上：现代情境里的政治伦理》，生活·读书·新知三联书店2002年版，第4-5页。

② 唐逸：《中国的理性思维》，见唐逸：《幽谷的风·文化批评》，浙江大学出版社2008年版，第32-33页。

③ 梁启超撰，夏晓红导读：《论中国学术思想变迁之大势》，上海古籍出版社2019年版，第18页。

标准对文化产品、现象、事件的反思。正如文化产品和服务已经渗透进日常生活一样，现在绝大多数人都或多或少地成为文化产品消费者和文化服务接受者，绝大多数人都可以对文化产品"说三道四""品头论足"。至少在中国城市和沿海地区，年轻的文化消费者和接受者其实都已具备了批评文化产品的知识资源和语言能力，而新媒体技术的广泛使用，又使得这些消费者和接受者可以在一定范围内表达、传播自己的观点、意见。现在的问题，不是没有人说话，而是这些自发表达、传播开来的观点、意见是否具有真实性和真诚性，是否能够在相互校正、交流中得到完善并在一定范围内成为共识。所以"文化批评"不同于"文化研究"。作为一项学术-政治事业，"文化研究"具有人文-社会科学的规范性要求，它关注的是各种文本的社会建构过程或文本如何复制社会的过程，尤其重视这双重过程中的非文化的资本和权力的介入。所以尽管广大庞杂的文化研究在当代学术体制中面目不太清晰，但经过近几十年的发展演化，它毕竟已经进入大众视野，在学术体制中谋得一席之地。相对而言，"文化批评"则不是一种"学科"或"学术领域"，它包括着对各种形式的文化产品所进行的各种形式的评论，更具有社会性、时代性、批评性。通过对文本和文化现象的阐释，及时评论文化产品和服务，分析其意义构成的要素、程序和原因，进而把产品更为广泛的社会过程联系起来，反思社会现状，寻找变革与突破的可能性。

文化批评是开放的、对话性的文化行为。现代社会是说"理"的社会，这个"理"不是逻辑，不是公式，不是教条，而是在对话中形成的"共识"。因此文化批评可能成为公民的理性训练和人格培养的机制，有利于塑造敏感的、具有批判性思维的社会"公众"。在理想的意义上，文化批评有助于形成一种特殊的知识-话语和群体-社会结合的空间：文化既是分析社会关系、现象、价值的领域，也是分析研究的对象，也成为社会批判和公共介入的场所。这里的关键是畅所欲言，不拘一格。20世纪中叶美国知名的批评家莱昂内尔·特里林据其自身经验说："我所写的并不传达什么特别的文学理论或批评方法。有些评鉴中的重点落在形式及技巧——诸如意象、语气、视角、诗律、措辞等等，读者应该知道的方面。还有些评鉴涉及到文学惯例，或因老旧或因新颖，读者也许并不熟知。我可以畅所欲言谈论一部作品的明理和隐奥，并追寻（有时是质疑）它的道德、社会和宗教理念……简言之，我会充分援用文学话语的任何要素，只要我认为它们与作品相关并能使作品更易理解，更加有趣。"①文化批评的开放性，不只是批评家的自由互动，而且是向所有公众的开放；不只是开放，更重要的是激活公民、消费者的评价意识，是使文化批评成为社会生活的一个内容。文化批评的开放性，说到底就是文化生活与社会生活交织重叠，就是消费者和接受者的观点、意见具有不同程度的公共性。只有这样，对文化产品社会效益的评判才是真正社会的。

文化批评不以"真理"与"正确"为唯一追求。文化价值也即真善美不是现存在某个地方的东西，也没有固定不变的尺度，而是指人类文化的创造理想。实现这一理想，追求这一境界，没有统一方式。按阿伦特的说法，"真理"本质上具有一致性和强制性，而社会政治生活中的"意见"则体现了开放、容忍和差异，所以适合社会政治领域的原则不是"真理"而是公共性。在我们看来，这也是文化批评的原则。作为价值取向多元、思维方法差异的"意见"的领域，文化批评也须警惕真理的专制。不过，不能由此认为文化批评毫不追求思想和观点的正确性，这只是说，其正确性是通过文化公共领域中的平等对话、理性讨论而产生的。通过文化批评实践，在少数知识分子群体中完成的思想冲击可以更加广泛地传播到更多普通人那里，使人们跳出生活"现状"之外思考另一种可能。批判理论认为文化工业遮蔽现实，制造谎言，通过标准化、同质化的产品使人们沉浸于虚假幸福和满足中，放弃了对变革的要求和渴望。这一观点早已受到众多批评，但文化产业的控制性、操纵性无疑是存在的。2021年夏天暴雷的艺人吴某的"饭圈文化"的恶劣行为，就表明了这一点。我们需要文化批评来质疑消费主义、享乐主义的合理性，需要文化批评认真分析文化生活中的各种"神话"。在局部的意义上，帮助受众-消费者看清现实，帮助狂迷的"粉丝"更客观地认识那些"偶像"；在更广泛的意义上，解放人民的思想，让我们既生活在此时此地，又能生活在想象的别处，从"单向度"的存在走向"全面的"存在。这就是文化批评的使命所在。

承认并建设社会的文化选择机制，说到底，就是以"人民评价"为文化产业社会效益评价的最高标准。这就是习近平总书记说的："要把满足人民精神文化需求作为文艺和文艺工作的出发点和落脚点，把人民作为文艺表现的主体，

---

① 〔美〕莱昂内尔·特里林：《文学体验导引》，余婉卉、张箭飞译，译林出版社2011年版，第4页。

把人民作为文艺审美的鉴赏家和评判者,把为人民服务作为文艺工作者的天职。"①文化如此,文化产业更应当如此。面对文化产业出现的诸多问题,充分相信社会生活的过滤作用,发挥社会生活的主体参与作用,让文化服务社会、服务生活,把文化选择权交给公众,以营造一个真正的具有平等价值观的共同文化。只有坚信并落实人民创造文化、选择文化、批评文化的权利,才能真正实现文化为人民服务的理想。人民精神焕发、自由创造的时代,必将是中华民族的文化盛世。

---

①《习近平:在文艺工作座谈会上的讲话》,中国共产党新闻网,http://cpc.people.com.cn/n/2015/1015/c64094-27699249.html,2015 年 10 月 15 日。

第十五章

总　结

　　自 20 世纪末以来，我国文化产业迅猛发展，不但重构着我国文化生活与经济生活，也提出了许多新的文化议程，催生了许多新的社会工程，其中最突出是文化产业的社会效益问题。几乎成为社会各界共识的是，文化产业存在着部分文艺创作低水平重复、文化市场存在不良现象、部分企业发展破坏资源、某些艺人品行不端、某些文化企业缺少自律等现象和问题。所有这些，不但有违党和国家的文化政策与社会主义核心价值观，也严重妨碍着我国社会主义道德建设和文明进步，对整个文化生态也造成不良影响。在从上到下的普遍关注中，文化学术界对此也一直有各种研究。但相关成果分散在人文社会科学的各个领域，大多缺少理论和历史的维度，所论或偏重个别具体问题，或停留于原则性、理论性的倡导，因此而提出的各种理论方案和应对策略也较为空泛。迄今为止，没有一部专门研究这个议题的著述。

　　作为对文化产业社会效益的全面研究，本书的目的是回应我国文化产业发展中提出的问题，在理论、历史与实践的结合中，综合中外学术成果，系统阐述文化产业的社会效益是什么、为什么要坚持社会效益优先以及如何实现社会效益最大化和最优化等问题，有现实针对性地构建一套相对完整的社会效益解释系统。本书研究是对党的文化方针与国家文化政策的一次理论阐释，是对我国文化产业健康发展的一次学术介入，也是对文化（产业）理论研究和学科建设的一次拓展。

　　文化产业具有社会效益，天经地义；文化产业未能充分实现社会效益，众所周知；如何优化文化产业的社会效益，几乎尽人皆知：生产者提高素质，企业增强社会责任，政府加强管理……然而，就是这么一个似乎浅显明白的课题，要真正展开并充分论证，却是一个非常复杂的学术工程。

　　一般地说，文化产业的社会效益与文化产业的经济效益相对，但是，经济效益也是广义的社会效益的一部分，而文化产业也并不只限于这两种效益。所以，研究社会效益问题，首先要追问什么是社会效益，社会效益在文化产业诸效益中居于何种地位。进而，文化产业何以产生社会效益及其他效益。探寻这两个问题的答案，就必须追问文化产业有什么内涵和属性。而这就是文化产业的价值问题。文化产业原有文化与经济两种基本价值，由于我们研究的是与经济效益相对的社会效益，故我们的论述策略是把文化产业看作文化的一种形态。换言之，我们主要从文化方面考察文化产业的社会效益。

　　我们的研究思路始于"价值"与"效益"的区分：文化产业具有文化价值，即具有相对独立的内涵和属性。

　　文化之所以有自身的价值，在于它有自身的相对独立性或自主性、自律性。从率先进入现代的西方文化来看，这种相对独立性是经过两个层次的分化而得以建立的。简单地说，现代化理论中的帕森斯-贝尔的传统阐明了作为一个整体的社会，在其现代化过程中分化为政治、技术-经济与文化三个相对独立的领域；现代哲学中的康德-韦伯的理论传统论证了文化领域科学、道德和艺术的分化过程、动力和后果。经过这两个分化过程，不但文化具有相对于经济、政治的相对独立性，而且文化领域中的科学、道德与艺术也有相对的独立性。我们通常所说的文化的"特殊性""自律性""自主性""特殊规律"等，一言以蔽之，就是"文化价值"。在中外文化史上，文化价值的内涵都被界定为"真善美"。真善美的统一是人类古老的信念，只有在承认真善美是统一的前提下，艺术才能具有道德教育作用。古典哲学、美学之所以重视文艺，并不仅仅是追求美，也是对"完美社会"的追求。这一点，集中表现于法国启蒙主义之中。然而，韦伯与伯林提出，不同价值领域之间处于无可调和的冲突对立之中，根本不可能达到最终的统一。他们所提出的"价值多元论"，强调的是各种价值之间乃是不可比较、难以调和，甚至相互冲突的，实现某一价值几乎总是会有损于其他价值，而并非带动、促进其他价值。文化产业兴起后，文化已不只是一个相对独立的领域，而是已经渗透到社会生活的各个方面。这是文化凯旋的过程，也是原来相对独立的文化价值与经济、政治和社会等发生深刻而持续的互动并承受各方压力的过程。但与此同时，文化产业的巨大产能，使其产品与服务日常化、商品化，意义与价值日益稀释，当代文化产品不再像古典文化那样内在地具有意义和价值，而这又是文化产业社会效益缺失的根本原因。所以，区分文化"价值"与"效益"，目的之一就是为了维护文化的相对独立性。

在人类生活的整体中，文化与经济、政治、社会等并列而为一相对独立的领域；在文化领域中，艺术与科学、道德等并列而为一相对独立的领域。但"独立"只是"相对"的、一定程度的。所谓分化，所谓自律，绝不意味着文化在社会生活中、艺术在文化生活中孤立绝缘或毫无关联。无论是马克思所说的生产方式在塑造社会的所有其他方面具有决定性作用，文化作为一种意识形态是经济基础的反映，还是康德在区分了真善美三大系统后，进而提出了统一不同价值领域的方案，都表明文化有其自身的价值，但它与经济、政治和社会等关系密切，不但受到经济、政治和社会的积极使用，而且也对经济、政治和社会发挥主动的作用。中外文化史上，都充满文化"无益""有益"之辨，但即使是从德国浪漫派到法国现代主义再到英国的唯美主义的"为艺术而艺术"论，其所强调艺术无用、审美无关功利，但其真实动机，却是希望以艺术为原理改进生活，也是文化社会作用的一种表达。任何一种价值，它之所以值得肯定和追求，在于它能在经济、政治、社会、生态等方面产生"效应""影响""功能"等。这就引出了文化的效益问题。

文化史的演变也许可以理解为经济、政治、社会、生态效益的持续展开。在理想的意义上，文化发展必须以文化价值为基础，兼顾各种效益，追求诸效益之间的动态平衡，但在文化产业兴起之初，我们看到的是三种过程和事实。

第一，"效益"有压倒"价值"的趋势。

第二，不同"效益"之间有分裂。只追求经济效益可能走向唯利是图，从而突破政治制约、社会规范和环境限制；独尊政治价值效益而无视其他效益，其极端或者是"算政治账不算经济账"，或者是不顾社会价值（权力制定标准）；只注重社会效益可能对抗政治效益，轻视经济效益，压迫个性创造；固执生态效益可能妨碍文化及经济社会的发展。

第三，不同效益内部也有一个矛盾的结构。比如文化产业既要追求经济效益，但也不能一切向钱看；在政治效益上，有维持现状的意识形态与指向未来的乌托邦两种方向；在社会效益上，有保持社会凝聚与批判社会堕性的双重功能；在生态效益上，文化产业是资源节约型、环境友好型产业，但文化产品与服务在提高了生活的外在美感与内在品质的同时，也可能刺激消费主义。

由此，我们得出两个结论。一是实现文化的诸种效益必须以文化价值为基础，无论我们追求什么效益，总得要以文化价值为基础。二是坚持社会效益优先有两个标准：高标准是以社会效益优先，实现诸价值的动态平衡；低标准是如不能统一，则是在不违背社会效益的前提下有所侧重。要强调的是，不同效益之间、各种效益内部的矛盾关系，并不是消极的、必须克服的现象，如果处理得当，它们很可能是一种积极的因素和压力，正是对不同效益的追求，使文化产业可以生产出多种多样的文化产品。

上述这些问题，在中外文化思想史上都不同程度地被讨论过。也正是在总结提炼中外资源的基础上，我们把文化产业的社会效益分析为四个内涵：生产一种知识、培育和增进道德、美化生命和生活、凝聚群体与社会。接下来的问题是：为什么要坚持社会效益优先？

由于文化产业强劲地发挥发展了文化的经济效益，所以我们的论述就以社会效益与经济效益的关系为中心。在承认市场与伦理既统一又有矛盾的基础上，我们认为两种效益之间有三种可能："统一性"是理想，"矛盾性"是现实，"优先性"是选择。我们之所以优先选择社会效益，不仅是党和国家文化政策的要求，也不仅是针对目前部分文化企业重经济效益忽略社会效益现状的改进办法，而且是基于对文化产业和当代经济发展的趋势分析后的举措。从文化方面看，文化产业之不同于传统文化，由于其商品化、娱乐化和技术化的趋势，它们持续地威胁、瓦解着文化的审美内涵、道德严肃性和人文价值。作为对此"三化"的回应和平衡，我们必须坚持社会效益优先。从经济方面看，经济从来就离不开文化，文化产业已经产生巨大的经济效益，当代经济学也已日益向文化开放甚至悄然进行着"文化转向"，所有这些都表明，经济发展也应优先考虑社会效益。当然，文化与经济的发展趋势，只是文化产业社会效益优先的背景，文化产业要真正坚持社会效益优先，还需要有一些条件和前提。我们概括为三点：一是保证文化的"可及性"，即社会公众能够广泛地接触文化产品，参与文化生活，否则社会效益就是空话。二是重建文化的规范性，没有一定的价值规范，我们无法对文化产业的社会效益进行评估和分析。三是缓解文化的对立性。文化是意义的领域，也是不同主体、力量争夺意义的领域。现代社会在民族、阶级、品位方面的分化乃至对立，也造成文化领域的种种分化与对立，必须缓和这些分化与对立，才可能就文化产业的社会效益达成最大共识，实现最优化。

严格地说，社会效益优先并不只是从上到下地提倡、期待，更不只是我们研究的结论，而是中外文化实践所证明了的真理。我们如何在文化实践中实现社会效益优先呢？这里至少有四种支持力量。

从文化从业者来看，必须有社会责任的自觉、文化情怀的凝聚、"德性伦理"的养育三个方面。这里特别提出"德性伦理"，不是因为它是当代伦理学的最新进展，而是因为它与文化效益的"内在性"、社会对文化人的更高期待有关，即与遵守社会规范且具有内在德性有关。

从文化企业来看，一般企业的社会责任包含着文化内涵，而文化企业更应具有文化自觉，生产符合社会需要的文化产品是文化企业的责任，即要生产合格的、优秀的文化产品，国有文化企业则有传承文明传统，生产有民族风格、代表国家水准的产品，建设国家软实力等重大使命。关于企业责任，我们特别以美国企业文化专家沙因有关论述为据，对文化企业的"企业文化"提出了更高的标准。

从政府管理来看，要在充分考虑文化价值的基础上保持一定的弹性和柔性，需要将市场调节与社区治理结合起来，简政放权，适度调控，政策倾斜，扶持企业，借助技术，提供服务。从政策管理走向政策与法治相统一的管理，则是我们努力的方向。

从社会选择来看，文化是人类创造的积累和沉淀，这一大浪淘沙般的筛选过程，也就是社会进化、社会进步的过程史。社会历史对文化的过滤，包括公众消费的选择和诠释、文化氛围的标准与约束、文教机构的选择与评论、社会组织的选择与规范这四个过程。优化社会的选择机制，要尊重公民个人选择，维护公民文化权益；营造文化公共领域，明晰社会文化期待；广泛开展文化批评，激活社会文化意识。承认并建设社会的文化选择机制，说到底，就是以"人民评价"为文化产业社会效益评价的最高标准。如果能够在生产者、企业、管理方式、社会选择方面做出相当努力并取得成效，我国文化产业就完全可以收获巨大而丰饶的社会效益。

本书尝试把理论、历史与实践结合起来，首先是以价值—效益—社会效益层层递进的方式形成论述逻辑，然后从文化与经济两方面论述社会效益何以优先、实现这一优先要有何种条件，最后研究实现社会效益的四个途径，由此构建了一个比较完整的文化产业社会效益的理论系统。在全部论述中，我们总结提炼了中外古今的相关论述，因此本书在一定程度上也具有理论总结的意义。我们相信，就我国目前的研究现状而言，本书所论具有系统性和领先性。从实际应用来说，本书提供了评价文化产业社会效益的标准，这就是在坚持文化价值（真善美）的基础上，一方面要坚持把社会效益放在首位、社会效益和经济效益相统一，同时兼顾其他效益，另一方面以是否增进知识、培育道德、美化生活、凝聚群体四项来为标准评价社会效益。进而又提出了坚持社会效益优先的四种支持力量：生产者—企业—政府管理—社会选择。所论有一定的应用性和操作性。

回顾本书的研究写作历程，有四点需要说明。第一，文化产业社会效益在很大程度上被理解为政治效益，但本书所说的"社会效益"，是与经济效益、政治效益、生态效益相并列的狭义的概念，故在一般情况下，我们不专门讨论政治效益。这不是我们认为政治效益不重要，而是我们认为政治效益太重要了，因此不能笼统地把它纳入狭义的"社会效益"来论述。第二，社会效益研究是否可以甚至应该量化？我对量化研究的兴起持肯定和欣赏的态度，但不认为量化方法可以有效地处理全部文化问题。同时，也因为自己的知识结构所限，不善于、也不喜欢量化研究，故本书还是偏重理论—历史—实践三位一体的研究。第三，本书广泛使用中外思想资源，相对而言，涉及文化产品的道德伦理效果，多采中国传统之说；涉及文化的相对独立性和自主性，多取现代西方诸家之论。我始终相信钱锺书所说的"东海西海，心理攸同"；也相信贺麟所说的"东圣西圣，心同理同"。事实上，在坚持文化的社会效益方面，中外古今的文化理论在原则上并无根本的不同。我这里所做的，就是参考这些思想资源，结合文化产业实践，做一个目前所能做到的系统解释。第四，本书以"文以教化"为名，绝不意味着"教化"是文化的唯一效益，对此我已作了较多阐明。之所以这样做，只是为了聚焦主题、突出重点。同样，本书较多使用文艺、美学方面的理论和资料，这也不意味着把文化产业等同于文学艺术，而只是为了彰显文化产业的"文化价值"。最后我愿重复《文化大转型：批判与解释——西方文化产业理论研究》一书中的一段话：

一则关于萨满牧师的故事说：牧师称自己养了两只熊，一只残忍好战，另一只充满爱心。小孩问这个牧师："哪一只会胜出？"牧师答："我喂哪只，哪只就会胜出。"

主要参考文献

〔英〕阿尔弗雷德·马歇尔. 1981. 经济学原理. 上卷. 陈良璧译. 北京：商务印书馆.

〔印〕阿马蒂亚·森. 2013. 以自由看待发展. 任赜，于真译. 北京：中国人民大学出版社.

〔印〕阿马蒂亚·森. 2014. 伦理学与经济学. 王宇，王文玉译. 北京：商务印书馆.

〔美〕埃德加·沙因. 2011. 组织文化与领导力——如何以最有效的方式认识和打造组织. 马
    红宇，王斌等译. 北京：中国人民大学出版社.

〔美〕艾伯特·奥·赫希曼. 2003. 欲望与利益：资本主义走向胜利前的政治争论. 李新华，
    朱近东译. 上海：上海文艺出版社.

〔德〕爱克曼辑录. 1978. 歌德谈话录. 朱光潜译. 北京：人民文学出版社.

〔意〕安东尼奥·葛兰西. 2000. 狱中札记. 曹雷雨、姜丽、张跣译. 北京：中国社会科学出
    版社.

〔古罗马〕奥古斯丁. 1963. 忏悔录. 周士良译. 北京：商务印书馆.

〔俄〕别林斯基. 2006. 别林斯基选集. 第六卷. 辛未艾译. 上海：上海译文出版社.

〔法〕布迪厄. 2007. 遏止野火. 河清译. 桂林：广西师范大学出版社.

〔古希腊〕柏拉图. 2018. 柏拉图全集. 上卷. 增订版. 王晓朝译. 北京：人民出版社.

〔古希腊〕柏拉图. 2018. 柏拉图全集. 中卷. 增订版. 王晓朝译. 北京：人民出版社.

〔古希腊〕柏拉图. 2018. 柏拉图全集. 下卷. 增订版. 王晓朝译. 北京：人民出版社.

〔古希腊〕柏拉图. 2019. 理想国. 郭斌和，张竹明译. 北京：商务印书馆.

蔡元培. 1998. 蔡元培全集. 第一卷. 杭州：浙江教育出版社.

〔美〕丹尼尔·贝尔. 2007. 资本主义文化矛盾. 严蓓雯译. 南京：江苏人民出版社.

〔美〕道格拉斯·诺思. 2008. 理解经济变迁的过程. 钟正生，邢华等译. 北京：中国人民大
    学出版社.

邓小平. 1994. 邓小平文选. 第一卷. 北京：人民出版社.

邓小平. 1994. 邓小平文选. 第二卷. 北京：人民出版社.

〔法〕狄德罗. 1984. 狄德罗美学论文选. 北京：人民文学出版社.

费孝通. 2007. 费孝通论文化与文化自觉. 北京：群言出版社.

葛懋春，蒋俊编选. 1984. 梁启超哲学思想论文选. 北京：北京大学出版社.

郭绍虞主编，王文生副主编. 1979. 中国历代文论选. 第一册. 上海：上海古籍出版社.

郭绍虞主编，王文生副主编. 1979. 中国历代文论选. 第二册. 上海：上海古籍出版社.

郭绍虞主编，王文生副主编.1980.中国历代文论选.第三册.上海：上海古籍出版社.

郭绍虞主编，王文生副主编.1980.中国历代文论选.第四册.上海：上海古籍出版社.

贺麟.2017.文化与人生.北京：商务印书馆.

〔德〕黑格尔.1979.美学.第一卷.朱光潜译.北京：商务印书馆.

〔德〕黑格尔.1979.美学.第二卷.朱光潜译.北京：商务印书馆.

〔德〕黑格尔.1979.美学.第三卷.朱光潜译.北京：商务印书馆.

〔德〕黑格尔.1979.美学.第四卷.朱光潜译.北京：商务印书馆.

〔德〕霍夫曼等.1997.德国浪漫主义作品选.孙凤城等译.北京：人民文学出版社.

〔美〕加里·S.贝克尔.1993.人类行为的经济分析.王业宇，陈琪译.上海：上海三联书店.

〔英〕贾斯汀·奥康诺.2011.艺术、产业和现代化（下）.王斌，张良丛译//王杰主编.马克思主义美学研究·第14卷·第1期.北京：中央编译出版社：30-31.

〔英〕杰夫·摩根.2014.蝗虫与蜜蜂：未来资本主义的掠夺者与创造者.钱峰译.北京：中国人民大学出版社.

〔美〕杰瑞·穆勒.2016.市场与大师：西方思想如何看待资本主义.余晓成、卢画泽译.北京：社会科学文献出版社.

〔英〕卡尔·波兰尼.2013.巨变：当代政治与经济的起源.黄树民译.北京：社会科学文献出版社.

〔美〕克利福德·格尔茨.1999.文化的解释.韩莉译.南京：译林出版社.

〔美〕劳伦斯·格罗斯伯格.2017.文化研究的未来.庄鹏涛，王林生，刘林德译.北京：中国人民大学出版社.

〔英〕雷蒙德·威廉斯.2018.文化与社会：1780—1950.高晓玲译.北京：商务印书馆.

李天铎编著.2011.文化创意产业读本：创意管理与文化经济.台北：远流出版事业股份有限公司.

梁漱溟.2018.中国文化要义.上海：上海人民出版社.

〔俄〕列夫·托尔斯泰.1992.什么是艺术？ 丰陈宝译//〔俄〕列夫·托尔斯泰.列夫·托尔斯泰文集.第十四卷.北京：人民文学出版社：126-302.

刘勰，范文澜注.1958.文心雕龙注.北京：人民文学出版社.

〔法〕卢梭.1978.爱弥儿.上卷.李平沤译.北京：商务印书馆.

〔法〕卢梭.1978.爱弥儿.下卷.李平沤译.北京：商务印书馆.

〔法〕卢梭.2011.致达朗贝尔的信.李平沤译.北京：商务印书馆.

陆梅林，程代熙编选.1986.异化问题.上册.北京：文化艺术出版社.

陆梅林，程代熙编选.1986.异化问题.下册.北京：文化艺术出版社.

〔德〕路·蒂克.2010.施特恩巴尔德的游历//〔德〕路·蒂克.施特恩巴尔德的游历——蒂克小说选.胡其鼎等译.上海译文出版社：138.

〔奥〕罗伯特·穆齐尔. 2000. 没有个性的人. 孙荣昌译. 北京：作家出版社.

〔德〕马克思，中共中央马克思恩格斯列宁斯大林著作编译局编译. 2018. 1844 年经济学哲学手稿. 北京：人民出版社.

〔德〕马克斯·韦伯. 2010. 经济与社会. 第一卷. 阎克文译. 上海：上海人民出版社.

〔德〕马克斯·韦伯. 2010. 新教伦理与资本主义精神. 阎克文译. 上海：上海人民出版社.

〔法〕马塞尔·莫斯. 2014. 论礼物：古代社会里交换的形式与根据//〔法〕马塞尔·莫斯. 社会学与人类学. 佘碧平译. 上海：上海译文出版社：177.

〔英〕迈克尔·奥克肖特，〔英〕卢克·奥沙利文编. 2009. 历史是什么. 王加丰、周旭东译. 上海：上海财经大学出版社.

〔英〕迈克尔·波兰尼. 2017. 个人知识：朝向后批判哲学. 徐陶译. 上海：上海人民出版社.

毛泽东. 1991. 毛泽东选集. 第一卷. 北京：人民出版社.

毛泽东. 1991. 毛泽东选集. 第二卷. 北京：人民出版社.

毛泽东. 1991. 毛泽东选集. 第三卷. 北京：人民出版社.

毛泽东. 1991. 毛泽东选集. 第四卷. 北京：人民出版社.

〔德〕米歇尔·鲍曼. 2003. 道德的市场. 肖君，黄承业译. 北京：中国社会科学出版社.

〔法〕皮埃尔·布尔迪厄. 2015. 区分：判断力的社会批判. 上册. 刘晖译. 北京：商务印书馆.

〔法〕皮埃尔·布尔迪厄. 2015. 区分：判断力的社会批判. 下册. 刘晖译. 北京：商务印书馆.

〔俄〕普列汉诺夫. 1974. 普列汉诺夫哲学著作选集. 第四卷. 北京：生活·读书·新知三联书店.

钱永祥. 2002. 纵欲与虚无之上：现代情境里的政治伦理. 北京：生活·读书·新知三联书店.

钱锺书. 1979. 管锥编. 第一册. 北京：中华书局.

钱锺书. 1979. 管锥编. 第二册. 北京：中华书局.

钱锺书. 1979. 管锥编. 第三册. 北京：中华书局.

钱锺书. 1979. 管锥编. 第四册. 北京：中华书局.

〔美〕乔治·斯坦纳. 2013. 语言与沉默：论语言、文学与非人道. 李小均译. 上海：上海人民出版社.

〔美〕史蒂文·康纳. 2002. 后现代主义文化：当代理论导引. 严忠志译. 北京：商务印书馆.

唐君毅. 2004. 说中华民族之花果飘零. 台北：三民书局.

唐君毅. 2005. 中国文化之精神价值. 桂林：广西师范大学出版社.

唐逸. 2008. 幽谷的风·文化批评. 杭州：浙江大学出版社.

〔德〕威廉·亨利希·瓦肯罗德. 2002. 一个热爱艺术的修士的内心倾诉. 谷裕译. 北京：生活·读书·新知三联书店.

〔美〕维克托·迈尔-舍恩伯格，〔美〕肯尼思·库克耶. 2013. 大数据时代：生活、工作与思维的大变革. 盛杨燕，周涛译. 杭州：浙江人民出版社.

伍蠡甫等编. 1979. 西方文论选. 上卷. 上海：上海译文出版社.

伍蠡甫等编. 1979. 西方文论选. 下卷. 上海：上海译文出版社.

〔德〕席勒, 张玉书选编. 2005. 席勒文集. 第 6 卷. 张佳珏, 张玉书, 孙凤城译. 北京：人民
  文学出版社.

许倬云. 2018. 万古江河：中国文化的转折与开展. 长沙：湖南人民出版社.

〔英〕亚当·斯密. 2011. 道德情操论. 宋德利译. 南京：译林出版社.

〔古希腊〕亚里士多德. 1992. 尼各马科伦理学. 苗力田译//苗力田主编. 亚里士多德全集. 第
  八卷. 北京：中国人民大学出版社：8-285.

余英时. 2012. 中国文化史通释. 北京：生活·读书·新知三联书店.

〔美〕约·肯·加尔布雷思. 1980. 经济学和公共目标. 蔡受百译. 北京：商务印书馆.

张隆溪. 2005. 中西文化研究十论. 上海：复旦大学出版社.

赵澧, 徐京安主编. 1988. 唯美主义. 北京：中国人民大学出版社.

中共中央马克思恩格斯列宁斯大林著作编译局编. 1995. 马克思恩格斯选集. 第一卷. 北京：
  人民出版社.

中共中央马克思恩格斯列宁斯大林著作编译局编. 1995. 马克思恩格斯选集. 第二卷. 北京：
  人民出版社.

中共中央马克思恩格斯列宁斯大林著作编译局编. 1995. 马克思恩格斯选集. 第三卷. 北京：
  人民出版社.

中共中央马克思恩格斯列宁斯大林著作编译局编. 1995. 马克思恩格斯选集. 第四卷. 北京：
  人民出版社.

中共中央马克思恩格斯列宁斯大林著作编译局译. 1975. 马克思恩格斯全集. 第三十卷. 北
  京：人民出版社.

中共中央文献研究室编. 2002. 毛泽东文艺论集. 北京：中央文献出版社.

周锡山编校. 2008. 王国维集. 第四册. 北京：中国社会科学出版社.

周扬. 1985. 周扬文集. 第二卷. 北京：人民文学出版社.

〔美〕A. 麦金太尔. 1995. 德性之后. 龚群, 戴扬毅译. 北京：中国社会科学出版社.

Duncombe, S. 2002. *Cultural Resistance Reader*. London: Veso.

Durham, M G & Kellner, D M. 2006. *Media and Cultural Studies: KeyWorks*. Malden: Blackwell
  Publishing.

During, S. 2007. *The Cultural Studies: Reader*. London: Routledge.

Frow, D. 1995. *Cultural Studies and Cultural Value*. Oxford: Oxford University Press.

Jordan, G & Weedon, C. 1995. *Cultural Politics: Class, Gender, Race and the Postmodern World*.
  Oxford: Blackwell Publishing.

Kolakowski, L. 2005. *Main Currents of Marxism*. New York: W. W. Norton & Company.

Leistyna, P. 2005. *Cultural Studies: Fom Theory to Action*. Oxford: Blackwell.

Loomba, A. 2005. *Postcolonial Studies and Beyond*. Duke: Duke University Press.

Lowy, M & Sayre, R. 2001. *Romanticism Against the Tide of Modernity*. Duke: Duke University Prss.

Milton, K. 1996. *Environmentalism and Cultural Theory: Exploring the Role of Anthropology in Environmental Discourse*. London: Routledge.

Swingewood, A. 1998. *Cultural Theory and the Problem of Modernity*. Basingstoke: Palgrave Macmillan.

Tester, K. 1994. *Media, Culture and Morality*. London: Routledge.

Tomlinson, J. 1999. *Globalization and Culture*. Chicago: The University Of Chicago Press.

Winkler, H A. 2006/2007. *Germany: The Long Road West*. Oxford: Oxford University Press.